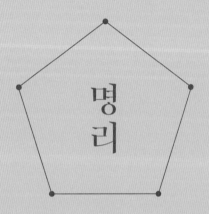

명리

명리

운명을 조율하다: 심화편

강헌 지음

2016년 12월 30일 초판 1쇄 발행
2024년 7월 15일 초판 19쇄 발행

펴낸이 | 한철희
펴낸곳 | 돌베개
등록 | 1979년 8월 25일 제406-2003-000018호
주소 | 10881 경기도 파주시 회동길 77-20 (문발동)
전화 | 031-955-5020
팩스 | 031-955-5050
홈페이지 | www.dolbegae.co.kr
전자우편 | book@dolbegae.co.kr
블로그 | blog.naver.com/imdol79
트위터 | @dolbegae79
페이스북 | /dolbegae

주간 | 김수한
책임편집 | 김서연
교정교열 | 최미연
표지디자인 | 김동신
본문디자인 | 디자인 포름, 김동신
원고 녹취 및 명식 정리 | 송미란, 최은주
마케팅 | 심찬식, 고운성, 조원형
제작·관리 | 윤국중, 이수민
인쇄·제본 | 상지사 P&B

ISBN 978-89-7199-790-1 04150
       978-89-7199-791-8 (세트)

이 도서의 국립중앙도서관 출판예정도서목록(CIP)은 서지정보유통지원시스템
홈페이지(http://seoji.nl.go.kr)와 국가자료공동목록시스템(http://www.nl.go.kr/kolisnet)에서
이용하실 수 있습니다.(CIP제어번호: CIP2016031504)

강헌

명리

운명을 조율하다 ─ 심화편

돌베개

명리, 인간의 욕망 지도를 읽다

명리학은
처음부터 세속의
실용학이었고,
지금도 그러하다.

명리학의 소명, '더욱 사랑하도록 덜 고통받도록'

꼭 1년 전인 2015년 12월『명리 – 운명을 읽다: 기초편』을 낼 때만 해도
이 책이 베스트셀러 순위에 오를 만큼 뜨거운 반응을 불러일으킬 줄은
정말이지 꿈에도 몰랐다. 나는 다만 2013년부터 '벙커1'에서 진행해온
'강헌의 좌파명리학' 기초반 강좌의 교재가 필요했을 뿐이다. 남녀노소
많은 사람이 사주 상담에 관심이 큰 것은 사실이지만 굳이 명리학을 공
부하고자 하는 이는 그중에서도 극소수가 아니겠는가? 그런데 이 책이
출간되고 출판사로부터 거듭되는 증쇄 소식을 받을 때마다 나도 사람이
니 한편으론 기분이 좋다가도 다른 한편으론 착잡해지는 것은 어쩔 수가
없었다. 이렇게 힘들고 아픈 사람이 많단 말인가? 그리고 과연 이 책이
그분들에게 책값만큼이나마 조금이라도 도움이 될 수 있을 것인가? 여
러 하릴없는 생각들이 어지럽게 뇌리를 스치고 지나갔다.

　그리고 그사이에 우리나라를 통치하는 대통령이 "우주의 기운" 운운
하더니 마침내 '최순실'이라는 고유명사를 단 시한폭탄이 우리 머리 위
에서 터졌고, 이 황당하다 못해 어이가 없는 상황 속에서 굿 같은 우리의
빛나는 전통문화마저 사이비 종교와 한 묶음으로 몰려 순식간에 지탄의
대상이 되었다. 대통령이 운위하던 '우주의 기운'은 분노한 시민들의 가
슴속에서 촛불로 켜졌고, 우리는 각자의 비좁은 방에서 광장으로 나와 오
랫동안 잊고 있던 민주주의의 숭고한 가치들을 다시금 되새기게 되었다.

　『명리』 기초편이 나오고 난 뒤 나는 프로 상담가인 지산 박정혁 선생
과 '라디오 좌파명리'라는 팟캐스트를 시작했고 또 거기서 많은 분을 만
났다. 사시(斜視)의 눈으로 과학을 들먹이며 명리학을 예의 혹세무민으
로 매도하는 이도 없지 않았지만, 명리학을 통해 자신에 대한 점검과 세
상의 인간관계에 대한 성찰을 진지하게 혹은 호기심에 찬 시선으로 모색
하려는 다양한 분들과 대화를 나눌 수 있었던 것은 나에게도 의미 충만
한 경험이었다.

　그중에서도 가장 분노가 이는 대목은 사주 상담을 받으러 갔다가 자식

의 목숨을 두고 협박당한 고통스러운 사연을 받았을 때였다. 자식 혹은 배우자, 부모 같은 특수관계인에 대한 본능적인 사랑을 악용하여 죽음으로 겁박하며 돈을 뜯어내려는 수작은 한마디로 위계(爲計)에 의한 명백한 사기로 형사처분되어야 마땅하다. 이들은 인간의 연약함을 약점으로 잡아 그렇지 않아도 고통스러운 삶을 더욱 고통스럽게 만들 뿐 아니라 명리학 자체를 사악한 잡술로 전락시킨다. 이런 자들에겐 관용이 필요하지 않다.

명리학은 '확신'과 싸운다

인간이 만들어낸 모든 도구와 사상, 학문과 종교가 그러하듯 명리학의 한계 또한 분명하다. 우리가 생명을 지니고 태어난 것은 알지만 왜 그때 그 순간 태어났는지는 알지 못하며, 우리의 생명이 예외 없이 언젠가 다할 것이라는 사실은 알지만 그때가 언제인지를 정확히 알 수는 없다. 탄생과 죽음은커녕 살아가는 과정을 지배하는 주요한 메커니즘 그 어느 것도 제대로 파악하고 있지 못하다. 거의 모든 인류의 관심사인 사랑의 감정에 대한 객관적인 분석은 가능한가? 왜 그것은 이 사람에게는 저 사람에 대해 일어나고 또 다른 저 사람에게는 또 다른 이 사람에 대해 작동할까? 과학과 철학은 사랑의 원리에 관한 한 19세기 말이 될 동안 음유시인과 극작가, 소설가 들에게 이 주제를 맡긴 채 직무 유기했다고 볼 수밖에 없다. 하지만 『사랑을 위한 과학』(A General Theory of Love, 2000)에서 토머스 루이스(Thomas Lewis)를 비롯한 공저자들이 밝히듯, 인간의 정신적 기능에 대한 혁혁한 성과를 올렸고 지금까지도 다양한 방식으로 새로이 태어나고 있는 지그문트 프로이트(Sigmund Freud, 1856~1939)의 정신분석학조차도 사랑의 수수께끼에 대해선 과학 이전의 시대에 속하는, 부활한 신화이며 증거의 공백을 틈탄 감정의 억지 주장이다.

상담을 하다 보면 많은 부분에서 지극히 현명한 사람인데도 사랑하고 사랑받는 과정에서 지극한 어려움을 겪는 경우가 의외로 많다는 것을 깨닫는다. 허허허, 사랑에 힘들어하는 사람이 나만이 아니었던 것이다. 우리는 아직 하루에 식사 후 세 번, 한 달간 복용하면 사랑에 대한 모든 고통이 극복되는 약제 하나 만들지 못했다. 지난 100년간 인간이 받는 다종다양한 상처와 고통에 대한 치유의 방법론이 비약적으로 개발되었음에도 사랑의 경우에서 보듯 여전히 속수무책인 채로 버려진 황야가 즐비하다. 기후와 정세, 주식의 추이에 대한 수많은 '과학적인' 예측 프로그램이 떠들썩하도록 작동하는 중이지만 그 예측은 결정적인 순간은 고사하고 일상적으로도 빈번하게 빗나간다.

어쩌면 그렇기 때문에, 인간은 불안정한 확률을 넘어선 '확신'에 쉽게 포로가 되는지도 모른다. 필연적으로 맹신을 부르게 되는 이 확신들이야말로 지금 우리가 싸워야 할 적의 표정이다.

천변만화, 명리학의 매력

명리학은 인간의 탄생과 죽음에 개입할 수 없다. 아니 개입해서는 안 된다고 생각한다. 우리는 명리학의 정도를 보여준 도계 박재완(陶溪 朴在琓, 1903~1992)이나 몇몇 고승이 자신의 죽음을 예측했다는 것을 알고 있다. 그러나 그것은 오랜 수련에 입각한 직관의 영역일 뿐이고 그냥 신화로 남겨둬야 할 대목이다. 많은 역술가가 제왕절개수술 시간을 잡아주며 인간의 탄생에 개입하고 있다. 이 행위가 위험천만한 것은 시간을 인간의 욕망으로 계급화하기 때문이다. 좋은 시간과 나쁜 시간, 좋은 팔자와 나쁜 팔자. 이 사특한 이분법은 세상이 어떻게 되어도 내 자식만 잘되면 된다는 배타적인 이기주의에 뿌리를 내리고 전염병처럼 사방팔방으로 번져가는 중이다. 죽음을 가지고 장난치는 것보다야 죄질이 덜하다고 볼 순 있지만 이 또한 정도에서 벗어난 속류화의 전형적인 오류임은 명백하다.

명리학의 매력은 살아 있는 인간의 본능과 욕망을 정면으로 다룬다는 데 있다. 이 욕망의 스펙트럼은 지극히 속물적인 것부터 지극히 초월적인 영역까지 펼쳐져 있다. 속물적인 것과 초월적인 것이라고 표현했지만 인간의 욕망은 기계적으로 분류될 수 없는 성질의 것이다. 속물적인 것 속에 초월적인 요소가 동행하며 초월적인 욕망 안에 속물적인 본능이 똬리 틀고 있으므로 그 욕망은 대단히 입체적이고 복합적이다. 예컨대 겁재의 경쟁 본능과 정재의 안정적 소유 본능은 공존할 수도 있고 대립하며 갈등할 수도 있다. 두 본능 사이에서 상관의 표현 욕망과 창조 본능이 중재한다면 겁재의 본능은 정재의 욕망까지 활발하게 유통되겠지만, 편인의 직관 본능이 겁재의 경쟁 본능을 자극하고 정재의 안정 욕구를 흔든다면 겁재와 정재의 욕망은 갈등 국면에 돌입할 것이다. (이 설명이 생소하게 느껴지는 분은 『명리』 기초편을 좀 더 공부하셔야겠다.)

또한 명리학이 더욱 매력적인 것은 이 성정의 질서가 고정불변하는 것이 아니라 시간의 흐름 속에서 그 조건이 끊임없이 변화한다는 데 있다. 저때 성립되지 못했던 기운들이 이때 성립되고 이때엔 실로 자연스럽게 일어났던 것이 또 다른 때는 전혀 가동되지 못하게 될 수도 있는 것이다. 명리학이 더더욱 매력적인 것은, 더 많은 통찰력이 필요하긴 하지만, 한 개인의 범주를 벗어나 사람과 사람의 관계를 규명하고 해석하는 문을 열어준다는 데 있다. '궁합'(宮合)이라고 부르는 남녀론은 정통적인 명리학에서는 존재하지 않았고 세속의 역술가들의 지극히 도식적이거나 자의적인 영업 비전(秘典)으로 암약해왔는데, 이 또한 폐해가 만만치 않았다. 누가 누구를 잡아먹는다는 식의 폭력적인 논리로 멀쩡한 연인 사이를 파괴하고 부모 자식 간의 감정을 상하게 하는 데 일조해왔다. 한 사람의 가능성도 무한한데 두 사람이 빚어내는 화학작용의 가능성은 얼마나 광대하겠는가? 이것을 여덟 글자의 틀로 규정하려 든다는 자체가 어리석은 만용이다.

궁합을 넘은 인간관계론이야말로 명리학이 앞으로 더욱 발전시켜야 할 분야다. 인간의 상처와 고통, 기쁨과 행복, 성취와 좌절의 대부분은 인간관계에 말미암기 때문이다. 연인과 부부 사이, 부모와 자식 혹은 형제 사이, 친구와 선후배 사이, 직장의 동료 및 상사, 부하 사이 등등 세상살이의 가장 중요한 구실들이 이렇게 관계에 의해 성립된다. 명리학은 절대적인 경전에 따라 모든 것이 규정되는 교리가 아니므로 새로운 시대 질서에 걸맞은 새로운 이론들이 논의되고 토론되어야 한다.

명리학은 예언하지 않는다, 최선의 결정을 도울 뿐

나는 앞의 책에서 강호동양학으로서의 명리학이 골방에서 벗어나 광장의 지적 공유물이 되기를 희망한다고 썼다. 그리고 이것이 도사나 술사의 전유물이 아니라 만인의 자기 전략 지침이 되기를 기대한다고도 말했다. 명리학은 동양의 철학에 기초해서 생성되었지만 처음부터 세속의 실용학이었고 지금도 그러하다. 21세기에도 명리학이 여전히 존립 근거를 지닐 수 있는 이유는, 이것을 통해 각 개인의 성정의 특성과 욕망의 지도를 읽어내고 현실이 일상적으로 자아내는 혼돈의 소용돌이 속에서 자신의 소명과 잠재력을 이 짧은 생애 안에 가장 아름답게 타오를 수 있게 하는 전략과 전술을 수립할 수 있으며, 나아가 그것을 실천할 수 있게 하는 효율적인 준거 틀을 명리학이 제공해줄 것이라는 믿음 때문이다. 그 이상도 이하도 아니다.

물론 명리학은 종종 예언 혹은 예측의 유혹을 받는다. 하지만 『명리』 기초편에서 운명이 결정되어 있는 것이 아님을 이해했다면 이 예측은 인간의 자기결정성을 완전히 배제한, 부패한 독선일 뿐임을 알 것이다. 명리학은 그렇게까지 위대하지 않다. 우리는 살아가는 매 순간 거의 대부분 오류의 결정을 하고 자신의 욕망으로부터 배신당한다. 다만 우리는 최선을 다해 자신의 결정을 존중하고 그 결정의 주체를 사랑하며 존엄한 존재로 의미를 부여해야 한다. 명리학은 동양의 오랜 시간과 광활한 공간 속에서 우리의 DNA를 반영해온, 그 최선의 하나의 부교재일 뿐이다.

　기초편 출간 이후로 들은 독자들의 소감 중에 "책이 어렵다"라는, 다소 곤혹스러운 반응이 많았다. 처음엔 속으로 '한자도 스물두 개면 족하다고 했는데 이게 왜 어렵다는 거지?' 하는 의문의 마음이 들었지만 음양오행으로 시작하는 명리학의 프로세스가 서구적 교육에 길든 이 시대 사람들에게는 여전히 낯설 수 있음을 받아들여야 한다고 생각을 고쳐먹었다. 어쩌면 이 정도는 이해하겠지라고 안이한 판단을 했을지도 모르겠다. 여전히 어렵다고 여기는 분들에겐 천천히 조금씩 정독을 해보시라는 말 말곤 드릴 말이 없다. 반복적으로 읽다 보면 서서히 그 의미의 사슬들이 드러날 것이다. 이번 심화편을 발간하고 난 뒤 가능하다면 곧바로 여러 반응을 최대한 수용하는 기초편의 개정판 작업에 들어갈 생각이다.

　아주 예외적인 경우가 아니라면 기초편만으로 곧바로 원국과 대운을 능수능란하게 통변하기를 기대하기란 아무래도 어려울 것이다. 기초편의 주요 목표는 명리학의 뼈대를 이루는 개념들을 이해하고 숙지하는 데 있다. 그래서 가급적이면 자신의 명식만을 반복적으로 들여다보기를 권장하고 싶다. 아직 개념도 명확하게 이해하지 않은 상태에서 이 명식, 저 명식 대입해 보다 보면 혼란만 가중되기 십상이기 때문이다. 자신이 가장 잘 아는 유일한 명식, 곧 자신의 명식만을 집중적으로 해석하다 보면 바로 전까지 알지 못했던 새로운 의미들이 속속 모습을 드러낼 것이다. 나 또한 첫 3년을 거의 내 명식만 들여다보았다. 10년이 지난 지금도 내가 미처 깨닫지 못한 부분들이 새록새록 추가된다.

　기초편에서 명리학의 기본 뼈대들에 대한 개론적인 조망이 이뤄졌다면, 심화편인 이 책에서는 본격적으로 원국과 대운을 통변하기 위한 구체적인 방법을 다룬다. 전반부에서는 기초편에서 살펴본 음양과 오행, 천간과 지지, 십신과 십이운성 및 신살, 용신과 대운 같은 기본 개념을 심층적으로 점검하는 가운데, 명리학의 역사에서 그동안 제시된 다양한 관점을 수용하고 그것을 종합해 어떻게 전략과 전술을 수립할 것인지의 구체적인 방법론을 살펴볼 것이다. 그리고 이를 바탕으로 후반부에서는 건강,

학업과 직업, 재물과 명예 등을 중심으로 하는 인간론과 주요한 인간관계론까지 두루 섭렵한다. 개념을 이해하는 데 중점을 둔 기초편에 비해 심화편은 해당되는 명식 사례들을 최대한 풍부하게 담으려고 노력했다. 따라서 책의 분량이 다소 늘어나는 것은 피할 수 없었다. 이론은 이 두 권으로 일단 매듭을 짓고자 한다. 아마도 심화편까지 끝내고 나면 나름대로 명식을 깊이 있게 통변할 수 있는 관점을 지니게 되리라 조심스레 전망해 본다.

내일 일은 알 수 없는 것이지만 1년 후 이맘때쯤이면 이 시리즈의 마지막이 될 해제편이 나오기를 기대한다. 해제편은 이론이 아니라 다양한 분야, 다양한 시대의 인물들의 삶을 명리학적으로 통변하는 일종의 임상(臨床)에세이가 될 것이다. 그들의 삶에 비추어 보면서 우리 모두가 오늘의 가치를 다시 한 번 음미하는 것도 그럴듯해 보인다.

이번 책 『명리 – 운명을 조율하다: 심화편』은 본래 지난여름에 발간할 계획이었지만 기록적인 폭염에다 여기저기 몸과 정신에 문제가 생겨 부득불 연말로 미루게 되었다. 누구보다도 이 책을 기다려온 벙커1 '강헌의 좌파명리학' 3기와 4기 반 여러분에게 먼저 미안함을 전한다. 그리고 악덕 필자의 무한한 게으름에 기다리고 기다리다 지친 책임편집자 김서연 님과 주간 김수한 님에게 미안함보다 고마움을 전하고 싶다. 이분들의 끝없는 믿음이 책을 완성하게 했다고 해도 과언이 아니다. 디자인을 담당한 김동신 님과 전은옥 님, 임박한 가운데서 교정을 맡아준 최미연 님에게도 고마움을 전한다.

그리고 명리학 강의를 인연으로 만난 두 제자, 최은주와 송미란의 도움이 없었더라면 이 책의 출간은 최소한 1년은 뒤로 미뤄졌을 것이다. 최은주는 자신의 직업을 팽개치다시피 하며 본문의 정리와 교열에서 명식 해제까지 전방위적인 도움을 주었고, 송미란은 강연 초록의 일차 정리와 셀 수도 없는 명식 사례들을 꼼꼼히 분류, 정리하고 해제를 달았다. 사람은 절대 혼자서 무언가를 이루지 못한다는 것을 일깨워준 두 분에게 이 책의 공로를 미루고 싶다. 강연의 준비와 진행, 동영상 강의 편집과 팟캐스트 '라디오 좌파명리'의 제작까지 맡고 있는, 이제는 명리학 전도사가 된 벙커1의 김수기 PD와 요원 장제은을 빠뜨릴 수 없다. 또한 팟캐스트의 진행을 맡아 틈만 나면 '딴지'를 거는 딴지일보 편집장 '죽지 않는 돌고래' 김창규에게도 어쩔 수 없는 고마움을 표한다. 그리고 앞에 언급했지만 이 팟캐스트를 인연으로 만나게 된 지산 박정혁 님에게도 감사한다. 같이 방송을 진행하면서 그의 식견과 인품에 많은 통찰을 얻었다.

하지만 가장 큰 공로자는 1년 내내 강의실에서 그리고 밤을 꼬박 세우는 MT를 통해 열정을 주고받은 벙커1 강좌의 제자 분들과 지난 1년 동안 전국을 돌며 크고 작은 강연장에서 만난 많은 분들이다. 특히 5주간 평택도서관에서 진행한 강좌에 참여한 분들의 면면이 기억에 남는다. 이 분들의 관심과 열정이 나의 행복한 채찍이다.

지난 기초편에 이어서 여전히 아쉽고 부족한 것이 많은 이 책을 아직 어느 누구도 훼손하지 않은 우리 모두의 미래에 바친다.

2016 丙申年 12월
촛불이 세상을 밝히는 아름다운 시대의 저녁에

4   PROLOGUE   명리, 인간의 욕망 지도를 읽다

15   제一강   음과 양, 우주의 화음
음양과 오행의 심층적 접근 I — 천간과 지지

67   제二강   천간과 지지, 서로 생하고 극하다
음양과 오행의 심층적 접근 II — 60간지론

131   제三강   무한대의 가능성
십신과 십이운성의 심층적 접근

167   제四강   관계를 감명하다
합, 충, 형 그리고 신살의 입체적 의미

209   제五강   운명을 운용하여 조화를 이루다
용신 심층탐구 — 용신과 원국 사이의 작용과 반작용

253   제六강   '운'과 '명'의 역동
대운 심층탐구 — 원국과 대운의 합충으로 인한 변화

295   제七강   지나친 것은 모자람만 못하다
인간분석론 I — 건강론

313   제八강   하고자 하는 바, 기운의 발현
인간분석론 II — 학업과 직업

351   제九강   잘살 것인가, 잘 살 것인가
인간분석론 III — 빈부와 청탁

377   제十강   부모, 한난조습의 조후와 순환
인간관계론 I — 부모와 자녀

403   제十一강   사랑, 가장 극한적인 음양의 작용
인간관계론 II — 연애와 결혼

441   EPILOGUE   만인의 자기 전략 지침

차
례

일러두기

❶ 이 책은 2013년부터 계속되고 있는 '강헌의 좌파명리학' 강의 내용을 바탕으로
한 것입니다. 현재 '강헌의 좌파명리학' 강의는 (주)철공소닷컴에서 이루어지고
있습니다. 단, 책으로 펴내는 과정에서 명리학 입문자의 눈높이에 맞춰 문맥을
전체적으로 재정비하고, 관련 내용을 대폭 보완했습니다.

❷ 한자의 병기는 최초 노출 후 반복하지 않는 일반 표기의 원칙 대신 문맥의
이해를 위해 필요한 곳에는 반복적으로 한자를 병기했습니다.

❸ 본문의 시각 자료는 독자의 이해를 돕기 위해 대부분 새롭게 구성, 제작한
것으로 일반적인 도해圖解와는 다를 수 있습니다.

❹ 본문에 사용한 '원국표'는 대부분 저자가 실제 임상을 통해 얻은 것으로,
개인정보 보호를 위해 일반인의 신상에 관한 내용은 밝히지 않았습니다.

❺ 본문 원국표의 기본 구성은 '강헌의 좌파명리학' 수강자들을 위해 제작한
'좌파명리학 프로그램 PC버전'에 따랐으며, 원국표의 설명 역시 해당
프로그램을 기준으로 삼았습니다.

❻ '좌파명리학 프로그램 PC버전' 제작자이자 '강헌의 좌파명리학' 1기 수강생인
이지성 님의 동의로 이 책의 독자들을 위해 프로그램을 무료로 제공합니다.
프로그램은 아래의 사이트에서 내려 받으실 수 있습니다. 아울러 프로그램 사용
관련 문의 사항은 '좌파명리학 프로그램 사용자 카페'를 활용하시면 됩니다.
덧붙여 철공소닷컴 홈페이지에서도 강의 내용을 반영하여 업데이트한 무료 웹
만세력을 제공하고 있으니 이용에 참고 바랍니다.

 '강헌의 좌파명리학' 온·오프라인 강좌 및 만세력
철공소닷컴 홈페이지
www.chulgongso.com

팟캐스트 '라디오 좌파명리' 및 명리 콘텐츠
철공소닷컴 유튜브 채널
YouTube.com/c/철공소닷컴

'좌파명리학 프로그램 PC버전' 다운로드와 활용법 설명
포털 다음 카페 '좌파명리학 프로그램 사용자 카페'
Cafe.daum.net/leftmr

제
일
강

음의 기운이
가장
거대해졌을 때
양의 기운이
움튼다.

음과 양, 우주의 화음

음양과 오행의 심층적 접근 I

천간과 지지

음양오행에 기반을 둔 명리학이 우리의 구체적인 삶에서 적용되는 첫 단계는 바로 명리학적 관점에서 보는 개인의 성격에 대한 고찰이다. 우리는 대개 여기서 처음으로 명리학적인 설득력을 경험하게 된다. 음양과 오행만으로도 나의 생각과 마음, 천차만별인 타인들의 반응과 선택, 그리고 그로 인한 인간관계들의 얽히고설킴이 학문적 원리에 따라 이해되니 말이다. 사실 오행의 성격과 원리를 충분히 이해하고 있다면 명리학의 거의 대부분을 이해한 것이라 할 수 있고, 이것만으로도 명리학을 자기 삶의 내비게이션으로 톡톡히 활용할 수 있다.

동서양을 막론하고 인간의 성격과 심리를 파악하고자 하는 노력은 학술적으로 오랜 시간 동안 다양한 형태로 진행되어왔다. 초등학교 때부터 장난삼아 혹은 때때로 진지하게 고민한 혈액형별 성격부터 컬러 테스트, 사상의학, 점성학, 에니어그램(Enneagram)에 이르기까지 수많은 툴이 제시되었고, 지금도 많은 분파가 생겨나고 있다. 사회과학 분야에서는 심리학을 과학의 한 분야로 인정하려 하지 않는 완고한 입장도 간혹 있지만, 현대사회에서 점점 수요가 늘어가는 심리학의 중요성을 간과할 수는 없는 일이다.

지피지기 백전불태

'상대방을 알고 나를 알면 100번을 싸워도 위태롭지 않다.'

우리 모두가 아는 손자(孫子)의 말이다. 하지만 이 말을 제대로 아는 사람은 의외로 많지 않다. 아직도 많은 이가 '지피지기 백전백승'으로 알고 있다. 여기서 주목해야 할 글자는 위태로울 태(殆)인데, 이는 상대방을 이긴다는 것이 아니라 최소한 나를 지키고 방어할 수 있다는 뜻이다.

손자는 병법(兵法)의 대가다. 손자의 이 말에는 전쟁에서 승리하기 위한 깊은 통찰이 담겨 있다. 인간과 인간의 대립과 갈등이 첨예해지면 집단 사이에 전쟁이 일어나는데, 이는 개인의 집단적 불행을 전제하는 인간의 게임이다. 그래서 손자는 전쟁의 방법론에서 최우선을 무조건 무찌르고 이기는 것이 아닌, 많은 사람이 생존하는 것이라 생각한 것이다. 사람들이 다 죽고 나서 승리를 거머쥔들 무슨 의미가 있으랴.

명리학에서 인간의 성격과 심리에 대한 접근도 개인의 안위만을 위한 것이 아니라 자기가 속한 모든 커뮤니티의 집단적 안위와 관련이 있다고 전제하고 싶다. 자신과 주변의 타자를 이해한다는 것은 결국 자기 생존의 중요한 수단이 되기도 한다. 나와 타자에 대한 아무런 이해 없이 무작정 전쟁터에 나간다면 우리를 기다리는 것은 죽음밖에 없다. 한데 사람은 결코 자기 혼자 죽는 경우가 없다는 게 문제다. 혼자 죽고 그걸로 끝이면 차라리 다행인데 가족과 주변 사람들까지 힘들어지게 된다. 죽지 않고 크게 다치거나 아파도 마찬가지다. "3년 병수발에 열녀, 효부 없다"라는 말은 정말이지 맞는 말이다. 사람은 어떤 경우에도 절대로 혼자 죽는 게 아니다. 인간은 개인이지만 모든 개인은 존재 자체가 다분히 사회적이며, 이로 인한 사회적 죽음을 경험한다. 그렇기 때문에 자신을 안다는 것은 매우 중요하다. 자기만 살아남으려는 것이 아니라, 자기와 관계 맺은 모든 사람의 안위와 관련된 일이므로.

우리는 흔히 인간의 근본적인 욕망에 대해 이야기할 때 식욕과 성욕 두 가지를 공통적으로 말한다. 그런데 세 번째 욕망을 두고는 입장이 조금씩 다르다. 식욕, 성욕과 성질이 비슷한 수면욕을 넣기도 하고, 그런 생리적 욕구를 넘어 재물욕이나 명예욕을 들기도 한다. 관점에 따라서는 아예 자본주의 사회에서는 식욕과 성욕보다 재물욕이 우선이라고 주장할 수도 있다. 돈만 있으면 사랑도 명예도 권력도 다 가질 수 있지 않은가? 우리 스스로 그런 사회를 만들지 않았는가 하고 말이다. 하지만 나는 인간의 세 번째 근원적인 욕망은 안정욕, 즉 안전하게 자신의 생존을 유지하고 싶어 하는 것이라고 생각한다. 그 안정은 단순히 의식주의 물질적 측면만을 의미하지 않는다. '한 사람의 열 걸음보다 열 사람의 한 걸음'을 더 중요하게 생각하는 공동체적 가치에 대한 존중, 나와 자연을 조화로운 한 몸으로 파악하는 겸허함, 궁극적으로는 지상에 발을 딛고 있으면서도 우리 모두가 우주의 존재로서 존엄하다는 인식을 나눌 수 있는 정신적인 평화를 말한다. 결국 명리학에서 나를 혹은 그를 알고자 함은 이 같은 기본적인 생존의 상태와 조건을 숙고하고, 나아가 복잡다단한 인간의 욕망 지도를 파악한다는 말에 다름 아니다.

이상과 같은 관점을 잘 기억해두고 우리는 다시 음양에서 출발한다.

양음이 아니라 음양

명리학의 시작에서 접하는 음양(陰陽) 개념을 올바르게 이해한다면 동양철학은 물론 명리학의 마지막 단계에서 다시 음양을 만나게 된다. 이미 『명리 – 운명을 읽다: 기초편』에서 알아보았듯 음양은 고정된 개념이 아니다. 낮과 밤, 밝음과 어둠, 남자와 여자와 같이 단순한 대립의 개념으로 보아서는 안 된다는 말이다.

음과 양의 그 상태가 중요한 것이 아니라 음에서 양으로, 양에서 음으로 넘어가는 변화가 음양의 핵심이다. 음양은 끊임없이 변화하는 개념이므로 음과 양의 정적인 상태는 중요하지 않다. 이 상호적인 변화를 이해하려면 음양은 함께 존재해야 한다는 중요한 전제가 필요하다. 만약 음양이 분리된 또는 독립된 존재라면 이는 정말 위험한 일이다. 그때가 지구의 종말이 될 수도 있다. 음양은 언제나 함께 존재한다.

밝음이라는 개념이 전제되어야만 어둠이라는 개념이 성립된다. 밤이란 개념은 곧 낮이 된다는 것이고 낮이 정점에 달하면 밤을 향해 이동(변화)한다는 뜻이다. "양 속에서 음을 봐야 하고 음 속에서 양을 봐야 한다"는 말이 바로 이런 뜻이다. 지지고 볶고 싸워도 남자와 여자가 같이 있어야 하듯, 우리가 사는 우주 또한 낮과 밤이 같이 있어야 하고 한난조습이 같이 있어야 한다. 이 음양의 순환에서 모든 천지만물의 생성과 소멸이 일어나므로 그 두 개념이 함께 존재하지 않는다면 천지만물은 생성할 수도 소멸할 수도 없다.

그런데 우리는 음양이라고 하면 양을 먼저 생각하고 양의 가치를 더 높이 평가한다. 하지만 어떤 책을 읽어봐도 '음양'이라 일컫지 '양음'이라 하지 않는다. 이는 양을 시작 혹은 역동의 의미로 보는 인간의 시각과 달리 음의 기운이야말로 새로운 우주의 시작을 의미하기 때문이다.

인류의 역사에서 한 해의 시작은 동서양을 막론하고 동지의 절입(節入)으로 보는 견해가 많았다. 동지는 1년 중 밤이 가장 길고 낮이 가장 짧은 날이다. 동지 다음 날부터 밤이 점점 짧아지고 낮이 길어지기 시작한다. 그래서 인류는 낮이 다시 길어지는 이날을 태양의 부활일로 기념해 각종 축제를 벌이고 새해의 시작으로 삼았다.

그 예로 성탄절을 들 수 있는데, 예수는 12월 25일에 탄생하지 않았다. 예수의 실제 생일은 정확히 알 수 없지만 하필 12월 25일로 정해진 데는 뚜렷한 이유가 있다. 기독교가 공인되기 전까지 고대 로마인들에게 이날은 태양신의 탄생일이었다. 동지인 22일은 음의 기운이 너무 강해 아직 양의 기운이 본격적으로 시작되지 못하므로, 그 후 3일쯤 지나야 드디어 음의 기운에서 벗어나 양으로 향하는 움직임이 본격화된다고 생각해 정해진 축일이다. 그래서 로마에서 기독교를 공인한 후 12월 25일을 예수의 생일이라고 선포한 것이다.

한데 명리학에서는 입춘의 절입을 한 해의 시작으로 본다. 그래서 지금도 명리학계에는 한 해의 시작을 입춘이 아니라 동지로 봐야 한다는 견해가들이 있지만, 그래도 1,000년 이상 양의 기운이 움트는 입춘을 본격적인 한 해의 시작이라고 보아왔다. 왜 이런 차이가 생겼을까?

동지 시작설을 전제하면 동지와 입춘 사이 한 달 반 정도의 기간(12월 23일부터 2월 4~6일까지)에 태어난 사람은 연주(年柱)가 바뀔 수 있다. 갑인년으로 알고 있었는데 을묘년이 되고, 기유년으로 알고 있었는데 경술년으로 바뀌는 것이다. 실제로 임상에서 이 기간에 태어난 사람들을 감명해보면 어떤 이는 동지설에 더욱 합당하게 적용되는 듯하고 어떤 이는 입춘설이 더 타당한 듯 보이기도 한다. 이 기간에 태어난 사람들은 연주를 동지설로 대입해서 보는 것도 권유할 만하다. 하지만 그래도 나는 다수의 의견처럼 입춘을 한 해의 시작점으로 보는데, 명리학적 입장에서 타당한 이유가 있다고 보기 때문이다.

우주는 동지에 음에서 양으로 바뀌지만, 우리는 우주의 논리보다 인간의 논리를 따라 적응하는 경향이 있어 우주에 비해 반응이 다소 늦다고 볼 수 있다. 그런 이유로 동지로부터 3일이 지나서야 기운이 바뀌는 걸 자각하고, 더 크게는 입춘 정도가 되어야 계절의 변화를 느끼게 된다. 실제로 우리는 한 해 중 낮이 가장 긴 하지, 즉 6월 22일경보다는 7, 8월에야 진짜 더위를 느낀다. 우주의 규칙으로 보자면 하지가 가장 더워야 하지만 지구가 예열되어 그 위에 사는 인간이 실제로 너위를 느끼기까지는 어느 정도 시간차가 필요하다는 것이다. 동지도 마찬가지로 이날 밤이 가장 길기 때문에 1년 중 가장 추워야 하지만 북반구에서는 동지 이후부터 본격적인 추위가 시작된다. 요컨대 우주와 인간 사이의 래그(lag) 즉 지체 현상인 셈인데, 이렇게 보자면 입춘을 인간의 시간 단위인 한 해의 시작으로 보는 것이 타당하지 않은가?

그러나 입춘설이든 동지설이든 거기에 담긴 이치는 같다. 결국 생명은 음의 기운이 가장 거대해졌을 때 양의 기운으로 바뀌는 과정에서 시작된다는 것이다. 그래서 '양음'이 아니라 '음양'으로 음을 앞에 두는 것이 아닌가 생각해본다. 명리학이 생긴 이래 지난 1,000년 동안 언제나 양들은 음들을 못살게 굴고 비웃어왔지만 생명은 음에서 시작한다는 것을 간과하면 곤란하다. 양은 음을 과소평가하고 괴롭히는 재미로 살지 몰라도 그런 방자함은 결코 양의 권리가 아니다.

양의 기운은 목(木)과 화(火)라는 오행으로 진화한다. 만물이 소생하는 봄과 생명력이 만개하는 여름이야말로 양의 기운의 현실적 모습이다. 음과 양의 가운데에서 중재하는 천간의 무토(戊)와 기토(己) 중 황량한 대지를 표상하는 무토가 양의 기운을 담은 토라면 촉촉한 습기를 담고 있는 문전옥답의 기토는 음의 기운이다.

음은 오행상으로 보면 금(金)과 수(水)다. 가을과 겨울이다. 또한 토(土) 중에서 습토(濕土)가 음의 기운이다. 그런데 습토의 경우 고려해야

제1강. 음과 양, 우주의 화음

할 사항이 있다. 습토 중에서도 해자축(亥子丑) 즉 한겨울의 토인 축토(丑)는 명백히 음의 기운이다. 그러나 봄의 토인 진토(辰)는 음의 기운을 가지지만 양의 기운으로 바뀌는 성질이 있다. 즉 상황에 따라 음과 양의 기운을 넘나들 수 있으므로 습토 중에서 진토는 주변의 상황을 충분히 헤아려서 판단해야 한다. 그래서 진토는 함부로 습토, 음토라고 판단해서는 안 된다. 조토(燥土)도 마찬가지다. 한여름의 토인 미토(未)는 확실히 양의 기운을 가지지만, 술토(戌)는 양과 음의 기운을 모두 포함하고 있으므로 상황에 따라 감별해야 한다.

그러면 양과 음의 기운을 극단적으로 담고 있는 두 대통령의 명식을 한번 음미해보자.

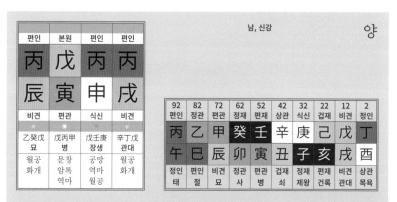

고 노무현 전 대통령의 명식. 사주의 천간이 모두 양으로 이루어져 있고 수기가 아주 미약한 조열한 신강 명식이다. 무토가 지지에 2개의 토를 만나 기상은 넓고 천간에는 병화가 3개나 떠서 (병화 자체가 편관의 속성을 품고 있는데) 명예와 대의명분, 자존심이 목숨만큼 중요한 사람이다. 그런 병화가 너른 대지 구석구석까지 밝게 비추다 못해 원국을 바짝 말리고 있어 대지를 적셔줄 수 기운이 갈급하고 왕성한 토 기운을 설기할 금 기운이 또한 필요하니 수금이 용희신이다. 초년은 불운했지만 청년기 이후 대운이 수금으로 아름답게 흘렀다. 32 경자 대운 초반이 고 노무현 전 대통령의 인생 중 잠깐 경제적으로나 정신적으로 여유로웠던 시절이었는데, 신자진합수로 삼합이 되고 월지 식신이 대운에서 투출했다. 그 여유는 오래가지 못해 1981 신유년 상관이 통근한 세운에 부림사건을 맡으면서 본격적으로 민주화 운동에 투신했다. 임인 대운에 개혁의 희망으로 떠올라 대통령이 되었으나, 계수가 무토와 합하여 구신으로 화하는 계묘 대운 기축년에 스스로 세상을 떠나고 말았다. 퇴임 이후에도 활발하게 더 나은 세상을 향해 의욕을 불태웠던 모습이 눈에 선하다. 너무 강한 양의 기운이 멈출 줄 몰랐던 그의 기상을 극대화했고, 동시에 적대자들의 표적이 되어 너무 빨리 우리 곁을 떠나게도 만들었다.

앞의 명식이 끝없이 넓은 대지에 이글거리는 태양이 온 누리를 뒤덮은 양의 기운이 느껴진다면 다음의 명식은 냉정하고 차가우며 집요한 음의 기운이 전편을 뒤덮고 있다.

남, 중화　　음

이명박 전 대통령의 명식. 신금이 자월에 태어난 금백수청(金白水淸, 금 일간이 동절기에 태어나 맑은 수를 볼 때)으로 목화통명처럼 머리가 비상하고 냉정하며 의지가 강하다. 음의 차가운 기운이 원국을 지배하므로 정화 용신이고 목이 희신이 되는데 앞의 사례처럼 대운도 초반엔 불운했으나 24 대운부터 화목으로 곱게 흐른다. 원국과 대운의 훌륭한 조화. 천간은 하나의 오행으로 관통하고 있고, 원국 내에 충이 없으며, 지지는 오행을 두루 갖춘 중화 사주로 월지 식신까지 갖추었으니 통근한 기구신이 20년씩 이어지지 않는 이상 개인적으로는 굴곡 없는 풍요로운 삶을 살 수 있다. 이명박 전 대통령의 명식을 한마디로 표현하면 실용주의. 오행을 두루 갖추고 흐름이 좋은 중화 사주는 대부분 용희신 추구 없이도 두루 평안한 삶을 유지하는데, 꺼내쓸 수 있는 무기가 많기 때문이다. 절제력과 부지런함을 가진 응축된 신금이 지지에 오행을 두루 갖추고 중화를 이루어서 자신의 이상은 지키면서 상황에 따라 팔색조의 모습을 보일 수 있다. 서울시장으로 있을 때의 청계천 복원 사업 같은 가시적으로 현실적인 공약들을 실현해 보수 진영의 지지를 얻었다. 하지만 대통령 재임 시의 4대강 사업에서 보듯이 여론은 안중에도 없이 자신이 지닌 확신을 고집하는 음금의 외골수적인 면을 단적으로 보여주기도 했다.

음의 성향과 양의 성향

인간의 성격과 관련해서 음양의 특징을 가장 단순하게 말하자면 음은 내성적인 성향, 양은 외향적인 성향이다. 동양철학은 물론이고 서양의 융(Carl Gustav Jung, 1875~1961) 심리학까지 모두 이 단순한 특징에서 시작한다. 또 다른 음과 양의 특징은 수동성과 능동성, 무엇보다 현실적인 가치에 대한 입장의 차이 즉 실리와 명분으로 구분된다는 데 있다.

그래서 『적천수』(滴天髓)에서도 양은 기(氣)를 좇고 음은 세(勢)를 좇기 때문에 양은 절대 음을 이기지 못한다는 철저한 음양의 이치부터 시작한다. 이게 중국인들의 사고방식이다. 만약 '다이내믹 코리아'에서 명리학이 기초했다면 이런 말은 쓰지 않았을 것이다. 우리는 음이든 양이든 무조건 '못 먹어도 고'다. 반면 중국인들은 철저하게 현실적 가치를 최우선으로 보았음을 알 수 있다.

그다음으로 고려해야 할 것은 음의 기운은 사고 지향적이고 양의 기운은 행동 지향적이라는 점이다. 음의 기운은 현재의 가치를 중요시하고, 양의 기운은 미래의 가치를 소중히 한다. 오행에 대한 이야기를 아무리 해봤자 결국 세상은 근원적으로는 이러한 음과 양의 갈등과 대립에 의해 진행된다. 드라마 〈응답하라 1994〉에는 남편 성동일이 시티폰에 투자했다고 하자 아내 이일화가 오히려 빚을 내서라도 더 많이 투자하라고 했다가 쫄딱 망한 에피소드가 나온다. 이런 경우 부부가 똑같이 미래 지향적 성향이기에 결과적으로 망했어도 서로를 탓하지 않게 된 것이다. 특수관계인끼리 음양과 오행이 같을 경우, 예를 들어 부모가 목(木)의 기운이 강한데 자식도 목의 기운이 강하다면 서로의 기질을 이해하므로 큰 문제가 없다. 하지만 음양과 오행의 기운이 모두 같다 해서 결과가 다 좋은 것은 아니다.

가상의 회사를 예로 들어보자. 출근하는 게 행복하고 밥도 늘 같이 먹고 항상 즐거운 분위기였는데 회사가 망해버렸다. 왜일까? 성향이 같은 사람들이 모여 있다는 이유로, 누가 봐도 잘못된 일을 비판하지 않고 다음에 잘해보자는 식으로 끝내버렸기 때문이다. 그 순간 행복할 수는 있지만 이런 조직에게 미래는 없다. 현재의 행복을 지키다가는 미래를 담보할 수 없는 것, 그래서 삶은 어렵다.

결국 명리학은 그 무엇도 절대적이지 않은 우주의 조화를 추구하는 일인데, 이 우주의 조화라는 것이 말처럼 평화롭게 이뤄지지는 않는다. 내기운에 맞지 않고 좋아하지 않는 것을 사랑해야 하기 때문이다. 실제로 임상에서 상호 용신(用神) 관계인 커플들이 쉽게 헤어지는 경우를 많이 만난다. 성향이 다른 사람들이기 때문에 만남의 초기 단계까지는 서로를 이해하기 힘들기 때문이다. 그래서 조화로운 관계로 가기 전에 서로를 밀어내고 만다. 한편 서로가 기신(忌神)인 명식을 가진 사람들은 서로 아끼고 좋아한다. 같은 기운을 공유하고 있으니 상호 이해가 쉽기 때문이다. 조화가 좋은 줄은 알지만 막상 자신과 다른 것을 받아들이기란 쉬운 일이 아니다. 이것이 이번 장의 핵심이다. 즉 조화로운 힘이 어떤 것인지를 이해하고, 한 단계 더 나아가 이를 현실에서 어떻게 단련시킬 것인가에 대해 고민해보자.

오행의 발달, 과다, 고립, 부재

음양과 오행에 따른 성격과 심리를 자세히 살펴보기 전에 오행의 발달, 과다, 고립, 부재에 대해 짚고 가자.

다섯 가지 오행이 모두 있고 서로 완벽한 균형을 이루는 원국은 없다. 한두 가지 오행의 비중이 너무 크거나 작을 수 있으며, 특정한 오행 하나 혹은 아주 극단적인 경우지만 네 가지가 없을 수도 있다. 인간은 어차피 불완전한 존재이고, 어떤 명식도 완벽하게 조화를 이룰 수 없다. 사주팔자는 짝수로 구성되므로 오행의 조화가 깨질 수밖에 없는 구조다. 특정한 대운을 만날 때 오행의 조화가 들어맞는 경우도 있지만 이는 매우 드물다. 요컨대 인간의 사주팔자는 특정 오행의 발달, 과다, 고립 그리고 부재가 있기 마련이다.

특정 오행이 발달했다는 것은 그 오행의 힘이 강하고 활성화되었다는 의미다. 즉 발달된 오행이 가진 기운의 특장점이 잘 드러난다. 예를 들어 목(木)의 기운이 발달한 명식이라면 그 기운이 가장 선순환적인 힘으로 발휘된다. 그러므로 다른 사람의 명식을 감명할 때는 명식에서 가장 활성화된 오행이 무엇인지, 그의 삶에서 그 기운이 잘 발현되었는지를 유심히 살펴봐야 한다. 그리고 직업 혹은 제일 잘하는 일이 발달된 오행과 정확히 부응하는가를 확인해야 한다. 명식에서 발달된 오행이 결국 자기가 제일 잘 쓸 수 있는 기운이기 때문이다. 이런 과정이 한 사람이 자신의 명식으로 어떻게 살아왔는지를 이해하는 첫 번째 키가 된다.

그런데 오행의 과다는 이야기가 좀 다르다. 이 경우 아예 전왕(專旺, 원국에서 한 오행이 전면적으로 지배적일 때 그 오행의 기운을 따라 사는 것)으로 가지 않는 한 과다한 오행의 극단적인 단점이 부각된다. 한 오행이 과다인 사람은 이 과다한 기운을 어떻게 제어하고 극복하고 있는가가 중요하다. 과다는 물론 이 명식에서 기구신(忌仇神)이 된다. 과다한 오행의 기운이 적절히 제어되지 못하면 기구신의 기운을 쓰면서 살고 있다는 이야기고, 이미 많은 것을 되돌릴 수 없는 상황일 가능성이 있다. 다행히 확률상 발달은 많아도 과다인 경우는 그리 많지 않다.

문제는 오행의 고립이다. 한 오행이 고립되었을 때, 고립된 오행의 기운이 전혀 발휘되지 않거나 반대로 자신에게 취약한 고립된 오행에 집착을 보이게 된다. 자신에게 부족한 것들에 대한 비현실적인 집착으로 오행의 고립이 발현될 때는 부정적인 결과를 가져올 수 있다. 그런데 더욱 위험한 고립은 첫째로 건강과 관련된 오행일 경우, 둘째로 성장 과정에서 특수관계인과 문제가 있는 경우다. 오행의 고립이 있을 때는 어린 시절 가까운 주변인과의 관계에서 형성된 많은 요소들이 인생 전반에 걸쳐 큰 영향을 끼친다. 특히 부모와 부모에 버금가는 보호자와의 관계에 문제가 없는지 살펴봐야 한다. 예를 들어 어릴 때 부모와의 생사이별, 가정폭력 또는 성추행 같은 상황을 경험하지 않았는지 꼭 확인해야 하고 그런 경우 고립은 위험하다고 판단한다. 그러한 어린 시절의 트라우마가 형성된 경우에는 고립된 오행(또는 십신十神)에 대한 주체의 집착이 강해진다. 이런 형태의 집착은 대부분 비생산적인 것이어서 자신을 괴롭히거나 이유 없는 집착을 보이는 식으로 드러나기 마련이다.

오행이 부재하다는 것은 한 오행이 지장간(支藏干)에도 없는 경우를 말한다. 고립이 육체적인 건강과 환경적인 요소에 영향을 준다면, 오행의 부재는 정신적인 부분에 큰 영향을 준다. 좀 더 엄밀히 말하자면, 특정 오행이 부재하는 경우 강한 트라우마의 경험 때문에 정신적인 타격이 내면화되었을 가능성이 크다. 원국에 없는 오행을, 아니 없기 때문에 그것을 주체의 강렬한 의지와 욕망으로 읽어내려는 이른바 무자론(無字論) 혹은 허자론(虛字論)도 이 맥락의 연장선에서 나타난 개념이다.

이제 본격적으로 각각의 오행을 심도 있게 파악해보자. 한 오행과 다른 오행 간의 상생상극을 단순히 '생(生)해주는 것을 좋아하고 극(剋)하는 것을 싫어한다'라고 읽기보다 좀 더 깊은 안목으로 오행 간의 관계를 유기적으로 살펴보자. 대만의 명리학자 하건충(河建忠)은 천간 오행을 십신에 대입해 설명했는데 매우 음미할 만한 것이어서 그의 의견도 최대한 반영하겠다.

천간의 목(木), 갑(甲)과 을(乙)

양목인 갑목(甲)은 십신상으로 편재(偏財)의 특성을 보인다. 편재의 즉흥성, 멋 내기, 나서기 좋아하기, 과장, 허세, 약자에 대한 측은지심과 봉사심, 미래에 대한 기획 등이 갑목의 특징과 겹친다. 갑목은 물상학(物象學)적으로 유일하게 중력을 거슬러 밑에서 위로 올라간다. 아름드리나무가 성장하는 것을 연상하면 된다. 봄에 나무에 물이 올랐을 때 하늘을 향해 쭉 올라가는 기운, 이때 나무의 기운뿐 아니라 봄이라는 기운도 함께 느껴야 한다. 모든 생명력이 만유인력의 법칙을 거스르면서 충일하게 한 방향으로 치솟아 올라가는 봄의 기운, 다시 말해 스프링(spring), 위로 탕 튀어 오르는 힘, 도약이다. 이 기운이 갑목이다. 또 갑목은 쭉쭉 뻗은 나무인 동시에 사(死)목, 즉 죽은 나무다. 갑목이 제대로 쓰이려면 도끼로 잘라서 다듬어야 전봇대도 되고 대들보도 된다. 을목(乙)은 해가 바뀌면 죽었다가도 다시 살아나지만 갑목은 쭉쭉 자라다가 장렬하게 전사하기를 원한다. 갑목이 전사하지 않으면 그냥 나무일 뿐이다. 갑목의 기운이 생조(生助)된 사람들의 외형적 특징은 청수한 외모, 즉 뛰어난 미모는 아니지만 곧고 맑은 이미지이고 피부에 약간 푸른빛이 돈다.

갑목의 핵심은 성장이다. 진취성과 수평적 리더십 그리고 인의예지신(仁義禮智信) 중에서 목(木) 특유의 인(仁)의 기운에 의거한 성격을 보인다. 갑목을 가진 사람들은 측은지심에 싸인 자존심을 갖고 있다고 봐야 한다. 갑목들은 쉽게 타인을 인정한다. 마음속으로는 어떻게 생각할지 모르지만 상대 앞에서는 배려와 인정이 있다.

또한 갑목은 논리적 설득력이 있다. 갑목은 어린이라도 부모나 선생을 졸라대면서 설득하려 하지 않고 나름대로 조리 있게 논리적으로 말하려고 노력한다. 자세히 들어보면 맞는 말은 아니지만 원인과 결과를 나름의 논리로 조목조목 따져서 부모들을 흐뭇하게 하기도 한다.

그러나 갑목은 지나친 자기 노출로 주변의 원성을 사거나 적을 만들기도 한다. 남들이 보기에 모른 척 넘어가도 되는 일에 앞장서서 시비를 가려 집단 내 보안관 역할을 자처하다가 주변의 부정적인 평가를 받기도 한다. 갑목에게 조정을 맡기면 안 된다. 이상적인 것을 주장해 자신의 명석함을 드러내긴 하지만 한편 현실감이 결여되기도 하므로 갈등 상황을 조정하는 것은 어려울 수 있다. 또 시작의 기운인 갑목은 기획, 계획한 것에 비해 마무리가 잘 안된다. 이는 목(木)을 생하는 수(水)의 기운에서 유래한 것이기도 하다.

갑목은 일을 할 때 일보다 사람 중심의 논리를 앞세우는 경향이 있는데, 이러한 관점이 부정적으로 작용할 때가 있다. 인사고과에서 자신이

도와주고 싶은 사람이 있으면 업무 수행 능력이 떨어져도 서슴지 않고 그에게 점수를 준다. 그러고는 "업무적으로 가장 뒤떨어지는 사람에게 높은 평가 점수를 줌으로써 기운을 북돋우고자 했고, 이는 결과적으로 전체의 생산력을 높이기 위한 결정이었다"라는 논리를 만든다. 듣는 입장에서 겉으로는 동의하는 척할지 모르지만 속으로는 아무도 수긍하지 않는다. 그래서 리더십, 형평성에 문제가 있다는 평가를 받을 가능성이 크다. 갑목은 차라리 "저 사람이 좋아서 높은 점수 줬다, 이해해달라" 하는 게 낫다. 이것을 정당화하기 위해 억지스러운 논리를 만들면서까지 타이들을 설득하는 일이 없도록 주의해야 한다. 갑목 중에서 시쳇말로 '싸가지 없는' 사람이 많은데 그 이유를 잘 파악해야 한다. 본래 그런 게 아니고 남을 배려하다가 손실을 많이 봐서 트라우마가 된 경우일 수 있다. 그래서 갑목을 함부로 평가하면 안 된다. 갑목의 또 다른 단점은 무슨 일이든 시원하게 진행하지만 결정적인 순간에 머뭇거리다가 결정을 하지 못해 자기 몫을 챙기지 못한다는 점이다.

이제 갑목과 다른 간지(干支) 사이의 관계를 살펴보자.

탈태요화(脫胎要火)라는 말이 있는데, 이는 갑목이 태어나서 자랄 때는 필히 강력한 화(火)를 필요로 한다는 뜻이다. 갑목이 가장 사랑하는 것은 병화(丙)다. 갑목은 다른 오행을 생조해주는 것보다 자신을 실현시켜 크게 쓰이게 해주는 쪽을 좋아한다. 그래서 갑목이 있을 때 우선적으로 병화를 떠올려야 한다. 지상의 생물 중에 태양 없이 생존할 수 있는 생물은 없다. 그래서 태양을 상징하는 병화는 다른 오행에게 만병통치약과 같은 역할을 하기도 한다. 특히 갑목은 병화를 간절히 원한다. 힘을 발휘하지 못하는 갑목을 보면 원국에 병화가 없거나 필요한 시기에 병화가 대운에 들어오지 않거나 혹은 병화가 대운에 오더라도 천간에 신금(辛)이 있어 병신합화수(丙辛合化水)가 되는 경우다. 그러므로 만약 자신의 원국에 갑목이 있지만 병화가 없는 사람은, 중요한 대운에 병화가 오지 않는다면 그 힘을 발휘하기 위해서라도 병화를 가진 사람과 가까이 지내려 노력해야 한다. 같은 화라도 갑목이 원하는 것은 정화(丁)가 아니다.

정화는 갑목의 힘만 뺀다. 갑목 입장에서 정화는 싫진 않지만 좀 귀찮은 딸 같은 존재일 수 있다.

또한 갑목이 가장 힘을 받는 지지는 진토(辰)다. 묘목(卯), 인목(寅)도 아니고 해수(亥)나 자수(子)보다도 진토를 원한다. 갑목은 큰 나무인 만큼 뿌리를 내리고 굳건하게 설 수 있는 땅, 그러면서도 봄의 기운과 물의 기운을 모두 품고 있는 땅을 가장 바란다. 그러므로 봄토이자 습토인 진토가 갑목이 제일 사랑하는 지지다. 천간 갑목은 진토에 뿌리내리지 못하면 인목이라도 와야 한다. 결국 병화도 진토도 인목도 없는 갑목은 공허한 갑목이라고 할 수 있다.

갑목과 비견(比肩)에 건록(建祿)을 이루는 갑인(甲寅) 간지가 힘이 가장 강하기는 해도 갑진(甲辰)이 그보다 생명력이 길다. 갑인은 강하긴 하지만 끊어지는 순간 끝나는 반면 갑진은 마지막까지 버틴다. 노름판에서 끝까지 버티는 이가 갑진이라고 생각하면 되겠다.

을목(乙)에게 갑목은 반가운 존재지만 갑목에게 을목은 귀찮은 존재다. 보통은 무시하고 싶은. 그러나 때로는 이런 겁재(劫財) 을목이 갑목에게 도움이 될 때가 있다. 갑목이 진토나 인목의 지지 없이 허공에 약하게 떠 있고 주위에 갑목을 공격하는 경금(庚)이 있을 때, 을목은 경금과 합을 이루어 갑목을 안전하게 보호하는 역할을 한다.

갑목이 병화 다음으로 좋아하는 천간은 합(合)을 이루는 기토(己)다. 진토가 없더라도 기토가 있으면 갑기합토(甲己合土)로 합을 해서 비록 비좁은 토이지만 권토중래(捲土重來), 다음 기회를 노릴 기반이 되는 땅으로 삼을 수 있다. 『삼국지』(三國志)에서 유비 일행이 간신히 버틸 수 있었던 소패성 같은 개념이랄까. 그래서 진토가 없는 갑목은 그나마 뿌리를 내릴 수 있는 기토를 아쉽지만 반긴다. 반대로 우두머리 기질이 있는 갑목은 자신보다 통이 큰 무토(戊)를 힘겨워한다. 하지만 계수(癸)가 기신인 경우 무계합화(戊癸合火)를 이루어 기신인 계수를 걷어내고 자신이 원하는 화(火)를 얻기 때문에 무토를 반기기도 한다. 이런 기전은 합(合)과 충(沖)을 안다면 쉽게 이해할 수 있을 것이다.

갑목은 계수(癸)는 별로 반기지 않는다. 이는 큰 나무에 물 한 종지를 제공하는 데 지나지 않기 때문이다. 통이 큰 갑목은 임수(壬) 정도의 큰물을 만나야 비로소 인성(印星)으로 반긴다. 계수는 원국이 조열(燥熱)해서 한 방울의 물도 아쉬울 때가 아니고서는 불편하다.

지윤천화 식립천고(地潤天和 植立千古). '땅이 윤택하고 천간이 화평하게 조화를 이루면 꼿꼿이 서서 천 년을 간다.' 갑목을 정확하게 정리한 말이다. 갑목은 넓고 윤택한 땅 진토(辰), 과하지 않은 적절한 임수(壬), 밝은 태양인 병화(丙), 날카롭지 않은 경금(庚)을 만나야 최고라는 뜻인데 그만큼 주변 환경의 영향을 많이 받는다는 말이기도 하다.

남, 극신강

갑목

식신	본원	편인	상관
丙	甲	壬	丁
寅	子	寅	亥
비견	정인	비견	편인
戊丙甲 건록	壬癸 목욕	戊丙甲 건록	戊甲壬 장생
역마 월덕	도화	역마 월공	공망 암록 천덕

93 편인	83 정인	73 비견	63 겁재	53 식신	43 상관	33 편재	23 정재	13 편관	3 정관
壬	癸	甲	乙	丙	丁	戊	己	庚	辛
辰	巳	午	未	申	酉	戌	亥	子	丑
편재 쇠	식신 병	상관 사	정재 묘	편관 절	정관 태	편재 양	편인 장생	정인 목욕	정재 관대

7080 재야 운동권의 대부로 젊은날을 민주화 운동으로 보내고 3선 국회의원에 보사부 장관까지 지낸 고 김근태의 명식. 갑목이 목의 계절인 봄의 인월에, 봄의 시간인 인시에 태어났으니 이보다 목의 기운이 강하긴 어려울 것이다. 자유와 민주주의를 향한 불굴의 의지와 기개를 엿보게 한다. 3개의 목 옆에 목을 생하는 수가 하나씩 나란히 붙어 있어 목의 기운을 극대화하는 것도 이 명식의 특기할 만한 요소다. 목 비겁과 수 인성이 원국을 지배하는 극신강에 가까운데, 용신의 구실을 하는(화토 용희신) 병화와 정화가 천간에 떠서 강한 수목의 기운을 아름답게 설기하고 제어하고 있다. 목화는 정치적 성향이 진보적 색채를 띠는데, 노무현 전 대통령은 화의 기운이 강하고 이재명 성남시장은 목의 기운이 승하다. 박정희, 전두환, 노태우 등 군부 출신 대통령과 이명박 대통령은 보수적이고 독재적인 금의 기운이 막강한 것이 특징이다. 목과 화의 기운이 압도적인 정치인으로 학생운동권 출신에 새누리당 소속인 원희룡 제주도지사를 들 수 있는데 보수 정당 내 개혁 세력의 역할을 하고 있다.

제1강. 음과 양, 우주의 화음

음목인 을목(乙)은 십신상으로 정재(正財)의 특성을 보인다.

을목은 갑목과 달리 옆으로 성장하는 넝쿨 같은 나무다. 을목도 리더십은 있지만 갑목에 비해 두드러시지 않는 리더십으로 갑목이 놓치는 섬세함과 부드러움이 있다. 또 을목은 독자적이기보다 의존적으로 생존한다는 특징이 있는데, 그 의존 대상보다 더 오래 살아남는다. 그래서 을목은 갑목을 반긴다. 원래 갑목과 갑목이 만나면 경쟁심이 발동하기 때문에 서로 견제를 한다. 그런데 을목은 갑목에게 경쟁심을 가지지 않는다. 오히려 갑목을 자신이 타고 올라가야 하는 성장 기반의 대상으로 생각한다. 하지만 갑목은 그런 을목에게 위협을 느끼지 않는다. 갑목 입장에서 다른 갑목은 위협적인데 을목에 대해서는 '그까짓 거 그래봐야 넝쿨'이라며 약간 무시하는 경향이 있다. 그러나 갑목은 그렇게 방심하다가는 을목의 반격에 큰코다치게 된다. 을목은 일단 자기를 낮추는 겸손이 있다. 하지만 겸손이 지나치면 위선으로 비칠 수 있다. 그래서 갑목에게 '만날 우는소리를 하면서 실속은 제가 다 챙긴다'고 비난을 받기도 하니 을목으로서는 억울할 따름이다. '기껏 배려하고 나를 낮추었더니 돌아오는 것은 비난밖에 없구나'라고 생각할 수 있다.

을목은 넝쿨로 자라기 때문에 주변의 환경이 중요하다. 그래서 상황 판단이 빠른데 때로 지나치게 타산적인 것이 문제다. 확실하고 치밀하게 자기 것을 챙길 줄 아는 을목에 비해, 갑목은 위로 올라가는 데만 신경을 써서 상황 파악이 안 된다. 또한 갑목은 자신과 기운이 잘 맞지 않으면 불편해하고 그게 겉으로 드러나는 반면, 을목은 적응력이 뛰어나서 담쟁이 넝쿨처럼 주변 환경, 상황에 적응해 자기 방식대로 헤쳐 나간다. 갑목과 달리 순간적 판단력이 빠르고 돌발 상황에 대한 대처 능력도 뛰어나다. 을목은 좀처럼 위기에 빠지지 않지만 갑목은 위기에 빠질 가능성이 매우 커서 갑작스러운 사고, 구설수에 노출될 가능성이 높다.

을을(乙乙) 병존이 왜 고립무원한 기운인가. 외로움이 넘쳐나면 고립이 된다. 을목은 넝쿨이라 어차피 눈에 잘 띄지 않는데, 이런 특징이 강해지면 자기를 알려도 모자란 요즘 같은 사회에서 존재감이 희미해지므로 사람들이 그의 존재를 인지하지 못할 때가 많다. 특히 가까운 가족에게 도움을 받지 못하고 자기 힘으로 살아나야 하는 경우가 많아 간난신고가 많다고 해석을 한다. 하지만 남들에게 그렇게 보일지 몰라도 을목 자신은 거기에 크게 신경 쓰지 않는다. 처세술이나 상황 적응력이 뛰어나 분쟁 상황에서 자기 이익을 위해 중재하는 능력도 갖췄기 때문이다. 다른 사람들을 위한 일이지만 결국 자신의 이익을 챙기는, 정치적 조정 능력이 뛰어나다고 할 수 있다. 그러나 을목은 결정적인 순간에 판단력이 현저히 저하된다. 갑목은 머뭇거려서 손해를 보고 을목은 잘못 판단해서 손해를 본다.

을목은 속을 알기 어려운데 실제로 을목은 자신을 잘 은폐하는 능력이 있다. 이 사람이 무슨 생각을 하는지 모르겠다는 것까지도 좋은데, 더 큰 문제는 을목이 수평적 존재이기 때문에 감정이 과잉될 때 위로 발산되지도 옆으로 빠져나가지도 않는다는 점이다. 그리고 응축된 음의 기운이기 때문에 감정 기복이 심하다. 멀쩡하다가 갑자기 불안정한 감정 상태를 보여주는데, 이는 자기 억압에서 오는 스트레스 때문이다. 한번 이러고 나면 다시 원위치로 돌아갈 수 있지만 그 주기가 짧아지고 횟수가 늘다 보면 결국 을목의 사회성이 무너진다. 따라서 을목은 스트레스를 쌓아두지 말고 그때그때 풀어야 한다. 갑목은 지나치게 설득하려 해서 문제지만, 을목은 너무 '그럴 수 있지. 그럴 수 있다고 봐' 하다가 더 스트레스를 받아 나중에는 자신이 무너진다.

이제 을목과 다른 간지 사이의 관계를 살펴보자.

을목은 다른 간지와의 관계가 갑목에 비해 복잡하지 않다. 의존적인 생존력이 강해 어떤 상황에도 무난하게 적응을 한다.

회정포병(懷丁抱丙). '정화를 가슴에 담고 병화를 품으면 두려움이 없어진다.' 을목은 정화건 병화건 화(火)의 음양을 가리지 않고, 그 화를 품게 되면 갑목도 두려워하는 금(金)을 두려워하지 않는다. 생각해보라. 아름드리나무인 갑목은 도끼를 무서워할 수 있지만 넝쿨은 휘청휘청하기 때문에 도끼를 맞아도 한 방에 끊어지지 않는다. 넝쿨들이 무서워하는 것은 날카롭게 파고드는 톱이지 도끼가 아니다. 그래서 을 일간이 병화건 정화건 화(火)를 바로 옆에 갖고 있으면 신약(身弱), 신강(身强) 여부에 관계없이 조용하지만 큰일을 저지르는 좀 무서운 사람일 가능성이 있다.

규양해우(刲羊解牛). '유약해 보이지만 양을 치고 소를 해체한다.' 십이지신상(十二支神像, 십이지를 상징하는 열두 가지 동물)으로 양은 미토(未)고, 소는 축토(丑)다. 강해 보이는 갑목은 토(土)의 조습(燥濕)을 가리지만 약해 보이는 을목은 토의 조습 여부에 상관없이 뿌리를 내린다.

등라계갑(藤蘿繫甲). 이는 을목의 가장 중요한 특징이다. 을목(등라, 즉 등나무 넝쿨)이 갑목을 감고 올라타면 봄가을을 가리지 않는다. 을 일간 옆에 갑목이 있으면 바로 그 갑목을 타고 사정없이 올라가 어떤 계절이건 무시무시한 힘을 발휘한다. 을 일간에게 갑목은 천군만마다. 반대로 갑목은 을목을 거추장스럽게 생각한다.

공장 노동자에서 천신만고 끝에 변호사가 되어 인권을 대변했고, 민선 지방자치단체장에서 대권 주자로 부상한 이재명의 명식. 을유 일주, 시주 병존의 힘을 느끼게 하는 삶의 이력이다.

을목이 자월 해질녘에 태어나 뿌리내릴 땅도, 화기도 한 점 없이 얼어붙어 있는 신강한 명식이다. 뿌리내릴 땅과 온기를 공급해줄 화기가 시급하다. 목 비겁이 강왕하고 편관에 절까지 병존으로 갖춘 결단력 있는 이상주의적 좌파 정치인의 모습을 읽을 수 있다. 을을 병존의 특징으로 삶의 고단함과 인덕의 박함을 들 수 있는데, 이재명은 인성과 비겁이 기구신이고 초년 대운까지 구신 인성으로 흘러 인생 초년이 극도로 힘들었다. 다행히 월간 갑목이 을목과 묘목을 생기 있게 끌어 올려줬다. 기구신이라 할지라도 내가 가진 힘은 내 힘인 것이다.

지지 4개가 모두 왕지로 도화가 3개인데 이는 소규모 지자체장임에도 전 국민적 시선을 모으는 힘이다. 월지가 자수가 아닌 진토였다면 하는 아쉬움이 있다. 신금은 활동성도 크고 이리저리 유용하게 쓰이지만 유금은 순수한 금으로 살기가 넘치며 성질을 바꾸지 않는다. 부드럽고 유연한 인상이지만 목적한 바는 이뤄내고야 마는 과단성 있는 추진력은 편관에 절, 유유 병존에서 나온다.

기신 20년, 한신 20년을 지나 완벽한 용희신 대운 40년 퍼레이드 초반에 서 있다.

지지의 목(木), 인(寅)과 묘(卯)

인목(寅)은 인사신(寅巳申) 삼형(三刑)을 이루는 힘이다. 십이지신상으로 인목은 호랑이다. 인목, 사화, 신금 모두 권력 지향적인 성향이 있으며 사화-인목-신금 순으로 권력의지가 강하다. 권력에 욕심이 없으면 형(刑)에 걸릴 일이 없다. 힘을 얻고자 하기 때문에 문제가 생기고 흉사가 일어난다. 그러면서 동시에 인사신은 승진이나 큰 성취를 이루는 힘이다. 똑같이 고시에 붙고 검사가 되어도 누구는 검찰총장이 되고 누구는 지방검사로 돌다가 지방에서 변호사 개업을 하고 끝난다. 이 엄청난 차이는 권력의지에서 비롯된다. 인사신 외에 지지의 진토(辰)도 권력의지를 나타내지만 인사신과 격이 다르다. 진토는 옛날에 왕의 자리인 용상, 최고의 권력에 이르는 힘이라 했고, 혹은 사고를 쳐도 나라 전체를 뒤흔들 만큼 큰일을 내는 힘이라 했다.

인목은 목(木) 중에서도 가장 주관이 뚜렷하다. 웬만해서는 인목의 입장이나 관점을 움직이기 어렵다. 확신범이다. 그리고 명예와 품위에 대해 넘칠 만큼 의지가 강하다. 인목을 가진 아이의 자존심을 부모나 형제가 상하게 하는 것은 폭력과 같으므로 명식에 인목이 있는 아이들을 대할 때는 주의할 필요가 있다.

인목의 약점은 일을 차근차근 진행하지 못하고 몰아서 한 번에 해결하려고 하는 점이다. 방학일기를 미뤄놨다가 이틀 안에 한 달치를 쓰는 녀석들이다. 베토벤은 일지, 시지가 인인(寅寅) 병존이다. 그 말도 안 되는 자존심과 허세의 힘을 작곡에 썼기에 망정이지 공화주의 활동가였으면 여러 조직 말아먹고 서른을 넘기지 못하고 죽었을 것이다. 베토벤의 인목은 다행히 식신(食神)이다. 그래서 명예를 향한 욕망을 음악으로 발현해 허세 당당하고도 누구도 흉내 낼 수 없는 음악적 세계를 구축할 수 있었다.

한편 똑같은 지지의 목인데 묘목(卯)은 순수하다. 묘목은 십이지신상으로 토끼다. 인목이 주관이 뚜렷하다면 묘목은 개성이 뚜렷하다. 묘목은 가치의 상대성을 인정한다. 얘는 이래서 멋있고 쟤는 저래서 멋있고, 그렇게 서로 다름을 이해하는 기술이 묘목의 기질에 내재되어 있다. 특히 월지에 묘목이 있는 사람들은 아름다움을 추구하는 탐미주의자가 많다. 대부분의 대상에서 각각의 존재의 아름다움을 찾아내고 인정하는 사람들이다. 또 인목과 달리 묘목은 명예나 품위에 연연하지 않으며, 순수한 목(木)이기 때문에 고집도 순수한 소고집이다. 인목이 전면전으로 승부한다면 묘목은 사소한 것에 집착한다. 가령 어떤 사람의 95퍼센트가 마음에 들어도 5퍼센트가 심기를 건드리면 그것에 집착해 상대방을 깎아내리려 한다. 묘목이 일지나 시지에 있는 사람들은 살아오면서 사소한 일로 사람을 평가하거나 괴롭힌 적이 없는지 돌아봐야 한다.

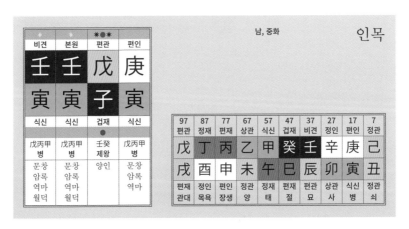

위대한 고전음악가 루트비히 판 베토벤의 명식. 비견이 시간에 병존하고 있는 임수 일간이 자월에 태어났으니 거칠 것 없는 바다다. 토화가 용희신이다. 임임 병존 도화에 월덕, 신왕한 비겁에게 생조받는 지지의 인목 3개에 자리하고 있는 문창, 암록, 역마 등의 신살을 유심히 봐야 한다. 창조적이고 저작권을 행사하는 분야의 예술가임을 예측할 수 있다.

월지 겁재에 제왕의 힘으로 세상의 평판이나 경제적 고난, 악화되는 청력 등 많은 난관에도 불구하고 인목을 끊임없이 성장시킬 수 있었다. 월간 편관은 고립으로 보이지만 월지 자수와 암합을 하고 있고 인목들의 지장간에서 지원을 받고 있다. 월주 편관이 암시하는 굴곡과 파란이 양인을 만나 더 강화됐지만 난관을 극복했을 때는 놀랄 만한 성과를 낼 수 있음을 보여준다. 베토벤은 온갖 소송을 통해 저작권을 주장한 최초의 예술가이고 승소 판례를 통해 저작권을 사수했다. 그의 창작물은 암록으로 고스란히 그와 그의 상속인에게 남았고, 후대 예술가들에게 저작권으로 큰 업적을 남긴 것이다. 원국에 역마가 강한데 베토벤은 거처를 80번이나 옮겼고 무엇보다도 자신의 작품 속에서 무한한 역마를 사용했다. 이 명식의 정체성이라 할 수 있는 끝없이 성장하는 인목에서 오직 무토만이 천간으로 투출했는데 갑무경 천상삼기(天上三奇)를 이루는 57 갑오 대운에 불멸의 명예를 남기고 세상을 떴다.

여, 신약

묘목

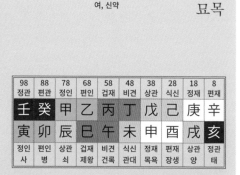

한국 문학사에 자주 거론되는 1960년대 대표 여류 작가 전혜린의 명식. 조후와 원국의 구성에 영향을 많이 받는 정화가 겨울 한복판 자월에 태어나 원국이 꽁꽁 얼어붙어 있다. 목화의 온기가 절실한데 화기는 지장간에도 없고, 신약한 정화가 반기지 않는 습한 묘목만 일지, 시지에 자리 잡고 있다. 편인에 병, 눈물 나는 정화다. 전혜린은 '광기', '권태', '자아'에 열중했는데 이는 지장간에도 없는 비겁인 화를 간절히 찾아 헤맨 것이다. 그러나 대운까지 금수로 흘러 운이 좋지 않았다. 18 경술 대운에 묘술합 화의 기운으로 독일 유학, 결혼, 출산까지 했다. 합화된 비겁의 힘으로 유학을 떠난 것은 좋았으나 독일의 기후와 문학은 전혜린의 추운 명식을 보완해줄 수 있는 곳이 아니었다. 28 기유 대운 유금, 천을귀인, 문창의 힘으로 대학 조교수가 되었고 번역가와 작가로 활동했다. 그러나 30여 년 동안 지속된 기구신의 영향으로 1965년 끝내 스스로 생을 마감했다. 사후 발간된 수필집 『그리고 아무 말도 하지 않았다』와 『이 모든 괴로움을 또다시』는 제목만으로도 편인 특유의 빼어난 감수성이 느껴진다.

천간의 화(火), 병(丙)과 정(丁)

양화인 병화(丙)는 십신상으로 편관(偏官)의 특성을 보인다.

병화는 천지를 뒤덮는 빛이다. 병화는 군왕지화(君王之火)라고 해서 왕 중의 왕, 천간의 5양(陽) 중 가장 강한 양이다. 병화를 가진 사람들은 이마가 넓고 평평하고 턱은 약간 둥근, 달덩이 같은 얼굴이 많다. 병화는 활발하고 명랑하며 거침이 없다. 명랑한데 싫증도 잘 내는, 철없는 왕이다. 강력한 리더십이 있고 자기 이야기를 시원시원하게 한다. 직설적으로 말하지 않으면 상대방이 알아듣지 못한다고 생각해, 은유로 남기는 법 없이 직설적으로 표현해야 직성이 풀린다. 병화의 제일 중요한 점은 예의다. 인사성 바르고 위아래를 잘 따져 예의를 모르는 사람을 싫어하며, 절도 있고 나름대로 옳고 그름이 명확하다. 운동권에 제일 가까운 사람들이다. 이거다 싶으면 망설임 없이 선두에 나선다.

병화는 남자나 여자나 외관 치장에 사치를 한다는 단점이 있다. 정화는 손거울로 얼굴을 보고 병화는 전신거울을 봐야 문밖으로 나간다. 화려한 치장을 좋아해 옷이나 액세서리에 돈을 많이 쓴다. 그러나 그런 화려함 뒤에는 남들이 이해 못 하는 열등감이 도사리고 있다. 자기가 가진 아홉 가지보다 스스로 부족하다고 생각하는 한 가지에 신경을 쓰는 식이다. 병화의 또 다른 단점은 조급함인데, 자신의 행동과 말에 상대방이 즉시 반응을 보여야 한다. 문자 보냈는데 바로 답장이 오지 않으면 곧 전화를 건다.

병화는 시원시원한 만큼이나 집착과 소유욕이 강하다. 자기가 가진 걸 잘 놓지 않는다. 대인 관계가 원만하고 추진력이 좋지만 특히 남자들의 경우 다혈질이 많고 실속이 없다. 병화와 무토(戊)는 천간에서 가장 권력 지향적 기운인데 병화가 힘을 가지게 되면 다른 사람들의 의견을 무시하는 것이 문제가 된다. 따라서 병화가 힘을 갖는 것은 적절히 견제되어야 하지만, 권력에서 적당히 거리를 유지한 채 자신의 기운을 발휘한다면 병화는 명랑사회를 이룩하는 데 가장 큰 공헌을 할 수 있다.

병화와 다른 간지 사이의 관계를 살펴보자.

병화는 군왕지화이기 때문에 굳이 다른 오행에 관심이 없다. 다른 천간에 무엇이 오든 '내가 짱'이라는 당당함이 있다. 그래서 천간에 또 다른 병화가 있는 것을 싫어한다. 하나면 충분한 태양이 두세 개가 있으면 그것만으로도 원국 전체가 조열해져 균형이 쉽게 무너지기 때문이다. 일, 월간 중 하나만 있을 때 병화는 가장 제대로 자기 역할을 한다. 심지어 병화는 자신에게 유일하게 위협적인 존재인 임수(壬)조차 반기는데, 임수가 같이 있으면 병화 자신의 강한 힘이 돋보인다고 여기기 때문이다.

하지만 병화는 계수(癸)는 꺼린다. 병화 일간의 원국에 계수가 있는 것은 옥에 티다. 이럴 때는 무토가 들어와서 무계합화(戊癸合火)로 같은 불의 기운이 되면 좋다.

능단경금 봉신반겁(能煅庚金 逢辛反怯). '능히 경금(庚)을 단련할 수 있으나, 신금(辛)은 만나기를 겁낸다.' 병화는 모두가 두려워하는 경금을 되레 단련하지만, 신금이 오면 병신합화수(丙辛合化水)가 되어 스스로 자신을 극하는 수(水)가 되기 때문에 꺼리는 것이다.

병화는 명식 내에 토(土)가 많아도 충분히 생조해주고, 수(水)가 날뛰어도 굴복하는 법이 없다. 태양은 물에 꺼지지 않는다. 이것이 병화의 특징이다. 기본적으로 병화는 모든 오행에게 열기, 생기로 작용한다.

남,중화   병화

겁재	본원	편재	비견
*		**	*
丁	丙	庚	丙
酉	寅	子	戌
정재	편인	정관	식신
庚辛 사	戊丙甲 장생	壬癸 태	辛丁戊 묘
도화 천을	역마 월공		공망 월공 화개

96 편재	86 상관	76 식신	66 겁재	56 비견	46 정인	36 편인	26 정관	16 편관	6 정재
庚	己	戊	丁	丙	乙	甲	癸	壬	辛
戌	酉	申	未	午	巳	辰	卯	寅	丑
식신 묘	정재 사	편재 병	상관 쇠	겁재 제왕	비견 건록	식신 관대	정인 목욕	편인 장생	상관 양

세계적인 영화감독이자 제작자인 스티븐 스필버그의 명식. 작품 수, 흥행, 수익, 문화적 반향성 등 어느 면으로나 독보적인 영화감독이다. 연간 병화에서 시작된 흐름이 시간 겁재까지 순조로운 중화 명식으로 밝고 균형감 있는 성정이 느껴진다. 용희, 기구신이 따로 필요 없는 명식으로 무슨 일을 해도 성과를 낼 수 있는 힘이 있고 그 성과는 일간과 연간의 월공(月空)으로 자신의 분야에서 두각을 나타내게 된다. 비즈니스 역마인 병인 일주답게 영화를 철저하게 상업적 시각으로 보았고, 조화로운 원국처럼 작품성, 수익성, 흥행성 등 다방면에서 충족되는 영화들을 제작했다. 스티븐 스필버그의 영화에서는 긍정적이고 희망적인 메시지를 담고자 한 노력이 느껴지는데, 이는 명분이 중요한 편관적 특성을 보이는 병화 일간이 월주에서 경금 편재와 자수 정관에 태를 만난 영향으로 볼 수 있다.

음화인 정화(丁)는 십신상으로 정관(正官)의 특성을 보인다.

정화는 따뜻하고 작은 불이다. 언 손을 녹일 수 있는 정도의 불기운을 생각하면 된다. 정화는 단아하고 신비로운 분위기에 나긋나긋하고 사양지심이 있지만 내면은 보수적이며 원칙에 대한 신뢰가 있다. 정화는 기본적으로 다른 사람에게 큰 영향을 미치지는 못한다. 부드럽고 섬세하고 온화하고 겸허한 것이 특징이다. 정화 일간은 남녀 모두 인물이 좋은 경우가 많다. 인물이 좋지 않아도 기본적으로 얼굴이 작고 골격도 아담한 편이어서 스타일이 좋다. 게다가 침착하고 감정을 잘 제어해서 예쁨을 받는다. 튀고 싶은 욕망이 강한 병화와 달리 정화는 주변 환경과 조화를 이루려는 의지가 강하다. 예의 바른 점에서 병화와 크게 다르지 않으나 행동력이 떨어져 운동권에는 거의 없다.

정화의 단점은 사소한 일에 과잉 반응을 하는 경우가 많고 타인의 주장에 쉽게 동화되고 잘 속기도 한다는 것이다. 그래도 병화처럼 노골적이지는 않지만 나름의 자기중심성과 의지가 강하다. 병화에겐 없는 상상력이 풍부해서 순간순간의 감정 변화가 심해 예측 불가능한 면도 있다. 정화는 열(熱)이기 때문에 예쁘고 약해 보여도 약하다고 생각하면 안 된다. 병화는 화가 나도 사고를 치진 않지만, 정화는 화가 나면 큰 사고를 내므로 조심해야 한다. 또한 정화는 외유내강의 실리파다. 다만 거침없는 병화와 달리 정화는 생각이 너무 많은 나머지 결단력이 부족해 우유부단해지기 쉽다.

정화와 다른 간지 사이의 관계를 살펴보자.

정화는 다른 간지의 영향을 많이 받는다. 정화에게는 무엇보다 인성(印星)인 목의 생조가 필요한데 그렇지 않은 정화는 긍정적인 기운을 발휘하기 어렵다. 목생화(木生火)지만 허약한 정화는 습목(濕木)인 을목(乙)과 묘목(卯)의 생조를 꺼린다. 불이 약하다고 젖은 나무를 때면 오히려 불이 더 약해져 정화를 위태롭게 할 수 있다. 신약한 정화에게는 조목(燥木)인 갑목(甲)과 인목(寅)만이 진정한 생조를 해줄 수 있다.

병화는 금(金)을 제련할 뿐이지만 정화가 득령(得令), 즉 월지에 통근(通根)한 경우에는 금을 녹이므로 금이 매우 두려워하는데 특히 신금(辛)이 그러하다.

정화가 강한 계수(癸)에게 공격받을 때는 무계합(戊癸合)이 되어 자신을 방어해주는 무토(戊)를 반긴다.

정화는 아무리 강하다 해도 병화를 만나면 빛을 잃는다. 병화 앞에서는 언제나 2등을 하게 된다. 정화는 활동 시간도 중요한데, 병화의 활동 시간인 밝은 낮보다는 저녁이나 새벽 시간에 일을 하면 실제로 효율이 좋다.

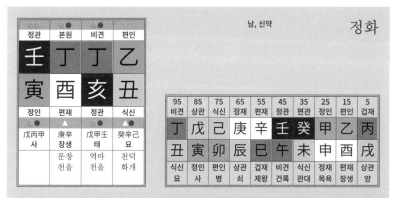

신해혁명의 혁명가, 중국국민당 창립자이자 중화민국 건국의 아버지라 불리는 쑨원의 명식. 정화가 해월에 인시에 태어났다. 인중 병화, 갑목이 용희신이다. 정화는 어둠을 비추는 빛이 되거나 주변과 조화를 이루려는 의지가 강하다. 득세한 신약이지만 정관이 합목의 기운으로 모두 인성으로 향하고 있어 관인생이 이보다 좋을 수 없다. 쑨원은 삼민주의(민족·민권·민생)를 제창하고 이를 바탕으로 새로운 시대로 넘어가고자 했으니, 관인생되고 있는 정화다운 모습이다. 15 을유 대운에 을을 편인 병존, 유유 병존으로 외과 의사가 되었다. 25 갑신 대운, 35 계미 대운에는 세계 각지로 다니며 혁명 사상을 전파하고 혁명 자금과 군자금을 마련해 동맹회의 활동을 지원했다. 드디어 45 임오 용신 대운을 만나 여전히 쫓기고 망명하는 생활이 거듭됐지만 주요 저술을 저작하고 혁명과 중화민국의 중심으로 우뚝 섰다. 지지에 비겁을 만나지 못한 득세 신약 명식으로 자신의 신념을 강하게 밀어붙이지 못해 혁명은 실패의 연속이었다. 파란곡절이 많은 인생이었으나 끝내 건국의 아버지로 이름을 남겼다.

지지의 화(火), 사(巳)와 오(午)

원국을 감명할 때 음화인 사화(巳)는 양화로, 양화인 오화(午)는 음화로 해석한다. 이와 마찬가지로 지지의 수(水)도 음수인 해수(亥)는 양수로, 양수인 자수(子)는 음수로 해석한다. 왜 이렇게 복잡하게 해석해야 하는지에 대한 여러 설이 있지만 명쾌하게 정리된 입장은 없다.

나름으로 설득력 있는 논리를 찾자면, 앞서 이야기한 입춘설과 입동설에 대한 명리학적 해석과 연결해볼 수 있다. 해수는 분명히 음수이고 겨울의 기운이 막 시작되는 자리에 있다. 자수가 되면 본격적으로 추운 겨울이다. 운행 순서로는 해(亥)가 음이고 자(子)가 양인데 체감상으로는 해수는 겨울이라기보다 가을이 남아 있는 듯하고 정작 양의 기운이 강한 자수에 이르면 본격적으로 추워진다. 또 자수의 정기(正氣)도 계수가 더 많은 부분을 차지한다. 그래서 우주의 원리를 인간의 계절에 맞추기 위해 음양을 바꾸어서 해석해야 한다고 설명할 수 있다. 사화와 오화도 마찬가지다. 음화인 사화의 시기에는 여름이 왔는데도 아직 풍부한 봄의 기운이 남아 있고, 오화는 본격적으로 더위가 무르익어가고 하지(夏至)도 끼어 있어 양의 정점에서 음의 기운으로 넘어가는 시기다. 그래서 사화와 오화, 해수와 자수의 음양을 반대로 해석하게 된다고 볼 수 있다.

사화는 권력의지가 강하다. 십이지신상으로는 뱀이다. 사화는 활동적이고 정열적이며 자신의 개성을 표현하는 능력이 있지만, 끈기가 약하다. 오화는 성정이 너무 겉으로 드러나 오히려 권력을 가질 수가 없다. 화(火)는 정열적이기 때문에 그 기운을 가둘 수 있는 힘이 있어야 권력을 지킬 수 있다.

오화는 십이지신상으로 말이다. 감수성이 풍부하고 감각도 발달해 있지만 자기를 표현하는 능력이 사화에 비해 떨어진다. 비유하자면 사화는 6,000cc 스포츠카와 같다. 한 번에 너무 많은 에너지를 써야 하기 때문에 지속력이 약하다. 반면에 오화는 잘못 만든 차, 마치 과거의 재규어 같다. 미국의 어떤 평론가는 한창 품질 저하로 고전하던 시기의 재규어를 두고 이런 말을 했다. "이 차는 정말 매력적이다. 하지만 이 차를 몰려면 정비사 자격증을 따야 한다." 딱 오화를 두고 한 말 같다. 좋을 때는 정말 잘 나가는데 나쁠 때는 차가 서버려서 밑에 들어가 고쳐야 한다.

요컨대 사화는 강한 힘을 발휘하지만 지속력이 약하고, 오화는 주변의 상황에 따라 극단적인 결과를 가져온다.

남, 신강 사화

청백리 전 감사원장 전윤철의 명식. 일·월주 병존으로 화 비겁이 원국을 지배하고 있는, 보기보다 신강한 명식이다. 비겁 신강 명식은 기본적으로 식재가 용희신이 된다. 그러나 연지 인목의 고립이 심각한 상태이므로 금 재성을 용신으로 잡으면 인목의 생사를 장담할 수 없다. 이런 경우 수 관성을 용신으로 잡아도 죽어가는 인성을 살리는 정도의 지원이 될 뿐이므로 수 관성을 용신, 재성을 희신으로 한다. 지지 세 글자가 권력욕을 상징하는 사(巳)와 인(寅)이고, 사화는 합으로 인한 변화가 탁월하기 때문에 권력을 가질 때까지 집중을 할 수 있다. 희신 유금에는 문창, 천을 귀인이 자리해 더욱 빛나는데 이 유금은 비겁에 의한 극이 워낙 강하지만 식신으로 생조되고 사화와 합을 해서 전혀 위축되지 않을 뿐 아니라 옹골차고 유정한 용희신이 되었다. 게다가 장생지에 놓여 있으니 더욱 길하다. 권력을 감시하는 감사원장을 오래 지냈으면서도 기획예산처 장관과 경제 부총리를 지낸 골수 경제 관료로서의 권력이 수긍이 간다.

대운이 활동기 초반에는 유정한 금 재성 희신부터 배치되어 있다. 그리고 관성 대운은 40~50대에 들어와야 좋은데 지장간에도 없는 수 관성이 절묘하게 적당한 시기에 배치되어 있다. 24 대운부터 74 대운까지 금수 용희신으로 흐를뿐더러 중간에 화 기신 대운이 한 번도 끼어들지 않는다. 비겁이 강한 신강한 명식은 대운의 영향력이 커 위태로울 수 있으나 명식과 대운의 상성이 비현실적으로 잘 맞아 방어되면서 상생되었다. 24 경신 대운, 1966 병오년 행시 합격을 시작으로 2008년 감사원장을 사퇴할 때까지 4개 정부에서 7차례 장차관을 지내며 청렴한 공직 생활을 마쳤다.

원국 내에서 용희신 대운의 마중물 역할을 한 편재 유금이 군겁쟁재를 당하고 있으므로 재물에 집착을 했다면 명예로운 삶을 살지 못했을 것이다.

남, 신약   오화

식신	본원	정관	비견
壬	庚	丁	庚
午	午	亥	辰
정관	정관	식신	편인
丙己丁	丙己丁	戊甲壬	乙癸戊
목욕	목욕	병	양
	월공	공망 문창	월공

95	85	75	65	55	45	35	25	15	5
정관	편관	정재	편재	상관	식신	겁재	비견	정인	편인
丁	丙	乙	甲	癸	壬	辛	庚	己	戊
酉	申	未	午	巳	辰	卯	寅	丑	子
겁재	비견	정인	정관	편관	편인	정재	편재	정인	상관
제왕	건록	관대	목욕	장생	양	태	절	묘	사

1980년대 코미디계의 황제 이주일의 명식. 해월에 태어난 경금으로 금백수청에 시간에 임수까지 만나 금수쌍청까지 이뤄 매우 명석한 사람이다. 일간과 비견 경금에 월공이 붙었고 월지 식신이 시간에 투출했다. 연·월주의 순환 또한 화 관성에서 시작되어 식신에서 마친다. 모든 글자가 빛이 나지만 중중한 관성에게서 일간을 보호하는 것이 중요하다. 금, 토가 용희신이 된다. 수는 한신으로 화 관성에게서 일간을 보호해야 하지만 임수, 해수는 오화, 정화와 암합을 하느라 제 역할을 다하지 못한다. 용신 겁재가 원국 내 식신과의 조응으로 재난 중에 횡재수를 만나 오랜 무명 생활 끝에 코미디언으로 이름을 알리게 된다. 신약한 명식에 연지 편인에 양은 소중한 지원군으로, 1977 정사년 이리역 폭발 사고에서 당시 톱스타 하춘화를 구한 것을 계기로 고정 사회자가 되었다. 이어 생방송 쇼에서 2주 연속 대형 방송사고를 내면서 전국적 스타가 되었다. 45 임진 대운에는 연예인 납세 1, 2위를 다툴 정도로 전성기를 누렸다. 정주영 회장의 설득으로 국회에도 진출해 충실하게 의원직 활동을 하며 세비를 반납하는 등 시대를 앞선 행보를 보이기도 했다. 55 계사 대운에 아들을 잃은 후 급격히 는 담배가 독이 되어 폐암 투병을 하다 2002 임오년 세상을 달리했다. 이해는 세운, 연운의 지지가 모두 화가 되고 임수, 해수는 정화, 오화와 암합을 해서 일간을 극하는 화를 제어하지 못했다.

천간의 토(土), 무(戊)와 기(己)

양토인 무토(戊)는 십신상으로 편인(偏印)의 특성을 보인다.

무토는 전체적으로 비대하거나, 비대하지 않더라도 등이 둥글고 허리가 굵은 외형적 특징이 있다. 신비롭고 고독한 힘이 있으며, 산전수전 다

겪은 노련함이 있지만 그래서 느리다. 무토는 강직하고 뻣뻣하고 딱딱하다. 무토가 너무 힘이 없으면 주체성이 약해 업신여김을 당하거나 혹은 신용이 없어 사람들에게 따돌림을 당하기 쉽다. 또 맹신·맹종으로 빠져 광신도가 되기도 쉽다.

무토는 기본적으로 강한 힘을 원하고 강하지 않더라도 지지에 뿌리를 내려야 한다. 지지에 뿌리를 내리지 못한 무토를 보면 실제로 이 맛도 저 맛도 아니고 될 듯 될 듯 하면서 아무것도 안 되는 경우가 많다. 크고 넓은 땅인 무토는 기반이 없으면 아무런 의미가 없다.

무토는 익명의 대중 앞에서는 설득력이 강하지만 자기 배우자나 주변 사람들은 이해시키지 못한다. 무토는 기본적으로 통이 크고 중후하며 흔들림 없는 성격으로 포용도가 넓어, 리더십에 있어서 큰 역할을 한다. 통솔력이 강하고 추진력도 좋아서 목표를 정하면 남을 속여서라도 끝까지 간다. 그렇게 다다른 곳이 잘못되었다 싶으면 그제야 "이 산이 아닌가벼"하고 철수한다. 은근한 고집과 집요함으로 일을 완성한다.

무토는 융통성이 없다. 일단 밀어붙여 깨지고 난 뒤에 후회한다. 일을 하는 방식도 은근히 보수적이라 지시 사항에 토를 달거나 이의를 제기하는 것을 싫어한다. 게다가 자기 주관에 의한 고집불통은 우주 최강이다. 무토는 행동이 굼뜨고 판단이 일정하지 못하기 때문에 위기의 순간에 대처 능력이 떨어진다. 따라서 무토 옆에는 치밀한 참모가 있어야 한다. 심각한 결과가 나온 뒤에야 문제가 생긴 것을 자각하는 무토는 질병에 대해서도 초기 징후를 대범하게 무시해서 병을 키운다. 무토는 가진 게 없어도 일단 자기 과시, 허세가 있다. 자만심과 고정관념이 강해 한번 옳다고 믿으면 끝까지 밀어붙이기 때문에 무토의 생각을 바꾸겠다는 것은 앞산을 뒷산으로 바꾸겠다는 것과 같다.

무토와 다른 간지 사이의 관계를 살펴보자.

무토는 양간(陽干)치고 다른 간지와의 관계가 입체적이어서 세심하게 신경을 써야 한다.

무토는 기본적으로 나무를 키울 수 있는 대지다. 지지에 진토(辰)를 만나면 금상첨화고 진토가 없더라도 적절한 수(水)가 한두 개만 있어도 자신을 극하는 목(木)을 얼마든지 키울 수 있다. 무토는 자기를 생조해주는 화(火)를 조절할 수 있는데, 특히 무토가 사랑하는 것은 정화(丁)다. 병화(丙)는 무토를 조열하게 만들 수 있는 반면 정화는 무토에게 별 도움은 되지 않지만 무토가 정화를 보호하기를 좋아한다. 그래서 무토와 정화 사이의 커플이 많다. 기운이 성한 무토는 금(金)을 생해주면서 자신의 힘을 설기(泄氣)하는 것을 반기고 약한 무토는 생금(生金)을 하지 못한다.

무토는 월지의 영향을 많이 받는다. 무토가 월지로 가장 원하는 것은 진토(辰)다. 진토를 만나면 토의 힘도 보강하면서 적절하게 불을 갖고 있기 때문에 화(火), 목(木), 금(金)이 와도 별 영향 없이 일간을 운용할 수 있다. 무토는 힘이 약하더라도 통근(通根), 즉 지지에 뿌리를 내렸는지가 중요하고 통근을 못 한 경우에는 천간에 비견(比肩)이 하나라도 더 있어야 한다. 그렇지 않은 무토는 굉장히 허약한 무토다. 무토에게 인성(印星)인 화(火)는 해자축(亥子丑) 월처럼 추운 겨울에 태어난 무토만 아니면 별로 큰 변수로 작용하지 않는다.

왕성한 무토는 물을 막아서 가둘 수 있지만 이는 토(土)가 충분이 수(水)를 압도할 수 있을 때만 안전하다. 무토를 공격하는 목(木) 중에서 을목은 무토를 위협할 수 없고 갑목만이 위협적이다. 그래도 수기만 조금 있으면 자신을 공격하는 갑목이 와도 두려워하지 않고 갑목, 을목 모두 키워낸다. 무토는 능히 임수(壬)를 극할 수 있는데, 임수가 계수(癸)와 함께인 경우에는 무계합(戊癸合)을 하느라 임수를 공격할 기회를 얻지 못한다.

무토 일간은 지지가 고요하기를 원하므로 지지에 인목(寅)과 신금(申)이 나란히 있는 것을 지극히 꺼린다. 충 중에서도 역마충(驛馬沖)인 인신충이 제일 강력하기 때문이다. 인신충이 있는 상태에서 고립까지 되어 있다면 무토는 건강이나 생명에 위기를 맞을 가능성이 크다.

比肩	本元	比肩	偏官
비견	본원	비견	편관
戊	戊	戊	甲
午	辰	辰	申
정인	비견	비견	식신
丙己丁 태	乙癸戊 묘	乙癸戊 묘	戊壬庚 장생
	백호 화개	백호 화개	역마

91 비견	81 정인	71 편인	61 정관	51 편관	41 정재	31 편재	21 상관	11 식신	1 겁재
戊	丁	丙	乙	甲	癸	壬	辛	庚	己
寅	丑	子	亥	戌	酉	申	未	午	巳
편관 병	겁재 쇠	정재 제왕	편재 건록	비견 관대	상관 목욕	식신 장생	겁재 양	정인 태	편인 절

제8대 UN 사무총장 반기문의 명식. 금수 용희신이다. 성장기에는 용희신 대운으로 흘러 어려운 환경에서도 성장의 토대를 닦았다. 극신강한 명식으로 시지 오화는 고립이고, 연간 갑목은 왕한 토 사이에 끼지 않고 다행히 연간에 떠서 진토에 뿌리를 내리고 있어 고립은 피했지만 힘이 없다. 토 전왕에 가까운 명식으로 자기중심적이고 보수적이다. 수가 적절히 받쳐주면 갑목 편관은 쨍하게 빛나게 된다. 대운이 생애 전반에 걸쳐 수금으로 흘렀다. 일찌감치 외교관을 꿈꾸었는데, 천간 무무무 광역역마와 지지의 신, 진진이 요구하는 권력욕에 완벽히 부합하는 장래 희망이다. 21 신미 대운 1970 경술년 외무고시 합격, 61 을해 대운 2004 갑신년 외교통상부 장관, 2007 정해년 참여정부의 전폭적인 지지로 UN 사무총장이 되었다. 정해 임관마가 크게 작용했다고 볼 수 있다.

음토인 기토(己)는 십신상으로 정인(正印)의 특성을 보인다.

기토는 무토와 완전히 다르다. 포용력과 안정감이 있고, 신중하나 의심이 많다. 기토는 주관적인 힘, 자기중심성이 무토보다 훨씬 크다. 무토가 쉽게 포기하는 경향이 있는 데 비해 기토는 끈기가 있다. 겉으로 표현하지 않아 남들은 잘 모르지만 마음속으로는 절대 자기 생각을 양보하지 않고 끝까지 끌고 가는 힘이 있다. 또 무토에게 없는 기획력과 자기 관리 능력이 투철하다. 무토는 내일 아침 일찍 일이 있어도 새벽까지 뒤풀이를 하는 반면, 기토는 아무리 분위기가 좋아도 다음 날 일찍 일어나야 한다면 먼저 자리를 뜬다.

기토는 자기가 상처 입지 않기 위해 대인관계를 인위적으로라도 무난하게 만들며 힘든 관계는 아예 피한다. 무토(戊)와 병화(丙)는 새로운 질서를 만들고 싶어 하는 욕망이 강하기 때문에 자신의 생각과 다른 의견이 지배적이라도 직접적으로 자기 의견을 피력하는 데 반해, 기토는 대세에 순응하고 분위기에 따라 행동한다.

기토는 치밀하기 때문에 굳이 대중을 납득시키고 싶어 하지 않지만 특수관계인에게는 어떻게든 명분을 가지고 설득하려고 노력한다. 이를 가능하게 하는 것은 기토가 가진 뛰어난 표현력과 치밀한 언어능력이다. 일대일의 대화 혹은 공식적인 프레젠테이션에는 무토보다 기토가 유리한데, 무토가 무조건적인 추진력을 보인다면 기토는 나긋나긋하고 부드러운 리더십을 발휘하기 때문이다.

기토가 기운이 약하면 점을 보러 다니거나 미신을 숭배하거나 정신 질환에 취약해진다. 하지만 기토는 웬만해서는 허약하기가 어렵다. 지지 12개 중에 토(土)가 4개로 제일 많고 지장간에도 토가 많기 때문이다. 그런데 기토 일간에 지지가 왕지(旺支)이자 도화(桃火)인 자오묘유(子午卯酉) 일색으로 구성되는 경우만큼은 고난이 뒤따른다. 드물지만, 유명한 스타가 되어도 정신적인 문제로 고난을 겪는 경우가 그런 예다.

기토는 신중함 때문에 순간 대처 능력이 떨어지고, 자신의 감정을 드러내지 않는 습성 때문에 주변 사람에게 오해를 사기도 한다. 외부의 억압을 스스로 해소하려 들다 보니 속으로 스트레스가 많이 쌓여 화병이 잦다. 기토를 이해하지 못하는 사람이 보면 냉철하고 웬만해서는 상처를 받지 않을 것 같지만 내면은 그렇지 않다. 따라서 기토 일간에게는 따뜻한 시선이 필요하며, 아울러 기토 본인은 스스로 자신의 이기적인 요소들을 잘 관리해야 한다.

기토와 다른 간지 사이의 관계를 살펴보자.

기토는 무토와 달리 다른 간지와의 관계에서 수용력이 크다. 대체로 다른 천간에 위태롭지 않지만 유일하게 임수(壬)에게는 흉한 작용을 한다. 임수는 큰물이지만 제방을 튼튼히 쌓아서 가둬주는 것을 좋아하는데, 기토는 물을 가두기에는 규모가 작아서 결국 넘쳐흐르게 만들뿐더러 그 물에 흙이 섞여 흙탕물이 되게 한다.

제1강. 음과 양, 우주의 화음

신금(辛)도 흙이 묻으면 자신이 빛나지 못한다는 이유로 인성(印星)인 기토를 별로 반기지 않는다. 기토가 나머지 오행에게 주는 제일 큰 공은 나무를 키우는 일인데, 무토나 진토와 달리 기토는 계절이 맞지 않으면 나무를 키우기 어렵다. 화분을 생각해보라. 화분의 꽃은 제대로 관리해주지 않으면 자라지 못한다. 물, 분갈이, 온도, 계절 등 많은 요소를 신경 쓰고 정성스럽게 다뤄야 한다. 나무를 키우는 게 본분인데 조건이 까다로우니, 기토는 다른 오행을 도우려 하지만 별 도움을 주지 못해 결과적으로 자기밖에 모르고 이기적이라는 평판을 듣는 아픔이 있다.

기토가 약하면 자기가 극하는 대상인 수(水) 앞에서조차 무력하게 무너지는데 이런 경우 만병통치약은 병화(丙)다. 그런데 원국에 병화마저 없다면 병화를 가진 사람과 가까이 지내려 노력해야 한다.

기토는 같은 기토보다 무토를 더 좋아한다. 공과 결실은 무토에게 다 빼앗기지만 그래도 무토를 만나 헌신하기를 좋아하고, 실제로 좋은 결과를 만들어낸다.

재벌가 출신으로 7선 국회의원을 지낸 정몽준의 명식. 오행이 골고루 갖춰져 있고 고립이 없는 중화 명식이다. 신왕하므로 대운의 영향을 크게 받지 않는다. 대운의 십신과 합충 관계만 잘 살펴 인생의 단기 계획을 조율하면 된다. 굳이 용신을 잡자면 식재수금이 용희신이 된다.

명식을 파악할 때는 원국이 궁극적으로 희망하는 바를 찾아내야 한다. 이 원국은 순환이 시간 편관에서 시작해 연지 편관으로 끝이 난다. 연간 식신에서 월지 정재를 생하는 것은 안정된 가정에서 태어나 유산과 가업을 물려받는 것을 의미한다. 그러나 그 정재가 생하는 것은 편관이다. 가업을 지키는 것만으로는 성에 차지 않는 것이다. 그래서 일찍이 국회의원이 되고, 각종 협회장을 맡아 재벌 회장의 재력으로 여러 협회에 확실한 기여를 했다.

지지의 토(土), 진(辰)·미(未)·술(戌)·축(丑)

진토(辰)는 습토다. 촉촉하게 물이 오르기 시작히는 봄의 땅이다. 십이지 신상으로는 용이며, 지지의 토 중에서 유일하게 권력욕과 지배욕이 있다. 진토는 완벽에 대한 집념이 강하고 고집이 센데, 인간은 결코 완벽할 수 없건만 자기라도 완벽해지기를 바란다. 그런 완벽주의가 큰 동력이 될 때도 있지만 지나치면 자신과 주변을 피곤하게 만든다. 때로는 타협할 줄 아는 지혜가 필요하다.

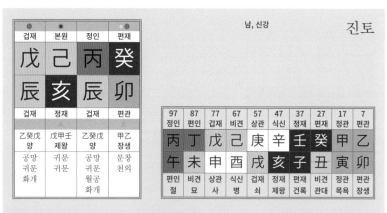

중국 출신 영화배우 이연걸의 명식. 기토가 진월에 태어나 무진시를 만나 무늬만 기토 일간이 겁재가 왕한 신강한 명식이 되었다. 수금이 용희신이다. 원진, 귀문, 공망, 화개의 어둡고 강렬한 살이 강하고, 2개 있는 수 재성이 모두 고립된 것이 특징이다. 살을 잔뜩 안은 진토가 문제인데 어릴 때부터 무술 연마에 공을 들여 원국이 가진 어려운 숙제들을 일거에 해소하고 있다. 독실한 티베트 불교 신자로 소림사에서 지내기도 했다. 부정적으로 흐를 가능성이 높은 겁재 진토와 어두운 신살에 대한 해결 방법

제1강. 음과 양, 우주의 화음

을 본능적으로 알고 있었던 것이다.

까다로운 명식인 만큼 특이한 일을 많이 겪었는데 27 계축 대운 기사년에는 기신 사화가 역마를 안고 공망인 채로 들어와 일지 해수와 충이 되면서, 중국을 무단으로 떠나 미국 국적을 취득했다. 임자 대운 갑신년에는 임자도 큰 바다인데 신자진 삼합까지 이뤄 휴가지 몰디브에서 가족들과 해일을 만나 위기를 겪었다. 다행히 신금이 천을귀인이어서 작은 부상만 입고 지나갔다. 47 신해 대운 임진년 갑상샘항진증이 발병해 건강이 크게 상했다. 진해는 해수가 흙탕물이 되어 호르몬이나 신장 쪽에 문제가 올 가능성이 크다.

　미토(未)는 조토다. 한여름의 뜨겁고 마른 땅이다. 십이지신상으로는 양이다. 미토는 얼핏 보면 토처럼 보이지 않지만 두고 보면 토의 기질이 선명하다. 자존심이 강하고, 섬세하고 예민한데도 은근한 끈기로 버티기 때문에 미토가 강한 사람들은 신경성 두통이 많다.

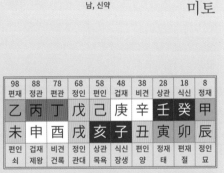

남, 신약　　미토

미국의 제35대 대통령 존 F. 케네디의 명식. 조후상 계수 용신, 경금 희신이다. 이 명식의 키포인트는 미미 병존이다. 미미 병존과 만난 쇠 자체가 파란곡절을 암시하는데 케네디의 미토는 편인으로 일간 신금의 우군이면서 적군으로 작용했다. 가뜩이나 관이 강하고 조열한 명식에 미토가 달궈져 있고, 미토 지장간의 정화 편관이 불길하다. 천간 을목 편재가 미토 안에 뿌리내리고 있어 월가의 부호였던 아버지 케네디의 재력을 바탕으로 고위층과 친분 관계를 형성할 수 있었고 그것이 대통령이 되는 데 큰 힘이 되었다. 38 신축 대운 신축년 편인에 양 운을 만나 여성들의 압도적인 지지로 대통령에 당선되었다.

술토(戌)는 조토에 해당하고 십이지신상으로 개다. 가을의 땅, 모든 결실을 맺고 제 할 일을 다한 땅이다. 자존심이 강하고 신념이 투철해 성패가 극단적이고 몸과 마음이 항상 분주하며, 재능도 특출하거나 전무한 극단성을 띤다. 예를 들면 농부가 특화 작물을 선택해 열심히 농사지어 큰 성공을 거두거나, 애초에 종목 선택이 잘못돼 땅을 갈아엎어야 하는 상황에 처하는 식이다. 토는 운동권에 잘 없는데 유일하게 술토는 과격파 운동권이 되기도 한다.

날, 신약   술토

비견	본원	편관	편인
甲	甲	庚	壬
戌	戌	戌	子
편재	편재	편재	정인
辛丁戊 양	辛丁戊 양	辛丁戊 양	壬癸 목욕
화개	화개	화개	월공

99 편관	89 정재	79 편재	69 상관	59 식신	49 겁재	39 비견	29 정인	19 편인	9 정관
庚	己	戊	丁	丙	乙	甲	癸	壬	辛
申	未	午	巳	辰	卯	寅	丑	子	亥
편관 절	정재 묘	상관 사	식신 병	편재 쇠	겁재 제왕	비견 건록	정재 관대	정인 목욕	편인 장생

방송인 김성주의 명식. 만추의 갑목이 투간한 경금 편관을 만났다. 득세 신약으로 자신을 지키고 살 만하지만 관리해야 할 재성이 중중하고 갑목이 지장간에도 뿌리를 내리지 못한 것이 아쉽다. 목수가 용희신이다. 한신인 식상이 없는데 십신적 의미를 떠나서 화 식상을 만나면 원국이 빛이 나게 된다(편재를 생한다기보다 원국의 빠진 포인트를 채워 넣는 정도다).
이 원국의 특징은 편재에 양이다. 편재에 양은 누구에게나 살갑게 구는 친화력이라는 장점이 있다. 그 편재가 삼병존이니 만인을 즐겁게 설득하고 행복하게 하는 모습이 떠오른다. 이 사람이 무슨 내용을 가지고 있는지는 중요하지 않다. 중요한 건 많은 사람이 그 말재간에 재미있어하고 신뢰를 보낸다는 것이다. 천간에서 월공을 만난 편인이 편관으로 관인생되는 것은 무대 위에서 인기나 명예를 누릴 수 있다는 의미가 된다.
김성주가 유명해진 것은 감정을 적극적으로 표출하는 독특한 스포츠 중계 때문이었다. 캐스터로서 이례적인 행동을 통해 스타 아나운서로 거듭났는데 이는 갑목 일간 중에 언변이 가장 뛰어난 갑술의 힘을 보여주는 대목이다. 프리랜서 선언 이후 방송출연 금지를 당하면서 3, 4년 고생했지만, 예전만큼은 아니어도 다시 인기 방송인으로 자리를 잡았다. 초년기부터 활동기 내내 용희신으로 흐르는 대운의 흐름이 탁월하다.

축토(丑)는 습토이며 십이지신상으로 소다. 얼었다 녹았다 하는 질퍽한 겨울의 땅으로 토 중에서도 가장 토와 거리가 멀어 토의 성질이 드러나지 않는 것이 특징이다. 축토는 감각적이고 반짝거리는 아이디어와 기획력이 있으며, 자기가 하고 싶은 일을 할 때는 커다란 열정을 쏟는다.

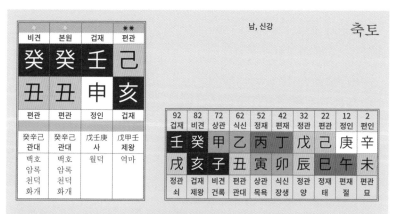

남, 신강

축토

비견	본원	겁재	편관
癸	癸	壬	己
丑	丑	申	亥
편관	편관	정인	겁재
癸辛己 관대	癸辛己 관대	戊壬庚 사	戊甲壬 제왕
백호 암록 천덕 화개	백호 암록 천덕 화개	월덕	역마

92 겁재	82 비견	72 상관	62 식신	52 정재	42 편재	32 정관	22 편관	12 정인	2 편인
壬	癸	甲	乙	丙	丁	戊	己	庚	辛
戌	亥	子	丑	寅	卯	辰	巳	午	未
정관 쇠	겁재 제왕	비견 건록	편관 관대	상관 목욕	식신 장생	정관 양	정재 태	편재 절	편관 묘

서스펜스 영화로 일가를 이룬 영화감독 앨프리드 히치콕의 명식. 보기보다 매우 신강한 명식이다. 연지 해수부터 시지 축토까지 임·계수가 왕하게 흐르고 있다. 비겁으로 신왕한 명식으로 계수의 은하를 지향하는 열망이 강하게 느껴진다. 비겁이 왕하고 관또한 왕하다. 조후와 억부 모두 화 용신으로 선명한데 대운이 평생에 걸쳐 목화토로 아름답게 흘렀다. 양의 기운을 찾아볼 수 없는 금, 수가 지배하고 있는 원국에서 직업군을 불문하고 차고 습한 일을 하리라는 것을 느낄 수 있다.
백호, 천덕, 화개, 암록의 화려한 신살을 갖춘 축축 병존 편관은 연간 기토 편관으로 투간하고 있다. 연구, 창작, 천착하는 힘인 화개와 결정한 바에 대한 끈기 있는 추진력의 백호로 스릴러, 서스펜스라는 장르의 대가로 자리매김하고 후대에 교본이 된 독특하고 새로운 영화 기법 등을 당당하게 구현해내어 영화 제작자들에게 절대적인 존재가 되었다. 계축 일주는 칭찬받기를 좋아하는데 히치콕은 자신의 이미지 마케팅에 신경을 많이 썼고 자기 영화에 다양한 역으로 카메오로 출연하기로 유명했다.

천간의 금(金), 경(庚)과 신(辛)

경금(庚)과 신금(辛)은 오행 중에서 음양의 차이가 작은 편이다. 금은 작아도 금이고 커도 금이다. 음의 기운인 금과 수로 갈수록 음양의 차이가 크지 않다. 목, 화, 토까지는 음양의 차이가 크다면 금, 수부터 차이가 작아진다. 금은 대체로 살결이 흰데 경금보다 신금이 더 하얗다. 또 금은 절제력 있고 부지런하며 총명하다. 경금, 신금은 이해력이 빨라서 마음먹고 공부하면 성적이 잘 오른다. 금이 강한 사람들, 특히 금 일간은 논리적으로 이해가 되어야 한다. 아무리 그럴듯해도 논리적으로 이해되지 않으면 마음속으로 인정하지 못하므로 문과보다 이과적 특성이 강하다.

금의 단점은 따지기 좋아하고 잔소리가 심해 주변을 피곤하게 한다는 점이다. 금은 오행 중에서 변화 가능성이 제일 낮은 데디기 융통성이 부족하다. 인간관계나 사회는 규칙대로만 굴러가지 않고 항상 변수가 발생한다. 한데 금은 계획과 결과에 대한 집착이 크기 때문에 변수가 생기면 유연하게 대처하지 못해 심한 스트레스를 받는다. 자신과 주변 환경을 너무 엄격하게 규정하려 하다가 실패해 금 기운이 상처를 입으면 무기력증이나 자폐와 같은 증상으로 나타날 수 있는데, 이런 병증은 치료도 어려워 폐해가 크다.

양금인 경금(庚)은 십신상으로 비견(比肩)의 특성을 보인다.

경금의 키워드는 자주와 오만, 원칙이다. 일을 꼼꼼하게 준비하고 한 번 계획을 세우면 그대로 진행해야 한다. 성실하고 규칙을 지키려는 준법의지가 강하기 때문에 보수적인 관점에서 보면 정의롭다고 평가한다. 또 결과를 우선시하는 경향이 강해서 원하는 결과가 나오지 않을까 봐 초조해하곤 한다.

경금은 위엄이 있지만 그 위엄에는 폭력적인 강제가 전제되어 있다. 또 개혁을 좋아하지만 이 개혁은 자신이 중심이 되고 자기에게 유리한 개혁이지 자신이 대상이 되는 개혁은 아니다. 가장 경금다운 인물로 위로부터의 혁명인 시월유신의 창시자 박정희 전 대통령을 들 수 있다. 요컨대 경금의 단점은 독선이다. 남과 타협하지 않고 자기 판단대로만 따라주기를 강요하기 때문에 주변 사람들이 피곤해진다. 경금을 가진 부부끼리 싸움을 하면 뒤끝이 좋지 않다. 굳이 들출 필요 없는 옛날의 잘못까지 다 끄집어내서 상대를 공격하고 괴롭힌다.

경금과 다른 간지 사이의 관계를 살펴보자.

경금은 정화(丁)를 반기고 계수(癸)를 꺼린다. 봄의 목(木), 인묘진(寅卯辰) 월에 태어난 갑목(甲)은 경금이 오는 것을 두려워한다. 그런데 가을의 목, 신유술(申酉戌) 월에 태어난 갑목은 경금을 반길 때가 있다.

경금은 하나의 힘으로도 워낙 강하기 때문에 경과 경이 나란히 붙어 있을 때를 유심히 봐야 한다. 경금이 기구신이 될 때 나란히 붙어 있는 경금은 독이 된다. 그만큼 경은 강하고 버거운 힘이다.

득수이청 득화이예(得水而淸 得火而銳). '수를 얻으면 맑게 되고 화를 얻으면 예리해진다.' 이는 살벌한 경금이 수(水)를 생해줌으로써 기운이 맑아지고 화(火)에 의해 제련되어 유용하게 쓰이는 것을 말한다.

경금은 습토인 진토(辰)나 축토(丑)는 반기지만 조토인 미토(未)나 술토(戌)는 반기지 않는다. 경술(庚戌)의 경우 반기지 않는 술토를 일지에서 만나 괴강(魁罡)이 되는데, 같은 괴강이라도 경진(庚辰)과는 큰 차이점이 있다.

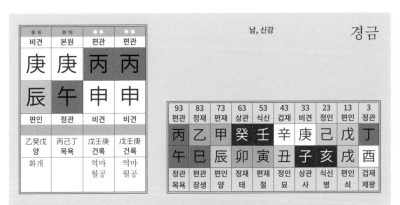

남, 신강   경금

민주화 운동, 노동운동, 진보 정치인으로 일관된 길을 걷고 있는 노회찬의 명식. 양금 비견이 연주부터 시주까지 관통한 신강한 명식이다. 비겁과 관성이 대립하는데 비겁이 훨씬 강하므로 목수가 용희신이다. 사실상 목은 금에게 심하게 극을 당하거나 합의 작용이 심해 유용하게 쓰이지 못하고, 금 비겁을 설기해주는 수가 유용하게 쓰인다. 노회찬의 정곡을 찌르면서도 위트 있는 말솜씨는 수 식상이 지장간에 은은히 흐르기 때문이다.

경기고 재학 시절 민주화 운동에 참여한 것을 시작으로 평생을 민주화 운동, 노동운동, 진보 정치인으로 일관된 길을 걷고 있다. 금 비겁이 강하면 융통성이 부족해 주변 사람들에게 폭력적이고 일방적으로 대할 수 있는데 화 관성이 적절하게 금 비겁을 제어해 그런 단점을 보완해주고 있다. 하지만 워낙 금 비겁이 단단해 금 비겁으로 균형이 더 쏠리는 시기에는 계획과 다른 변수가 발생할 가능성이 있다.

43 신축 대운 정계 진출, 2005 을유년 삼성 X파일 공개로 수년간 고생을 하게 된다. 연운이 원국과 을경합금, 유축합, 진유합을 해 비겁이 너무 강해졌다. 53 임인 대운 2013 계사년 삼성 X파일 사건으로 의원직을 상실하고 자격정지 1년 형을 선고받았다. 인사신 삼형이 든 해였다.

음금인 신금(辛)은 십신상으로 겁재(劫財)의 특성을 보인다.

신금은 경쟁적 주체성이 있다. 새로운 것을 좋아하고 주변이 깨끗이 정돈된 것을 병적으로 선호한다. 변덕이 심하고 자잘한 계획이 많은 것이 특징이다. 경금에 비해 상대적으로 소극적이어서 통은 작지만, 결과에 대한 집착이 없기 때문에 생각이 깊고 안정적이며 정서적으로 침착하다. 진인사대천명(盡人事待天命), '나는 최선을 다할 뿐, 결과는 하늘의 뜻에 달렸다'는 태도를 취한다. 총명함과 명석함은 경금보다 훨씬 기운이 강해 공부를 더 잘하고 언변도 논리정연하다.

금(金)은 공통적으로 논리적이고 계획적이고 치밀하며 마무리에 완벽을 기하고자 하는 특징이 있지만, 경금이 목표 관리형 인간이라면 신금은 일상 관리형 인간이다. 경금은 마지막 목표인 납기일만 정확히 맞추면 되지만 신금은 꼼꼼하게 일정을 세워서 그대로 지켜야 한다. 그러다 보니 신금은 예민하고 까탈이 많아서 주변을 피곤하게 한다. 경금에서 찾아볼 수 없는 냉소적인 면까지 있어서 타인을 비꼬거나 부정적으로 몰아가는 자세는 신금의 가장 큰 단점이 된다.

신금과 다른 간지 사이의 관계를 살펴보자.

신금은 자신의 기운이 약하면 자기를 더럽혀 반짝거림을 방해하는 기토(己)를 꺼리고, 자신이 강한 경우라도 자기를 상하게 하는 정화(丁)를 꺼린다. 이런 연유로 신금은 임수(壬)와 무토(戊)를 반기는데, 임수는 오염된 기토를 씻어내고 무토는 강한 정화를 다스려주기 때문이다. 하지만 임수와 달리 계수(癸)는 별로 반기지 않는다. 금생수(金生水)지만 신금과 계수일 경우에는 금이 수를 생하기보다 이용하는 편이다.

모든 십간이 그렇지만 특히 신금 일간은 용희신(用喜神)이 일간에 가까이 있는 것, 즉 유정(有情)하기를 간절히 바란다. 신금 일간이 용신이 유정하지 않거나 희박할 경우에는 사회적 평가와 관계없이 내면에 고통이 많다. 신금 자체가 뾰족한 바늘이 실에 매달려 눈앞에서 왔다 갔다 할 때처럼 불안함을 느끼기에 용신이 옆에서 지켜주지 않으면 삶의 안정성이 떨어지고 매사에 피로를 느낀다. 이런 기전을 통해 누적된 불안감이 결국 정신적인 불균형을 초래하므로 신금 일간의 경우 주의해야 한다.

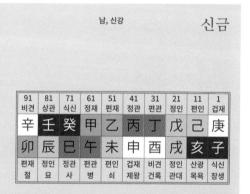

금세기 최고의 물리학자로 추앙받는 스티븐 호킹의 명식. 금 전왕으로 혼탁해진 임수가 건강용신이다. 초반에는 수 대운으로 흘러 임수에 문제가 없었으나 21 무술 대운 첫해 임인년에 루게릭병이 발병했다. 고립용신이 설기당하는 것만으로도 치명타를 입을 수 있다는 것을 보여준다. 무술 대운이 행운용신이긴 하지만 너무 세게 건강용신을 막은 데다 대운 초반 세운 4년이 목운으로 흘러 회복할 수 없는 치명타를 입었다.
오랜 투병으로 경제적 곤란을 겪는 와중에 41 병신 대운 1988 무진년(정인, 암록) 발간한 『시간의 역사』(A Brief History of Time)가 큰 성공을 거둬 어려움이 해소되었다.
대중매체에 노출되는 것을 좋아해 시트콤 드라마에 직접 출연하기도 했는데, 자신이 빛나기를 바라는 신금의 염원과 그를 옆에서 받쳐주는 임수 상관의 작용인 듯하다.

지지의 금(金), 신(申)과 유(酉)

신금(申)은 권력 지향성이 강해 정치에 관심이 높고 킹메이커, 정당의 정책국에 신금을 가진 사람이 많다. 십이지신상으로 신금은 원숭이다. 재치 있고 다재다능하며 미적 감각이 뛰어나 화가, 조각가 들에 많다. 양금치고는 다소 산만해 마무리를 잘 못하는 단점이 있다.

　유금(酉)은 십이지신상으로 닭이다. 신금보다 훨씬 꾸준한 성격이며 내성적이고 섬세하면서도 분명하다. 유금은 안정에 대한 욕구가 강해 모험심이 약하고 ㅏ이기야 할 때 과감하지 못해서 머뭇거리다가 기회를 놓친다. 유금이 강한 사람은 순간적인 판단력을 요하는 단기 주식투자, 부동산 투자 등에는 불리하다.

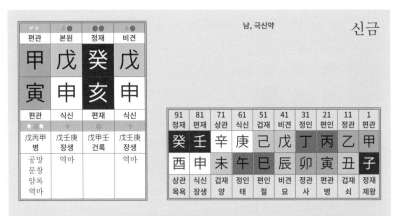

『딴지일보』 총수 김어준의 명식. 식재관이 많고 인성이 없는 극신약이지만 4개 지지 지장간 모두에 무토가 뿌리를 내려 일간 무토의 독립심이 완강하다. 역마는 모두 3개로 월지 해수 또한 운에 따라 역마로 작동할 수 있으니 원국 전체가 정신없는 이동성으로 가득하다. 실제 역마운인 21 병인 대운에 유럽 배낭여행 및 여행 가이드를 하며 시야의 폭을 넓혔다. 시주 목 관성과 월주 재성이 강인하게 통근한 것도 주목할 부분이다. 연ㆍ일지 식신도 무토의 생조를 받고 있으니 원국 여덟 자 모두 돈키호테와 같은 싱싱한 생명력이 넘친다. 특히 재관인 인해가 합하고 인목이 신금을 쟁충하니 신금 식신은 충으로 더욱 활성화되었다. 용신은 화토인데 사회적 활동이 가장 왕성한 41, 51 대운에 잇따라 진토와 사화가 들어온다. 원국의 인, 신과 더불어 권력의 욕망을 의미하는 인사신진이 모두 배치되는 형국이다.

『딴지일보』와 〈나는 꼼수다〉 그리고 〈김어준의 파파이스〉 같은 획기적인 패러디 정치 언론의 문을 연 힘이 여기서 나온다. 권력의 글자 중에서도 신금은 현실 행정의 지배욕인 사화나 붕당적 지배욕인 인목, 추상적이고 망상적인 지배욕인 진토와는 조금 다른 언술에 의한 지배욕이니, 신금은 여기서 식신에 위치하므로 언론과 방송 분야에서 두각을 보이는 것이 거의 필연적이라고 볼 수 있겠다. 게다가 시주 편관이 병을 놓고 암록까지 얻었으니 사회적 명분의 힘으로 도움을 주는 안면 없는 조력자들이 끊임없이 나타나는 것도 이 원국의 특징이다. 초년운은 불운했으나 화토로 60년간 흐르는 대운이 지금보다 미래를 더욱 기대하게 한다.

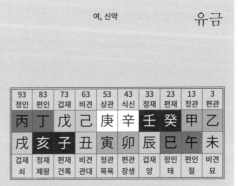

여, 신약   유금

영화배우 강수연의 명식. 화목이 용희신이다. 병화 병존에 오화 득세를 해서 일간 기토가 그리 약하지 않다. 충과 합이 하나도 없이 구조적으로 간결하고 네 가지 오행의 흐름이 막힘없이 순조롭다. 원국의 특징은 막강한 신살이다. 월주에는 천을귀인, 월공, 역마가 동주하고 사주 중 3개 주에 도화가 있다. 편인과 두 식신에 도화가 깔려 있다. 어마어마한 엔터테인먼트 종사자의 힘이다. 이 원국 자체로는 원국이 아름답다고 하기에는 문제가 있다. 십이운성의 힘이 약하고 직업과 관련된 월지에만 도화가 빠져 배우로서의 지속성을 이어주지 못했다. 원국에 없는 용희신 관성을 3 을미, 13 갑오 대운에서 만난다. 강수연은 을미 대운 4세 기유 복운 세운에 아역배우로 데뷔했다. 용신에 해당하는 오화가 들어오는 10대 후반부터 사화가 들어온 20대에 배우로서 최고의 전성기를 누린다. 43 대운부터 금으로 개두되면서 톱 배우의 영광을 이어가지는 못한다.

이 명식에서는 신살들의 배치를 주목할 만한데, 월주의 천을귀인과 역마의 동주가 길하게 작용했다. 역마는 한 개뿐이지만 천을귀인과 만나면서 세계를 무대로 활약하게 해주었다. 해외 촬영을 하는 영화에도 많이 출연했고, 20대 초반 베니스 영화제, 모스크바 영화제에서 수상하면서 월드스타가 되었다.

그리고 유금 도화의 병존은 천덕귀인과 동행하며 식상생재로 흘러 명예와 부를 쌓았다. 캐릭터의 폭이 넓지 않고 집중성이 강한 것은 유금의 성질 탓으로 그만큼 강렬한 인상을 남겨 영광을 독식했다.

천간의 수(水), 임(壬)과 계(癸)

양수인 임수(壬)는 십신상으로 식신(食神)의 특성을 보인다.

임수는 고여 있는 큰물로, 움직이지만 움직임이 잘 보이지 않는 물이다. 탐구심이 높고 감정도 풍부하지만 자기 뜻대로 하려는 기질이 있으며, 통상적이지 않다는 점이 큰 특징이다. 흔히 하는 말로 '집안에 없는 자식'이다. 나쁜 뜻은 아니다. 형제들은 다 농부가 되었는데 혼자만 사업을 한다든가, 집안 전체가 법조계에 종사하는데 혼자만 예술가가 된다든가 하는 경우다.

임수는 기본적으로 두뇌 회전이 빨라 전반적인 기획 감각이 탁월하고 예지력도 있으며 타인의 마음을 잘 헤아린다. 그러면서도 통이 크기 때문에 대범하고 이해의 범위가 넓어 대인관계에서 친화력이 있고, 잘 움직이지 않아서 그렇지 한번 움직이면 엄청난 활동력으로 큰 성과를 만들어낸다. 한편 임수는 생식에 해당하는 오행인 수(水) 그리고 십신상 식신의 성질을 갖고 있으므로 성적인 면에 관심이 많다.

임수가 움직이지 않고 가만히 있으면 산만한 생각이 많아진다. 임수의 기획력은 양지뿐 아니라 음지에서도 발휘되어, 앙심을 품으면 권모술수도 마다하지 않기 때문에 음흉하다고 느껴질 때가 있다. 또 대범하기는 한데 인내심이 약하고 변덕이 심하다. 그래서 일을 계획하고 벌이는 데는 뛰어나지만 마무리가 약해 남 좋은 일만 시키고 자기 이익을 취하지 못하는 경우가 있다.

임수와 다른 간지 사이의 관계를 살펴보자.

다른 간지와의 관계에서 임수는 약간 문제가 있다. 임수가 강하면 전체의 균형을 깨뜨린다. 불이 나면 아예 다 포기해버리고 다시 시작하면 된다. 하지만 집 안에 무릎 높이로 물이 차면 멀쩡한 물건들 못쓰게 되고 말리고 수리하느라 번거롭기 짝이 없다. 임수가 강하면 다른 간지를 크게 해치는 힘이 있어 치명적일 수 있다.

임수는 자신을 가두기에는 그릇이 작고 물을 탁하게 하는 기토(己)를 꺼리는데, 이럴 때는 기토를 좋아하는 갑목(甲)이 들어와 갑기합토(甲己合土)가 돼주길 바란다.

임수는 같은 임수보다 계수(癸)를 옆에 두었을 때 훨씬 힘이 세진다. 이때는 갑목으로 설기(泄氣)하기도 어렵고 무토(戊)의 공격도 충분히 막아낸다. 그래서 신왕한 임수와 계수가 함께 있는 것을 불길하게 판단하는데, 이 경우 병화(丙)가 들어오면 임수와 계수 사이의 혼잡을 막을 수 있다.

갑목이 용신인 임수의 경우 유정한 자리에 갑목과 병화가 함께 있다면, 식상생재(食傷生財)를 이루게 되어 자수성가의 기운이 커진다.

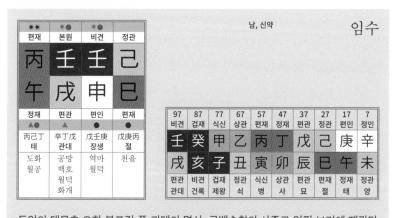

독일의 대문호 요한 볼프강 폰 괴테의 명식. 금백수청의 사주로 얼핏 보기에 재관다 신약 같다. 까다로운 명식으로 충합을 자세히 살펴봐야 한다. 연지 사화는 생조 없이 기토에게 설기당하고 사신합의 기운이 있어 무력화되었고, 일지 술토는 오술합으로 화국을 이루려는 기운이 있어 원국은 거대한 수화상전의 형상이 된다. 월지 신금 편인의 지원을 받는 임임 일간 병존 수의 세력이 더 강하므로 목 식상이 통관용신, 화 재성이 희신이 된다. 괴테는 철학과 과학, 문학 이론 분야의 업적도 뛰어난데 그중에 문학으로 역사에 이름을 새겼다. 편인을 겸비한 임임 병존 일간이 재성으로 가는 길, 목이 대운에서 들어올 때 식상생재로 명작을 남겼다.

임수 일간의 식상은 목이고 식신 인목은 문창과 암록까지 더해진다. 목 식상의 특징은 끝없는 성장 욕구다. 왕실 고문관인 아버지 밑에서 태어난 영리하고 재능이 출중한 아이가 인문학, 과학, 예술과 사랑에 대한 교육적 세례를 받으며 자랐다. 쉽게 재능을 발견하고 키울 수 있는 환경이 조성된 행운도 따랐던 것이다. 괴테는 문학과 학문적 업적 외에도 재성을 활발히 썼는데 바로 여자, 사랑이다. 청소년기부터 끊임없이 연애와 사랑을 했고 그 사랑은 괴테의 창작물의 거대한 모티프였다. 원국의 연주는 정관, 편재에 절로 경제 형편이 좋지 않을 수도 있지만 좋은 가문, 재능을 지원해주는 환경을 의미하고 7세 신미 대운은 정인, 정관에 양으로 안정된 가정환경에서의 양육을 의미한다.

괴테는 대표작『파우스트』(Faust)를 24세이던 임진년에 구상해 60년 만인 신묘년에 완성하고 이듬해 임진년에 세상을 떠났다.『파우스트』같은 작품이 탄생하려면 한 갑자 정도는 돌아야 하는 것인가 하는 생각이 든다. 태어나서 인생의 진로를 결정하고 실현하려면 오래 살고 볼 일이다. 괴테가 세상을 떠난 임진년은 임수가 삼병존이 되고 신자진 홍수가 난다. 나머지 오행인 목화토를 물난리로 쓸어버렸다.

음수인 계수(癸)는 십신상으로 상관(傷官)의 특성을 보인다.

지혜를 상징하는 오행인 수(水)와 명석한 기운인 상관이 만나니 두뇌 회전이 빠르다. 좋게 말하면 상황 파악력이 뛰어난 것이고 나쁘게 말하면 잔머리를 많이 쓴다는 뜻이다. 명석함이나 탁월한 기획 감각 등은 임수와 같지만 임수보다 통이 작고 성격도 까다롭다. 임수가 전체를 포용하는 통합적인 성격이라면, 계수는 다방면에 재능이 있고 임수보다 정교하고 섬세하며 감수성도 예민하다. 적응력이 뛰어나고 사교적이며 언변도 좋고 논리적이다.

계수는 상관(傷官)의 성격 때문에 지명도가 있는 사람에게 약한 모습을 보이기도 하고, 물건을 고를 때 상품의 질보다 브랜드를 우선적으로 선택하는 경향이 있다. 자기에게 이익이 없으면 움직이지 않는 경향이 있고, 임수와 마찬가지로 실속이 없고 잘 속기도 한다. 계수가 속는 이유는 똑똑한 자기가 속을 리 없다고 확신하기 때문이다. 한편 신약한 계수의 고립은 우울증으로 나타날 수 있으니 주의해야 한다.

임수와 계수의 장단점은 큰 틀에서 보면 그다지 벗어나지 않는다. 의지박약은 공통점이고, 대표적인 차이점은 임수는 변덕, 계수는 우울증이라는 키워드다.

계수와 다른 간지 사이의 관계를 살펴보자.

계수와 임수는 규모와 모양이 다를 뿐 같은 물이다. 물이 주전자에 담겨 있으면 계수고, 그 물을 집 앞 저수지에 부으면 임수다. 계수는 자기가 머리는 비상한데 약하다는 걸 안다. 그래서 힘을 열망한다. 스스로 신강함을 원하는 것인데, 계수의 신강함이 신강 중에 제일 까다롭다. 계수 일간 신강은 통상적이지 않고 어떤 법칙에 갇히지 않는 경우가 많다. 특히 이런 계수가 월지에 해자축(亥子丑)을 만나면 임수조차 두려워하지 않는다.

임수와 달리 계수는 의심이 많아 금(金)의 생조를 믿지 않고, 자신과 같은 힘을 가진 비견 계수만을 반긴다. 지지에서 금 인성을 만나느니 지장간에라도 자신과 같은 비견을 가진 진토(辰)나 축토(丑)를 더 바란다.

임수와 달리 계수는 기운이 약해도 화(火), 토(土)를 두려워하지 않는다. 어차피 자기가 약한 것을 알고 있는데 쓸데없이 힘 뺄 필요가 뭔가. 오로지 자신의 힘을 직접적으로 보완해줄 비견인 계수에만 관심을 둘 뿐, 나머지 오행은 자기를 생하든 극하든 관심이 없다.

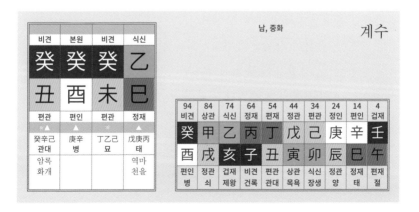

계수가 비겁 다음으로 반기는 축토를 시지에서 만나 보기보다 신강한 명식이다. 화목이 용희신이다. 도화의 성격을 갖는 계수 삼병존이 지지에 합화되지는 않지만 사유축 삼합을 만났다. 막강한 일지 편인에서 생조받는 계수 군단의 조합은 엔터테인먼트에 종사할 가능성과 예민하고 섬세한 감수성을 쉽게 예측하게 한다.

14 신사 대운 1986 병인년 가요제로 데뷔해 순식간에 스타가 됐다. 24 경진 대운에 감성을 자극하는 노래를 연이어 히트시키고 작곡가로서도 큰 인기를 끌었다. 34 기묘 대운은 묘목이 유금과 충을 해 사유축 삼합을 저지해서 지지의 관성이 기토로 투출하는데 천간에서 4쟁극을 한다. 안정적이던 원국이 요동을 치는데 관성의 변동이 가장 크므로 직업적 변동이 생긴다. 가수, 작곡가에서 음악 제작자와 뮤지컬 음악감독으로 활동 영역이 확장되었다.

44 무인 대운 기축년 뮤지컬 연출가로 변신한다. 이 대운은 무계합을 유심히 봐야 한다. 대운에서 일간이 포함된 병존의 합은 자신의 정체성에 착각을 일으킨다. 완전히 합화되지도 않으면서 이 원국의 최대 강점인 계수의 감수성이 화 재성의 기운을 띠게 되는 것이다. 뮤지컬 연출가로서 초반에는 성공하는 듯했으나 자신만의 강점이 사라지면서 어려움을 겪었다.

지지의 수(水), 자(子)와 해(亥)

지지의 수(水)에는 자수(子)와 해수(亥)가 있다. 자수는 양수이나 음수로 해석하고 해수는 그 반대다.

자수와 해수는 서로 많이 다르다. 자수는 수 중에서도 가장 꾀가 많고, 총명하고 감수성도 예민하다. 십이지신상으로는 다산과 번식의 상징인 쥐다. 자수는 음욕이 강해서 패가망신하는 경우가 많다. 또한 자수는 겨울에 응축된 물, 생명의 씨앗인 정자나 난자 혹은 식물의 종자를 형상하기도 하는데 이는 웅크리고 있다가 봄이 오는 순간 세상으로 나가 생명의 싹을 틔우려는 에너지를 품고 있는 것을 말한다.

해수는 십이지신상으로 돼지다. 자수만큼 총명하지는 않지만 온순하고 우직한 느낌이다. 베풀기 좋아하나 사실은 소심한 면도 있고 속으로 사람을 많이 가린다. 해수는 음수임에도 지장간이 무토와 갑목 그리고 임수 같은 양기의 성분으로 이루어져 양으로 해석된다. 해수가 목의 생지(生地)인 것은 가을이 끝나고 겨울이 시작되는 시기에 결실은 이미 정리가 되었고 새로운 탄생을 위해 동면으로 들어가는 기운이기 때문이다. 그리고 무토와 갑목 같은 다양한 요소들이 섞인 탁한 물로도 비유할 수 있는데 깨끗하기만 해서 아무 성분이 없는 물보다는 이런 물들이 갑목에게 생기를 부여할 수 있기 때문이다.

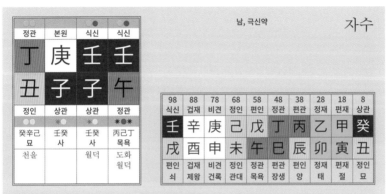

남, 극신약 · 자수

야구 감독 김성근의 명식. 경금이 자월에 태어나 시지까지 축토로 수가 태과하다. 일간이 수다금침(水多金沈)되었는데 2개 있는 화가 고립이어서 전왕으로도 갈 수 없다. 수를 설기해주고 고립된 화를 보호하는 것이 일간을 지키는 길이다. 극신약하지만 재관 화목이 용희신이 되는 특이한 경우다. 수 식상은 식상 중 가장 재치가 있고 말재간이 좋은데 김성근 감독은 수 식상 혼잡 태과로 정반대의 경향을 보인다.

활동기 내내 용희신으로 흘렀지만 47년 동안 감독, 코치 등으로 야구계에 몸담으면서 18번의 이직을 했다. 4년 이상 한곳에 재직한 적이 없을 정도로 직장 이동이 심했다. 그를 따라다니는 평판은 항상 모순된다. 구단주와는 사이가 좋지만 실무 책임자인 프런트 사장단과는 늘 불화였고, 선수나 제자 들과 사이는 좋지만 혹사를 시킨다는 것이다. 이는 원국을 뒤덮어버린 상관이 고립된 정관을 강하게 극하는 데 연유한다. 원국 내 기구신이 워낙 강해서 용희신이 잘 발휘되지 않는 것이다. 대운의 조력으로 정관을 격추시키지 않고 지도자의 자리를 유지할 수 있었다.

남, 신약　　　해수

편인	본원	편관	편재
己	辛	丁	乙
亥	亥	亥	亥
상관	상관	상관	상관
戊甲壬 목욕	戊甲壬 목욕	戊甲壬 목욕	戊甲壬 목욕
			천덕

98 편관	88 정인	78 편인	68 겁재	58 비견	48 상관	38 식신	28 정재	18 편재	8 정관
丁	戊	己	庚	辛	壬	癸	甲	乙	丙
丑	寅	卯	辰	巳	午	未	申	酉	戌
편인 양	정재 태	편재 절	정인 묘	정관 사	편관 병	편인 쇠	겁재 제왕	비견 건록	정인 관대

1970년대 영화감독 데뷔 이래로 거의 매년 작품을 선보여 이름이 장르가 되어버린 다작형 천재 감독 우디 앨런의 명식. 토가 약해도 감독이 될 수 있음을 보여주는 독특한 명식이다. 천간은 오행이 골고루 갖춰져 있지만 지지는 해수로 통일되었다. 모든 십신이 편(偏) 시리즈라는 것도 특기할 만하다. 지지를 관통하는 목욕 상관 해수가 지배하는 이 원국은 상관의 다재다능함을 넘어선 비범함을 느끼게 한다. 섬세하고 예민한 상관에 목욕까지 더해져 수다와 성애에 대한 천착이 천재 감독으로 살게 해주었다. 경직된 시선으로 정상, 비정상의 논리를 들이대면 이런 사람은 설 자리가 없어진다. 사회의 통념과 다르다고 해서 사람을 섣불리 재단하거나 계도해서는 안 됨을 보여주는 명식이다.

제
二
강

천간은 전략적
관점으로 보고,
지지는 전술적
관점으로
보아야 한다.

생
하
고
극
하
다

천
간
과
지
지,
서
로

음양과 오행의 심층적 접근 Ⅱ

60간지론

이제 본격적으로 천간(天干)과 지지(地支)를 60갑자로 나누어서 살펴보겠다. 오행의 천간 10자와 지지 12자를 조합하면 갑자(甲子)부터 계해(癸亥)까지 60갑자 간지(干支)가 만들어진다. 60갑자 간지론은 꼭 일주에만 해당되는 것은 아니다. 일주, 월주, 시주 모두 적용되고 연주에도 희미하게 적용된다고 생각해봐야 한다. 일주를 중심으로 설명하지만 그 간지의 성격들이 어느 주에 있든 복합적으로 적용된다고 보면 된다. 같은 일간이어도 간지론의 관점에서 보면 지지에 따라 많이 다르다는 것을 알 수 있는데, 일간이 지지와 어떤 조합이 될 때 힘을 발휘할 수 있는지 혹은 조화를 이루는지 등에 대해 구체적으로 파악해야 한다.

지금부터 천간과 지지가 만들어내는 상생상극의 관계와 지지에 암장(暗藏)된 지장간까지 살펴 상호작용을 알아보고, 해당되는 십신이 어떤 작용을 하는지 알아보자.

갑자·갑인·갑진·갑오·갑신·갑술

갑자(甲子)

갑자는 정인(正印)에 목욕(沐浴)이다.

낙천적인 성격에 자신감과 자존심이 세고 인정이 많으며 마음이 넓다. 어떤 경우에도 쉽게 절망하지 않고 당당하며, 웬만한 역경에는 굴하지도 굽히지도 않는다. 갑자는 자수(子)가 수(水)이고 정인이기 때문에 말과 행동 이전에 생각을 먼저 하고, 측은지심이 있다. 인성(印星)이 과다하지 않다는 전제하에 갑목의 정인인 자수는 자기의 자존심을 지키는 근거가 되므로 공과 사가 분명함으로 드러난다. 그래서 갑자 간지의 조합을 가진 사람들은 높은 지위에 오르기는 힘들지만 한번 오르면 잘 내려오지 않는다.

남, 신강 · 갑자

정인	본원	식신	비견
癸	甲	丙	甲
酉	子	寅	申
정관	정인	비견	편관
庚辛	壬癸	戊丙甲	戊壬庚
태	목욕	건록	절
귀문 도화	귀문	역마 월덕	역마

92 식신	82 겁재	72 비견	62 정인	52 편인	42 정관	32 편관	22 정재	12 편재	2 상관
丙	乙	甲	癸	壬	辛	庚	己	戊	丁
子	亥	戌	酉	申	未	午	巳	辰	卯
정인 목욕	편인 장생	편재 양	정관 태	편관 절	정재 묘	상관 사	식신 병	편재 쇠	겁재 제왕

사제의 신분으로 평생을 민주화, 인권, 남북 평화, 교육에 헌신하고 있는 16대 경기교육감 이재정의 명식. 시지 정관에서 시작되는 흐름이 월간 식신에서 종하고 관성 2개는 고립되었다. 토화가 용희신이다. 정관, 정인, 비견으로의 흐름에서 단아한 자기 절제를 지닌 무한한 성장에 대한 신념을 엿볼 수 있다. 재성이 지장간에서도 희미한 무재성 명식에서 12 무진 대운 편재는 무계합화, 신자진합수가 되어 재성은 식상, 인성이 되었다. 22 기사 대운도 갑기합토, 사신합수로 재성의 현실적 의미인 재물이나 육친에 대한 감각이 생길 틈 없이 이상적 감각으로만 발현됐다. 독어독문과에서 문학을 전공하고 기사 대운 임자년에 사제 서품을 받았다. 고립된 관성은 재생관 없이 직접 관운으로 40년이 보완되면서, 명식이 지닌 무욕 담백한 성품을 대운까지 도왔다. 대학교 설립 주도, 대학교 총장, 통일부 장관, 교육감 등을 하면서 뚜렷한 진전과 발전을 이뤄내는 것은 관인생의 이상적 발현이다. 대운의 상성은 좋지 않지만 원국이 가진 모순을 극복하고 장점을 극대화한 좋은 사례다.

갑인(甲寅)

갑인은 비견(比肩)에 건록(建祿)이다.

기본적으로 학문적 재능과 조직 내의 힘 그리고 권력의 힘이다. 갑인 간지를 가진 사람들은 학문을 해도 학자나 교수에 머무르지 않고 해당 분야의 높은 지위에 오르고자 하는 남다른 야망을 품고 있다. 갑인은 두뇌 회전이 빨라서 보는 순간 결정을 내리므로 추진력과 배짱이 있다. 하지만 갑인은 갑목이 지지에 통근한 매우 강한 힘이기 때문에, 화끈하긴 해도 한편으로는 롤러코스터를 타듯 인생의 굴곡이 불가피하다.

지지에 비겁을 만나는 일주(간여지동干如支同), 즉 갑인, 을묘, 병오, 정사, 무진, 무술, 기축, 기미, 신유, 경신, 임자, 계해는 기본적으로 아트(art)에 뛰어나다. 일주가 같은 오행으로 나란히 있으면 아트를 떠올리면 되는데, 이때 아트에는 예술뿐 아니라 기술, 엔지니어링도 포함된다.

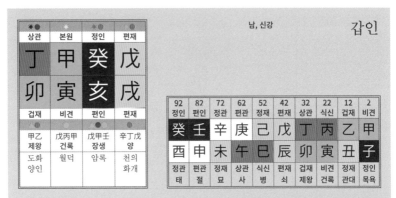

이장 출신 장관으로 유명한 김두관의 명식. 시주를 제외한 나머지 3개 주가 통근한 강렬한 명식으로 원국의 중앙을 수목이 지배하고 있어 신강하다. 무토 용신으로 과도한 수목을 견제하고 정화 희신으로 용희신이 유정하다. 정화 상관이 중하게 쓰이지만 원국 내에서는 아슬아슬한데 대운에서 적절하게 받쳐줬다. 원국에서는 월주 정·편인으로 인성이 선명하지만 통근한 토와 목 사이에서 설기당하고 극당하느라 정신이 없는 가운데 어지러운 합충 작용으로 인성이 제대로 힘을 발휘하지 못해 학업에는 운이 없었다. 연주에 자리 잡은 무술 편재는 그의 다양하고 폭넓은 재능과 판을 아우르는 능력을 짐작게 하고 행정관으로서 그 능력을 충분히 보여줬다. 42 무진 대운에 경력 이상으로 큰 성공을 거뒀다. 재성, 식상 용신으로 참모의 말을 귀담아들어야 하는데 52 기사 대운에는 이를 따르지 않고 섣부른 판단으로 경남도지사를 중도 사퇴해 큰 비난과 정치적 위기를 겪었다. 겁재가 생하는 상관은 용희신이라 할지라도 순간적으로 욱하는 성질이 있을 수 있음을 항상 염두에 두어야 한다.

갑진(甲辰)

갑진은 편재(偏財)에 쇠(衰)다.

　습토에 나무가 뿌리를 내리고 있다 해서 고전『적천수』가 사랑하는 간지다. 갑목 특유의 명예심과 토(土)의 의지가 결합되어 굳건하고 진취적

이다. 하지만 갑진은 별것 아닌 일에 자존심을 내세워 허송세월을 한다
는 큰 약점이 있다. 예컨대 신입 사원 시절, 상사가 부당하게 굴면 그냥
참고 넘어갈 수도 있는데 반항하다가 결국 자신의 경력이나 이미지에 장
기적인 손실을 입고 만다. 그래서 갑진은 자신을 통제할 수 있는 요인들
이 있어야 한다. 관성(官星)이나 용신(用神)에 해당하는 오행이 가까이
있어야 갑진의 힘이 발휘된다. 그렇지 않으면 자신의 문제 때문에 같은
실수를 반복하고 많은 것을 잃게 될 가능성이 크다.

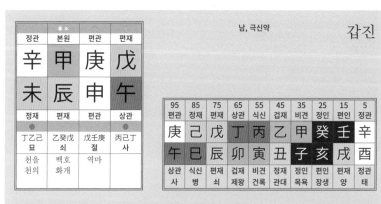

미국의 지휘자, 작곡가 레너드 번스타인의 명식. 발달한 재성이 생하는 막강한 편관
이 일간을 위협하는 극신약한 명식으로 수목이 용희신이 된다. 활동기 대운이 희신-
용신-한신으로 곱게 흐르고, 원국의 약한 십이운성을 보완해서 대운의 십이운성이
점진적으로 강해지며 환상적인 호흡을 보여준다. 원국에 천상삼기를 가지고 있으므
로 이상은 높았고, 재능과 카리스마는 타고났으며, 다소 위험한 원국을 대운이 완벽
하게 보완해줬다. 지휘자, 작곡가(클래식, 뮤지컬, 영화음악 등), 피아니스트, 작가,
음악교육가로 평생 하고 싶은 것 다 하며 명예와 영광을 누리고 살았다. 후반부에는
대운이 목화로 흘러 우울증으로 고생하기도 했다. 1950년대부터 FBI의 감시를 받은
확고한 좌파로, 베트남전쟁 반대 등 예술가로서의 사회적 책임에 대한 성찰도 게을리
하지 않았다.

갑오(甲午)

갑오는 상관(傷官)에 사(死)다.

갑오를 보면 목화(木火) 양의 기운이 활활 타오르는 것이 느껴진다. 갑

오는 갑목 중에서 머리가 가장 비상하고 창의적이며 직관력도 뛰어난데, 아쉽게도 학교 성적으로는 이어지지 않는 편이다. 갑오의 가장 큰 문제는 현실적 성과가 현저히 떨어져 결실이 거의 없다는 점이다. 갑오는 오화(午) 상관(傷官), 즉 식상(食傷)의 비현실성을 현실화해줄 수 있는 요인들이 필요한데, 관성과 인성이 그것이다. 그렇지 못한 갑오는 빛 좋은 개살구이거나 꿰지 못한 구슬로 끝날 가능성이 있다.

남, 중화　　　갑오

상관	본원	식신	비견
丁	甲	丙	甲
卯	午	寅	辰
겁재	상관	비견	편재
甲乙 제왕	丙己丁 사	戊丙甲 건록	乙癸戊 쇠
도화 양인 천덕		역마 월덕	공망

96 식신	86 겁재	76 비견	66 정인	56 편인	46 정관	36 편관	26 정재	16 편재	6 상관
丙	乙	甲	癸	壬	辛	庚	己	戊	丁
子	亥	戌	酉	申	未	午	巳	辰	卯
정인 목욕	편인 장생	편재 양	정관 태	편관 절	정재 묘	상관 사	식신 병	편재 쇠	겁재 제왕

현 제주도지사 원희룡의 명식. 고등학생 시절 내내 전국 수석, 학력고사 전국 수석, 사시 수석이라는, 목화통명의 사례가 될 만한 이력을 쌓아왔다. 군집을 이루면 폐해가 심해지는 목 비겁이 바둑판 모양으로 연주부터 시주까지 관통한 것과 중간중간 배치된 식상의 구성이 절묘하다. 중간에 끼이지 않고 연지에 얌전히 자리 잡아 식상생재되는 진토 편재가 명식의 키포인트가 된다. 금토가 용희신이다. 공부 방법 중 생활일지에 집중도와 감정 상태를 점검했다는 항목이 눈에 띄는데, 식상생재가 발달한 목화통명답다. 공부를 해도 관성이나 인성처럼 끈기와 인내로 하는 것이 아니라 효율을 극대화하기 위해 다각도로 체크하는 것이다. 16 무진 대운에는 수석 퍼레이드와 노동 운동, 26 기사 대운에는 갑기합토로 검사와 변호사로 소득이 일정한 정재적 생활, 36 경오 대운에 이르러 정치인의 길로 들어섰다. 한나라당, 새누리당에서 소신 있는 발언을 하며 중도 보수의 길을 걷고 있다.

갑신(甲申)

갑신은 편관(偏官)에 절(絶)이다.

갑목 중에서 가장 천국과 지옥을 오가는 간지다. 갑신은 특히 정치하는 사람들에게 많은데, 갑신이란 기본적으로 신금(申) 편관, 지배하고 우두머리에 서고자 하는 힘, 모든 부정한 것을 바꾸고자 하는 정의로운 힘을 갖고 있다. 신금은 십이지신상으로 원숭이다. 그래서 권력욕도 강하지만 재주도 많다. 다방면에 조예가 있고 갑목 중에서는 인정도 제일 많다. 하지만 이런 의외성 때문인지 끈기가 없다. 리더십은 있는데 지속력이 떨어지고 정신이 산만하며, 성공과 실패를 왔다 갔다 하는 경우도 많다.

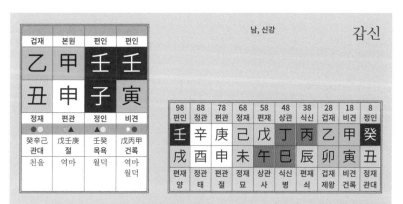

남, 신강 　　갑신

겁재	본원	편인	편인
乙	甲	壬	壬
丑	申	子	寅
정재	편관	정인	비견
●●	▲	▲●	※●
癸辛己	戊壬庚	壬癸	戊丙甲
관대	절	목욕	건록
천을	역마	월덕	역마 월덕

98 편인	88 정관	78 편관	68 정재	58 편재	48 상관	38 식신	28 겁재	18 비견	8 정인
壬	辛	庚	己	戊	丁	丙	乙	甲	癸
戌	酉	申	未	午	巳	辰	卯	寅	丑
편재 양	정관 태	편관 절	정재 묘	상관 사	식신 병	편재 쇠	겁재 제왕	비견 건록	정재 관대

현 더불어민주당 원내대표 우상호의 명식. 자월 축시에 태어난 신강한 갑목이 충분히 기개를 펼칠 화토가 부족하다. 토화가 용희신으로 대운에 토화를 만나면 갑목은 한없이 자란다. 서글서글 유연해 보이는 인상이지만 민주화 운동의 선봉에 섰다. 또 한편으로는 시인으로 등단을 하기도 했는데 편인 병존의 힘이다.

신강한 사주에서는 편관에 절이 크게 발휘된다. 편관 옆에 있는 축토 정재가 편관의 연료탱크 같은 역할을 함으로써 약한 가운데서도 힘을 발휘한다. 당당하고 단단한 자기 원칙 아래 움직이고, 486 의원들을 집결하는 데 주도적 역할을 했다. 한편으로는 온정주의로 판단을 내린다는 비난을 받기도 하는데 새로운 환경에 대한 적응이 늦고 측은지심이 깊은 수 인성이 강하기 때문이다. 38, 48 대운까지는 합화로 수목이 되는 무늬만 용희신인 대운이다. 58, 68 대운에 이 원국이 가진 잠재력을 발휘할 것이라 기대된다.

갑술(甲戌)

갑술은 편재(偏財)에 양(養)이다.

　갑술은 좀 특이하다. 술토나 진토는 상황에 따라 음양이 왔다 갔다 하는데 갑목과 만났을 때의 술토나 진토는 양의 기운이 굉장히 강하다. 갑술은 갑목 중에서 제일 언변이 뛰어나다. 순간적 판단력과 설득력, 갑목으로서는 보기 드문 처세술까지 갖고 있다. 갑술의 문제점은 제 꾀에 제가 넘어간다는 것이다. 그래서 자잘한 고난이 따른다. 갑술은 지속적인 자기 계발을 멈추는 순간 위험에 처할 수 있다. 따라서 늘 자기 관리를 게을리하지 말고, 방심하면 도태될 위험이 있다는 점을 기억해야 한다.

겁재	본원	편재	정재
乙	甲	戊	己
丑	戌	辰	卯
정재	편재	편재	겁재
癸辛己 관대	辛丁戊 양	乙癸戊 쇠	甲乙 제왕
천을			도화 양인 천의

남, 신약 　갑술

91 편재	81 정재	71 편관	61 정관	51 편인	41 정인	31 비견	21 겁재	11 식신	1 상관
戊	己	庚	辛	壬	癸	甲	乙	丙	丁
午	未	申	酉	戌	亥	子	丑	寅	卯
상관 사	정재 묘	편관 절	정관 태	편재 양	편인 장생	정인 목욕	정재 관대	비견 건록	겁재 제왕

영화감독 프랜시스 포드 코폴라의 명식. 비겁과 재성으로만 이루어진 명식인데 비겁이나 재성이 한 글자도 겹치지 않고, 갑목이 궁극적으로 원하는 진토를 월지에 만나긴 했으나 토가 태과하다. 전형적인 재다신약 사주로 원국 자체로는 재성에 대한 욕망은 크지만 그 집중도가 떨어지고 원하는 만큼의 재성을 만들어내기에는 비겁의 의지가 받쳐주지 못한다고 볼 수 있다. 그만큼 용희신인 인성과 비겁의 힘이 중요해진다. 인생 초반부터 대운이 목과 수로 흐른다. 31 갑자 대운에 인생의 절정기를 맞는다. 대운의 충합을 하나하나 대입해보면 이때만큼 원국이 요동쳤던 적이 없다. 갑목은 무토, 기토와 극과 합을, 자수는 진술축과 합을 한다. 중복되는 합과 극으로 갑자가 선명히 살아 움직이게 된다. 똘똘 뭉쳐 있던 재성이 하나하나 살아나 자기 색을 띠게 된 것이다. 〈대부〉(The Godfather) 1, 2편을 감독해 30대 젊은 나이에 거장의 반열에 올라섰고, 특히 갑자 대운 막바지에 온갖 난관 속에서 거대한 지옥도 〈지옥의 묵시록〉(Apocalypse Now)을 제작했다. 이 작품이 개봉된 1979년은 대운이 바뀌어 계해 대운 기미년이었다. 끝없이 연장되던 완성도에 대한 집착을 포기하고 영화를 개봉했다. 원국에서 빠진 미토를 만나 무토, 기토, 진술축미 모든 토가 모여 거대 지각변동을 일으켰고 계해가 그런 토들을 그나마 제지한 것이다.

을축·을묘·을사·을미·을유·을해

을축(乙丑)

을축은 편재(偏財)에 쇠(衰)다.

을축은 외로운 기운이다. 외관은 온화하고 온순해 보이지만 의외로 자기주장과 입장이 명확하고 합리적인 성격이다. 남을 설득하기 좋은 위치, 인정받고 사랑받는 자리로 쉽게 간다. 유명한 사람들 중에서 자주 만나는 기운이며, 은근히 고집이 세고 사람을 가려 사귀어 통이 크지 않다. 을축은 시야가 좁다는 약점이 있다.

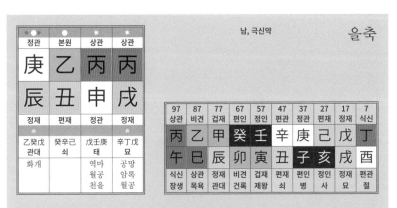

남, 극신약 | 을축

정관	본원	상관	상관
庚	乙	丙	丙
辰	丑	申	戌
정재	편재	정재	정재
乙癸戊 관대	癸辛己 쇠	戊壬庚 태	辛丁戊 묘
화개		역마 월공 천을	공망 암록 월공

97 상관	87 비견	77 겁재	67 편인	57 정인	47 편관	37 정관	27 편재	17 정재	7 식신
丙	乙	甲	癸	壬	辛	庚	己	戊	丁
午	巳	辰	卯	寅	丑	子	亥	戌	酉
식신 장생	상관 목욕	정재 관대	비견 건록	겁재 제왕	편재 쇠	편인 병	정인 사	정재 묘	편관 절

미국 역사상 최고의 경제적 호황기를 이끈 빌 클린턴 전 대통령의 명식. 신월 진시에 태어난, 재성이 발달하고 인성, 비겁이 없는 극신약한 명식으로 수금 용신이다. 진토, 축토, 신금 지장간에 계수 임수가 흐르고 있어 일간 을목이 크게 고통스럽지는 않다. 일간 을목이 월지에서 투출한 희신 경금과 합을 하고 있어 을목의 유연함보다는 위기에 강한 강단 있는 모습을 보이고 어릴 때부터 정치에 관심을 가졌다. 37 경자 대운에 신자진합수로 막혀 있던 원국에 거대한 흐름과 균형이 생겨 주지사, 대통령 재선까지 탄탄대로를 이어간다. 47 신축 대운에 '르윈스키 스캔들'로 위기를 맞았다. 비겁이 없는 극신약한 원국에서 을경합으로 고요하던 일간이 신금에 충을 맞고 을경합까지 풀려버린 것이다. 관성은 용희신이라도 일간에 직격타를 줄 수 있으므로 주의 깊게 살펴야 한다. 하원에서 탄핵 의결이 통과되었으나 병화 상관의 화려한 언변으로 위기를 넘겼다. 인생 후반부가 용신, 한신 대운으로 곱게 흘러, 퇴임 후 활발한 강연 활동과 클린턴 자선재단의 성공적 운영으로 인기를 끌고 있다.

을묘(乙卯)

을묘는 비견(比肩)에 건록(建祿)이다.

을목과 묘목이 만났다. 짝이 되는 갑인과는 완전히 다르다. 을묘는 정확하고 합리적인 면에서는 갑인의 요소를 갖고 있지만 을목 중에서 의외로 인정과 눈물이 많은 착한 성정이고, 약자에 대한 공감 능력이 뛰어나다. 이상을 추구하는 경향이 강하지만 결실이 미약하다. 음의 기운치고 지구력이 약해서 큰 성과로 가기에는 약한 힘이기 때문이다. 을묘는 겉으로만 보고 판단하면 완전히 잘못 볼 수도 있으므로 매우 섬세한 판단이 요구된다.

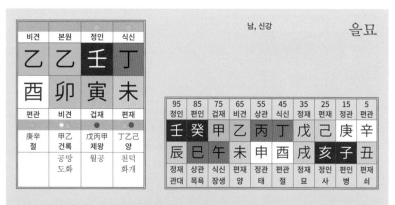

남, 신강   을묘

비견	본원	정인	식신
乙	乙	壬	丁
酉	卯	寅	未
편관	비견	겁재	편재
庚辛 절	甲乙 건록	戊丙甲 제왕	丁乙己 양
	공망 도화	월공	천덕 화개

95 정인	85 편인	75 겁재	65 비견	55 상관	45 식신	35 정재	25 편재	15 정관	5 편관
壬	癸	甲	乙	丙	丁	戊	己	庚	辛
辰	巳	午	未	申	酉	戌	亥	子	丑
정재 관대	상관 목욕	식신 장생	편재 양	정관 태	편관 절	정재 묘	정인 사	편인 병	편재 쇠

1990년대 얼터너티브 록의 열풍을 주도한 록밴드 너바나의 보컬이자 기타리스트 커트 코베인의 명식. 임수 정인, 정화 식신, 미토 편재까지 합목의 기운이 있어 보기보다 매우 신강한 명식이다. 월간 임수와 시지 유금이 위태롭다. 금수가 고립되어 정신 건강의 위험도가 높다. 토화 행운용희신, 수, 금은 건강용신이 되어 건강과 행운이 모순을 일으킨다. 신강한 명식의 절은 전환의 힘이 크다. 그러나 절지 고립은 십신이 위태로워진다. 커트 코베인의 삶이 딱 그러하다. 25 기해 대운 신미년에 기토가 폭발해 두 번째 앨범 《Nevermind》가 발매 첫해에만 1,500만 장이 팔렸다. 불우한 가정환경에서 외롭게 자라 어릴 때부터 집안 내력인 우울증을 앓았고 극단적인 성공으로 우울증이 심화된 기해 대운 갑술년 사망했다. 해묘미 삼합과 묘술합으로 금수 고립이 심화되었다.

을사(乙巳)

을사는 상관(傷官)에 목욕(沐浴)이다.

  을사는 섬세하다. 과거에 많은 책에서 상관 일주라 해서 을사를 무척 나쁘게 썼다. 나는 을사를 귀명(貴命)이라고 생각한다. 을사야말로 을목 중에서 상상력이 풍부해 아이디어를 창출하고 집행하는 능력을 두루 갖춘 보기 드문 양수겸장의 힘이다. 큰 규모는 아니지만 알찬 소규모 팀의 리더가 많다. 기획력과 실행력이라는 양날의 검을 지니고 있는데, 문제는 결정적 순간에 뒷심이 부족하고 무엇보다 감정 기복이 심해서 우울증으로 가는 경우가 많다는 것이다. 남들은 아무렇지 않은데 내면적인 문제로 힘들어하고 자기 스스로 고립시키는 일을 조심해야 한다.

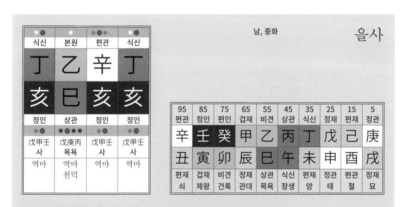

남, 중화   을사

식신	본원	편관	식신
丁	乙	辛	丁
亥	巳	亥	亥
정인	상관	정인	정인
戊甲壬 사	戊庚丙 목욕	戊甲壬 사	戊甲壬 사
역마	역마 천덕	역마	역마

95 편관	85 정인	75 편인	65 겁재	55 비견	45 상관	35 식신	25 정재	15 편재	5 정관
辛	壬	癸	甲	乙	丙	丁	戊	己	庚
丑	寅	卯	辰	巳	午	未	申	酉	戌
편재 쇠	겁재 제왕	비견 건록	정재 관대	상관 목욕	식신 장생	편재 양	정관 태	편관 절	정재 묘

해월 해시생 을목 일간으로 월지에 통근했으나 임수가 연지까지 태왕해서 화토의 기운이 아쉬운데 천간의 화 식신이 수와 대치하고 있는 정치인 손학규의 명식. 토가 드러나 있진 않지만 4개 지지에 무토가 암장되어, 진보와 보수를 오가며 중도의 균형추 역할을 수행한 고단한 정치 여정이 드러난다. 화토 용희신으로 일지 사화의 삼쟁충과 월간 신금의 충극이 힘들지만 금토화로 흐르는 대운의 흐름이 유장하다. 경기고 시절 한일회담 반대 투쟁을 필두로 15, 25 대운을 반독재 투쟁으로 힘든 시간을 보냈으나 본격적인 용신 대운인 35 정미 대운에 영국 유학 후 정치학 교수가 되었다. 병오 대운에 정치에 투신해 화려한 경력을 쌓았으나 을사 대운 2007 정해년 한나라당을 탈당하고 대통합민주신당의 국민경선에 참여했다가 정동영에게 패하며 기세가 꺾였다. 이해는 천간과 지지에 무려 10개의 충이 폭발하는 극변의 타이밍이었다.

을미(乙未)

을미는 편재(偏財)에 양(養)이다.

을목 중에서 가장 박학다식하면서 부드러운 성품이다. 남을 잘 이해하지만 그럼에도 자신을 드러내지 않고 감추려 해서 오해를 산다. 무슨 복심이나 음모가 있어서가 아니라, 자신을 드러내는 데 부끄러움을 느끼고 자랑할 만한 게 없다고 생각해서 자꾸 숨기는 것이다. 하지만 그 감추려는 모습 때문에 엉큼하다거나 뒤통수를 친다는 식의 오해를 받기도 한다. 그래서 을미 일주인 사람들은 의외로 대인 관계에 어려움을 겪는 경우가 많다. 주변에 을미 일주인 사람이 그런 일로 힘들어한다면 좀 더 자신을 드러내는 데 자신감을 가지도록 이야기해주는 게 좋다. 본인 또한 자신을 충분히 내보여야 신뢰를 얻을 수 있음을 기억하고 노력해야 한다.

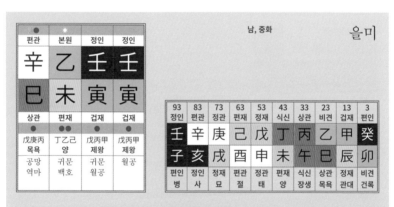

의사, 프로그래머, 벤처 기업인을 거쳐 현재 정치인인 안철수의 명식. 어느 주, 글자하나 약한 구석이 없고 미토 지장간에도 을목이 뿌리내리고 있어 보기보다 신강한 명식이다. 토화 용희신이 활동기 70년 동안 아름답게 흐른다. 전형적으로 박학다식하면서 부드러워 보이는 을미 일주의 인상이다. 그러나 연·월간 임임에게 생조받는 연·월지 인인 병존 겁재 제왕의 힘이 어마어마하다. 임수의 지모와 인목 겁재의 야망이 부드러운 을미 일주 뒤에 자리하고 있다. 시지 상관은 오타쿠적인 개발 능력을 암시하며 통근한 신금 편관은 강렬한 명예지향성을 엿보게 한다. 을미 일주의 심약함이 있지만 한신 관 대운 그것도 인사신 삼형을 이루는 무신 대운에 이르러 관적인 야망이 드러났다.

제2강. 천간과 지지, 서로 생하고 극하다

을유(乙酉)

을유는 편관(偏官)에 절(絶)이다.

을묘보다 강한 힘이다. 을목 중에서 가장 추진력이 강하고 성격이 선명하다. 을유 일주들은 머리가 비상하고 재주도 뛰어나며 감각도 풍부한 단정한 사람이다. 하지만 자기에게나 타인에게나 높은 기준을 적용하는 바람에 남을 무시하거나 배려하지 못하는 편이고, 그래서 악의는 없지만 주변에 상처를 입는 사람이 많다. 을유의 기운을 가진 사람은 자기가 통상적인 사람보다 높은 기준을 갖고 있지 않은지 계속 검증해봐야 한다. 또 을유는 자신이 생각하는 기준만큼의 결실, 특히 성공을 거두지 못하면 스스로 괴롭히는 경향이 있다. 강한 힘이지만 그래서 약간 무섭다.

여, 신약   을유

한국 드라마계의 대모로 불리는 드라마 작가 김수현의 명식. 천간에만 일간을 돕는 기운이 포진해 있다. 겉보기엔 신약하고 지지에 인성 비겁의 뿌리가 약해 보이지만 월지 축토는 수가 왕해 천간 인성의 뿌리가 되어 일간을 돕고 있다. 흐름과 천간과 지지의 조응이 절묘한 명식이다. 재성 토가 용신이 된다. 월지 축토의 수까지 고려하면 인성이 과다해 현실에서 이상을 실현하기 어려워 보이지만 뜯어보면 합으로 인한 견제와 균형이 절묘해 여덟 자 모두 자신의 특성을 유감없이 발휘할 수 있는 잠재력이 있다. 연주, 시주의 임오는 암합으로 오화가 타격을 크게 받지 않아 식상생재가 유감없이 발휘된다. 임오 간지 자체의 은근한 고집과 끈기도 길게 작용했다.
식신은 유순한 힘이지만 자기 밥그릇이 깨질 위험에 처할 때 어마어마한 힘을 발휘한다. 바로 도식인 편인을 충 없이 깨끗하게 만났을 때다. 희신 식신이 문창귀인과 장생을 만났고 공망이 해공되어 더 드라마틱한 힘이 됐다. 화 식신은 다른 오행의 식신보다 대중에게 쉽게 어필하는 자극적이고 선명한 글을 쓸 수 있게 해주었다. 삼주 공망이 충 없이 깨끗하게 합으로 해공되어 극귀, 극천 양단의 가능성을 명예롭게 실현했다.

을해(乙亥)

을해는 정인(正印)에 사(死)다.

전쟁이 나도 혼자 살아남는다는 을해다. 그만큼 재수가 좋은 간지에 해당한다. 을해는 기본적으로 감각이 뛰어나지만 무엇보다 고상한 취향과 마음씨를 가졌다. 폭은 좁지만 하나를 선택하면 몰두하는 경향이 장점이자 약점이다. 그렇기 때문에 시야가 넓지 못하다. 또한 을해는 타인에 대한 의존성이 강하고 투쟁성이 약해 싸워서 얻어내기보다 지레 포기하고 만다.

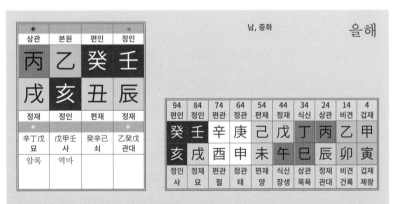

남, 중화 · 을해

상관	본원	편인	정인
丙	乙	癸	壬
戌	亥	丑	辰
정재	정인	편재	정재
辛丁戊 묘	戊甲壬 사	癸辛己 쇠	乙癸戊 관대
암록	역마		

94 편인	84 정인	74 편관	64 정관	54 편재	44 정재	34 식신	24 상관	14 비견	4 겁재
癸	壬	辛	庚	己	戊	丁	丙	乙	甲
亥	戌	酉	申	未	午	巳	辰	卯	寅
정인 사	정재 묘	편관 절	정관 태	편재 양	식신 장생	상관 목욕	정재 관대	비견 건록	겁재 제왕

축월 술시의 을목 일간으로 겨울나무라는 점에서 손학규의 명식과 비슷한 양상을 보이는 정치인 문재인의 명식. 이미 얼어붙고 있는데 임수와 해수가 가세해 극한의 상황으로 몰고 간다는 점에서 손학규의 명식과 유사하지만 시간 병화가 이 원국에 활력을 불어넣는 큰 역할을 담당한다. 비겁에 해당하는 목의 기운이 두 사람 모두에게 더 추가되지 못했다는 점이 아쉽다. 일간의 독자성을 의미하는 목 비겁의 결여가 두 사람 공통의 결정 장애 혹은 타이밍의 어긋남, 카리스마의 결여를 암시하고 있는 것은

제2강. 천간과 지지, 서로 생하고 극하다

아닐까?

하지만 왕성한 화 식상이 수 인성을 견제하는 손학규의 명식과는 달리 강력한 토 재성이 수 인성을 견제하는 문재인의 원국이 용희신이 훨씬 선명하다는 점에서 그리고 그 용희신이 시주에서 식상생재된다는 점에서 조금 더 고무적으로 보이며, 대운 또한 화토금으로 흘러 인생의 후반부로 갈수록 활동성이 점증되고 있는 것도 주목할 만하다.

인다신약의 양상이니 화토가 용희신이고 금이 한신의 역할을 담당한다. 초년 기신운엔 피난민 가문의 가난으로 극한의 궁핍을 겪었고 대학에 진학해서도 박정희 정권에 항거하다 제적 처분을 받고 강제로 징집되었다. 용희신운인 병진 대운에 이르러 다시 수감된 와중에 사법시험에 합격해 극적으로 석방되기도 한다. 이후 노무현의 남자로 수많은 정치 러브콜을 받았지만 고사했으며, 노무현 정권의 비서실장을 지낼 때도 모든 직원에게 존댓말을 쓴 것은 유명한 얘기다. 을해 일주 특유의 부드러움과 원칙주의를 보여주는 단면이라고 할 것이다.

병자·병인·병진·병오·병신·병술

병자(丙子)

병자는 정관(正官)에 태(胎)다.

　명리학 고서에는 남자는 관직운, 여자는 현모양처 운으로 귀명으로 쓰여 있지만 오늘날에는 그다지 중요하지 않은 개념이다. 병자는 진취적이고 솔직 담백한 기운으로, 항상 새로운 질서를 추구하면서도 의지가 강하다. 하지만 가까운 사람에게 도움받는 것을 병적으로 싫어해 사회성에 문제가 된다. 자신에게 호의적인 사람에게 도움을 받으면 쉽게 극복할 수 있는 일을 혼자 끙끙거리다 기회를 놓치는 경우가 많다.

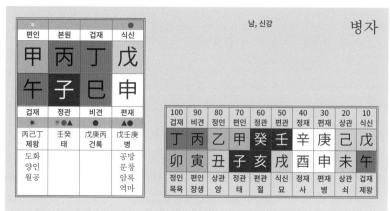

편인	본원	겁재	식신
甲	丙	丁	戊
午	子	巳	申
겁재	정관	비견	편재
✳	✳●▲	●	▲●
丙己丁 제왕	壬癸 태	戊庚丙 건록	戊壬庚 병
도화 양인 월공			공망 문창 암록 역마

100 겁재	90 비견	80 정인	70 편인	60 정관	50 편관	40 정재	30 편재	20 상관	10 식신
丁	丙	乙	甲	癸	壬	辛	庚	己	戊
卯	寅	丑	子	亥	戌	酉	申	未	午
정인 목욕	편인 장생	상관 양	정관 태	편관 절	식신 묘	정재 사	편재 병	상관 쇠	겁재 제왕

초어름에 태어난 병화로 원국이 뜨겁다. 군집한 비겁이 세가 강해 대운에 따라 원국이 요동칠 수 있다. 금토가 용희신이다. 초반 대운 용희신으로 잘 흘렀다. 정관에 태, 병자 귀명답게 진보적 가치관이 확실했고 사회적 이슈에 적극적으로 참여했다. 지지에 있는 편재지만 신자 반합, 사신합으로 정관에 묶임으로써 엄청난 돈을 벌었으나 재물이 모이지 않는다. 정관 태의 이상적 신념을 위한 주춧돌만 될 뿐이다.

20 기미 대운 무진년에 대학가요제로 일약 스타가 되었다. 통근한 희신 대운으로 인해 1990년대 전성기를 누렸다. 30 경신 대운 갑무경 천상삼기로 갑목이 살아나 유학, 음악적·철학적 기반을 넓혔다. 용신이 한신으로 화하는 40 신유 대운에 이르러 퇴조의 기미가 확연했으며 2014 갑오년, 결과론적인 이야기지만 군집한 비겁이 병신합, 사유 반삼합으로 요동치며 특히 지지가 자오 쟁충되면서 기신인 화국 불바다로 표변하게 됨에 따라 자수 정관은 순식간에 무력해졌다. 그리고 세상을 떠났다.

병인(丙寅)

병인은 편인(偏印)에 장생(長生)이다.

　밝고 화려한 것을 선호하고 원대한 포부와 이상을 갖고 있다. 병인은 비즈니스 역마에 해당하는데 주로 무역 사업을 화려하게 휘젓고 다니는 것을 폼 나게 생각한다. 옷차림에 신경 쓰고 사치를 하는 편이다. 또 사건 사고가 많고 구설수, 시비가 많이 따라다니는 경향이 있다.

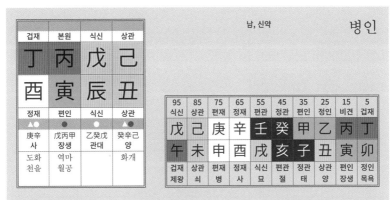

겹재	본원	식신	상관
丁	丙	戊	己
酉	寅	辰	丑
정재	편인	식신	상관
▲●	●	○	▲●
庚辛	戊丙甲	乙癸戊	癸辛己
사	장생	관대	양
도화 천을	역마 월공		화개

남, 신약   병인

95 식신	85 상관	75 편재	65 정재	55 편관	45 정관	35 편인	25 정인	15 비견	5 겹재
戊	己	庚	辛	壬	癸	甲	乙	丙	丁
午	未	申	酉	戌	亥	子	丑	寅	卯
겹재 제왕	상관 쇠	편재 병	정재 사	식신 묘	편관 절	정관 태	상관 양	편인 장생	정인 목욕

아돌프 히틀러의 명식. 식상이 연 · 월주를 점령한 식상 과다 신약으로 일지, 시지가 고립되어 있다. 수목 용희신이다. 측근들의 증언에 의하면 히틀러는 친절하고 다정한 최고의 상사였으며 낯을 많이 가려 친분이 있는 소수의 사람들과 수다 떨기로 시간을 보냈다고 한다. 식상적인 면모다. 히틀러의 명령으로 독일군을 멋지게 보이게 하기 위한 장교복도 만들었다. 히틀러의 연설 장면이나 사열식을 보면 규모와 분위기에 압도당한다. 연설 내용은 보잘것없었지만 선전, 선동에는 귀재였다. 병인 일주의 특성이다. 히틀러를 싫어하는 사람도 그의 뛰어난 웅변 실력이나 절대적인 충성심을 이끌어내는 리더십은 인정한다. 토 과다로 위장장애가 심했고, 채식주의자이며 단 음식을 좋아했다.

병진(丙辰)

병진은 식신(食神)에 관대(冠帶)다.

　병화 중에서 가장 병화답지 않다. 매사에 침착하고 끈기 있게 묵묵히 자신의 소임을 다한다. 중후하고 원만하고 과묵한 인품이라 편안하지만 자기의 꿈을 실현하는 데 소극적이라 답답하다. 병진 기운은 좀 더 단호하게 자신의 이상을 실현하기 위한 욕심을 가져야 한다. 그러지 않으면 물에 물 탄 듯 술에 술 탄 듯, 어제와 같은 내일을 살 가능성이 많다. 모두에게 사람 좋다는 소리를 듣지만 만년 과장인 사람들이다.

남, 신약　　　　　　　病辰

식신	본원	편재	정재
戊	丙	庚	辛
戌	辰	寅	未
식신	식신	편인	상관
辛丁戊 묘	乙癸戊 관대	戊丙甲 장생	丁乙己 쇠
화개	월덕	역마	

98	88	78	68	58	48	38	28	18	8
편재	정재	편관	정관	편인	정인	비견	겁재	식신	상관
庚	辛	壬	癸	甲	乙	丙	丁	戊	己
辰	巳	午	未	申	酉	戌	亥	子	丑
식신	비견	겁재	상관	편재	정재	식신	편관	정관	상관
관대	건록	제왕	쇠	병	사	묘	절	태	양

소련의 마지막 서기장이자 최초의 대통령, 성급한 개혁 및 개방으로 소련의 해체와 오늘의 러시아가 있게 한 미하일 고르바초프의 명식. 식상과 재성이 과다한 신약한 명식으로 목수가 용희신이다. 목화통명이고 일지를 제외한 지장간에 비겁이 있어 신약한 병화를 돕고 있다. 원국에서 빠져 있던 축토가 들어와 진술축미가 완성된 48 을 유 대운 1985 을축년 최연소 서기장이 되었다. 그리 길지 않은 5년여의 집권 기간 동안 이만큼 긍정적인 이슈로 전 세계의 이목을 집중시킨 인물도 없었다. 구소련에는 불행한 결과지만 냉전 종결, 동유럽 국가들의 독립 등에 끼친 영향을 생각하면 전 세계의 판도를 바꾼 인물이다.

최연소 서기장이 된 을유 대운이나 노벨 평화상을 받은 갑신 대운은 모두 천간이 극을 받는 간지로 용신보다는 기신 작용이 큰 기운이어서 완급 조절이 필요했다. 그러나 성급한 개혁, 개방으로 돌이킬 수 없는 실패를 했다. 소련이 해체되고 혼란에 빠진 러시아의 정권을 잡은 옐친의 잇단 실정으로 러시아와 더불어 고르바초프도 20년 넘게 수렁에 빠졌다. 78 임오 대운에 정계 복귀를 선언하지만 무엇인가를 다시 시작하기에는 너무 늦었을지도 모른다.

병오(丙午)

병오는 겁재(劫財)에 제왕(帝旺)이다.

성격적으로 가장 과격하다. 집안의 통 큰 며느리 스타일이며, 매사에 호탕하고 양심적이어서 운동권에 많다. 병오는 어디에 있어도 티가 난다. 자존심이 매우 강해서 다 잃은 상황일지라도 자존심 하나로 버틴다. 성격이 급하고 포기가 빨라서 손해를 자초하는 면이 있다.

병오

(명리학의 고전 『적천수천미』滴天髓闡微의 저자인 임철초의 명식인데 본인이 직접 자평한 것을 발췌 인용해본다.)

"이 명조는 무계합을 하여 반드시 화로 화하여서 비단 편관 임수를 돕지 못할 뿐만 아니라 오히려 억제하고 또 자신이 화로 변하여 겁재가 되어서 도리어 오화 안의 양인을 도와 미치고 날뛰게 한다. 사화 중의 경금은 끌어당기어 도울 수 없고 임수는 비록 자기의 고(庫)에 뿌리를 내렸다 하여도 결론적으로 도와주는 금이 없어 사주는 맑으나 메마른 형상이 되었다. 게다가 대운까지 40년을 목화로 흘러 겁재와 양인을 생조하니 위로는 아버지의 뜻을 받들어 이름을 떨치지 못하고 아래로는 전원과 창업하신 것을 지키지를 못했다. 부모님이 돌아가시고 가업이 시들어 떨어지니, 호구지책으로 명리를 배우는 것에 마음을 두었다. 무릇 육 척의 몸에 원대한 뜻이 없었던 것은 아니었지만 다만 하찮은 기술을 가지고 웃음거리만 되었으니, 스스로 생각하건대 명운이 고르지 않았으므로 일을 하여도 이익이 없으니 소위 물 마른 수레바퀴 자국 속에 살아 있는 붕어와 같은 처지로 겨우 한 바가지의 물과, 한정된 땅에서, 곤궁한 때를 맞이하니 슬프도다."

병신(丙申)

병신은 편재(偏財)에 병(病)이다.

재주가 다양하고 뭔가 꿰뚫어보는 직관력이 발달해 있다. 병화답게 예의 바르고 인정도 많아 약자들을 잘 거둔다. 재주가 다양한데도 솔선수범해서 맡은 일은 완벽하게 처리하는 깔끔함도 있다. 단점은 몸을 잘 다치고 질병에 약하다는 것이다. 은근히 생색을 잘 내서 공을 다 까먹기도 하고, 욱하는 성미 때문에 충돌을 야기하기도 한다.

병신

편재 **	본원 *	식신 *	비견 *
庚	丙	戊	丙
寅	申	戌	辰
편인	편재	식신	식신
戊丙甲 장생	戊壬庚 병	辛丁戊 묘	乙癸戊 관대
역마	문창 암록 역마 월덕	화개	공망 월덕 천덕 화개

94 식신	84 겁재	74 비견	64 정인	54 편인	44 정관	34 편관	24 정재	14 편재	4 상관
戊	丁	丙	乙	甲	癸	壬	辛	庚	己
申	未	午	巳	辰	卯	寅	丑	子	亥
편재 병	상관 쇠	겁재 제왕	비견 건록	식신 관대	정인 목욕	편인 장생	상관 양	정관 태	편관 절

프랑스 최초의 사회당 출신 대통령이자 최장기간 재임한 프랑수아 미테랑의 명식. 토식신 과다의 신약한 원국으로 목수가 용희신이다. 식상생재와 인목 고립, 인신진의 권력의지, 왕지가 빠진 인술, 신진의 구성을 눈여겨볼 만하다. 4세 첫 대운부터 64 을사 대운까지 용희신으로 흐르는데, 더 행운인 것은 용희신이 합화가 거의 일어나지 않을뿐더러 합화가 되어도 한신인 화로 합화되는 정도였다는 것이다.

학창 시절에는 극우 단체에서 활동하고 청년기에는 하급 관료로 비시정부에 협력하다가 전향하여 레지스탕스로 활동했다. 극적인 전향은 시지 인목 고립의 영향으로 보인다. 이후 사회주의 노선을 채택하고 40년 가까이 프랑스 사회당을 이끌며 14년간 대통령으로 재임했다.

51세 을사년 애초에 가망 없는 대선에 출마해 당선되진 못했으나 돌풍을 일으켰고, 64 을사 대운 1981년 대통령에 당선됐다. 특기할 만한 성과가 나온 시기가 을사년과 을사 대운이었다는 점이 재미있다. 권력의지를 상징하는 인사신진이 모두 모였고 사신합수가 이루어졌다. 병오 대운은 인오술 화국을 이루고 병경 삼쟁극이 일어난다. 오화 세운에 전립선암으로 세상을 떠났다.

병술(丙戌)

병술은 식신(食神)에 묘(墓)이다.

단정하고 예의 바르며 추진력이 있다. 하지만 병술의 믿음직한 외향 뒤에는 내면적 공허함이 크게 자리 잡고 있다. 이 공허함은 우울증으로 이어질 수 있는데, 주변에서 잘 알아차리지 못할뿐더러 좀처럼 고치기 어려우므로 병술의 기운이 강하다면 섬세한 내면적 관리가 필요하다.

비견	본원	정관 *	겁재 *
丙	丙	癸	丁
申	戌	丑	酉
편재	식신	상관	정재
戊壬庚 병	辛丁戊 묘	癸辛己 ▲ 양	庚辛 ▲ 사
문창 암록 역마	백호	백호 화개	도화 천을

91 정관	81 편인	71 정인	61 비견	51 겁재	41 식신	31 상관	21 편재	11 정재	1 편관
癸	甲	乙	丙	丁	戊	己	庚	辛	壬
卯	辰	巳	午	未	申	酉	戌	亥	子
정인 목욕	식신 관대	비견 건록	겁재 제왕	상관 쇠	편재 병	정재 사	식신 묘	편관 절	정관 태

시인 박노해의 명식. 신약하지만 천간이 전부 불바다를 이뤄 병화는 만만찮은 힘을 가지고 있다. 목수가 용희신이다. 병화의 힘들이 식상에 집결하고 신유술 방합과 유축합을 하는 재성으로 흐른다. 혁명가이면서 시인의 모습이 일·월지 식신과 상관의 모습으로 나타나는 특수한 경우다. 월간 계수는 비겁 사이에 끼어 위협당하고 지지 금국과 월지 축토의 수의 기운에서 강력한 생조를 받으면서도 축토 상관과 일지 술토 식신의 동맹 관계로부터 심한 견제를 받는다. 정관 계수의 묘한 위치는 생애 중 심각한 명예 실추 같은 일을 피하기 어렵게 한다.

버스 정비사로 일하던 21 경술 대운 1984 갑자년 시집 한 권으로 한국 사회와 문단에 충격을 줬다. 일·월주 백호에 괴강 대운에 용희신년을 만나 파급력이 더 커졌다. 이후 노동운동과 민주화 운동의 최전선에 서게 된다. 31 기유 대운 기사년에 기기 병존 상관이 계수를 쳐서 남한사회주의노동자동맹 결성을 주도했다. 1991 신미년에는 축술미 삼형 상관이 들어와 계수를 포박한 결과로 체포되어 고문을 받고 무기징역을 선고받았다. 식상임에도 이 절묘한 원국의 구성이 식상을 일반적인 식상의 힘으로 떨어지지 않게 하고 토 식상의 힘인 적극적인 의지, 총명성을 드러나게 하는 경우다.

정축·정묘·정사·정미·정유·정해

정축(丁丑)

정축은 식신(食神)에 묘(墓)다.

　섬세하고 오밀조밀하고 지혜로우며 침착하다. 정축이 있으면 분위기가 안정적이 된다. 대인 관계가 모난 데 없이 원만하지만 자기주장이 명확하고, 겉으로는 온유하게 보여도 성격이 급해 성급한 판단을 하는 경우가 많다. 소소한 것들에 대한 대처 능력이 뛰어난 데 비해, 자기 인생을 걸 만한 일, 혹은 많은 사람의 이해관계가 달린 일을 결정한다든지 할 때 어긋나는 판단을 해서 손해를 입고 대세를 그르치는 경우가 있다. 식신과 묘의 만남이라 큰 조직을 이끄는 리더십이나 희생을 전제로 하는 모험과는 거리가 멀다. 정축은 본능적으로 자기 것을 지키고 난 뒤에 베풀어 실속이 있다.

여, 신약

정축

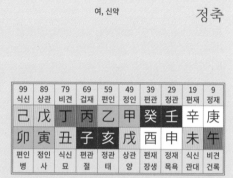

가수 이효리의 명식. 토 식상이 깨끗하게 과다한 명식으로 목수가 용희신이다. 답답한 토 식상을 시간 편재가 유통하고 해수는 용희신 마중물 역할을 하므로 시주가 살린 명식이다. 초년부터 재성 대운으로 흐른다. 털털하고 수더분한 성격으로 정축 일주의 장점이 잘 발휘되었다.

신미 대운에 아이돌 그룹의 리더로 데뷔했고 성공적인 솔로 활동과 예능 활동으로 톱스타의 자리에 올랐다. 29 임신 대운 임 소운은 정임합목에 의해 일간을 직접적으로 돕는 인성운이 되어 톱스타로서 종횡무진 활동을 한다. 신 소운에 들어서자 소셜테이너 활동, 채식주의자 선언, 결혼에 이은 귀농과 전원 생활 등 신상에 엄청난 변화를 준다. 사신합수로 관성의 힘이 강해졌다. 39 계유 대운에는 다시 왕성한 활동을 할 것으로 기대되지만 특히 계 소운에는 건강에 각별히 신경을 써야 한다.

정묘(丁卯)

정묘는 편인(偏印)에 병(病)이다.

　기본적으로 재주가 많고 인기 있다. 옷차림에 독특한 개성이 있어서 남들이 입지 않고 아무나 소화 못 하는 차림을 잘 소화한다. 성격은 온순하고 과격하게 보이지 않지만 속으로는 남들과 같은 것을 싫어한다. 자기 개성을 드러낼 줄 안다는 면에서 요즘 시대에 맞는 성향이다. 정묘는 일단 베풀고 보기 때문에 실속이 없다. 과도하게 베풀다 보니 역효과로 상대방의 거부감을 일으켜 커뮤니케이션이 어긋나는 경우가 있다.

자강 이석영, 도계 박재완와 더불어 20세기 한국 명리학의 대가로 손꼽히는 제산 박재현의 명식. 자월 유시생이니 일간 정화가 일지 편인의 생조에 의탁하고 있는 신약한 원국이다. 묘목이 연간 을목에 투출함으로써 원국의 균형이 아연 빛을 발하게 되었지만 기토의 생조를 받는 왕성한 시지 유금이 일지 편인을 충하는 것이 원국을 다시 격랑으로 몰아넣는다. 용신은 을목 편인. 해묘 반합이 묘유충을 무력화하고자 하지만 자수가 관살혼잡을 일으키므로 그것은 여의치 않고 대운의 운로에 따라 길흉이 춤을 출 것으로 보인다. 편인 자체가 불안정하지만 을목과 묘목이 모두 관인생의 흐름이므로 편인 특유의 직관적 통찰로 일세를 풍미하기엔 모자람이 없어 보인다. 실제로 제산은 학자풍의 자강이나 도계와는 달리 저서도 남기지 않았고 수련을 통한 번뜩이는 예지로 박정희 대통령을 비롯해 이병철 회장 등 정재계의 파워 엘리트들에게 결정적인 조언을 해준 것으로 유명하다. 일지 편인의 화려하고 허무한 기운은 역술의 기운과 잘 부합된다. 실제로 정묘 일주는 외관에 대한 감각뿐 아니라 보이지 않는 세계에 대한 본능적인 통찰이 깊고 활인업에 종사하는 사람이 많다.

정사(丁巳)

정사는 겁재(劫財)에 제왕(帝旺)이다.

학습 능력이 좋고 감수성, 감성 능력도 뛰어나다. 정사는 병오만큼은 아니지만 소리 없이 강해서 시험을 통과해야 하는 관직에 많이 종사한다. 혹은 예술 방면이나 정교한 기술을 요하는 전문직도 좋다. 엔지니어, 의사, 예술가, 운동선수 등 몸을 정교하게 쓰는 활동이 맞는다. 정사는 남에게 과시하는 것을 좋아하고 베풀기도 잘해서 주변에 힘든 사람이 있으면 아낌없이 퍼주기도 한다. 동시에 남에게 상처도 잘 입힌다. 두 경우 모두 자기 힘이 스스로 통제가 안 돼서 생기는 일이다. 또 의외로 사업에 뛰어들거나 일도 잘 벌이는데, 마무리가 약해서 성공할 가능성은 낮다.

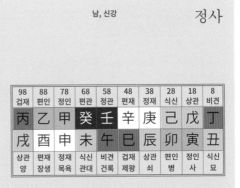

남, 신강   정사

박정희 정권 대통령 경호실장 차지철의 명식. 관성 2개가 중요한 자리에서 고립되어 있는 신강한 명식이다. 금토가 용희신이다. 겁재, 상관, 편관으로의 흐름은 폭력적으로 흐를 수 있는 조합이다. 태권도, 합기도, 검도 등 무술 실력이 상당해서 함부로 주먹을 휘두르는 막가파적인 정치 생활을 했다.

2개 있는 양수 관성이 모두 고립되어 있고 초반 대운이 금수의 고립을 강화하는 쪽으로만 흘러 더욱 권력에 집착하는 다혈질적 요소가 강화되었다. 1952년 육군사관학교 낙방이 콤플렉스가 되어 2인자 자리에 올랐을 때는 천하의 무뢰한으로 행동했다. 정인은 술, 담배, 여자를 멀리하는 한정적인 독실한 기독교 신자의 태도, 박정희에 대한 충성과 맹신 같은 이상한 방향으로 발현되었다. 38 경진 대운에 경호실장에 임명된 뒤 무소불위의 권력을 휘둘렀다.

정미(丁未)

정미는 식신(食神)에 관대(冠帶)다.

안정적이고 매사에 책임을 다하며 심성이 곱고 성실하다. 화(火)답지 않게 정화 중 가장 안정적이고 작은 부분에서까지 책임감이 높다. 정미는 지지 미토(未)의 지장간 정화(丁)에 뿌리를 내리고 있다. 똑같은 식신이라도 정축과는 차이가 있다.

정미는 고지식하고 융통성이 없다. 또 한번 판단하면 마음을 바꾸기 어려운데, 정미가 불행해지는 요인 중 하나다. 한번 좋은 사람이라고 생각하면 그 사람이 명백히 그렇지 않다는 사실이 드러나도 마음을 쉽게 바꾸지 못한다. 이런 면 때문에 많은 손실을 입기도 한다. 정미를 보면 이 험한 세상 어떻게 살아남을까 싶게 그냥 남의 말을 그대로 믿는다.

한국 축구의 레전드 중 한 명으로 불리는 박지성의 명식. 신왕재왕하다. 금이 용신, 토가 희신으로, 식상생재로 잘 흐르게 해야 한다. 목화통명으로 비범한 전술 이해도와 재능을 가진 데다 성실하기까지 하다. 월지부터 시주까지 똘똘 뭉친 비겁으로 편재를 잘 다스리고 있다. 인목 구신 소운에서 힘들었지만 기축 대운에서 발복한다.

2007 정해년에 누적된 무릎 부상으로 인한 인대 제거 수술로 선수 생명이 끝날 뻔했다. 천간에서는 정신 쟁극이 추가로 일어났고, 지지는 해묘미 삼합이 되어 유금이 심하게 타격을 받은 해였다. 다행히 1년여간의 치료를 마치고 복귀해서 무토 소운까지 아름다운 마무리를 할 수 있었다.

정유(丁酉)

정유는 편재(偏財)에 장생(長生)이다.

　용모가 수려한 사람이 많아 연예계에 많다. 성격은 온유하고 착실한 편이지만 고집이 세고 화가 나면 물불을 가리지 않아 손실이 크다. 정유는 옛날부터 천을귀인(天乙貴人) 일주로 귀명이라고 했지만 귀한 기운을 간직하기가 쉽지 않다.

남, 극신약　　　정유

정재	본원	상관	정재
庚	丁	戊	庚
子	酉	子	子
편관	편재	편관	편관
壬癸 절	庚辛 장생	壬癸 절	壬癸 절
귀문	귀문 귀문 도화 문창	귀문	

91 상관	81 비견	71 겁재	61 편인	51 정인	41 편관	31 정관	21 편재	11 정재	1 식신
戊	丁	丙	乙	甲	癸	壬	辛	庚	己
戌	酉	申	未	午	巳	辰	卯	寅	丑
상관 양	편재 장생	정재 목욕	식신 관대	비견 건록	겁재 제왕	상관 쇠	편인 병	정인 사	식신 묘

전 서울시장 오세훈의 명식. 지장간에도 목, 화, 토가 존재하지 않는 극단적인 극신약이다. 지지가 모두 왕지다. 조후나 억부로는 화목이 용희신이 되어야 하나 용희신이 지장간에도 존재하지 않고 원국의 화, 목에 대한 견제가 막강해서 원국의 질서를 따라야 하는 수가 전왕용신이 되는 특이한 경우다.

일간 정화가 인성이나 비겁을 만나 자기 목소리를 낼 때 위험해진다. 정유 일주의 수려함과 지지 자수 편관과 암합하고 있는 무토 상관이 세련되고 말끔하면서도 부드러운 인상을 유지하게 한다.

정해(丁亥)

정해는 정관(正官)에 태(胎)다.

　온순하고 착실하며 관성(官星) 위에 위치한 정화(丁)로 공무원이 많다. 상명하복의 질서에 잘 적응하고 조직에 있지 않더라도 사람들의 호감을 많이 산다. 어떤 생각과 행동이 사람들에게 호감을 주는지에 대한 감각이 발달해 있다. 정해는 많은 사람보다는 소수의 사람들과의 관계에 집중하는 편으로, 대인 관계의 폭이 정화 중에서 가장 좁다. 정해도 일지 천을귀인으로 예로부터 일귀(日貴)로 불렸다.

남, 신약 　　정해

정재	본원	식신	편인
庚	丁	己	乙
子	亥	卯	亥
편관	정관	편인	정관
壬癸 절	戊甲壬 태	甲乙 병	戊甲壬 태
도화 월공	천을		천을

97	87	77	67	57	47	37	27	17	7
식신	정재	편재	정관	편관	정인	편인	겁재	비견	상관
己	庚	辛	壬	癸	甲	乙	丙	丁	戊
巳	午	未	申	酉	戌	亥	子	丑	寅
겁재 제왕	비견 건록	식신 관대	정재 목욕	편재 장생	상관 양	정관 태	편관 절	식신 묘	정인 사

대한민국 초대 대통령 이승만의 명식. 정화가 묘월에 태어나 일지, 연지에 천을귀인 해수를 만났다. 비겁은 지장간에도 없고 정관 해수가 정화와 암합을 하고 묘목과 반 삼합으로 왕성하게 관인생을 하고 있어 인다신약에 가깝다. 조직과 국가를 자기 보신 에만 활용했다. 토화가 용희신이다. 비겁이 지장간에도 존재하지 않고 편인의 지원만 있으므로 성격이 급하고 변덕이 심하다. 평생을 지도자로 살았지만 동반자, 가신, 심 복 같은 사람들이 존재하지 않았다.
월간 식신은 일생 동안의 풍족한 의식주를 의미한다. 40년 동안 유랑 생활을 했지만 경제적으로 어려웠던 적이 없다. 천간에 을목이 들어오는 해마다 공동체에 해악을 끼 치는 이기적인 행동으로 조직을 파괴하고 자기 보신에만 힘썼다. 1965 을사년에 사 망했다.

무자·무인·무진·무오·무신·무술

무자(戊子)

무자는 정재(正財)에 제왕(帝旺)이다(『연해자평』淵海子平 기준: 태胎).
　말과 행동이 신중하며 매사에 원칙이 분명하고 합리적이다. 언행일치 와 자기가 한 말에 책임을 지는 신중함이 있다. 원칙적인 사람으로 보이지만 실제로는 그렇지 않은 경우가 있다. 자기에게 도움이 되지 않는 일에는 개입을 피하기 때문에 인색하다는 평가와 잔꾀를 잘 부린다는 비난을 받기도 한다.

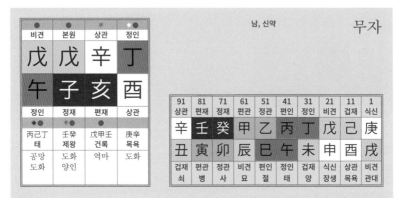

변호사 고승덕의 명식. 신왕하고 재왕하지만 재성으로 균형이 더 기울어져 있다. 화목이 용희신이다. 대운이 한신, 희신, 용신 순으로 곱게 흐른다. 재성 기구신은 경거망동, 체면 손상, 구설수 정도로 부작용이 약한 편이지만 이런 구성의 재성 기구신은 좀 다르게 생각해봐야 한다. 자신과 자신의 일차적 환경을 의미하는 일지와 월지가 혼잡으로 기구신이기 때문이다.
41 병오 대운 1999 기묘년 공천 파동으로 정계 진출이 막히는 곤란을 겪었고, 51 을사 대운 2011 신묘년 전당대회 돈 봉투 폭로는 분명 공익적인 행동이었으나 진의를 의심받았다. 용신 묘목 정관을 원국의 상관이 확실하게 막았고, 구설수는 다른 이들이 받는 타격보다 심한 후유증을 남겼다. 서울시교육감 선거에서도 구설수에 올라 해명 과정에서 더 큰 이미지 실추로 이어졌다.

무인(戊寅)

무인은 편관(偏官)에 병(病)이다(『연해자평』 기준: 장생長生).

　열혈적인 성격이 강해 자신의 원칙을 강력하게 주장하며 앞장서서 추진하는 스타일이다. 그러면서도 신의를 중시하고 독립적인 의지와 자유로움을 추구한다. 무인이 강한 사람들은 예속적인 조직이나 조건에 놓여 있으면 견디기 어렵다. 자기 감정이 제어되지 않을 때는 노골적으로 감정을 드러내고 불리한데도 고집을 부려 화를 자초하는 경향이 있다.

남, 신약

무인

겁재	본원	겁재	정관
己	戊	己	乙
未	寅	卯	亥
겁재	편관	정관	편재
●	●		
丁乙己 양	戊丙甲 병	甲乙 사	戊甲壬 건록
귀문 천을 화개	귀문 문창 암록 천의	도화	

99 겁재	89 식신	79 상관	69 편재	59 정재	49 편관	39 정관	29 편인	19 정인	9 비견
己	庚	辛	壬	癸	甲	乙	丙	丁	戊
巳	午	未	申	酉	戌	亥	子	丑	寅
편인 절	정인 태	겁재 양	식신 장생	상관 목욕	비견 관대	편재 건록	정재 제왕	겁재 쇠	편관 병

독일제국 건설자 오토 폰 비스마르크의 명식. 무인 일주에 해묘미 삼합까지 된 목 관성 과다의 신약한 명식이다. 토화가 용희신이다. 비스마르크는 독일제국 수상으로서 전 유럽을 비스마르크 체제로 운영한 편관적인 인물이다. "당면한 문제들은 오직 철과 피에 의해서만 해결될 수 있는 것"이라는 연설로 철혈재상, 철의 재상이라고 널리 알려졌다. 전쟁광 같은 발언이지만 실제로는 외교적 방법을 선호했다. 목적을 위한 가장 효율적인 수단과 방법을 강구하는 편관의 화술이다. 술과 싸움과 도박으로 대학 감옥을 들락거리던 문제학생이었으며, 법원 서기의 고루한 생활에 적응을 못해 그만두고, 군 복무 기간에는 자신의 농장 경영으로 시간을 보내기도 했다. 목 편관의 개성적인 성품이 드러나는 이력이다. 갑기합토, 묘술합화하는 49 갑술 대운에 독일제국 수상이 되었다. 왕국과 지주귀족 세력의 권리를 수호했고 당면 과제 앞에서 전쟁을 불사한 보수주의적인 인물이다. 헌법과 의회를 무시하는 독선적인 내치 행태를 보였는데 인정하는 대상에게만 복종하는 관살혼잡의 형태도 보였다. 두 차례의 전쟁 외에는 절묘한 외교술로 독일제국 중심의 유럽 평화 체제를 유지했다. 의료보험, 산재보험, 연금보험을 세계 최초로 실시해 독일이 복지국가로 나아가는 기틀을 마련하기도 했다.

무진(戊辰)

무진은 비견(比肩)에 묘(墓)다(『연해자평』 기준: 관대冠帶).

토 중에서 완벽주의적 경향이 강해 일을 완벽하게 해결하는 능력이 있다. 하지만 남에게도 자신이 설정한 기준을 적용해 그에 미달되는 것을 용인하지 못한다. 자기는 물론 자기 팀도 완벽해야 한다는 강박 때문에, 누군가 기준에 미치지 못하면 아예 그 사람 일까지 도맡아서 한다.

음양과 오행의 심층적 접근 II ― 60간지론

95

여, 신약　무진

정재	본원	편관	비견
癸	戊	甲	戊
丑	辰	子	申
겁재	비견	정재	식신
癸辛己 쇠	乙癸戊 묘	壬癸 제왕	戊壬庚 장생
백호 천을	백호 화개	양인	

96	86	76	66	56	46	36	26	16	6
편관	정관	편인	정인	비견	겁재	식신	상관	편재	정재
甲	乙	丙	丁	戊	己	庚	辛	壬	癸
寅	卯	辰	巳	午	未	申	酉	戌	亥
편관	정관	비견	편인	정인	겁재	식신	상관	비견	편재
병	사	묘	절	태	양	장생	목욕	관대	건록

데뷔한 순간부터 20여 년을 톱스타로 살았던 한 배우의 명식. 표면상으로는 비겁이 중중해 일간이 힘이 있어 보이는 명식이다. 그러나 신자진 삼합 수국에 시지 축토는 수가 가득한 내 편이 아닌 비겁이므로 비겁 진토, 축토의 배신이 가슴 아픈 재다신약의 명식이다. 일간은 연간의 무토가 지지해주고 있어 그나마 위안이지만 원국이 너무 춥고 썩어가는 갑목이 위태롭다. 토화 용희신. 어릴 때부터 구신, 한신만 이어졌고 한신 식상 대운에는 식상생재가 되어 큰 부를 쌓았지만 인기와 부가 쌓이는 만큼 흉흉한 루머에 시달려야 했다. 특히 36 경신 대운에는 건강용신 갑목이 큰 타격을 받았고, 2008 무자년에 스스로 목숨을 끊었다.

무오(戊午)

무오는 정인(正印)에 태(胎)다(『연해자평』기준: 제왕帝旺).

　무진과 비슷한 짝을 이루는데 신중하면서도 섬세하고 완벽주의적인 요인들이 있다. 하고자 하는 일이 생기면 완벽하게 해내지만, 무진과 달리 평소에는 여유로움이 있고 기준에 미달됐다고 다그치는 일도 없다. 그러나 무오는 양인(羊刃)을 안고 있어 중요하지 않을 때 지나친 꼼꼼함을 발휘해 주변 사람들을 피곤하게 하기도 한다.

남, 중화 　무오

정재	본원	상관	편인
癸	戊	辛	丙
亥	午	丑	子
편재	정인	겁재	정재
戊甲壬 건록	丙己丁 태	癸辛己 쇠	壬癸 제왕
역마	귀문 도화	공망 귀문 천을	공망 도화 양인 천의

91 상관	81 식신	71 겁재	61 비견	51 정인	41 편인	31 정관	21 편관	11 정재	1 편재
辛	庚	己	戊	丁	丙	乙	甲	癸	壬
亥	戌	酉	申	未	午	巳	辰	卯	寅
편재 건록	비견 관대	상관 목욕	식신 장생	겁재 양	정인 태	편인 절	비견 묘	정관 사	편관 병

대우그룹 창업주 김우중의 명식. 무토가 편인 병화를 만났고 일지에 오화 정인, 월지 축토 겁재로 일주가 매우 강하다. 시주의 계해 재성 또한 만만치 않게 강해 신왕하고 재왕하다. 월간에 신금이 자리하고 있어 전형적인 신왕재왕 사이에 식상을 그림과 같이 띄워놓은 명식이다. 없으면 좋겠지만 비겁에 비해 인성이 상대적으로 만만치 않은 힘을 가지고 있다.

큰 부를 이루는 재기통문에 가까운 명식인데 하나가 어긋났다. 건록의 힘을 받는 시주가 재성혼잡이어서 결국 끝판에 가서 미끄덩했지만 이런 구성의 명식도 보기 드물다. 정재가 강력하게 일간을 붙들고 있고, 시주에 강력한 재성이 건록의 힘을 받고 있지만 혼잡이 되어 재성의 집중력을 파괴시켜 끝이 좋지 않았다.

61 무신 대운이 들어왔을 때 무계합화가 되면서 재성이 기신으로 변해 신화가 무너지기 시작했다. 신왕하고 재왕한데 흐름이 좋지 않은 명식이다.

무신(戊申)

무신은 식신(食神)에 장생(長生)이다(『연해자평』 기준: 병病).

다재다능하고 두뇌 회전이 빠르다. 전문직이나 병화(丙)의 도움을 받아서 학문 쪽으로 진출하는 것이 유리하다. 식신의 성정대로 끈기가 없고, 돌파력이 약한 것이 무신의 치명적인 약점이다. 의지박약에 산만한, 가장 무토답지 않은 간지다.

남, 신약　　무신

삼성그룹 창업주 이병철의 명식. 무부 병존에 지지의 토 비견이 득세를 이루었다. 일·월지 지장간에서도 무토가 지원해주고 있기 때문에 비겁이 강왕하다. 원국의 균형상 월지에서 공망되고 고립된 인목을 구하는 게 급선무다. 신약 명식으로 재관이 용희신이 되는 특이한 경우다. 용희신이 아주 유정하고 용희신의 힘을 빼는 인성이 없는 것이 이 명식의 중요 포인트다.

웬만해서는 자기 원칙의 일관성을 무너뜨릴 수 없는 강왕한 일간이 지원하는 일지 신금(申) 내의 경금이 그대로 천간에 투출했다. 식신의 힘이 길어 강력하게 오래 버틸 수 있었다. 인목 편관의 고립으로 사업가면서도 술을 못해 저녁은 꼬박꼬박 집에서 먹고 정확한 시간에 자고 소식하면서 건강을 관리했다. 그 대신 호암미술관을 만들 정도로 그림이나 공예도자기 등을 사 모으는 취미로 살았다. 무신 일주의 식신 풍류의 힘이다. 그 식신의 힘이 천간과 조응하고 술토 지장간의 신금에서 지원까지 받아 강력한 힘을 갖는데 이 식신이 생조하는 시간의 임수 편재는 딱 일점으로 있는 것이지만 강력한 신금에게 생조를 받아서 하늘에서 빛난다.

무술(戊戌)

무술은 비견(比肩)에 관대(冠帶)다(『연해자평』 기준: 묘墓).

　무토 간지 중에서 가장 강인하고 강력한 괴강(魁罡)이다. 자존심이 강하고 명예 지향적이며 웬만한 어려움은 자기 힘으로 극복하려는 용기가 있다. 하지만 쓸데없는 의리를 내세우거나 나서야 할 때와 물러설 때를 분간하지 못해 낭패를 본다.

정인	본원	식신	식신
丁	戊	庚	庚
巳	戌	辰	辰
편인	비견	비견	비견
	**	*	*
戊庚丙	辛丁戊	乙癸戊	乙癸戊
절	관대	묘	묘
공망 귀문	괴강 귀문	공망 괴강 화개	공망 괴강 화개

남, 극신강　　무술

94 식신	84 겁재	74 비견	64 정인	54 편인	44 정관	34 편관	24 정재	14 편재	4 상관
庚	己	戊	丁	丙	乙	甲	癸	壬	辛
寅	丑	子	亥	戌	酉	申	未	午	巳
편관 병	겁재 쇠	정재 제왕	편재 건록	비견 관대	상관 목욕	식신 장생	겁재 양	정인 태	편인 절

영화배우 알 파치노의 명식. 극신강한 명식이지만 금이 차지하는 비중이 상당해 전왕이 되지 못하고 원국을 차분히 유통시켜줄 수금이 용희신이다. 극단적인 명식으로 희신 금일 때는 희신 작용이 이루어지나, 수가 간지에서 극을 당한 채로 들어오면 원국에서 토가 용신 수를 확실히 막아서 기구신만큼 안 좋게 작용한다.

잘생긴 얼굴에 비해 체격 조건이 좋지 않았다. 삼주 공망, 삼주 괴강, 화개, 귀문까지, 부정적으로 작용할 가능성이 있는 신살들로만 가득 차 있는데 이런 악조건들이 사람을 홀리는 카리스마 연기와 감성 연기를 가능하게 하는 힘이 되었다. 사회에서 인정받게 하는 힘인 관성과 신살이 하나도 없어 성과에 비해 상복이 없었다. 남우주연상 후보에 7번 올라 44 을유 대운, 1992 임신년에 아카데미 남우주연상을 수상했다. 용신 대운 용신년에 합으로 관이 투출했고, 월덕, 천덕 귀인과 만난 해다.

기축·기묘·기사·기미·기유·기해

기축(己丑)

기축은 비견(比肩)에 관대(冠帶)다(『연해자평』 기준: 묘墓).

고집이 세고, 외관상 말이 별로 없고 수줍음을 타는 것 같지만 한번 말문이 열리면 아무도 걷잡을 수 없다. 일이 주어지면 완벽하고 확실하게 끝내려는 의지와 끈기가 강하다. 기축은 대기만성형으로 뒤늦게 성공하는 경우가 많다. 가장 기토스럽다.

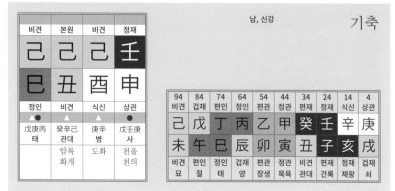

비견	본원	비견	정재
己	己	己	壬
巳	丑	酉	申
정인	비견	식신	상관
▲●	▲	▲	●
戊庚丙 태	癸辛己 관대	庚辛 병	戊壬庚 사
	암록 화개	도화	천을 천의

94 비견	84 겁재	74 편인	64 정인	54 편관	44 정관	34 편재	24 정재	14 식신	4 상관
己	戊	丁	丙	乙	甲	癸	壬	辛	庚
未	午	巳	辰	卯	寅	丑	子	亥	戌
비견 묘	편인 절	정인 태	겁재 양	편관 장생	정관 목욕	비견 관대	편재 건록	정재 제왕	겁재 쇠

캐나다 토론토 출신의 20세기 최고 피아니스트이자 기인 피아니스트로 유명한 글렌 굴드의 명식. 수목 용희신, 화 건강용신이다. 천간 기토 삼병존, 지지가 사유축 삼합과 신금으로 금국을 이루어 극단적으로 흐르기 쉬운 명식이다. 특히 유금은 기운이 과하면 재능이 지나칠 수 있는데 글렌 굴드가 그런 예에 속한다. 높은 지능과 천재적인 재능을 타고났지만 평생 정신적, 신체적 고통에 시달렸다. 결벽증, 우울증, 공황장애등 정신적 애로가 심했다. 이로 인한 기이한 행동을 많이 해 기인 피아니스트로 유명했다. 24 임자 용신 대운 첫해 을미년에 녹음한 바흐의 〈골트베르크 변주곡〉(Goldberg Variations)으로 일약 거장 피아니스트 반열에 올랐다. 44 갑인 용신 대운 임술년은 천간에서는 갑기합토, 지지에서는 신유술 방합, 인사신 형이 발생한다. 발작이 일어났으나 고집으로 병원에 가지 않다가 악화되어 뇌졸중으로 사망했다.

기묘(己卯)

기묘는 편관(偏官)에 장생(長生)이다(『연해자평』 기준: 병病).

마음이 넓고 겉으로는 호탕하고 시원시원한 느낌이 있다. 가족에 대한 관심과 애착이 크다. 특별한 것, 무언가 큰 성취를 이루고 싶어 하기보다 평범한 시민으로서의 가치를 소중히 생각한다. 하지만 끈기가 부족하고, 평생 이성으로 인한 구설이 잦아서 기묘가 가는 길에는 삼각관계가 따르는 경우가 많다. 그래도 가정은 절대 깨지 않으니, 기묘는 기묘(奇妙)하다. 기토 일간은 이혼율이 낮은데 그중에서도 기묘와 기미가 가정을 지키는 힘이 크다.

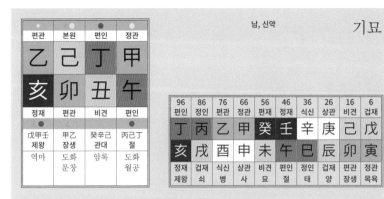

편관	본원	편인	정관
乙	己	丁	甲
亥	卯	丑	午
정재	편관	비견	편인
戊甲壬 제왕	甲乙 장생	癸辛己 관대	丙己丁 절
역마	도화 문창	암록	도화 월공

96 편인	86 정인	76 편관	66 정관	56 편재	46 정재	36 식신	26 상관	16 비견	6 겁재
丁	丙	乙	甲	癸	壬	辛	庚	己	戊
亥	戌	酉	申	未	午	巳	辰	卯	寅
정재 제왕	겁재 쇠	식신 병	상관 사	비견 묘	편인 절	정인 태	겁재 양	편관 장생	정관 목욕

영화배우 케빈 코스트너의 명식. 금토 용희신, 한신이자 건강용신인 해수가 구신 합목의 기운을 띠고 있는 것이 눈에 띈다. 1980년대 후반부터 1990년대 초반까지 할리우드 최고의 흥행 배우였다. 36 신사 대운 1995 을해년 〈워터월드〉(Waterworld)라는 수상 세계를 그린 영화가 흥행에 대실패한 것을 시작으로 꾸준한 침체기가 이어졌다. 46 임오 대운의 임수 한신이 정임합으로 구신이 되고, 56 계미 용신 희신 미토가 해묘미 삼합으로 구신이 된 영향이 크다.

그럼에도 다른 할리우드 배우들처럼 범죄, 마약 등으로 큰 소란을 일으키지 않고 꾸준히 배우 생활을 하고 있다. 평범함의 가치를 소중히 여기는 기묘 일주의 장점이 발휘되는 것으로 보인다.

기사(己巳)

기사는 정인(正印)에 태(胎)다(『연해자평』 기준: 제왕帝旺).

　말수가 적고 믿음이 가는 성격으로 남들에게 신뢰받지만 스스로 자신에게 문제가 많다고 생각해 자신감이 없다. 자신감만 동반하면 언제나 기대 이상의 성과가 나온다. 가족에게 의존적인 면이 있지만, 그러면서 은연중에 가족 탓을 하기도 한다. 기사가 정말 조심해야 할 부분은 마무리다. 자신감을 갖고 일을 잘해놓고도 마무리를 제대로 못해 어려움에 처하는 경우가 많으니, 자신감을 갖되 끝까지 일을 책임지려는 자세가 필요하다.

독립운동가이며 상해임시정부 주석 긴구의 명식. 기토 일간이 신월 자시생으로 차가 운 땅에 병화가 투간한 데다 신자 수국의 생조를 받는 시간 갑목에 생기가 돈다. 토 가 협소해 뜻을 펼칠 무대가 좁은 것이 안타깝다. 지지가 수국이고 신약이니 목화가 희용신이다. 한국 현대사에서 김구의 생애만큼 극과 극을 오간 사례가 다시 있을까? 13 겁재 대운에 마지막 과거에 낙방한 뒤 동학농민군의 일원으로 해주성 공략에 앞 장섰고, 봉기 좌절 이후엔 왜병 중위를 살해해 정유년에 사형 판결을 받았지만 특사 로 집행이 중지되었다가 탈옥했으며, 33 경자 대운엔 안중근 거사에 연루되고 데라 우치 총독 암살 모의로 다시 투옥과 가출옥을 거듭하다 3·1운동 후 상해임시정부에 합류한다. 53 임인 대운에 이봉창과 윤봉길 의거를 주도하고 63 계묘 대운 기묘년에 임시정부의 주석에 올랐다. 해방 후 희신이 한신으로 화하는(갑기합화토) 흉조의 갑 진 대운 기축년에 민족의 통일을 보지 못하고 안두희의 흉탄에 서거했다.

해방 직전 광복군의 국내수복진격작전이 무산된 것, 해방 후 반탁의 기치를 걸고 정 국의 주도권을 장악하지 못한 것, 1948년 남북 단독 정부 수립을 저지하지 못한 것 등 무언가 결정적인 고비에서 마무리되지 못한 일들이 본인과 민족의 천추의 한으로 남게 되었다.

기미(己未)

기미는 비견(比肩)에 묘(墓)다(『연해자평』 기준: 관대冠帶).

순수한 배려심이 높지만 자기 목소리를 앞세우지 못해 손해를 감수하 는 경향이 있다. 기미는 기축과 비슷한 부분이 많으나 축토와 미토의 차 이 때문에 섬세함이 좀 더 강하다. 그렇게 보이지 않아도 타인을 섬세하 게 배려하는데 주변에선 잘 모른다는 아픔이 있다. 정당한 요구조차 '너무 무리한 요구를 하는 사람으로 비치지 않을까' 하는 생각 때문에 접고 스스로 손해를 감수한다. 자본주의 사회에서는 단점일 수 있다.

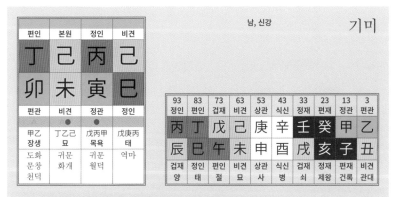

남, 신강　　　　　기미

편인	본원	정인	비견
丁	己	丙	己
卯	未	寅	巳
편관	비견	정관	정인
	●	●	
甲乙 장생	丁乙己 묘	戊丙甲 목욕	戊庚丙 태
도화 문창 천덕	귀문 화개	귀문 월덕	역마

93 정인	83 편인	73 겁재	63 비견	53 상관	43 식신	33 정재	23 편재	13 정관	3 편관
丙	丁	戊	己	庚	辛	壬	癸	甲	乙
辰	巳	午	未	申	酉	戌	亥	子	丑
겁재 양	정인 태	편인 절	비견 묘	상관 사	식신 병	겁재 쇠	정재 제왕	편재 건록	비견 관대

미국 제16대 대통령 에이브러햄 링컨의 명식. 일지 미토는 묘미합, 미인 암합으로 거의 목에 가깝다. 지지를 목 관성이 점령해 일간의 관에 대한 열망이 대단하다. 일간이 관으로 가기 위한 통로가 존재하지 않는다. 조열한 원국을 식혀주고 일간이 관성으로 가는 통로인 수금이 용희신이 된다. 수금은 커뮤니티를 의미하는 식상과 재성이다. 식재의 불급은 융통성과 여유 부족으로 나타나 사람들 사이에서 항상 곤란이 있었을 것이다. 실제로 건조한 성격에 평생 우울증을 앓았다고 한다. 관성과 인성의 진지함과 인내로 모든 난관을 돌파했다.

링컨의 원국에는 상관, 겁재와 같은 혁명으로 가는 도구가 없다. 강렬한 관인생으로 점진적인 폐지론자의 입장을 고수했다. 23 계해 대운의 계 소운에는 변호사 자격 취득, 주 의원 당선 같은 일이 가능했으나 해 소운은 해묘미 삼합으로 용신운으로 작용하지 않는다. 결혼 실패, 낙선 등의 굴곡을 겪었다. 53 경신 대운은 원국의 월주를 충하는 희신 대운으로 링컨을 역사에 남게 한 결정적인 장면들이 이어졌다. 계해년 통근한 용희신 대운과 연운을 맞아 남북전쟁의 격전지 게티즈버그에서 유명한 연설문을 남겼고, 전쟁은 곧 승리로 끝났다. 갑자년에는 재선에 성공하고 13조 수정헌법을 통과시켜 노예제를 폐지했다. 일주를 충극하는 을축년에 암살당했다.

기유(己酉)

기유는 식신(食神)에 병(病)이다(『연해자평』 기준: 장생長生).

　섬세하고 분명한 것을 선호해서 사람들에게 신임을 받는다. 말이 많지는 않지만 말에 설득력이 있다. 그러나 기유는 항상 자기 시야로만 세상을 바라보고 판단하기 때문에 통이 커지지 않는다. 자기만의 시각을 고집하지 말고 찬찬히 세상을 바라보는 습관을 들여 넓고 깊게 시야를 확장할 필요가 있다. 기유는 사람의 운명, 성격이나 심리에 대한 상담 등에 좋은 감각을 갖고 있다.

남, 중화 기유

상관	본원	식신	편관
庚	己	辛	乙
午	酉	巳	亥
편인	식신	정인	정재
丙己丁 절	庚辛 병	戊庚丙 태	戊甲壬 제왕
도화 월덕	공망	역마 천덕	역마

99 식신	89 정재	79 편재	69 정관	59 편관	49 정인	39 편인	29 겁재	19 비견	9 상관
辛	壬	癸	甲	乙	丙	丁	戊	己	庚
未	申	酉	戌	亥	子	丑	寅	卯	辰
비견 묘	상관 사	식신 병	겁재 쇠	정재 제왕	편재 건록	비견 관대	정관 목욕	편관 장생	겁재 양

대법관, 감사원장, 국무총리 등을 역임한 이회창의 명식. 오행의 흐름이 순조로운 중화지만 금 식상의 기세는 견제해줄 필요가 있다. 화목이 용희신이다. 연간의 편관이 지지 해수로부터 지원을 받고 있어 약하지는 않으나 나머지 3개의 천간과 충극합을 하고 있어 기단하다. 관인생을 하기에는 부족함이 없으나 편관 자체로는 그리 힘을 발휘하지 못한다.

판사, 대법관, 감사원장, 총리 등 공직에 있는 동안 청렴하고 소신 있는 행보로 '대쪽'이라는 별명을 얻었다. 을해 대운에 15, 16대 대선에 도전해 근소한 차이로 낙선했다. 대운의 을목 편관이 을경합으로 구신이 되어 입소문만 요란하고 정작 대통령은 되지 못했다.

기해(己亥)

기해는 정재(正財)에 제왕(帝旺)이다(『연해자평』 기준: 태胎).

허황됨 없이 작은 일을 소중히 여기는 알뜰하고 착한 마음씨를 가져 항상 주위에 사람이 많다. 하지만 자신을 내보이고 싶지 않은 기질이 강해 인간관계에 약간의 애로가 있다.

정인	본원	편관	겁재
丙	己	乙	戊
寅	亥	丑	申
정관	정재	비견	상관
戊丙甲	戊甲壬	癸辛己	戊壬庚
목욕	제왕	관대	사
역마	역마	암록	역마 천을

96 편관	86 정인	76 편인	66 겁재	56 비견	46 상관	36 식신	26 정재	16 편재	6 정관
乙	丙	丁	戊	己	庚	辛	壬	癸	甲
卯	辰	巳	午	未	申	酉	戌	亥	子
편관	겁재	정인	편인	비견	상관	식신	겁재	정재	편재
장생	양	태	절	묘	사	병	쇠	제왕	건록

청춘스타로 데뷔해 굴곡 없이 25년 넘게 활동하고 있는 배우 유호정의 명식. 신약하지만 월지의 축토 비견과 시간의 병화 정인이 일간을 호위해 일간이 안정된 명식이다. 신왕, 관왕하고 살아온 삶으로 보아 상관 신금 중 경금이 용신이다. 희신은 공격적으로 잡으면 무토, 안정적으로 잡으면 축 중의 기토로 볼 수 있다. 오행에 고립이 없고 흐름이 순조로워 건강상으로 큰 문제가 없으며 정재, 정관, 정인, 일간으로 흐르는 흐름에서 안정되고 보수적으로 살고 있음을 알 수 있다. 월지 축토가 조토였다면 정재적인 배우가 아닌 화려한 배우의 삶을 살고 있을 것이다.

경자·경인·경진·경오·경신·경술

경자(庚子)

경자는 상관(傷官)에 사(死)다.

　재주가 많고 총명해 기획력과 아이디어 감각이 좋다. 언어능력이 발달해 말도 재미있게 잘하고 자기 표현력도 뛰어나지만, 자신의 주장을 굽히지 않고 고집도 세다.

편관	본원	정인	정인
丙	庚	己	己
子	子	巳	亥
상관	상관	편관	식신
壬癸 사	壬癸 사	戊庚丙 장생	戊甲壬 병
도화	도화 월덕	공망 암록 역마	문창 역마

94 정인	84 비견	74 겁재	64 식신	54 상관	44 편재	34 정재	24 편관	14 정관	4 편인
己	庚	辛	壬	癸	甲	乙	丙	丁	戊
未	申	酉	戌	亥	子	丑	寅	卯	辰
정인 관대	비견 건록	겁재 제왕	편인 쇠	식신 병	상관 사	정인 묘	편재 절	정재 태	편인 양

가수 김흥국의 명식. 신약하고 일간과 인성이 월지 편관에 뿌리를 내리고 있는데 사화는 공망이다. 가수로 데뷔했지만 가창력이나 음악성이 아닌 예능감으로 주목받았다. 그의 오늘이 있게 한 〈호랑나비〉의 히트는 코믹한 춤이 가미되지 않았다면 불가능한 일이었다. 토화가 용희신이다.

수 식상이 발달해 있는데 말솜씨보다는 엉뚱한 말실수가 장점으로 받아들여지는 특이한 경우다. 수 식상이 제살(制殺)을 넘어서 화 관성을 과하게 고립시키고 있어 조직에서 영향력이 쉽게 발휘되지 않는다.

24 병인 대운 1985 을축년에 데뷔해서 34 을축 대운까지 가요계와 예능계에서 종횡무진 활동했다. 44 갑자 대운에는 예능인으로 확실히 자리매김했다. 54 계해 대운에는 각별한 건강관리가 필요하다.

경인(庚寅)

경인은 편재(偏財)에 절(絶)이다.

긍정적이고 생활력이 강하며, 치밀하면서도 추진력 있고 공명심이 있어 자신이 속한 조직에서 공헌도가 높다. 모든 일에 늘 신경을 쓰지만 경쟁하진 않는다. 경인은 인간관계든 프로젝트든 마무리에 약하고 자신의 리더십에 회의가 있다. 원했으면서도 정작 권력을 안겨주면 잘못되면 어떡하나 걱정하는 우유부단함을 보인다.

남, 중화　　　　　　경인

정관	본원	편관	편인
丁	庚	丙	戊
亥	寅	辰	申
식신	편재	편인	비견
戊甲壬	戊丙甲	乙癸戊	戊壬庚
병	절	양	건록
문창	공망 역마	월공 화개	역마

100 편관	90 정재	80 편재	70 상관	60 식신	50 겁재	40 비견	30 정인	20 편인	10 정관
丙	乙	甲	癸	壬	辛	庚	己	戊	丁
寅	丑	子	亥	戌	酉	申	未	午	巳
편재 절	정인 묘	상관 사	식신 병	편인 쇠	겁재 제왕	비견 건록	정인 관대	정관 목욕	편관 장생

오스트리아 태생의 지휘자 헤르베르트 폰 카라얀의 명식. 중화 명식으로 흐름도 좋다. 임수 용신, 경금 희신이다. 식신이 용신일 때는 일간이 사수가 되어야 하는데 편인 2개가 일간과 비견을 완벽히 호위하고 있다. 중년기부터 대운 또한 이런 흐름과 균형을 완벽하게 지원해줬다. 이 명식의 키포인트는 통근한 월지 편인에 양 진토다. 또한 일지 편재에 절 인목, 권력에 대한 야망을 나타내는 지지의 인신진의 조합이 눈에 들어온다.

카라얀은 여성들의 전폭적인 지지를 받으며 클래식의 시장 확대와 대중화에 크게 공헌했다. 이를 가능하게 한 것은 원국의 순환이 일간에서 연지 신금으로 향하고 있는데, 중간에서 연간으로 투출한 월지 편인에 양이 그 힘을 응축해 연지 비견에 건록을 받쳐주고 있기 때문이다. 베를린 필에 봉직하면서 휴가 기간 동안 순회공연으로 단원들에게 큰 수입을 안겨줘서 추앙을 받았다. 자신이 속한 조직에 공헌하면서도 편관(병丙)과 권력욕(인신진) 또한 충족시켰음을 알 수 있다.

경진(庚辰)

경진은 편인(偏印)에 양(養)이다.

　경진은 괴강(魁罡)에 해당하고 경금 중에서 가장 강력한 힘이다. 몸이 좋고 노력을 중시하며 정신력도 대단해서, 일을 시작하면 반드시 끝을 본다. 옳지 못한 일은 용납하지 못하는 성정이다. 사법행정, 경찰행정 쪽에서 경오와 더불어 두각을 나타낸다. 과도한 고집과 쓸데없는 의리가 흠이다.

남, 신약 　경진

불황 중에도 초고속 성장을 이뤄 아모레퍼시픽을 한국의 10대 기업 반열에 올린 기업 총수 서경배의 명식. 월주에 갑인 편재가 철주를 내리고 연지에 정재 묘목, 일지 진토까지 인묘진 목국을 이루고 있어 강력한 재성이 지배하는 신약한 명식이다. 일주는 십이운성 양을 만난 경진 괴강이고 시간에 신금 겁재까지 만나 신약하지만 신왕하다. 신약하므로 금토가 용희신, 연간 계수는 한신으로 건강용신이다. 대운도 금토로 아름답게 흐른다. 편인은 본래 사업에 적합하지 않은데 편인의 양만이 유일하게 여성을 상대로 하는 사업에 굉장히 적합하다. 화장품은 여성을 대상으로 하는 사업이고 이 명식의 편재는 재성 중에서 창조적이고 예술적인 기획력이 가장 탁월한 목 편재인 갑인 역마다. 51 무신 대운은 건록으로 아모레퍼시픽이 토의 땅인 중국 시장에서 폭발했다. 2015 을미년에는 사상 최대 실적을 기념해 50대 기업 중 유일하게 성과급 500퍼센트를 전 직원에게 지급했다. 기업들이 임금마저 동결하는 분위기에서 파격적인 일이었다. 재벌 2세로 회장이 된 사람이 자기 기업의 성장은 모두가 고생해서 만들어낸 결과라는 인식을 갖고 또 쓸 데 쓸 줄 아는 배포도 있는 것은 한국 사회에서 흔치 않은 일이다. 재계에서는 서경배 매직이라는 말도 만들어냈다. 경영자로서의 파워가 놀랍다.

경오(庚午)

경오는 정관(正官)에 목욕(沐浴)이다.

마음이 넓고 쾌활해 매사에 너그럽고 온유한 성격으로 리더십이 있다. 경진과 더불어 권력기관, 행정 분야에 많다. 문제는 주변 사람들의 시기를 잘 받아 함정에 빠질 위험이 있다는 점이다. 경오가 동업이나 협력적으로 일을 도모할 때는 협력자들을 유심히 봐야 한다.

편관	본원	편관	식신
丙	庚	丙	壬
子	午	午	子
상관	정관	정관	상관
壬癸	丙己丁	丙己丁	壬癸
사	목욕	목욕	사
월덕		월덕	월공

100	90	80	70	60	50	40	30	20	10
편관	정재	편재	상관	식신	겁재	비견	정인	편인	정관
丙	乙	甲	癸	壬	辛	庚	己	戊	丁
辰	卯	寅	丑	子	亥	戌	酉	申	未
편인	정재	편재	정인	상관	식신	편인	겁재	비견	정인
양	태	절	묘	사	병	쇠	제왕	건록	관대

사주의 여덟 글자가 모두 쟁충으로 살벌한 데다 화 관성이 명식을 지배하면서 일간을 난폭하게 위협하고 있다. 일간 보호가 절대 절명의 과제다. 지장간에도 없는 금을 용신으로 삼고 난폭한 화를 설기하고 일간을 지원해주는 토가 희신, 원국 내에서 그나마 화를 견제하고 있는 식상이 한신이 되는데 대운이 예술적으로 흐른다. 어릴 때부터 동네 천재로 불리며 명문대에 진학하고 20 무신 대운 중반에 탤런트 공채 합격, 이후 좋은 평가를 받으며 순탄하게 경력을 쌓았다. 30 기유 대운 유금 겁재에 제왕 소운에 사업을 벌이고 확장하면서 위기에 처하자 극단적인 선택을 하고 말았다. 이런 극단적인 명식은 돌다리도 두들겨보고 건너는 심정으로 늘 조심스러운 판단이 따라야 하는데 어릴 때부터 대운이 극신약한 원국을 보완해주어 실패나 좌절과는 거리가 멀게 되었다. 이는 위험에 대한 경계심과 실패에 대한 면역력을 기를 시간이 없었다는 뜻이고, 고난이 닥쳤을 때 크게 꺾이는 반작용으로 나타났다. 겁재는 자신을 뛰어넘는 어마어마한 성과를 거둘 수 있는 힘이기도 하지만 반대로 자신을 해칠 수도 있는 위험한 힘이라는 것을 명심해야 한다.

경신(庚申)

경신은 비견(比肩)에 건록(建祿)이다.

경신은 뿌리를 내린 금(金)의 힘으로, 주관이 뚜렷하고 정도를 걷고자 하는 의지가 충만하다. 경신은 무엇을 하든 스스로 단계를 밟아서 올라가고자 한다. 예체능 쪽으로 재능이 뛰어난 경우가 많다. 은근히 자기 과시욕이 있어서 자기가 갖고 있는 만큼은 인정받으려는 욕구가 강하다.

경신

편인	본원	※● 겁재	★● 정관
戊	庚	辛	丁
寅	申	亥	巳
편재	비견	식신	편관
★○	●	●	★●●
戊丙甲	戊壬庚	戊甲壬	戊庚丙
절	건록	병	장생
역마	역마 월공	문창 역마	암록 역마

92 겁재	82 식신	72 상관	62 편재	52 정재	42 편관	32 정관	22 편인	12 정인	2 비견
辛	壬	癸	甲	乙	丙	丁	戊	己	庚
丑	寅	卯	辰	巳	午	未	申	酉	戌
정인 묘	편재 절	정재 태	편인 양	편관 장생	정관 목욕	정인 관대	비견 건록	겁재 제왕	편인 쇠

고 박정희 전 대통령의 명식. 과시욕 강한 경신 일주가 지지에 모두 역마를 만나고 인사신 삼형을 이루었으니 권력을 갖게 되고 이동이 많은 직장을 가지는 경향이 있다. 인신사해로 지지가 구성되면 지지가 모두 충일 수밖에 없지만 인신충, 사해충이 바로 옆에서 일어나고, 오행이 다 있으나 흐름이 좋지 않다. 시지 인목의 고립이 가장 심각하다. 목수가 용희신이다. 확신한 바에 대한 추진력은 강하지만 신념이 자주 바뀐다. 그런 문제로 일생이 파란의 연속이었다. 교사, 만주군, 남로당, 쿠데타, 대통령 취임, 독재, 유신 개헌, 암살 같은 험로를 걸었다. 인사신 삼형은 큰 성취를 의미하기도 하지만 권력을 무리하게 행사하는 순간 자신에게 형으로 돌아온다. 만주군 활동 경력은 후대에까지 영향을 미쳤고, 무리한 영구 집권 시도와 독재는 암살이라는 결과로 나타났다. 시지의 충 맞고 고립된 인목에 대한 집착은 사후에도 비난받는 요인이 되었다.

경술(庚戌)

경술은 편인(偏印)에 쇠(衰)다.

경술은 괴강에 해당하지만 겉으로는 잘 드러나지 않는다. 대충대충 같지만 섬세하고 치밀한 시각과 판단력이 있으며, 창조적이고 장인적 기질이 강해 마음만 먹으면 한 분야에서 일가를 이룰 수 있다. 경술은 주위에서 그의 잠재력을 잘 살펴보고 계발하게 유도해줄 필요가 있다. 자칫 잠재력이 끝내 발현되지 못할 수 있기 때문이다. 그리고 결국 장인적 기질을 발휘해 높은 지위에 올라가더라도 남의 의견을 무시하는 행동으로 반감을 살 위험이 크니 스스로 조심해야 한다.

남, 극신강　경술

"반란수괴, 내란수괴, 뇌물수뢰" 등의 범죄 사실로 전직 대통령에 대한 예우를 박탈당한 노태우의 명식. 금 비겁 전왕 명식으로 금이 용신, 토가 희신이 된다. 그에게는 친구 따라다니다 대통령이 된 사람, 물태우, 부드럽지만 무능한 사람이라는 평이 따라다닌다. 일지 편인에 쇠가 월간으로의 투간돼 있어 그렇게 보이게 한다. 그러나 쇠는 제왕의 자리에서 막 내려온 힘으로 결코 약한 힘이 아니다. 오히려 제왕의 자리에서 단맛, 쓴맛을 다 겪어 지모까지 겸비한 힘으로 봐야 한다. 이 명식의 일주 쇠는 괴강으로 그 뒤에 비견에 건록과 겁재에 제왕까지 숨기고 있는 엄청나게 강한 명식이다. 이렇게 비겁으로 극신강한 사람이 대통령이 되기까지 30여 년을 전두환의 2인자로 살았다는 것은 그야말로 괴강스럽다. 시간의 정재는 인색함을 조심해야 하는데 일간과 합까지 하고 있다. 재성까지 자신이 되어버린 것이다. 측근들은 하나같이 그의 인색함에 대해 증언하고 있고 그로 인해 퇴진 후에 측근들에게 보호받지 못했다. 전두환의 월지 편재와 대비되는 지점이다.

신축·신묘·신사·신미·신유·신해

신축(辛丑)

신축은 편인(偏印)에 양(養)이다.

　지혜와 지모(智謀)가 뛰어나고 손재주가 정밀하다. 요행을 바라지 않는 성실파다. 예리한 신금이 두툼한 축토를 만났는데, 축토는 신금이 싫어하는 음토지만 지장간에 신금이 반기는 계수(癸)가 있다. 즉 간지의 조응이 부자연스럽다. 그래서 신축은 똑똑하고 재주도 좋고 우직함까지 있는데 노력만큼 성과가 따르지 않아 좌절감을 느끼곤 한다.

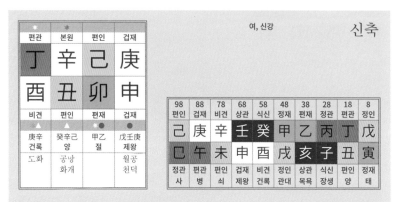

탤런트 김태희의 명식. 신강한 명식으로 월지 묘목과 시간 정화가 고립이고 순환이 좋지 않다. 목수가 용희신이다. 데뷔 이후로 연기력 논란이 계속됐다. 귀인 신살도 모두 비겁에만 자리하고 있고, 식상이 없어 요령이 없으며 통근한 편인은 비겁으로 흘러 끼가 발산되지 않기 때문에 연기에 매력이 없다. 원국에 순환이 생기는 28 병자 대운에 들어서 연기에 대한 평이 좋아졌다. 58 계유 대운은 원국에서 고립으로 간신히 버티고 있는 월지 용신 묘목과 한신 정화가 충극을 당한다. 건강을 최우선적으로 살펴야 할 것이다.

신축 간지 자체가 칼로 자르고 붙이는 의사 혹은 침구사 같은 활인업, 패션 디자이너, 정교함을 요하는 엔지니어 등에서 많이 보이는데 남녀 공히 피부가 희고 깨끗한 특징이 있다. 정유 간지까지 시주에 붙었으니 금상첨화다.

신묘(辛卯)

신묘는 편재(偏財)에 절(絶)이다.

꼼꼼하고 알뜰한 성격으로 평범하고 소박한 데서 행복을 추구한다. 예리하고 튀는 신금이 편재인 묘목을 만나 본래의 성질이 무뎌진 느낌이다. 편재답게 호탕하고 시원시원한 면모가 있어 사람들과 잘 어울리지만 업무적인 면에서는 적극성과 추진력이 떨어진다.

편재	본원	정재	식신
乙	辛	甲	癸
未	卯	寅	卯
편인	편재	정재	편재
丁乙己 쇠	甲乙 절	戊丙甲 태	甲乙 절
공망 화개	도화	천을	도화

94	84	74	64	54	44	34	24	14	4
정재	편재	정관	편관	정인	편인	겁재	비견	상관	식신
甲	乙	丙	丁	戊	己	庚	辛	壬	癸
辰	巳	午	未	申	酉	戌	亥	子	丑
정인	정관	편관	편인	겁재	비견	정인	상관	식신	편인
묘	사	병	쇠	제왕	건록	관대	목욕	장생	양

농구 황제 마이클 조던의 명식. 목 재성 전왕으로 목이 용신, 수가 희신이다. 갑, 을, 인, 묘, 네 가지 목 재성이 모두 모여서 재성 전왕의 기구신에 대한 방어력이 완강하다. 천부적으로 타고난 재능과 신체적 조건에 목의 경쟁심리와 승부욕, 무한한 성장 욕구가 마이클 조던을 스포츠 사상 유례없는 선수로 만들어주었다. 위기가 오거나 승부욕이 발동하면 독한 훈련을 했고, 그에 자극받은 주변 선수들의 기량까지 끌어올렸다. 그의 스타성은 농구를 미국 최고의 겨울 스포츠로 만들었고, NBA가 전 세계적인 스포츠로 자리 잡는 데도 크게 기여했다. 더불어 스포츠 용품 산업의 폭발적 성장에도 큰 역할을 했다. 목으로 둘러싸인 희미한 일간은 자신을 자극하거나 마음을 상하게 하는 상대에게는 초특급 스타로서의 체면도 없이 소심한 뒤끝을 보이는 것으로 존재성을 나타냈다.

44 기유 대운 첫해 병술년에 이혼하면서 거액의 위자료를 지불했다. 원국의 편재가 모두 충과 합을 해서 원국의 변화, 변동이 큰 해였다.

신사(辛巳)

신사는 정관(正官)에 사(死)다.

신금은 자기가 녹을 수도 있지만 다시 태어날 수도 있는 불을 좋아한다. 불에서 엄청난 에너지를 느끼는 것이다. 그래서 신사는 금의 힘이 빠져나가는 형국이지만 겉으로는 약한 느낌이 들지 않는다. 신사는 신약해도 외관상 하는 말이나 행동이 약해 보이지 않는다.

신사는 매사에 단호하고 원칙주의적인 성향을 보인다. 웬만해서는 남의 말에 흔들리지 않고 의리와 신의를 중시한다. 하지만 대인 관계에서 충돌이 잦은데, 자신의 엄격한 원칙을 정작 자기에게는 적용하지 않고 이중적인 잣대를 적용하기 때문이다. 신사는 권력욕, 지배욕이 강해서 어떻게든 자기 의견을 관철해나가지만, 사람들과의 그런 충돌 때문에 긴 시간에 걸쳐 내부의 적을 만들게 된다.

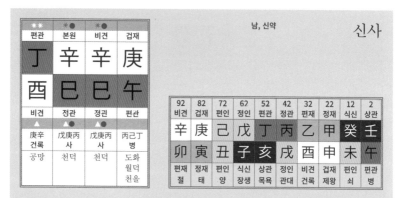

마카로니웨스턴의 전설, 영화배우, 감독, 제작자 등 평생에 걸쳐 화려한 이력을 자랑하고 있는 클린트 이스트우드의 명식. 화와 금으로 연지부터 시지까지 관통하는 강렬한 명식이다. 화극금으로 일간과 비겁이 화에 압도당할 것 같지만 사화는 일간, 비견과 암합하고 있고 시지 유금과 사유반합을 해서 일간을 극제하지 않는다. 비겁과 관성의 균형이 절묘하다. 무토가 통관용신으로 연, 월, 일 3개 주 지장간에 아름답게 자리하고 있다. 희신은 경금이다. 시주 비견에 건록 공망이 사유반합으로 해공되었고 월지 정관이 시간으로 투출했으니 길하다. 신살도 반전이 없는 길한 신살들로만 깔끔하게 만났다. 대운 또한 용신 한신으로 평생 흐른다. 더 이상의 설명이 필요 없다. 독자들은 굴곡 없는 그의 화려한 삶과 명식을 찬찬히 음미해보기 바란다. 관은 일간을 극하는 힘이지만 관이 태과해도 비겁과 균형이 조화롭다면 큰 성취를 이루는 힘이 된다. 일·월주 정관 사의 힘으로 건강한 보수주의자의 모습을 보인다.

신미(辛未)

신미는 편인(偏印)에 쇠(衰)다.

똑같은 편인이어도 신미와 신축은 양상이 다르다. 신축은 서로가 조응하지는 않지만 축토 중 계수가 자기를 씻어주니 은근히 기뻐하는 면이 있고, 신미는 미토 중 정화(丁)가 신금의 기운에 불을 질러 금 특유의 고집과 의리, 자신감, 아집, 자만심을 강화하는 경향이 있다. 이해심 강한 외유내강의 성격이지만 고집과 자존심이 유난히 강하다. 정교하고 분석력이 뛰어나 이런 특성을 살린 일에 재능을 발휘한다. 의리를 중시하지만, 적당히 눈감아주거나 못 들은 척, 못 본 척하지 못하는 냉정함 때문에 인심을 잃는다.

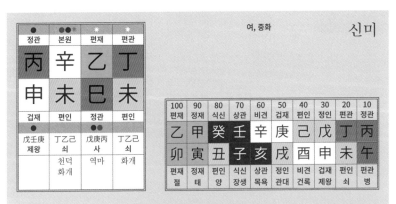

영화배우 방은희의 명식. 득지한 중화 명식이지만 과다한 화 관성이 일지 미토까지 달궈놔서 일간이 받는 자극이 강하고 월간 편재가 고립이다. 수금이 용희신이다. 이 원국은 충합이 일간 위주로 이뤄지고 있다는 점이 독특하다. 주변과 상황의 변화, 변동보다 자신이 느끼는 자극의 강도가 더 클 수 있고, 민감하게 반응할 수 있다. 화 관성이 과다하고 견제할 수 식상이 없어 화 관성의 부작용이 크다. 편인의 끼가 넘쳐흘러 스물세 살에 연극 무대로 데뷔해 꾸준한 연기 생활을 했다. 캐릭터에 관한 이해력과 분석력이 뛰어나 각종 조연으로 주목받았지만 도약의 계기가 약한 데다 배우로서의 인기를 보장해줄 신살을 일간 천덕귀인 외에는 찾아볼 수가 없다. 또 커뮤니티와 관계를 의미하는 식상의 부재, 편재의 고립 또한 이 원국이 가진 고민거리 중 하나다.

신유(辛酉)

신유는 비견(比肩)에 건록(建祿)이다.

간지가 음금(陰金)끼리 만나 이루어진 신유는 금의 속성을 가장 잘 드러낸다. 경신보다도 훨씬 순수한 금이다. 신유는 강직하고 깔끔하다. 예술적 자질이 뛰어난 사람이 많은데, 똑같은 예술이라도 날카로운 도구를 쓰는 조각, 건축, 지휘 등에 자질을 보인다. 혹은 정교한 기계 설계, 의사라도 수술실에서 메스를 사용하는 외과 분야에서 더 뛰어난 능력을 발휘한다. 고집과 자존심이 세고, 정의에 대한 확고한 신념이 있어 불의를 보면 참지 못하는 성격 때문에 손해를 보기도 한다.

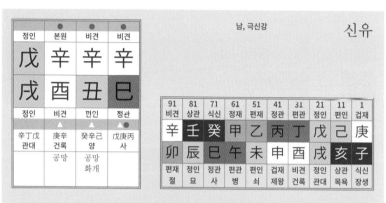

남, 극신강　　신유

정인	본원	비견	비견
戊	辛	辛	辛
戌	酉	丑	巳
정인	비견	편인	정관
辛丁戊 관대	庚辛 건록	癸辛己 양	戊庚丙 사
	공망	공망 화개	

91 비견	81 상관	71 식신	61 정재	51 편재	41 정관	31 편관	21 정인	11 편인	1 겁재
辛	壬	癸	甲	乙	丙	丁	戊	己	庚
卯	辰	巳	午	未	申	酉	戌	亥	子
편재 절	정인 묘	정관 사	편관 병	편인 쇠	겁재 제왕	비견 건록	정인 관대	상관 목욕	식신 장생

일본의 장기 불황 탈출을 이끌어 일본 내에서 가장 리더십 있는 정치인 중 한 사람으로 꼽히는 고이즈미 준이치로 전 총리의 명식. 축월에 태어난 신금이 지지에 사유축 삼합을 이루고 시주에 통근한 정인을 만나 바늘 하나 꼽을 데 없이 완벽한 금전왕의 명식이다.

정치가 집안의 아들로 태어나 평생 정치에 몸담았다. 정치인으로서는 보기 드물게 파격적이고 개성적인 발언을 많이 해 괴짜로 불리기도 한다. 정치 스타일은 간결하고 담백해서 내정, 경제에만 집중했고 외교에는 별 신경을 쓰지 않았지만 금 전왕답게 강수는 잘 뒀다. 패전 이후 총리로서는 처음으로 신사참배를 하거나 자위대의 집단 자위권을 용인하는 행동들로 주변국들과 마찰을 빚었지만 별다른 대응 없이 우경화 정책을 고수했다. 금 비견 전왕의 뚝심을 보여준다.

신해(辛亥)

신해는 상관(傷官)에 목욕(沐浴)이다.

착실하고 명예와 약속을 중시하는 성격이다. 소심하지만 의외의 다재다능함이 있다. 내성적이고 다소 비관적인 성격으로, 자기 의심 때문에 생각이 많아 타이밍을 잃곤 한다. 다재다능하지만 그런 소심함 때문에 큰 쓰임이 되지 못하는 경우가 많다.

유력 정치인에서 작가로 전업한 유시민의 명식. 신왕하고 식상이 발달된 신약한 명식으로 토화가 용희신이다. 옳은 말을 조리 있고 설득력 있게 하지만 같은 진영이 듣기에도 불편할 때가 있다. 직설적으로 정곡을 찔러야 직성이 풀리는 상관의 특징이다. 원국 내의 식상이 모두 충을 하고 있고 일지의 상관이 정관을 충하는 것도 한몫한다. 17 기사 대운은 용희신 대운이지만 대운이 원국 내에서 충하고 있는 모든 식상과 다시 충을 한다. 사사 해해 정관과 상관이 쟁충이 되었다. 불의한 정관을 격추하기 위해 해수 상관이 민주화 운동의 선두에 섰다. 27 무진 대운 첫해 을축년에 '서울대 학원 프락치 사건'으로 징역형을 받고 유시민을 세상에 널리 알린 항소이유서를 작성했다. 무진은 통근한 정인에 암록이 자리한다. 37 정묘 대운 잠깐 대학 교수 활동도 했으나 해묘미합목으로 없던 편재가 강화되고 정화 편관이 투출해 정치에 깊숙이 관여한다. 2002년 본격적으로 정치에 뛰어들어 노무현 대통령 당선에 기여한다. 47 병인 대운 정치인으로서 활발히 활동하다가 2013 계사년 정계 은퇴를 선언하고 작가 및 방송인으로 활동 중이다.

신약하지만 신왕한 명식으로 대운에 맞는 행보를 걸어왔다. 정치인으로의 복귀는 마음을 내지 않을 것으로 보이고 57 을축 대운에는 작가로서 사회에 봉사하는 일을 많이 할 것 같다. 향후 심장, 혈관, 눈 등 화에 관련된 장기뿐 아니라 전체적인 건강관리에 주의해야 한다.

임자·임인·임진·임오·임신·임술

임자(壬子)

임자는 겁재(劫財)에 제왕(帝旺)이다.

매사에 의욕적이고 진취적인 기품이 있으며 속이 깊고 과묵하다. 간지가 모두 수(水)로 이루어졌기 때문에 상상력이 풍부하고 색욕이 강하다. 논리정연하고 통솔력과 포용력도 있지만, 화를 내면 절제가 되지 않는 것이 단점이다.

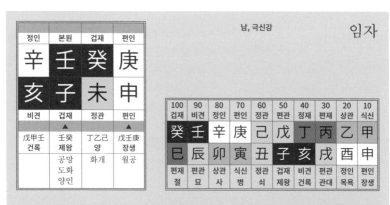

생전에는 위대한 지휘자로, 사후에는 후기 낭만파의 대표적 교향곡 작곡가로 남은 구스타프 말러의 명식. 수 전왕 명식으로 차디차다. 전왕 명식의 고립은 십신상으로는 의미가 없고 건강 면에서는 주의가 필요하다. 균형이 불가능하므로 기존의 규칙을 버리고 하나의 힘으로 몰고 가야 한다. 말러는 어릴 때부터 죽음과 철학에 대해 사유하고 부활을 꿈꾸었으며 자신의 재능인 음악에 완벽주의로 그것들을 담아냈다.

금 인성의 생조를 받는 비겁이 혼잡된 전왕인 이 명식에서 완고하고 괴팍한 성격, 완벽주의 등의 성향을 파악해야 한다. 이런 성격은 주변 사람들과 마찰을 일으킨다. 말러는 20대 초반부터 지휘자로 활동을 시작해 전성기에는 빈 오페라 감독을 맡았으며, 뉴욕의 메트로폴리탄 오페라, 뉴욕 필하모닉에서도 지휘를 했다. 지휘자로 명성이 높아지고 큰 평가를 받을수록 주변과의 불화가 이어졌다.

월지 미토 지장간에 암장된 정화로 심장과 심혈관계 질환을 예상할 수 있고 실제로 심장이 약해 정해 대운 정미년에 딸을 잃고 심장이 악화되었다. 대운에서 받쳐주던 화가 사라진 50 무자 대운 신해년에 심장 관련 합병증으로 사망했다.

임인(壬寅)

임인은 식신(食神)에 병(病)이다.

　머리가 좋고 언변도 좋아 꾸준히 발전하는 스타일로 은근히 박력도 있
으나, 우유부단함 때문에 일을 그르치곤 한다.

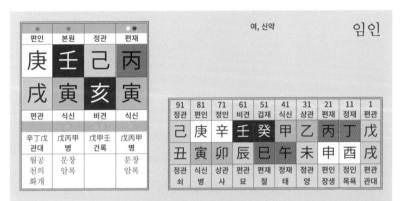

영화배우 최은희의 명식. 신약하지만 일간은 신왕하다. 시지 술토가 고립처럼 보이지
만 4개 주 지장간 모두에 암장된 무토가 시지 술토를 지원하고 술토는 경금으로 흐른
다. 연지와 월지는 목국을 이루고 있지만 나머지에서 관인생, 식상생재, 재생관으로
흘러 끊임없는 순환을 만들어내고 있다. 금토가 용희신이다.
21 병신 대운 영화배우로 데뷔하고 결혼도 했다. 편인이 도식을 하지만 식신의 힘이
더 강하다. 의식주가 불안정해지는 것이 아닌 식신의 힘이 활성화되는 것이다. 관성
이 희신으로 결혼 후 더 큰 스타가 되었다. 31 을미 대운은 기신 을목이 용신으로 바
뀌어 더할 나위 없이 좋은 용희신 대운이 되었다. 미토 정관에 양은 지속적이고 안정
된 사회적 성장의 기운으로 국내의 상을 휩쓸었다. 51 계사 대운 무오년 납북된다. 계
사는 월주만 깨끗하게 충을 하는데 무오 세운은 무계합, 인오술 삼합으로 원국이 거
대한 화국으로 변해 일간이 심각하게 타격을 받았다.

임진(壬辰)

임진은 편관(偏官)에 묘(墓)다.

　임진은 괴강에 해당한다. 솔직 담백하고 자신감 넘치고 언변이 좋고
주관도 뚜렷하다. 하지만 매사에 급하고 쉽게 흥분하는 성격이라 자기

의도와 상관없이 독단적, 독선적이라는 평가를 받기도 한다.

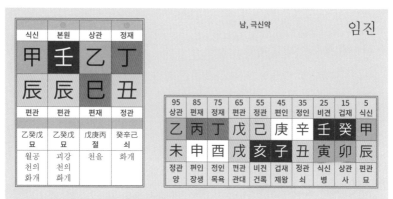

세종대왕의 명식. 사월(巳月)에 태어난 임수로 식재관으로만 구성되어 있는 극신약
한 사주다. 금수가 용신이다. 토가 발달했으나 모두 습토이고 4개 주 지지 지장간에
강하게 금수가 암장되어 있어 일간 임수는 고립되지 않고 지지에서 든든하게 지원을
받고 있다. 추상적, 이상적인 목 식상이 허공에 뜨지 않고 진토에 잘 뿌리내리고 있으
며 그 식상이 통근한 재성을 식상생재하고 다시 관을 생한다. 이는 왕성한 탐구심이
재성으로 흘러 쓰임새 있게 만들고 진진의 엄청난 추진력으로 명예를 만드는 흐름이
다. 용희신 또한 15~64 대운까지 50년에 걸쳐 잘 흐르며 일간을 돕고 있다.
식상과 편관, 편재의 명랑함과 융통성, 편재 절의 조직에 대한 헌신이 똘똘 뭉쳐 연
주 정재, 정관으로 흐른다. 조선왕조의 관점에서 보면 능력과 융통성으로 사직의 기
틀을 바로 세우고 봉사했다. 진진의 피부병, 토 과다의 당뇨, 왕성한 재생관의 다복한
자녀운 등 사소한 부분까지 명식에 맞는 삶이었다.

임오(壬午)

임오는 정재(正財)에 태(胎)다.

외관상 부드럽고 온유한 성격이지만 속을 알 수 없다. 은근한 고집과
끈기가 있어 한번 정한 일은 꼭 이루는 힘이 있다. 이런 특성이 약점으로
도 작용해, 한번 부정적으로 생각한 것에 대해선 마음을 바꾸지 않아 실
수를 저지른다.

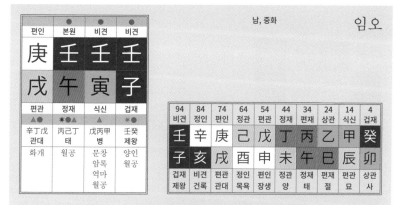

남, 중화   임오

편인	본원	비견	비견
庚	壬	壬	壬
戌	午	寅	子
편관	정재	식신	겁재
▲●	*●▲	▲	*●
辛丁戊 관대	丙己丁 태	戊丙甲 병	壬癸 제왕
화개	월공	문창 암록 역마 월공	양인 월공

94 비견	84 정인	74 편인	64 정관	54 편관	44 정재	34 편재	24 상관	14 식신	4 겁재
壬	辛	庚	己	戊	丁	丙	乙	甲	癸
子	亥	戌	酉	申	未	午	巳	辰	卯
겁재 제왕	비견 건록	편관 관대	정인 목욕	편인 장생	정관 양	정재 태	편재 절	편관 묘	상관 사

1990년대 신드롬을 불러일으키며 문화대통령으로 불린 서태지의 명식. 금수쌍청으로 매우 영리하며 지지가 인오술 삼합을 이뤄 신왕재왕하다. 경금 용신, 무토 희신이다. 임임 병존만으로도 도화의 성질을 가지는데 월공까지 만났으니 그가 일으킨 열풍과 인기를 충분히 수긍케 한다. 서태지는 데뷔 초부터 아티스트의 저작권과 초상권을 두고 많은 분쟁을 벌여 승리했고 이는 다른 아티스트들의 권리 회복에 큰 영향을 끼쳤다. 인오술 삼합된 오화 정재 태의 힘이다.

24 을사 대운의 큰 성공에 비해 34 병오 대운은 그리 큰 성과를 내지 못했다. 재성이 기구신일 때 약간의 재산 손실과 체면 손상 정도의 부작용만 있을 뿐임을 잘 보여준다. 지지를 장악하고 있는 기신 삼합 정재의 힘이 너무 강해 부정적으로 흐를 가능성이 있다. 재물에 대한 집착이나 인색함을 경계하고 관과 인으로 흐르게 해야 한다. 다행히 시주나 후반 대운이 예술적으로 흐른다. 그의 후반 인생의 귀추가 주목된다.

임신(壬申)

임신은 편인(偏印)에 장생(長生)이다.

완벽주의적 기질이 있다. 인간관계에서 능수능란하고 다방면의 지식이 풍부해 팔색조와 같은 매력이 있다. 관심 분야가 넓고 능력이 다양하니 한 분야에서 성공하는 데 시간이 걸린다. 그래도 완벽주의적 기질 덕분에 동료들보다 늦어도 큰 성공을 거둔다.

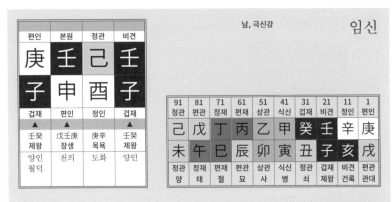

완벽주의 명연기로 인정받는 배우 김명민의 명식. 앞에서 본 말러의 명식과 오행의 숫자는 같으나 배치가 다르다. 김명민 또한 수 전왕이지만 말러는 수 비겁이 왕한 데 비해 김명민의 명식은 금 인성이 더 큰 세력을 갖고 있다. 예술의 영역에서 분야가 갈리는 지점이다. 기토 정관 고립이 심각하므로 건강관리에는 각별히 주의해야 한다.

임술(壬戌)

임술은 편관(偏官)에 관대(冠帶)다.

　온화하고 호탕하며 쾌활한 성격으로 때론 자상한 느낌이 들기도 한다. 드러내지 않는 자존심이 매우 강하지만 통상적으로는 솔직 담백한 성격이다. 타인의 간섭을 매우 싫어하고, 사고는 유연하지만 자기 판단을 너무 믿다가 큰 손실을 보기도 한다.

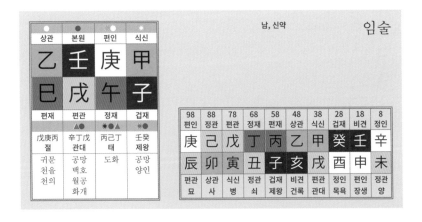

미국의 41대 대통령 조지 허버트 워커 부시의 명식. 오술 쟁합까지 재다신약한 사주로 원국이 뜨겁다. 억부로 금토가 용희신이지만 조후상으로는 수 비겁도 필요하다. 다만 토는 조토는 문제가 있고 습토가 희신이다. 재다신약인 원국을 대운이 아주 잘 보완해줬다. 투자은행가 출신의 정치가 집안의 아들로 부유한 환경에서 자랐다.

18 임신 대운에 제2차 세계대전에 참전해 정치 이력에 밑거름으로 삼았다. 48 을해 대운 1980 경신년 공화당 대통령 후보 경선에서 레이건에게 진 후 레이건의 러닝메이트가 되어 선거에서 승리해 레이건 정부 부통령으로 재직했다. 58 병자 대운은 병임 쟁충, 자자오오 쟁충으로 수화상전(火火相戰)의 충이 원국을 뒤덮는다. 심상치 않은 기운이다. 1988 무진년 다시 공화당 대통령 후보가 되어 네거티브 전략으로 대역전극을 벌이며 대통령에 당선됐다. 이해는 무진년으로 일지에서 바짝 말라 힘이 빠져 있던 편관이 투출했고 진토는 자진합수가 되어 일간이 강력하게 힘을 받아 비겁이 재성을 완벽하게 통제한 것이다. 68 정축 대운 1991 신미년 그의 네거티브 전략의 실체가 밝혀지면서 타격을 입어 재선에 실패했다. 대운이 정축으로 바뀌면서 비겁과 재성의 균형이 재성으로 쏠린 데다 관성 축술미 형까지 들어온 해였다.

계축·계묘·계사·계미·계유·계해

계축(癸丑)

계축은 편관(偏官)에 관대(冠帶)다.

　외관상 조용하고 믿음직스러운데 의외로 칭찬받기를 좋아한다. 조용하지만 강한 성품으로, 겉모습과 달리 추진력과 용기가 있어서 한번 시작하면 남에게 뒤처지기를 싫어한다. 그 때문에 자기를 극한으로 몰아붙이는 면이 있어, 성패와 파란의 진폭이 크다.

고 문신명 통일교 총재의 명식. 월주, 일주, 시주 3개 주가 공망인데 공망끼리만 암합을 하고 인목은 신금과 충을 할 뿐이다. 제대로 해공이 되지 않는다. 완벽하지는 않지만 갑무경 천상삼기도 갖추었다. 사고무친인 일간 계수는 연주 정인에 의지할 수밖에 없다. 금토가 용희신이다. 기독교 집안에서 태어나 어릴 때부터 신앙을 접했고 일본에서 유학도 했다. 신사 대운 끝자락에 자신의 교리인 『원리원본』을 집필하고 포교 활동을 시작했다. 33 임오 겁재 대운에 이르러 통일교를 창설하고 본격적인 종교 활동을 시작했다. 1958년부터 해외에 선교사를 파송하고 1960년부터 국제합동결혼식을 시작했다. 역발상이 놀랍다. 43 계미 대운 신해년에 미국으로 기반을 옮겼다.

통일교는 종교뿐 아니라 경제, 문화 예술, 교육, 스포츠에 많은 투자를 해서 수익을 얻고 있다. 해공되지 않은 삼주 공망의 힘으로 백척간두에서 새로운 제국을 건설한 것이다.

계묘(癸卯)

계묘는 식신(食神)에 장생(長生)이다.

지지에 천을귀인을 만나 일귀라고도 한다. 계묘는 더불어 사는 것을 근본으로 생각하는 유형이다. 스스로 이타적인 사람이라고 생각하며, 공익적인 가치를 높이 평가한다. 재주 많고 능력도 있지만 정작 자신은 스스로를 의심하는 경향이 강하다. 외적으로는 대범해 보이지만 자신에 대해 소심하고, 자기 실속을 챙기지 못한다.

남, 중화

계묘

미국에서 가장 성공하고 유명한 상업작가이지만 문학적 성과로도 인정받는 스티븐 킹의 명식. 시지 축토의 수까지 생각하면 신강 쪽에 가까운 중화이고 연간의 정화 편재는 고립이다. 정화가 건강용신이자 행운용희신이다. 정화에서 시작된 흐름이 천을, 문창 귀인을 안고 있는 일지의 묘목 식신에 모인다. 해수, 축토와 조응하는 계수의 거대한 상상력이 묘목 식신에 모인다.

4개 주 모두 충합으로 원국이 어지럽다. 해묘합, 유축합을 하고 있는 일·월지 묘목과 유금의 충이 예사롭지 않다. 묘목의 세력이 더 강해서 편인의 도식이 식신의 안정성은 크게 떨어뜨리지 않으면서 활동성을 강화시켰다. 장르가 한정돼 있지 않지만 공포물에서 강하다. 시퍼런 칼날이 가냘픈 덩굴나무를 위협하는 모습과 딱 어울린다. 24 병오 대운 갑인년에 『캐리』(Carrie)가 대성공을 거두며 스타 작가가 됐다. 무명 시절 그의 재능을 믿고 격려해준 아내와 금실 좋기로 유명하다. 일지 식신의 배우자 덕과 해묘, 유축합으로 일·월지 충이 약화되었기 때문이다.

계사(癸巳)

계사는 정재(正財)에 태(胎)다.

지지에 천을귀인을 만나 일귀라고도 한다. 항상 자신의 원칙 아래 움직이지만 리더십도 있다. 내성적인 성격에 가까우나 추진력 있고 처세술이 좋아 조직 내에서 높은 평가를 받는다. 크게 성공한 공무원, 고위 관료 중에 계사가 많다. 하지만 귀가 얇아 타인의 말에 쉽게 현혹되고 그 말을 과신한 나머지 일을 쉽게 벌이는 단점이 있다.

남, 극신약　　　　계사

편재 **	본원 *	식신 *	비견 *
丁	癸	乙	癸
巳	巳	卯	卯
정재	정재	식신	식신
戊庚丙 태	戊庚丙 태	甲乙 장생	甲乙 장생
역마 천을	공망 역마 천을	문창 천을	문창 천을

95 식신	85 정재	75 편재	65 정관	55 편관	45 정인	35 편인	25 겁재	15 비견	5 상관
乙	丙	丁	戊	己	庚	辛	壬	癸	甲
巳	午	未	申	酉	戌	亥	子	丑	寅
정재 태	편재 절	편관 묘	정인 사	편인 병	정관 쇠	겁재 제왕	비견 건록	편관 관대	상관 목욕

실제와는 달리 청백리 명재상으로 알려진 조신 시대 왕희 정승의 명식. 묘월에 태어난 계수로 극신약한 명식이다. 중중한 식재를 설기해주고 일간을 도와줄 금이 용신, 토가 희신이다. 연주와 월주를 지배한 목이 시주 통근한 화로 기운이 몰렸다. 4개 주 모두 천을귀인을 만났다.

고려왕조에 대한 지조를 지키기 위해 관직을 사퇴했다가 조선왕조에 임용되었다. 양녕대군 폐위를 반대했고, 충녕대군 왕세자 책봉 반대처럼 소신 있는 태도가 높이 평가되어 55년이 넘는 공직 생활을 했다. 대운의 조합이 워낙 좋은 점도 있지만 계수 특유의 화가 왕한 것을 두려워하지 않는 점이 드러나는 명식이다. 뇌물수수, 간통, 부패, 범죄은닉 등 흠결이 많았으나 가렴주구와 같은 축재는 저지르지 않았다. 원만한 성격으로 정무적 능력이 뛰어났고, 정치가로서 수완이 좋았다. 4주 천을귀인의 작용도 한몫했다. 45 경술 대운 기축년 요직에 올라 85 병오 대운 기사년 87세로 은퇴했다.

계미(癸未)

계미는 편관(偏官)에 묘(墓)다.

　계미는 계수 중에서 좀 특이하다. 편관인데도 물에 물 탄 듯 술에 술 탄 듯하다. 성격도 온순하고 소박하고 부드러우며, 특별히 드러나는 재능은 없어 보이고 눈에 잘 띄지도 않는다. 부드러운 성격에 소박한 행복철학을 가져 돈이나 건강에 구애받지 않는 삶을 산다. 다만 작은 일에 집착해서 큰 손해를 보기도 한다.

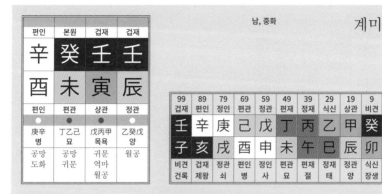

편인	본원	겁재	겁재
辛	癸	壬	壬
酉	未	寅	辰
편인	편관	상관	정관
○	●	●	○
庚辛 병	丁乙己 묘	戊丙甲 목욕	乙癸戊 양
공망 도화	공망 귀문	귀문 역마 월공	월공

99 겁재	89 편인	79 정인	69 편관	59 정관	49 편재	39 정재	29 식신	19 상관	9 비견
壬	辛	庚	己	戊	丁	丙	乙	甲	癸
子	亥	戌	酉	申	未	午	巳	辰	卯
비견 건록	겁재 제왕	정관 쇠	편인 병	정인 사	편관 묘	편재 절	정재 태	정관 양	식신 장생

한화 회장 김승연의 명식. 득세 중화로 화목이 용희신이 된다. 2개의 관이 모두 고립이고 일지 관 고립은 심각하다. 용신이 중요하게 작용하는 명식이다. 29 을사 대운 신유년에 부친 사망으로 그룹의 회장이 되었다. 사유 쟁합으로 없던 정재가 들어와 인성으로 화했다. 을사, 병오, 정미 식상생재가 이루어진 화 대운 30년 동안 물려받은 기업을 수십 배로 키웠다. 흐름이 끊긴 원국을 대운이 보완해 완벽하게 재생관, 관인생으로 흘렀다.

편인 상관이 강한 명식으로 문화, 예술, 스포츠에 관심이 많아 다양한 분야에 지속적인 후원을 하고 있어 기업의 메세나 활동의 성공 사례로 평가받는다. 월지의 인목 상관은 로버트 김에 대한 개인적인 후원이나 천안함 유가족 채용, 전 직원 고용 승계를 매각 협상 조건으로 내거는 등 재벌 총수로서는 보기 드문 미담 사례들을 만들어낸다. 49 정미 대운 정해년에는 보복 폭행 사건으로 전 국민의 공분을 사고 유죄판결을 받았는데 연운, 세운이 겹쳐 정정, 미미 병존이 보인다. 우리나라 실정상 다른 재벌들에 비해 관재수가 강한데 일지 관성이 심하게 고립되어 있기 때문이다.

계유(癸酉)

계유는 편인(偏印)에 병(病)이다.

끼 많고 변덕스러운 전형적인 편인의 성격을 가졌다. 외관상 화려해도 속은 여리고 보호본능을 자극한다. 하지만 변덕이 심하고 때로 자신의 재주를 과신해서 일을 마구 벌이다가 낭패를 본다.

<table>
<tr><td>정인</td><td>본원</td><td>편재</td><td>겁재</td></tr>
</table>

남, 신강

계유

정인	본원	편재	겁재
庚	癸	丁	壬
申	酉	未	辰
정인	편인	편관	정관
戊壬庚 사	庚辛 병	丁乙己 묘	乙癸戊 양
월공	도화		화개

94 편재	84 정재	74 식신	64 상관	54 비견	44 겁재	34 편인	24 정인	14 편관	4 정관
丁	丙	乙	甲	癸	壬	辛	庚	己	戊
巳	辰	卯	寅	丑	子	戌	酉	申
정재 태	정관 양	식신 장생	상관 목욕	편관 관대	비견 건록	겁재 제왕	정관 쇠	편인 병	정인 사

영화배우 명계남의 명식. 인성이 강한 신강한 명식으로 식재로 흐르는 고리가 끊겨 있다. 원국의 흐름을 만들어줄 화목을 용신으로 정한다. 월간 정화는 비록 미토에 뿌리를 내렸으나 관리가 필요하다.

14 기유 대운 유유 편인이 병존이 됐다. 신학과에 진학했지만 연극 생활을 시작하고, 24 경술 대운 신유술 편인 방합이 이뤄져 연극계에서 활발한 활동을 한다. 34 신해 대운에 한동안 연극계를 떠나 다양한 직장 생활을 하다 복귀한다. 44 임자 대운은 신자진 삼합까지 이뤄져 거대한 비겁의 흐름이 생긴다. 용신 관점에서 볼 때는 구신이지만 그의 경력에는 정점을 찍어, 출연한 작품 수도 많았고 반응도 좋았다. 2002년 대통령 선거에서 노무현 후보를 열성적으로 후원했고, 54 계축 대운은 배우로서의 활동은 저조했지만 노무현 대통령 퇴임 후 그를 따라 봉하마을로 내려가 마을을 지키는 편관적 삶을 살았다.

인생 하반기로 들어서면서 배우를 양성하는 연기음악원을 운영하는 등 관인생을 하는 모습이다. 64 갑인 대운 들어 서서히 출연작이 늘기 시작했다. 향후 20년 식상 대운 동안 제대로 된 식상생재가 일어날 것 같다. 인생 후반이 기대된다.

계해(癸亥)

계해는 겁재(劫財)에 제왕(帝旺)이다.

기본적으로 과시욕이 크다. 다른 사람들의 관심과 사랑을 받아야 과시를 할 수 있으니, 계해는 사랑을 얻기 위해서라면 뭐든지 할 수 있는 힘이 있다. 개인적인 만남에서는 태도가 부드럽고 나긋나긋하고 재미있지만, 일에는 치밀하고 분명한 성격이어서 공적인 영역에 나가면 딴사람이 된다. 실로 지킬 박사와 하이드다.

	정관	본원	겁재	정관
	戊	癸	壬	戊
	午	亥	戌	戌
	편재	겁재	정관	정관
	丙己丁	戊甲壬	辛丁戊	辛丁戊
	절	제왕	쇠	쇠
			월공 화개	화개

99	89	79	69	59	49	39	29	19	9
겁재	편인	정인	편관	정관	편재	정재	식신	상관	비견
壬	辛	庚	己	戊	丁	丙	乙	甲	癸
申	未	午	巳	辰	卯	寅	丑	子	亥
정인	편관	편재	정재	정관	식신	상관	편관	비견	겁재
사	묘	절	태	양	장생	목욕	관대	건록	제왕

호남 출신 최초로 보수 여당 당대표가 된 이정현의 명식. 신왕하고 관왕하다. 조후상으로 목, 수가 용희신이 된다. 연·월주 관성에 시주는 재생관하고 있다. 계해 일주 특유의 명민한 감각과 표현력으로 유권자들의 마음을 사고 공복으로서의 정신도 강하지만 정관이 너무 많아 상후하박, 즉 윗사람의 허물엔 관대하고 아랫사람의 공격엔 박절할 수 있음을 유의해야 한다. 정관 과다로 선출직 공직자의 가능성이 높고, 연주와 월주 관성이 화개와 월공을 만난 것은 고독감과 힘든 고립을 거쳐야 성공할 수 있음을 의미한다. 호남 출신으로 민정당에서 정치인 데뷔를 한 뒤 네 차례에 걸친 도전 끝에 결국 새누리당적으로 황무지인 호남에서 국회의원이 되는 쾌거를 이뤘다.

초년부터 용희신 대운으로 잘 흘렀으나 49 정묘 대운에서 직업적 경력의 정점을 찍는다. 원국 내에서도 관성으로 추가 기울어져 있는데 향후 대운에서 관성에 더 무게가 실리게 된다. 건강과 정치적 경력에 세심한 관리가 필요하다.

무한대의 가능성

오행은
우주의 영역이고,
십신은
인간의 영역이다.
십신을 이해하면
명리학이
우리의
구체적 일상으로
들어왔다는
뜻이다.

십신과 십이운성의 심층적 접근

원국 해석의 이론적 기준, 십신

명리학의 이론적 근거는 동양학의 근원인 음양오행에서 출발한다. 어떤 새로운 이론이 등장하더라도 명리학은 기본적으로 음양오행에서 벗어나지 않는다. 음양오행이 모든 분야를 판단하고 결정하는 이론적 기준이 된다. 한데 오행은 언제나 고정되어 있는 우주적 영역이다. 그래서 음양오행의 원리를 바탕으로 인간의 성격이나 건강, 재능, 사회적 관계 등을 인간 삶의 언어로 대입해 해석하고자 만든 일종의 도구가 십신(十神)이라 할 수 있다. 요컨대 오행은 우주적 영역이고 십신은 인간의 영역이며, 십신을 이해하면 명리학이 우리의 구체적 일상으로 들어왔다는 뜻이 된다. 십신은 앞으로 계속 발전할 영역이므로 지금까지 학습한 개념을 바탕으로 체화하고, 나아가 자신만의 방법으로 창조적으로 확장해나가야 한다.

명식을 감명하는 데 중요한 것은 원국 자체를 해석하는 것이고, 원국을 해석한다는 것은 중요한 이론적 기준인 십신을 이해하고 그것을 바탕으로 용신과 대운을 이해하는 것이다. 이를 위해 이 장에서는 십신과 십이운성(十二運星)에 대해 심도 있게 살펴보려 한다. 미리 이야기하지만 외워야 한다는 부담감은 버리기 바란다. 외울 필요 없고 외워지지도 않는다. 같은 십신이라도 그 십신에 해당하는 오행과 십신이 자리한 위치(주住), 짝을 이루는 십이운성 등에 따라 기능이 달라지며, 그 경우의 수를 조합하다 보면 거의 무한대가 된다. 따라서 이것을 일일이 암기하려 하기보다 이해하고 느끼려 노력하는 것이 중요하다.

이런 훈련은 음양과 오행에서 비롯되는 십신이나 십이운성이 우리 삶에 어떻게 적용될 것인가에 대한 일종의 가장 초보적인 거푸집을 짓는 것이라고 할 수 있다. 집을 지을 때 우리는 거푸집에 시멘트를 부어서 틀을 만든다. 물론 거푸집이 집이 되지는 않는다. 시멘트가 굳으면 거푸집을 다 떼어내서 버린다. 다르게 얘기해보자면, 높은 산의 등산로는 보통 어느 정도 높이까지 차량으로 이동할 수 있게 되어 있다. 전문 등반가들도 해발 8,848미터인 에베레스트 산에 오를 때 해발 0미터부터 걸어 오르지는 않는다. 보통 해발 3, 4천 미터쯤까지 헬리콥터나 트럭을 타고 올라가 베이스캠프를 차린 뒤 본격적으로 등반한다. 그러지 않으면 시간도 체력도 바닥나 일찌감치 지쳐 나가떨어지기 때문이다. 요컨대 우리가 앞으로 할 십신과 십이운성에 대한 훈련은 원국 해석을 위한 가장 초보적인 틀을 만드는 일이자, 시간을 절약해줄 베이스캠프를 차리는 정도의 기능을 한다고 생각하면 된다.

십신과 십이운성 표

	絶	胎	養	長生	沐浴	冠帶	建祿	帝旺	衰	病	死	墓
甲	申	酉	戌	亥	子	丑	寅	卯	辰	巳	午	未
	편관	정관	편재	편인	정인	정재	비견	겁재	편재	식신	상관	정재
乙	酉	申	未	午	巳	辰	卯	寅	丑	子	亥	戌
	편관	정관	편재	식신	상관	정재	비견	겁재	편재	편인	정인	정재
丙	亥	子	丑	寅	卯	辰	巳	午	未	申	酉	戌
	편관	정관	상관	편인	정인	식신	비견	겁재	상관	편재	정재	정인
戊	巳	午	未	申	酉	戌	亥	子	丑	寅	卯	辰
	편인	정인	겁재	식신	상관	비견	편재	정재	겁재	편관	정관	비견
丁	子	亥	戌	酉	申	未	午	巳	辰	卯	寅	丑
	편관	정관	상관	편재	정재	식신	비견	겁재	상관	편인	정인	식신
己	午	巳	辰	卯	寅	丑	子	亥	戌	酉	申	未
	편인	정인	겁재	편관	정관	비견	편재	정재	겁재	식신	상관	비견
庚	寅	卯	辰	巳	午	未	申	酉	戌	亥	子	丑
	편재	정재	편인	편관	정관	정인	비견	겁재	편인	식신	상관	정인
辛	卯	寅	丑	子	亥	戌	酉	申	未	午	巳	辰
	편재	정재	편인	식신	상관	정인	비견	겁재	편인	편관	정관	정인
壬	巳	午	未	申	酉	戌	亥	子	丑	寅	卯	辰
	편재	정재	정관	편인	정인	편관	비견	겁재	정관	식신	상관	편관
癸	午	巳	辰	卯	寅	丑	子	亥	戌	酉	申	未
	편재	정재	정관	식신	상관	편관	비견	겁재	정관	편인	정인	편관

＊戊, 己 ⇨ 표에는 『명리정종』 식으로 표기. 『연해자평』 식은 丙, 丁 참조.

십신의 오행별 성격 분석

우선 각 십신의 성격, 그리고 그 십신이 각각의 오행을 만났을 때 어떤 특징을 나타내는지부터 하나씩 살펴보자.

비겁(比劫) – 왕(旺)

키워드
독립과 오만,
주체성과
이기심

비겁은 주체성과 독립을 의미한다. 그 주체성의 이면에는 이기심, 깨끗한 나, 오만함, 즉 전상천하 유아독존이라는 나 자신에 대한 권력이 도사리고 있다. 철저하게 자기본위적이며, 각자 고유한 성질이 있는 다른 십신들과 달리 비겁은 무색무취해서 구체적인 삶의 표적이 없다. 십신으로 해석할 때 비겁은 그냥 나 자신이라는 소리인데, 이는 곧 무엇이든 될 수 있고 혹은 무엇에도 적합하지 않을 수도 있다는 뜻이다.

이 비겁은 글자 그대로 왕(旺), 나 자신의 가장 왕성한 힘을 뜻한다. 여기서 중요한 점은 나의 라이벌도 비겁으로 간주한다는 것이다. 이는 서구의 대립적 관점이 아닌 동양의 독특한 관점으로, 나와 라이벌이 경쟁하는 과정이 나의 힘을 더욱 강하게 해준다고 생각한 결과로 해석된다.

비견(比肩)은 지배당하는 것을 싫어하고, 추진력은 강한데 실속이 없다. 자신과 성별이 같은 동성과 친하게 지내며, 사업을 하더라도 동성의 고객을 대상으로 하는 편이 훨씬 유리하다.

겁재(劫財)는 일간과 음양이 반대이므로 비트는 힘, 즉 전복의 힘이 발생한다. 음양이 같은 비견보다 파괴력이 강하고 폭력적인 기운을 띤다. 비견이 남에게 구속받기 싫어하는 정도라면 겁재는 아예 새로운 질서를 만들고자 하는 힘이다.

비견이 선명하고 단순한 반면 겁재는 표리부동한 면이 있으므로, 겁재의 경우 보다 세밀한 해석이 요구된다. 예를 들어 비견이 강한 사람은 금방 알아보지만 겁재가 강한 사람은 오랜 기간 사귀어보지 않으면 잘 파악할 수 없다. 한편 비견은 자신의 소유가 아닌 편재를 극하므로 재산상의 손실이 크지 않지만, 겁재는 안정된 재물인 정재를 극하므로 재산상의 불안정성을 초래한다.

이제 비겁이 각 오행별로 어떤 특징을 나타내는지 알아보자.

목(木) 비겁

갑, 을 일간이 목을 비겁으로 쓸 때는 어떤 특징이 있을까?

(여기서는 우선 목이라는 오행의 성격을 간단하게 짚고 여기에 비겁의 특징을 대입해서 생각해보려 한다. 이어지는 조합들에서는 오행에 대해 따로 이야기하지 않는데, 목 비겁의 서술은 일종의 가이드라인이라 할 수 있다. 오행과 십신을 어떤 식으로 연결해서 준거 틀을 만들고 확장해나갈 수 있는지 그 사유 과정을 나머지 조합들에서도 스스로 활용해보기 바란다.)

나무는 위로 성장하는 독특한 운동성을 띤다. 삼라만상 중에 중력을 거슬러 아래에서 위로 방향성을 갖는 것은 나무가 유일하다. 양목은 위로 뻗어 올라가고 음목은 넝쿨처럼 옆으로 퍼져 나간다. 따라서 양목은 위로 솟아오르는 힘이며, 그 성격은 곧은 성장을 뜻한다. 땅에 발을 디디고 살아야 하는 우리 인간에게 허공으로 올라간다는 것은 이상을 향한 성장을 의미한다. 그러면 우리는 왜 성장하려 하는가? 바로 인간이 가진 근원적인 명예욕 때문이며, 이 욕망은 경쟁을 통해 성취된다. 성장과 명예심을 나타내는 목 또한 서로 경쟁하는 관계다. 큰 나무 밑에는 작은 나무들이 자라지 못하는 이유가 그것이다. 나무는 자기 높이만큼 자신의 영역을 가진다. 새가 날아와 앉으니 모든 것을 열어주고 포용하는 듯 보이지만, 자세히 보면 나무는 자기에게 필요한 영역 안쪽으로는 아무도 들어올 수 없게 차단하는 존재다. 목의 명예심의 내면에는 강력한 경쟁심과 질투심이 있다.

나무는 인의예지신(仁義禮智信) 중에 인(仁)에 해당한다. 일보다는 사람을 중심으로 사고하는 경향이 있으므로, 목이 비겁이 되는 경우 가장 중요한 특징은 인간에 대한 자유주의와 이타심이다. 하지만 둘 중 방점이 찍히는 쪽은 자유주의다. 내가 침해받지 않고 자유롭고자 하기 때문에 내키지 않지만 타인의 자유도 인정하는 것이며, 이타심은 그 부산물이라 할 수 있다.

목 비겁은 인간주의적인 바탕 위에 자신에게나 타인에게나 동기와 희망을 부여하는 능력이 탁월하다. 하지만 그 정도를 조절할 줄 모른다는 약점이 있다. 가만히 있는 편이 모두를 도와주는 상황인데 나섰다가 모든 사람을 곤경에 빠뜨린다든가, 상대방의 역량이 안 되는 일에 그릇된 응원을 해서 사람을 완전히 망가뜨린다든가 하는 경우가 생길 수 있다. 인간의 잠재력에 대한 비현실적인 기대 때문에 좋은 결과를 얻지 못하는 것이다. 목 비겁은 곧고 맑은 기운이지만 생각하는 것이 현실에서 다 적용되고 이루어진다는 환상을 버려야 한다.

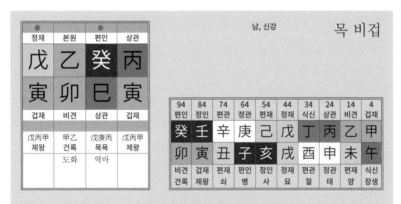

남, 신강 　　목 비겁

미국의 재즈 음악가이며 작곡가, 트럼펫 연주자인 마일스 데이비스의 명식. 토금 용신, 목화 기신. 여름의 을목이 인시에 태어나 더운 기운을 보이고, 연·시지 겁재와 일지 비견을 놓아 신강한 명식이다. 목화통명의 사주로 일주가 목의 기운으로 통근해 일주 비견에 건록이 상징하는 예술적 기질을 발휘하여 평생 예술가의 삶을 살게 된다. 강한 목 비겁에게 생조받는 월지 상관이 투출해 큰 힘을 발휘하게 되므로 음악적으로 명성을 날렸으나 마약 중독이나 이혼 등 어려움을 겪기도 했다. 지지에 강하게 뿌리내린 일·시지의 비견과 건록 및 제왕, 그리고 동반되어 있는 도화의 힘으로 많은 유명 음악가와 공동 작업을 했을 뿐 아니라 클래식이나 시대를 넘나드는 다양한 음악 장르에도 창조적인 재능을 발휘하며 인정을 받았다. 하지만 성격상으로 시간의 무토 정재가 고립되어 바람둥이 기질이 있었고, 월간 편인이 뿌리를 내리지 못함으로

화(火) 비겁

자신감이 충만하고 열정적이며 의외로 원칙주의적 기질이 있다. 또 풍부한 상상력을 현실에서 자신감 있게 발휘해 실행에 옮기기 때문에 어찌 보면 돈키호테 같기도 하다. 보고 있으면 즐겁고 신선하니 사람들에게 인기가 좋지만, 참을성이 부족하고 성질이 급하다. 본인을 포함해서 타인의 느긋함을 참지 못한다. 그리고 남을 쉽게 판단하려는 경향이 있어 인간관계에서 위험에 빠지기 쉽다. 사태를 주관적이고 단순하게 보려는 경향은 화 비겁이 가장 조심해야 할 특징이다.

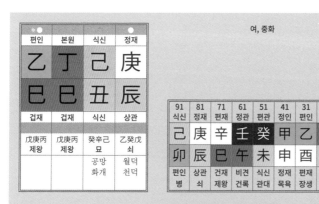

여, 중화

화 비겁

편인	본원	식신	정재
乙	丁	己	庚
巳	巳	丑	辰
겁재	겁재	식신	상관
戊庚丙 제왕	戊庚丙 제왕	癸辛己 묘	乙癸戊 쇠
		공망 화개	월덕 천덕

91 식신	81 정재	71 편재	61 정관	51 편관	41 정인	31 편인	21 겁재	11 비견	1 상관
己	庚	辛	壬	癸	甲	乙	丙	丁	戊
卯	辰	巳	午	未	申	酉	戌	亥	子
편인 병	상관 쇠	건재 제왕	비견 건록	식신 관대	정재 목욕	편재 장생	상관 양	정관 태	편관 절

미국의 가수이며 인권 운동가, 반전 평화운동가 존 바에즈의 명식. 금수 용희신, 화토 기구신. 축월 정화가 사시에 태어난 사주로 일·월주가 화와 토의 기운으로 강하게 통근했다. 일지와 시지에 병존한 강한 화 겁재가 제왕의 자리에 위치하면서 불합리한 사회적 기존 질서를 부정하고 부조리한 것을 개선해나가려는 의지로 표출된다. 또한 충만한 자신감과 함께 자신의 끼를 적극적으로 발휘할 수 있는 힘의 원동력으로도 작용한다. 그리고 그 힘은 월주에 통근한 토 식신으로 고스란히 전달되어 예술적 재능과 적극적인 활동력을 보이게 되고, 연지의 상관이 천덕, 월덕 귀인과 동반되어 상관의 성격을 더욱 긍정적으로 발현되게 한다. 실제로 해수 대운에 가수로 데뷔한 그녀는 가수로서뿐 아니라 인권 운동이나 반전운동가로서 왕성한 활동을 하며 많은 사람

토(土) 비겁

토 비겁은 비겁의 힘이 가장 강하게 작용한다. 겉으로 표현하진 않지만 선악과 호오의 명확한 기준이 있고 명분을 신뢰한다. 비겁 특유의 자기 내면으로의 회귀, 즉 집중력이 뛰어나 경쟁에서 유리하다. 또 우왕좌왕하지 않고 행동이 진중해 주변 사람들의 신뢰를 얻는다. 반면에 토 비겁은 유연성과 융통성 부족, 자기 고집의 그물에 빠지는 일을 경계해야 한다. 일이 어그러지기 시작하는데도 자기 판단이 맞는다고 불필요한 고집을 부리다 실패를 맛볼 우려가 있다.

금(金) 비겁

금 비겁이야말로 진정한 비겁이다. 철저한 자기중심주의자로, 남들이 반대해도 저들이 나를 이해 못 하는 것이라 생각하고 자기가 하고자 하는 일을 끝까지 고집한다. 목 비겁과 달리 사람보다 일을 중심으로 생각하며, 모든 일이 자기가 세운 틀에서 벗어나지 않고 딱 맞아야 안심한다. 사람을 가려서 사귀고, 자신이 속한 조직의 분위기가 자유방임적으로 흐르는 것을 본능적으로 싫어한다. 안정을 추구하는 경향이 있어 세속적 의미로는 실패와 실수가 적지만, 인간적인 매력을 찾기는 어렵다.

수(水) 비겁

수는 가장 비겁스럽지 않은 오행이다. 그래서 수 비겁을 파악하기란 쉽지 않다. 엉뚱하고 독창적인 삶을 사는 경우가 많은데, 예측 불가능하며 비겁답지 않게 예지력과 감수성이 발달했고 남들이 이해하기 어려운 독창적인 판단 기준을 가져 문화, 예술 분야에서 많이 볼 수 있다. 실천력도 떨어지는 편이며 비겁 중에 유일하게 스트레스를 많이 받는다.

식상(食傷) – 휴(休)

키워드
탐구심과
낭만주의

식상은 가장 약한 힘, 휴(休)에 해당하므로 기질상으로는 낙천적이고 감정적으로는 낭만주의적 경향이 강하다. 식상은 의식주를 의미하며, 탐구심과 언어능력, 공동체를 이루는 것이 특징이다. 혼자 있는 식상은 없다. 식상의 특징인 언어능력 즉 말은 소통을 전제한 공동체를 기반으로 한다. 비겁은 혼자서 제 마음대로 할 수 있지만 식상은 타자가 전제되어야 성립하는 개념이다. 가족을 식구라 부른다는 것은 같이 밥을 먹는 공동체를 의미한다. 한데 같이 밥을 먹지 못하는 사람이 있다는 것은 국가의 부재를 뜻한다. 우리나라는 식상의 나라가 돼야 한다.

식신(食神)은 연구심과 호기심이 강하지만, 약한 힘이므로 지속성이 떨어진다. 예술적 감수성이 있고 낭만주의, 낙천성이 강해 기본적으로 게으르다. 온화하고 명랑하지만 느긋한 성격에 실천력이 부족하다.

상관(傷官)은 특징이 식신과는 기질상으로 다르게 나타난다. 식신과 상관은 비견과 겁재보다 더 상반된다. 상관은 게으르기는커녕 피곤할 정도로 활동적이고 오지랖이 넓다. 성격도 낙천적이지 않고 꽤 날선 느낌이며 기존 질서에 대한 반감이 있다. 기본적으로 총명해서 번뜩이는 것이 있으나 그런 기질 때문에 가진 능력보다 낮은 평가를 받는 경향이 있다. 식상은 모두 예술적 감수성이 뛰어난데 상관은 특히 기획력이 뛰어나다. 사회적 약자에 관심이 많고 희생정신이나 정의감이 높아서 불의를 보면 참지 못한다. 상관은 운동권이나 NGO에 많다. 같은 의사라도 국경 없는 의사회가 상관이 강한 사람들이다.

목 식상

성장 제일주의인 목과 일단 먹고 보는 식상은 잘 맞지 않을 것 같은데 꼭 그렇지는 않다. 식상의 첫째 특징은 사실 호기심과 탐구심이다. 목 식상은 식상 중에서도 독특한 매력이 있는데, 탐구심과 언어 구사력이 식상 중에 가장 뛰어나다. 목표를 냉정하게 설정해 그 목표를 수행하기 위한 정보를 수집하는 데 탁월하며, 제한된 시간에 자신의 의도를 전달해 소기의 목적을 일궈내는 언변을 발휘한다. 따라서 이런 사람들은 기획 프레젠테이션을 맡으면 물 만난 고기처럼 활약하지만, 실행까지 맡겨놓으면 좀 곤란하다. 자신의 구도대로 되리라 생각하고 일을 진행하다가 헤매기 시작하고 자존심 때문에 포기할 타이밍마저 놓친다. 추진력에 비해 마무리가 약한 목 식상에게는 자신의 역할이 끝나면 다음 일을 기획하게 하는 편이 낫다.

남, 중화

목 식상

상관	본원	정인	편인
甲	癸	庚	辛
寅	酉	寅	亥
상관	편인	상관	겁재
戊丙甲	庚辛	戊丙甲	戊甲壬
목욕	병	목욕	제왕
			공망 역마

94 정인	84 편인	74 겁재	64 비견	54 상관	44 식신	34 정재	24 편재	14 정관	4 편관
庚	辛	壬	癸	甲	乙	丙	丁	戊	己
辰	巳	午	未	申	酉	戌	亥	子	丑
정관 양	정재 태	편재 절	편관 묘	정인 사	편인 병	정관 쇠	겁재 제왕	비견 건록	편인 관대

방송인 신동엽의 명식. 용희신 화토, 기구신 수목. 인월 계수가 인시에 태어난 중화 명식으로 월지 상관을 비롯해 지지가 합을 이뤄 목 상관의 힘이 강한 사주다. 일지 편인의 병으로 탁월한 재능으로 인기를 얻는 힘이 강하고, 연지 겁재의 생조를 받는 월지와 시지에 통근한 강한 인목 상관의 힘으로 아이디어를 기획하고 그것을 언어로 표현하는 데 탁월한 재능을 가졌다.

14 무자 대운에 개그맨으로 발탁되어 꾸준한 인기를 얻었지만, 조직 내 적응에 불리한 상관의 힘이 과다해 집단 MC 체제가 붐을 이루던 2000년대 이후에는 부진에 시달리기도 했다. 하지만 병술 대운에 다시 특유의 순발력을 발휘하면서 인정받아 현재 맹활약 중이며, 강한 월지와 시지에 동반된 목욕으로 성적인 내용을 소재로 하는 개그를 잘한다. 원국에서는 지장간에만 존재하는 화 재성과 토 관성이 34 병술 대운을 만나 힘을 받아 여러 사업의 경영주가 되었으나 거듭되는 경영 부진으로 실패했다. 인성으로 시작하는 원국의 흐름이 목 상관으로 모두 모여 이 힘을 부단히 사용하는

직업을 선택하는 것이 유리하므로 개그맨의 사주로서는 매우 적합하지만, 식상생재가 되지 않으므로 재물에 큰 욕심을 부리기보다 재성 대운이나 세운에서는 자신의 재능을 크게 발휘하는 데 힘써야 하는 사주로 볼 수 있다.

화 식상

목소리가 크고 성격이 화통하며 친화력도 좋다. 행동보다 말이 앞서서 현실감각이 떨어지지만, 목표대로 일이 성사되지 않을 때는 빨리 포기하는 등 행동 전환이 빠르다. 애초에 목표를 너무 높게 세우지 않고, 목 식상처럼 그대로 되리라 생각하지도 않기 때문이다. 사람들을 조직적으로 규합해 일을 도모하는 수행 주도 능력이 탁월하며, 독립적인 일을 하는 전문직이나 프리랜서 영역에서도 뛰어난 능력을 발휘한다.

토 식상

목 식상과 더불어 독특한 식상인데, 식상답지 않게 적극적인 활동성과 총명함, 자존심과 배짱이 있다. 입바른 소리를 잘해 조직 생활에 적응하지 못하고, 질투심이 강해 남이 인정받는 것을 참기 어려워한다.

금 식상

강단이 있고, 어떤 상황에서도 자신을 지키는 능력을 갖고 있다. 집중력과 끈기가 있고 목 식상과는 다른 기획력, 무에서 유를 만드는 창조적인 기획력을 발휘한다. 하지만 신경이 예민하고 쉽게 짜증을 내는 편이어서 금 식상인 사람들의 컨디션은 금방 티가 난다. 또 잔소리가 많아 조직 내 분위기를 망치거나 구성원의 사기를 저하시킬 수 있다.

수 식상

가장 식상다운 힘을 낸다고 할 수 있다. 식상과 수는 굉장히 좋은 본질 간의 만남으로, 식상이 원하는 움직임이 곧 수의 움직임이다. 사고가 유연하고 부지런히 움직이며, 다방면에 호기심과 탐구심이 있어 관심 분야에서 식상의 장점을 한껏 발휘한다. 다만 직관이 빠르다 보니 성급하게 결정해서 후회하고 손해를 보는 경우가 많은데, 특히 배우자 선택 시 주의해야 한다.

미학자이자 정치 논객 진중권의 명식. 용희신 화토, 기구신 수목. 진월 경금이 유시에 태어난 중화 사주로 경자 일주의 뛰어난 기획력과 아이디어 감각이 빛나는 특징을 가진다. 시지 겁재의 생조를 받은 일지의 상관의 사가 귀문과 동주하고 연간에 투출되어 수 상관의 특징이 두드러지는데, 이는 특유의 본능적 직관력 및 집중력과 예리한 통찰력, 그리고 언어 구사력이 탁월해 자신의 주장을 강하게 피력하는 성격을 의미한다. 월지 편인과 일지 상관의 특성을 발휘해 대학에서 미학을 전공한 후 문화운동이나 노동자 문화 예술 운동을 했다. 27 계축 대운에 독일로 유학을 가서 미학과 언어철학을 공부한 후 귀국해 임자 대운에 사회비평지 편집위원으로 활동했다. 37 임자 대운 들어 식상의 기운이 더욱 힘을 받아 활발한 저작 활동을 시작하고, 미학 강의, 사회 문제를 날카롭게 꼬집는 비평가 및 인터넷 논객으로도 활발하게 활동했으나, 다소 과격하고 오만한 표현으로 비판을 받기도 했다.

재성(財星) - 수(囚)

키워드
기획력과
현실주의

명리학에서 재성이 갖는 철학적 본질을 보면 정재는 규칙, 법칙에 대한 수렴성을 의미하고 편재는 자유분방함과 약자에 대한 봉사심을 의미한다. 즉 재성은 단지 소유의 개념이 아니라 자신의 명(命)을 구현하는 데 필요한 재물임을 기억해야 한다. 남자에게는 여자, 재능, 재물, 사회적 관계에서의 의협심, 봉사를 뜻한다.

정재(正財)는 내 몸에 지닌 재물을 말한다. 정재는 명리학에서 가장 큰 오해를 받고 있는 영역이기 때문에 이에 대해 잠시 이야기하고 넘어가겠다. 정재의 가장 중요한 본질은 정도(正道)다. 재물을 얻어도 정도를 걸어서 번 것만 재물로 인정하는 정신이다. 이는 선비적인 엄격한 보수주의를 의미하는데, 엄격한 보수주의란 공동체의 정의에 대한 이상주의를 전제해야 한다. 내가 성공해야 하는 이유는 공동체적 이상을 실현할 능력이 있음에서 나오는 것이지 나 자신의 명예에서 나오는 것이 아닌 것이다. 이런 정의로운 보수주의자들은 나중에 사회를 진화시키는 결정적 지렛대가 된다. 우리 사회의 위기는 편재도 없지만 정재도 사라지거나 오염되고 있다는 데서 나온다. 그리고 이러한 재성의 위기는 명리학적으로 보면 재성에 대한 속물적 해석이 일반화되면서 생긴 비극이라 할 수 있다.

정재는 선비의 기질과 학자의 성품을 갖고 있고 안정적이고 객관적인 판단 아래 행동하는 경향이 있다. 웬만해서는 자신의 입장이나 방식을 바꾸지 않는 보수적인 성향을 띠며, 인간관계에서도 쉽게 친해지기 힘들고 한번 사귀면 오래가나 돌아서면 그걸로 끝이다. 따라서 정재는 인색함을 경계해야 한다.

편재(偏財)는 내 몸에 지니지 않은 재물로 정재보다는 안정성이 떨어진다. 편재를 투기적 재물로만 이해하면 안 된다. 편재의 중요한 본질은 한눈에 볼 수 있는 '지도', 지금 시대의 용어로 말하면 기획력이다. 전체를 내려다보며 입체적으로 조망하고 어떻게 조각하고 재배치할 것인가를 설계할 줄 아는데, 식상의 기획과 달리 매우 현실적이다. 편재는 설계하다가 아니다 싶으면 바로 지우고 새로 그린다. 유머 감각이 좋고 자유롭게 행동해 인기가 많다. 네트워킹에 기반을 둔 봉사 활동이 적성에 맞는다.

재성은 천간보다는 지지에 하나만 있어야 정확히 발휘된다. 또 재성은 기구신이 되더라도 제일 피해가 덜한데, 전반적으로 명식에 미치는 변화와 변동의 폭이 적다고 본다. 그래서 다른 십신들에 비해 오행별 차이도 크지 않은 편이다.

목 재성

관념 표현 능력이 탁월하고 타인에 대한 이해심이 크다. 정교한 기획력과 집행력이 있어 재성의 여러 특징을 가장 깨끗하게 발현시키는 힘이 있다. 재성치고는 현실적인 사고력이 결여된 편이고 목의 특성대로 이상주의적인 기질이 강해, 창조적이거나 예술적인 일에 능력을 발휘할 가능성이 높다.

화 재성

편재적 성격이 강하다. 특히 인간관계를 바탕으로 일을 벌이고 추진하는 능력이 뛰어나고, 화제를 몰고 다니는 편이다. 하지만 금전 문제에서도 빠른 집행 능력을 발휘해 돈이 들어오는 속도보다 나가는 속도가 더 빠르다. 또 화(火)의 오행상 특성 때문에 사소한 감정 대립으로 관계에 상처를 입히는 경우가 많다. 양면적인 특성이 있다. 시지에 화 재성이 있으면 이성에게 인기가 있다.

토 재성

책임감이 강하고 남을 잘 챙겨주는 듬직함으로 인기가 많다. 체면에 집착하고 한번 믿으면 의심하지 않는 성격으로, 독자적인 사업을 벌일 경우 믿는 사람에게 속아서 경제적 손실을 입기도 한다. 그런데 속상해도 체면 때문에 주변에 털어놓지도 못한다. 따라서 토 재성은 결정적인 순간에 잠시 멈추고 자신의 믿음을 돌아볼 필요가 있다. 또 자기가 체면을 중시하는 만큼 남의 체면도 중시하느라 남에게 꼭 필요한 따끔한 충고를 못 하기도 한다.

금 재성

돈과 금의 조합이니 재성 중에서 가장 빛나고 재성답다. 정재의 성격이 더욱 부각되고, 매너가 좋아 인간관계가 넓다. 일에는 완벽주의적인 기질을 발휘해 마무리가 깔끔하며, 합리적인 태도로 윗사람에게도 아랫사람에게도 칭찬을 듣는다. 취미 생활에서도 아마추어 수준에 머물지 않고 전문적으로 파고든다. 하지만 체계와 자기가 세운 틀을 너무 중요시하다 보니 자승자박의 결과를 초래하기도 한다.

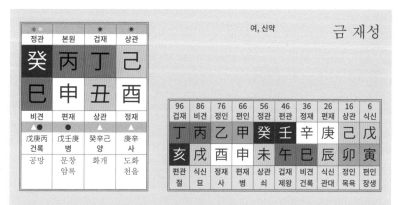

여, 신약　금 재성

	정관	본원	겁재	상관
	癸	丙	丁	己
	巳	申	丑	酉
	비견	편재	상관	정재
	戊庚丙 건록	戊壬庚 병	癸辛己 양	庚辛 사
	공망	문창 암록	화개	도화 천을

96 겁재	86 비견	76 정인	66 편인	56 정관	46 편관	36 정재	26 편재	16 상관	6 식신
丁	丙	乙	甲	癸	壬	辛	庚	己	戊
亥	戌	酉	申	未	午	巳	辰	卯	寅
편관 절	식신 묘	정재 사	편인 병	상관 쇠	겁재 제왕	비견 건록	식신 관대	정인 목욕	편인 장생

40대 후반 여성, 치과 의사의 명식. 용희신 목화, 기구신 금수. 축월 병화가 사시에 태어난 사주로 지지에 사신합수, 사유축 삼합이 되어 금국을 이루게 되므로 재성이 강한 신약한 사주다. 월주 상관이 양과 동반되어 어린 시절 조모가 양육을 도왔고, 전문적인 직업에 종사하고 있다. 연주에 상관생재를 이루고 월지 축토의 힘이 일지의 금 편재로 흘러 재차 식상생재를 이루고 있다. 겁재에서 시작해 상관, 정, 편재, 관성으로 흐름을 보이고 지장간에도 없는 목 인성이 절실한 형국으로 20대 중반까지의 인성 대운에 관인생을 이루어 전문직 면허를 취득했다. 시지 비견의 건록으로 치과의원을 운영하고 있고, 월지 상관에서 생조를 받은 편재의 힘을 깨끗하게 사용해 10여 년에 걸쳐 정기적으로 기부 활동을 하며 은퇴 후 봉사 활동을 계획하고 있다. 연지에 있는 유금 정재가 사유축합금의 왕지로 정재의 성격 또한 강하므로 자신의 틀에 맞는 삶의 패턴을 유지하려는 경향이 강하고, 십이운성상으로는 삼합에 근거한 사, 양, 건록의 좋은 상호 관계를 가지고 있다. 지지를 지배하는 금 재성으로 인해 다양한 분야에 관심이 많고, 주변 사람들과의 관계 욕구가 강하지만 기구신에 해당하므로 재물이 들고 나감이 빈번하고, 재물을 모으려면 자기 힘으로 끝없이 노력해야 하는 명식이라고 볼 수 있다.

수 재성

수(水)는 식상을 제외하고 모든 십신에서 튀는 편으로, 수 재성도 전혀 재성스럽지 않다. 사고나 행동이 틀에 갇히지 않고 개방적이며 재주가 많고 말도 잘한다. 하지만 망상에 빠져 쓸데없는 일에 시간을 낭비하는 경우가 많다. 정돈되지 않은 욕망과 허욕으로 인해 불안정성이 증가하고, 그 결과 우울증에 걸릴 가능성이 높다. 요컨대 수 재성은 재성이 가진 재능을 현실에서 발휘할 기회를 놓쳐버리는 불행함을 안고 있다. 재성은 관계를 의미하기도 하는데 특히 수 재성은 주변 사람들과의 관계가 매우 중요하다.

여, 중화

수 재성

	편재	본원	겁재	정인
	壬	戊	己	丁
	戌	子	酉	巳
	비견	정재	상관	편인
	辛丁戊 관대	壬癸 제왕	庚辛 목욕	戊庚丙 절
		공망 귀문 양인	귀문 도화	

93	83	73	63	53	43	33	23	13	3
겁재	비견	정인	편인	정관	편관	정재	편재	상관	식신
己	戊	丁	丙	乙	甲	癸	壬	辛	庚
未	午	巳	辰	卯	寅	丑	子	亥	戌
겁재	정인	편인	비견	정관	편관	겁재	정재	편재	비견
양	태	절	묘	사	병	쇠	제왕	건록	관대

2016년 은퇴한 골프 선수 박세리의 명식. 용희신 금수, 기구신 화토. 유월 무토가 술시에 태어난 중화 사주로 일지 정재와 제왕이 동주하고, 월지에 희신인 금 상관의 생조를 받으므로 안정적인 재물과 꾸준한 재능을 발휘한다. 비겁이 강해 운동선수에 적합하고, 월지 상관의 목욕이 도화와 동반되어 자신의 기술이나 재능을 발휘함으로써 많은 사람에게 사랑을 받게 된다. 어린 나이에도 훈련장에서 새벽까지 혼자 남아 훈련을 하는 등 자신의 목표를 위해 엄격한 기준을 정하고 꾸준히 노력한 것은 일지 정재의 특성을 잘 보여주는데, 시간에 투출된 편재의 기운으로 아버지의 뒷바라지가 큰 힘이 되었다. 13 신해 대운 병자년에 프로 골프 선수가 되었고, 무인년인 1998년 LPGA 챔피언십과 US 여자 오픈에서 우승하면서 IMF로 고통받는 국민들에게 큰 희망과 위안을 주었다. 그 후 많은 경기에서 꾸준히 좋은 결과를 냈으며, 임자 대운 정해년에 대운과 세운이 정임합목되어 관성이 되고 용신인 재성이 강하게 들어오면서 재생관을 이루어 LPGA 명예의 전당에 입회했다. 통산 1,000만 달러에 달하는 상금을 벌어들였다. 33 계축 대운 병신년 시즌을 끝으로 은퇴 선언을 했고, 43 대운에서 원국에 없는 관성운이 들어오므로 골프와 관련된 조직에서 일하게 될 가능성이 높다.

관성(官星) - 사(死)

키워드
명예심과
원칙주의

관성은 나를 극하는 강한 기운으로 명예와 건강, 원칙, 안정성을 의미한다. 육친상으로 남자에게는 자녀, 여자에게는 남자(남편)가 이에 속한다.

편관(偏官)은 십신 중에서 가장 입체적인 힘이다. 리더십이 강하고, 자신을 믿어주는 상황에서는 자기가 가진 것보다 큰 힘을 발휘한다. 뛰어난 기지와 배짱이 있고, 예측 불가능한 행동으로 사건, 사고가 끊이지 않는다. 의리를 중요시하고 과시욕이 있으며 분노와 과격함 때문에 반대파들의 공격을 받기도 한다. 한편 편관을 가진 사람이 우울하다면 대수롭지 않게 넘기지 말고 질병으로 간주해야 한다.

정관(正官)은 명예와 관직, 안정성을 추구하며 전통과 관습을 중요시여겨 보수적인 성향을 띤다. 눈에 보이지 않는 추상적 가치에 관심이 많고, 사려 깊고 온화한 성품이지만 속마음은 알기 어렵다. 융통성이 없으며 활동 범위가 좁다. 장수의 상징이기도 하다.

목 관성

목 자체에 명예의 성질이 있기 때문에 목 관성은 관성과 가장 유사한 특징을 보인다. 명예욕과 자의식이 강하고 인정을 받으면 가진 것보다 훨씬 큰 능력을 발휘한다. 하지만 목 관성은 과다하면 역효과가 나서 부정적으로 작용한다. 명예와 체면 때문에 많은 손실을 보게 되고, 자잘한 일보다 자신과 상관없는 큰일에 관심이 많아 주변 사람을 피곤하게 만들거나, 역으로 사소하고 엉뚱한 일에 집착해 큰일을 놓치는 경우도 잦다.

화 관성

관성은 안정성을 희구하는 힘인데 화(火)의 특성상 화 관성은 예외다. 독립적이고 돌파력과 추진력이 강하며 확신한 일은 기어코 성취해야 하는 성미다. 프리랜서 기질이 강하고 감정적으로 쉽게 흥분하고 포기한다.

특히 편관이 화 관성이면 일을 그르치는 경우가 많다.

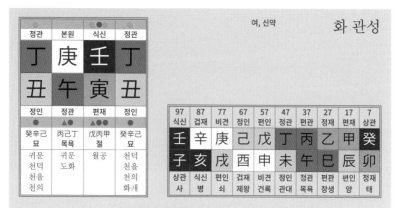

배우 김지미의 명식. 용희신 토금, 기구신 목화. 인월 경금이 축시에 태어난 신약한 사주로 일지와 연간, 시간에 투출한 화 정관이 특징적이다. 경오 일주로 일지 정관이 목욕과 도화를 동반해 인색하지 않은 성품으로 마음이 넓고 쾌활하여 주변 사람들에게 인기가 있지만, 돌파력이 강하고 독립심이 강하며 조직 내에서 갈등이 있을 수 있다. 월지 편재의 절로 월공과 동반되어 일찍부터 배우로 데뷔해 큰 인기를 누리며 성공을 거두었고, 발달된 화 정관의 힘으로 35년 동안 700여 편의 영화에 출연하며 왕성한 활동을 했다. 연간과 시간의 화 관성이 관인생을 이루고 천덕, 월덕 귀인과 동반되어 각종 영화제에서 20여 차례나 연기상을 수상하기도 했고, 관성 대운인 47 정미 대운 정묘년에는 영화사를 설립해 제작자로서 탁월한 능력을 발휘했다. 일지의 오화 정관이 월간의 식신과 암합을 이루고 연간과 시간의 정관이 모두 식신과 합을 하므로 세 번의 결혼과 이혼을 통해 많은 사람의 입방아에 오르내렸지만, 일과 사랑에 모두 열정적인 면을 보인 사주라고 볼 수 있다.

토 관성

우직하고 성실하며 꾸준하다. 솔직한 성격으로 명분을 존중하며 권력욕에 대해서도 솔직하다. 착실한 고시생을 생각하면 된다. 토 관성은 평소 자기주장을 하는 편은 아니나 한번 주장을 하면 굽히지 않아 비난을 받고 고초를 당하기 쉽다는 점을 경계해야 한다.

금 관성

관성 중에서 가장 강직하고 타협을 모르며, 관성의 특징과 상반되게 자기 입장을 뚜렷이 밝힌다. 특히 편관이 금 관성인 경우 가장 비타협적이어서 주변 사람들을 불편하게 만든다. 금 관성은 자신의 뜻과 맞지 않으면 폭력성을 지닌 관성으로 가기 쉽다.

수 관성

수(水)답게 관성의 일반적인 특성과는 약간 거리가 있다. 분석적이고 종합적인 사고가 가능하며 정교한 분야에서 능력을 발휘한다. 아이디어 감각도 탁월하다. 그래서 조직 내에서 유능하다는 평가를 받고 차근차근 높은 자리로 올라간다. 하지만 작은 일에도 날카롭게 반응해 주변을 피곤하게 하고, 후회와 반성을 반복한다는 단점이 있다.

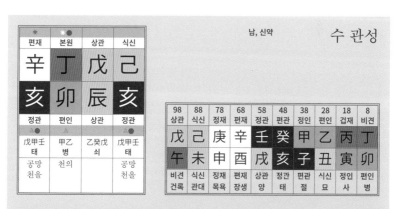

미국의 재즈 피아니스트이자 작곡가 듀크 엘링턴의 명식. 용희신 수목, 기구신 토금. 진월 정화가 해시에 태어난 신약한 사주로 월주에 강하게 자리 잡은 토 상관의 쇠와 연간의 식신이 특징적으로 발달해 7세부터 시작한 피아노를 일생 동안 연주하면서 재즈 분야에서 큰 성공을 거두었다. 정묘 일주, 일지 편인의 병의 특징으로 재즈 밴드를 결성해 미국은 물론 유럽 전역에 이름을 널리 알렸고, 재즈에 댄스 리듬을 가미해 스윙재즈라는 새로운 유행을 선도했다. 또 학창 시절에는 미술에도 재능을 보여 미술학교의 장학생으로 선발되기도 했다. 밴드의 리더로서 작곡, 편곡, 솔로, 앙상블의 구성을 소규모 공동체를 통한 협업 시스템을 통해 완성했고, 끊임없이 새롭고 다양한 음악적 시도를 함으로써 자신의 존재감을 증명했다. 편인과 합을 하는 정관 태의 이상성을 현실에서 구현해낸 것이다.
임술 대운 병신년에 뉴포트 재즈 페스티벌에서 대대적인 성공을 거두고 전성기를 맞이하며, 임인년에 자신의 역작인 피아노 트리오 앨범《Money Jungle》을 발표한다.

평생 2,000여 곡을 작곡했고, 영민한 연주로 다양한 장르에서 새로운 시도를 거듭하며 자신을 끝없이 표현한 위대한 예술가의 명식이다.

인성(印星) – 상(相)

> **키워드**
> 자애로움과
> 온고지신,
> 인내와 의존

인성은 기본적으로 자애로움과 온고지신, 보수적인 기운이다. 육친상으로 남녀 공히 어머니를 의미한다. 인성은 잘 움지이지 않고 준비와 생각만 하고 의존적 성향이 강하다는 단점이 있다. 연애를 해도 적극성이 없다. 또 세상 사람 모두가 엄마처럼 나를 받아줄 리 없건만 모두가 나를 사랑한다고 생각해 의존 대상을 혼동하는 면도 있다.

편인(偏印)은 사고방식이 독특하고, 하고자 하는 일에는 결단력과 실천 의지가 강하다. 하지만 그 외의 부분에서는 의존성이 강하고 변덕이 심하다. 특수한 영역에서 비상한 결과를 내지만, 스트레스에 취약해 노이로제, 편집증에 걸리기 쉽다. 종교, 명상 등 영성적 영역에 관심이 많고 그 분야에서 두각을 나타내기도 한다.

정인(正印)은 인품이 고상하고 예의와 품위를 지키는 성격이다. 그러나 온유해 보이는 겉모습과 달리 쇠고집이며, 자신의 정신적 고결함과 만족에 가장 우선순위를 두어 고독할 수 있다. 소심하고 내성적이며, 배움에 대한 열정과 뛰어난 상상력이 있지만 어려움에 잘 대처하지 못하고 주변의 비판에 예민하다. 행동하지 못하고 생각만 하다가 기회를 놓치기도 한다.

목 인성

인성은 특히 목 인성을 주목할 만하다. 인성의 측은지심이 목의 성질과 잘 통하는데, 목 자체가 가진 통찰력이나 정신력이 고결하기 때문에 인성의 약점인 의존 대상을 혼동하는 바보 같은 짓을 하지 않게 해준다. 매사에 최선을 다하지만, 아니다 싶은 일은 회피하고 바로 선을 그어버리기 때문에 남들이 보면 얄미울 때가 있다. 어찌 보면 냉엄한 자본주의 사회에서는 필요한 자세일지 모른다.

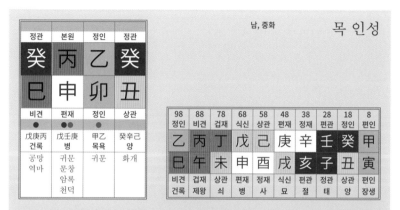

네덜란드의 인상파 화가 빈센트 반 고흐의 명식. 용신 화토, 기구신 수목. 묘월 병화가 사시에 태어난 사주로 월주에 통근한 정인의 생을 받은 병화 일간이 지지에 뿌리를 내렸다. 월주에 목 정인이 강하게 자리 잡은 가운데 어린 시절 강한 편인 대운이 겹쳐져 종교적 분위기의 가문에서 감성적이고 사색이 깊은 아이로 성장하게 된다. 화랑에 취직했다가 신학교를 중퇴하고 가난한 광산촌 사람들을 상대로 설교자로 활동한 것은 목 정인의 측은지심이 발동한 것으로 볼 수 있고, 이 정인에 목욕이 동반됨으로써 예술가로서의 창조적 직관력과 비범한 감각을 보이고 통상적인 관습에서 벗어나 새로운 화풍을 시도함으로써 미술계에 새로운 자극을 던지게 된다. 하지만 이 월주 정인이 기구신으로 작용하면서 동생 테오에게 지나치게 의존적이 되고, 삶의 단계에서의 선택 장애, 지나치게 예민한 감수성 등으로 정신장애를 일으켜 자살로 생을 마감한다. 대운상으로도 어릴 때부터 근 30년 이상 계속된 기구신 대운을 끝내 버텨내지 못하고, 과도한 수 관성의 기운으로 인한 정신 상태의 불안정과 그 관성으로 생조받은 목 인성의 병적인 사색과 방황으로 불운하게 생을 마친 위대한 화가다.

화 인성

인성은 보수적인 기운이지만 화 인성은 혁신적인 힘을 갖고 있다. 다만 자기가 주도하거나 독자적으로 행사할 수 있는 힘이 아니고, 주로 참모의 기질이 강해 주변에서 도와줘야 발휘할 수 있는 힘이다. 배짱이 부족하고, 감정 제어가 힘든 사람이 많아 얼굴에 감정이 다 드러난다.

토 인성

의욕이 강하고 어느 한 분야에서 뛰어난 감각을 발휘한다. 인성의 끈질긴 특징이 가장 강하기 때문에, 한 분야에 꾸준히 매진했을 때 강력한 성취를 얻어내는 힘이기도 하다. 토 인성이 생조되어 있다면 일이 잘 풀리지 않는 중이더라도 될 때까지 파볼 필요가 있다. 그러나 대운이라는 환경의 변화 및 다른 환경적인 여건이 맞지 않을 때는 자칫 맹목적으로 집착하는 것처럼 보이기 쉽다. 광신도들 중에 토 인성이 많다.

금 인성

금 인성은 정인이라도 편인적 성격이 강한데, 눈치가 빠르고 엉뚱하고 기발하며 심오한 세계에 심취하는 경향이 있다. 통상적이지 않은 데 혼자 빠져들어 열중하는 마니아들이 많다. 조직 생활에서는 스트레스를 받기 쉽고 융통성이 부족해 잘 적응하지 못한다.

수 인성

인성 중에서 약자에 대한 연민이 가장 강하다. 종교적 믿음도 깊은데, 이 신심은 자기를 위한 기복적인 것이 아닌 남을 위한 믿음이다. 자기가 가진 것이 없어도 타인을 위해 언제나 최선을 다한다. 그러나 숫기가 부족해 부끄러움을 잘 타며, 새로운 환경에 적응이 늦고 고지식한 면도 있다.

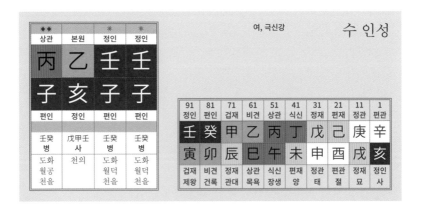

드라마 작가 김은숙의 명식. 수 전왕으로 수 용신, 목 희신, 토금 기구신이다. 자월 을 목이 자시에 태어난 신강한 사주로 연·월주 통근한 인성과 지지가 모두 수국을 이루 어 수 전왕의 명식이다. 올해 일주 정인의 사로 우수한 예술적 감각과 결정한 곳에 몰 두하는 성질을 가지므로 작가의 적성에 적합하다. 수 정인과 편인이 혼잡된 명식이 지만 모두 편인의 역할을 한다고 판단되고 특히 연월시지를 관통해 매우 강하게 자리 잡은 편인과 그 편인의 성격을 긍정적으로 더욱 강화시키는 월덕과 천을 귀인, 도화 까지 동반되어 극대화된 엔터테인먼트적 기질을 발휘하게 되면서 발표하는 작품마다 큰 인기와 반향을 일으키고 있다. 고등학교 졸업 후 가난한 집안 사정으로 바로 대학 에 진학하지 못하고 직업 전선에 뛰어들었고, 뒤늦었지만 소설가의 꿈을 버리지 못하 고 기유 대운 정축년에 문예창작과에 입학했다. 그 후 대학로에서 희곡을 쓰기 시작 했지만 무명 생활을 벗어나지 못하다가 방송국 PD에게 드라마 대본 집필 제안을 받 게 되었다. 무신 대운 갑신년에 집필한 드라마가 흥행에 크게 성공하면서 스타 드라 마 작가로 입지를 다졌고 현재까지 큰 인기를 구가하고 있다.

십신의 위치 및 신살에 따른 해석

같은 십신이라도 만나는 오행과 십이운성, 신살, 위치 그리고 그것이 만 들어내는 조합에 따라 의미가 달라지며 해석 방법도 다르다. 지금부터 그중에서도 특징적인 것들만 정리해 살펴볼 텐데, 음양오행에서 기원한 십신을 이렇게 다각도로 조명하고 이해하는 과정이 원국을 입체적으로 감명하는 데 기초적이고 중요한 틀이 될 수 있을 것이다.

비견(比肩)

- **연주 비견** 대부분의 경우 부모와 전혀 다른 삶을 산다. 부모가 사업을 하고 있다 해도 부모와 상관없는 다른 사업을 독자적으로 꾸려서 하는 사람이 많다. 비견 자체가 독립을 의미하지만 특히 부모와 관련 없는 독자성을 갖는 것은 연주가 가장 강하다.
- **월주 비견** 비견의 힘이 가장 강하게 적용되는데 형제자매와의 관계를 유심히 봐야 한다. 월주 비견은 형제자매가 동맹적인 관계일 때는 꿍

장히 큰 힘이 되지만 사이가 나쁘거나 대립적인 관계에 있으면 자기 일도 안될 가능성이 크다. 또한 월주에 비견이 있는 사람들은 민형사상의 문제에 연루될 확률이 상대적으로 높다.

- **일주 비견** 십이운성의 제왕과 유사한 작용을 하고 부부궁이 약하다. 다른 주의 비견보다 독신, 돌싱, 정신적 독거 등의 비율이 높다. 그러나 신약한 경우 오히려 배우자로 인한 도움을 받을 수 있다. 다른 주의 비견과 달리 일주 비견은 부모나 주변의 도움을 받을 때 더욱 재능을 발휘한다. 여기서 말하는 도움은 스스로 자기 재능을 펼칠 수 있게 지원하는 것을 말하며, 그 외에는 제 하고 싶은 대로 두는 편이 비견의 힘이 잘 발휘된다.
- **시주 비견** 애당초 독신인 경우가 많다. 마음에 맞는 배우자를 만나기가 쉽지 않고, 결혼을 하더라도 독신과 같은 삶을 산다.

비견과 십신, 십이운성, 신살의 조합에 따른 특징

비겁혼잡(비견과 겁재가 같은 주에 있거나 나란히 있는 경우)일 때는 가족이나 가까운 사람들로 인한 금전적 손실을 볼 가능성이 높으므로 주의해야 한다.

양간일생(陽干日生)이 비견이 과다하면 색정으로 인한 고뇌를 겪을 수 있고, 그 때문에 사회적으로 망신을 당할 수 있다. 비견이 원국에 2개 이상인 여성은 온순한 성품의 남자나 연하의 남자에게 호감을 보이며 실제로 잘 맞는다.

신살 관계를 보면 비견(특히 일주 비견)에 천을, 천덕, 월덕, 문창 중 한 개 이상의 귀인이 동반한 경우 예술이나 엔터테인먼트 분야에서 재능을 발휘해 성공할 가능성이 크다.

십이운성상으로 비견(특히 월주 비견)에 건록이나 제왕이 동반한 경우는 독자적 사업을 벌일 가능성이 높다. 이런 사람은 집 안에만 틀어박혀 있으면 안 된다. 바깥활동이 자기에게 맞기도 하거니와 잘해낸다.

※혼잡(混雜): 한 주에 같은 오행이면서 음양이 다른 십신이 동주했을 때(병오, 정사, 임자, 계해), 또는 천간과 천간, 지지와 지지에서 나란히 있을 때, 다음으로 연간과 월지, 월간과 일지 등 옆에 있는 2개 주의 천간과 지지에서 같은 오행이 음양이 다르게 만났을 때를 혼잡이라 하며, 부정성은 나열한 순서대로 크다. 원국뿐 아니라 대운, 세운(歲運)에서도 적용된다.

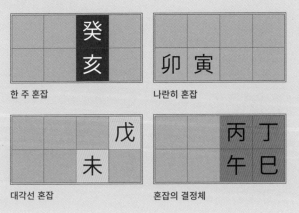

한 주 혼잡

나란히 혼잡

대각선 혼잡

혼잡의 결정체

겁재(劫財)

- **연주 겁재** 부모에게서 일찍 독립할 가능성이 크고, 힘이 강한 경우 부모와 이른 생사이별을 겪기도 한다.
- **월주 겁재** 자수성가의 힘이 가장 강하다. 하지만 겁재와 제왕이 동반한 경우 폭력적인 충동이 강하게 작용하는데, 특히 언어폭력으로 타인에게 상처를 줄 가능성이 크다. 월주 겁재(와 일주 겁재)는 조직 생활에 잘 맞지 않아 전문직 등 독자적인 직업이 유리하다.
- **일주 겁재** 독자적 생존 능력이 강하다. 비견보다 더 부부궁이 불안정하고 가족과의 파란이 많다. 겁재의 성향이 강한 사람은 자기보다 성격이 센 사람과 결혼을 하면 의외로 좋은 커플이 된다. 예를 들어 이들은 심하게 싸우더라도 다음 날이면 서로 세상 스트레스가 다 풀려 화기애애하게 잘 지낸다.
- **시주 겁재** 다른 주의 겁재에 비해 온순한 편이다. 십이운성 중 건록, 제

왕과 동반할 경우 삶의 굴곡은 많으나 재운이 강하다. 하지만 가족으로 인한 비용 지출이 빈번하다.

겁재와 십신의 조합에 따른 특징

겁재는 여러 가지 일을 동시에 진행하는 능력이 탁월해 부업을 하는 것도 고려해볼 만한데, 편관과 동주할 때는 예외다.

식상, 특히 상관은 겁재의 힘을 적당하게 빼서 자기 힘을 강화하기 때문에, 겁재가 월주에 있어도 상관이 위나 아래, 옆에 있으면 오히려 의식주의 고민 없이 안정적인 생활을 영위할 수 있다. 하지만 이때는 색정으로 인한 사회적인 구설수에 걸려들기 좋다는 것을 명심해야 한다.

겁재가 인성과 동주하면 겁재의 폭력성과 부정성이 강화되는데, 특히 경제적인 손실이 예상되므로 보증이나 알선 등을 주의해야 한다.

겁재와 재성, 특히 정재가 동주하면 이성과의 삼각관계로 인한 구설수에 오를 가능성이 있다.

식신(食神)

- **연주 식신** 식신이 연주에서 공망(空亡)되지 않을 경우 유복한 환경, 가난하더라도 화목한 환경에서 태어나 자랄 가능성이 높다. 안정된 밥그릇을 의미한다.
- **월주 식신** 식신은 월주에 하나만 있을 때 길한 성격이 가장 부각된다. 이때는 식신의 게으름을 비롯한 부정적인 성격이 거의 드러나지 않는다. 특히 월간 식신이 시지 정관과 동행하는 것을 고전 명리학에서는 큰 성취와 명예를 얻을 힘이라 해서 가장 길한 경우로 보았다. 요즘 시대로 치면 평탄하고 굴곡 없는 삶을 사는 정도다.
- **일주 식신** 남녀 모두 배우자 내지는 특수관계인들의 조력으로 의식주의 혜택을 누리는 기운이 강하고, 예술 방면이나 창조적인 직업에서 두각을 나타낸다.

- **시주 식신** 장수의 의미가 강하다. 거기에 십이운성 관대와 동주하면 더욱 강력한 장수의 힘을 발휘한다. 하지만 공망이 되거나 편인과 식신이 동주한 경우에는 오히려 말년에 건강 문제가 생길 수 있다.

식신과 십신, 십이운성의 조합에 따른 특징

식신과 편관이 가까이 있으면 독자적인 성공이 좀 어렵다.

겁재가 가장 좋아하는 게 식상인데, 식신이 겁재와 동주하면 재난을 당해도 횡재를 얻을 힘이 된다. 예를 들어 집에 불이 났는데 화재보험에 들어 있어서 손해보다 보상이 더 큰 경우다.

식신과 비견/건록의 조합을 만나면 혼자보다는 소규모의 공동 사업으로 성과를 얻을 힘이 된다.

식신이 3개 이상으로 과다하면 남녀 모두 성적 불감증에 걸릴 가능성이 높다.

식신이 십이운성 중 목욕과 동반하게 되면 예술적 감수성은 탁월해지지만 호색으로 인한 사회적 물의를 일으킬 수 있다.

식신이 신살 중 귀인과 동주하면 창의성을 요하는 예술 방면에서 성공하는 기운이다.

식신이 상관과 동주하는 경우 투자로 인한 이익을 창출할 가능성이 많지만, 배우자나 자식과 생이별을 하는 기운이 있다.

상관(傷官)

- **연주 상관** 자신의 능력보다 낮은 평가를 받는 경향이 있어, 입시 등 시험에서 한두 번 실패할 가능성이 높다. 조직 내에서 비생산적인 알력과 갈등에 휩싸이는 경우가 많다.
- **월주 상관** 가족보다는 사회와 세계를 먼저 생각하는 경향이 있다. 정의감이 투철하지만 입바른 소리로 조직 내에서 갈등을 일으키기도 한다.
- **일주 상관** 예술적, 기술적 독창성이 뛰어나고 미남, 미녀가 많지만 성

격은 좀 까다롭다.

- 재난이나 사고, 골절, 수술 등 사건이 빈번한데, 아이러니하게도 이런 사람들이 외과 의사가 되면 성공하는 경우가 많다. 약점을 차라리 직업으로 삼아 남을 치료하는 행위로 그 기운을 사용하는 것이다. (일주 상관과 월주 상관의 해석은 서로 통용되는 것으로 보인다.)
- **시주 상관** 자기 분야에서 탁월한 재능을 발휘한다. 4개 주의 상관 중에서 머리가 가장 좋고, 시주에만 상관이 있는 경우 특히 총명하다. 하지만 그 총명함을 부정적으로 사용하면 범죄에 연루되기도 한다. 자식과의 인연은 박하다. 자식이 없는 것은 아닌데 이혼으로 떨어져 산다든가 속을 많이 썩이는 경우다.

상관과 십신, 십이운성의 조합에 따른 특징

상관과 제왕이 동행하면 자식과 인연이 박하다. 하지만 장생과 동행하면 자식에게 많은 봉양을 받을 수 있다.

상관이 정재와 동주하면 중년 이후에 재물에 대한 근심이 없고, 편재와 동주하면 복권 당첨 같은 일확천금을 얻을 운이 강하다.

편재(偏財)

- **연주 편재** 부모에게 물려받은 한 가지 재주로 먹고사는 경우가 많다. 부모의 유전자 혹은 부모가 조성해준 환경에 따라서 재능을 갖는 경우다. 연주 편재는 부모가 돈을 많이 물려준다든가 하는 물질적 혜택은 거의 없다. 십이운성 중에서 장생과 동반하는 경우는 좀 다를 가능성도 있지만 대부분 물질적인 도움과는 거리가 멀다. 그런데 지나보면 부모가 자신에게 준 재능의 소중함을 느끼게 되어 부모를 자랑스러워하는 마음이 자란다. 연주 편재인데 부모와 갈등이 심하다면 일이 잘 풀리지 않을 가능성이 있다.
- **월주 편재** 월주에만 편재가 있는 경우, 유복한 환경에서 자랄 가능성

이 많다. 하지만 독립할 시점이 되고부터는 기대만큼 일이 잘 풀리지 않고 독자적인 생존 능력이 떨어지게 된다. 월주 편재는 철저한 자수성가의 힘이므로 부모, 형제의 도움이 없을수록 기운이 커진다. 어설프게 가족의 지원을 받는 환경이 조성되면 중년이 되도록 독립적으로 생활하지 못하는 경우가 많다.

- **일주 편재** 분주하게 몸을 움직여서 먹고살아야 하는 기운이다. 일주 편재가 약하거나 고립된 경우는 편재의 불안정성이 매우 강해진다. 강한 십이운성을 만나거나 식상으로 생조되지 않으면 자신이 가진 능력과 재능에 비해 곤궁하게 생활하거나 직업을 자주 바꿀 가능성이 높다.
- **시주 편재** 편재는 시주에 있을 때 가장 빛난다. 단 형, 충 공망이 되면 안 된다. 형, 충, 공망이 되지 않는 시주 편재는 학벌이나 가문에 상관없이 자기 대에서 큰 성과를 이룬다. 특히 주변에서 비견의 적절한 제지를 받는다면 더욱 발복할 수 있다.

편재와 십신, 신살의 조합에 따른 특징

편재와 비견이 동주하면 관직, 사업, 예술 등 분야에 관계없이 큰 성과를 내는 사람이 많은데, 이들에게는 끊임없이 자신을 비예측의 영역으로 몰고 가려는 힘을 믿고 뛰어드는 도전정신이 필요하다. 자칫 겁먹고 뒷걸음치면 편재의 내용 없는 빈궁함이 노골적으로 드러나고 비견의 제지를 받기 때문에 그나마 있던 재성의 불도 꺼져 정신적으로나 물질적으로 빈궁해질 가능성이 크다.

편재가 약한 십이운성을 동반하더라도 월덕귀인, 문창귀인이 동반한다면 약자를 도와주는 변호사나 어린이를 끌어주는 교육자의 길이 잘 맞는다.

남자의 명식에 편재가 2개 이상 있으면 이성에 대한 관심이 많고 이성에게 돈을 많이 쓰게 된다. 만약 이 편재가 천간에 있고 정재와 혼잡되거나 십이운성 중 목욕과 동주한다면 이성 관계가 복잡할 가능성이 많다.

편재가 겁재와 동주하는 경우 남녀 관계로 인한 말썽 및 재산 손실이 생길 수 있다.

편재가 상관과 동주하면 일확천금이나 예상하지 못했던 투기적 수익이 있을 수도 있다.

편재가 편관과 동주하는 경우 해당하는 오행과 상관없이 시력 저하나 눈의 피로감, 안과적 질환에 걸릴 가능성이 있으므로 주의해야 한다.

정재(正財)

- **연주 정재** 편재와 마찬가지로 기본적으로 다양한 재능을 타고난 힘이다. 연주에서 정재, 정관이 동주할 경우(재생관財生官) 고전적인 학설에서는 가장 안정된 사회적 명예를 얻는 힘이라고 했는데, 의외로 자신의 독립적인 힘이 더 약화되는 경우를 많이 봐서 현대에는 안정적인 가정환경에서 자랄 가능성이 높은 정도로 보는 게 좋겠다.
- **월주 정재** 정재는 월주에 있는 것을 높이 평가하는데, 특히 월지에 있는 경우 신용도가 높은 사람이다. 이들은 조직의 안정적 재무 관리나 성장에 기여한다. 하지만 그 기운이 너무 강하다 보면 융통성 없고 인색하다는 평가를 받게 되어 주변 사람들이 경원시할 수 있다.
- **일주 정재** 정재가 일지에만 자리하면 남녀 모두 안정된 부부궁을 가진다. 남자의 경우 처덕을 크게 볼 수 있는 기운이나, 형, 충, 공망이 되면 오히려 배우자로 인한 액운을 당할 수도 있다.
- **시주 정재** 정재가 시간에 자리한 경우, 충이 되지 않았다면 아름다운 아내를 얻는 기운이 있으나 안정된 재물을 얻기는 어려울 수 있다.

정재와 십신, 신살의 조합에 따른 특징

정재가 편재와 동주한 재성혼잡(財星混雜)은 돈이 들어오긴 해도 금방 빠져나간다. 그래도 계속 들어오니 굳이 나쁜 일은 아니다.

재성혼잡은 교우 관계든 취미든 일이든 여기저기 손을 대는 것을 조심해야 하는데, 특히 신약한 재성혼잡(재다신약財多身弱)은 다방면에 사업을 벌인다면 손실을 볼 가능성이 크다. 이들은 아는 것도 많고 관심사도 다양해 한마디로 놀 줄 아는 사람이지만, 돈이 들어오는 족족 써버리므로 절대 재물이 모일 수가 없다.

하지만 신강한 재성혼잡은 다르다. 재성이 꽤 있으면서도 비겁과 인성이 만만찮은 세력을 갖고 있으면, 한때 잠깐 비생산적인 취미에 빠질 수도 있지만 어느 순간 자기 자리에 돌아올 힘이 있다. 신강하고 재성이 혼잡인 사람들은 대운의 리듬을 잘 봐야 한다. 기구신일 때는 크게 잃고 용희신일 때는 크게 번다. 따라서 기구신일 때 작게 잃고 용희신일 때 크게 벌 수 있게 적절한 시기에 치고 빠지기를 잘해야 한다.

정재가 비겁과 동주하면 경제적 손실이 많다. 비견과 동주할 때는 형제자매로 인한 손실이 있고, 겁재와 동주할 때는 독립된 사업에 불리하므로 일정한 급여를 받을 수 있는 직장 생활을 하는 편이 좋다.

정재가 역마와 동행한다면 타향으로 나가 재물을 추구해야 할 기운이 크다.

정재가 정인과 만나면 사소한 것 하나도 힘들게 경쟁해서 얻어야 하는 기운인데, 어쨌든 얻기는 얻는다. 또 이렇게 얻은 것은 웬만해선 빠져나가지 않으니 너무 고달프게 생각할 것 없다.

편관(偏官)

- **연주 편관** 기본적으로 부모로 인한 경제적 비용이 꾸준히 나가지만 감당할 수 있는 수준이다. 남자의 경우 정력이 강한 사람이 많고, 여자의 경우 사회생활을 할 때 노력에 비해 쉽게 인정받는다.
- **월주 편관** 좋은 쪽으로든 나쁜 쪽으로든 일생에 파란과 굴곡이 심하다. 특히 신살 중에서 양인이 월주 편관과 동주하는 경우 더욱 굴곡과 파란이 심해지지만, 혼자 힘으로 큰 성과를 이루어내는 힘이기도 하니 매력적이다. 미모가 빼어난 사람이 많다.
- **일주 편관** '외로워도 슬퍼도 나는 안 우는' 캔디나 하니를 떠올리면 된

다. 월주 편관만큼은 아니어도 난관 많은 삶이나 명랑하며, 무엇을 하든 자기 삶에 자부심이 강하고 떳떳하다. 십이운성 중에서 묘와 만날 때는 건강상의 문제를 겪을 수 있다.

- **시주 편관** 시주 편관은 자식과의 관계를 잘 봐야 하는데, 시주에 편관이 있고 다른 주에 식상이 있으면 영명한 자식을 만날 가능성이 커진다.

편관과 십신의 조합에 따른 특징

편관이 편인과 동주하면 예술이나 엔터테인먼트 분야에서 큰 힘을 발휘하고, 정인과 동주하면 순수예술이나 전통 예술 분야에서 두각을 나타내는 기운이다.

편관이 겁재와 동주하는 것은 보증이나 알선, 채무 관계로 인한 큰 손실을 암시하니 경계해야 한다.

편관과 편재가 명식 내에 각각 2개 이상이면 사업보다는 조직 생활이 유리하다.

여성의 경우 편관과 편재가 동주한다면 시집살이를 할 가능성이 있다.

정관(正官)

- **연주 정관** 확률적으로 가업을 잇는 경우가 많다. 이 말을 뒤집어보면, 연주 정관은 가능하다면 부모의 직업이나 사업을 이어받는 편이 안정적이고 유리하다는 뜻이다. 비약적인 발전은 아니더라도 이어받은 일을 지속적으로 성장시킬 수 있는 힘이 있다.
- **월주 정관** 돈독하고 안정된 가족 관계 내지 사회적 관계를 의미한다. 하지만 월주가 관살혼잡(官殺混雜)이면 결혼 생활에 파란이 많을 수 있다.
- **일주 정관** 정관이 일지에만 자리한 경우 안정된 성장의 기운이 강하다. 기본적으로 건강해서 장수하며, 부부궁이 매우 안정적이어서 배우자의 도움이 크다. 일주 정관은 장기적으로 조금씩 성장하는 힘이므로 한탕주의는 금물이다. 큰 욕심 없이 차근차근 해나가는 편이 성공하는

데 유리하다.

- **시주 정관** 편재와 마찬가지로 정관은 형, 충 공망이 되지 않은 시주 정관일 때 가장 빛난다. 이런 시주 정관이 용희신에 해당되는 경우를 전통 명리학 이론에서는 입을 모아 말년운이 최고라고 했다. 여기에 신살 중 귀인과 동반한다면 더욱 길하다.

정관과 십신의 조합에 따른 특징

정관이 명식 내에 2개 이상인 사람들은 조직 안에서 승진이 빠르고 능력도 잘 발휘하지만, 상후하박을 경계해야 한다. 이런 사람들의 특징은 윗사람에게는 너그러운 기준을 적용하고 아랫사람들에게는 엄격한 기준을 적용한다는 것이다. 따라서 조심하지 않으면 아래로부터 모함을 받을수 있다.

정관은 비견과 동주하면 가업을 잇거나 관직에 종사하는 쪽이 적합하고, 편재와 동주하면 제조업이나 상공업 등의 사업에 유리하다.

정관이 겁재와 동주하면 남녀 모두 이성 문제로 말썽이 날 소지가 다분하다.

정관이 힘이 강한 상관과 동주하면 배우자나 자식의 병약함이나 사고로 근심이 많을 수 있다.

편인(偏印)

- **연주 편인** 기본적으로 종교나 영성에 관심이 있고, 힘들 때 영성적 수련을 통해 구원을 얻는 경우가 많다. 연주에 편인이 있는 사람들은 고독하고 우울해 보여도 걱정할 필요 없다. 그런 고독을 통해 성장하려는 내면의 힘이 있기 때문이다.
- **월주 편인** 월주에 편인이 있을 때는 원국 내의 상황에 따라 편관 수준의 심한 변화, 변동이 일어난다. 이때의 키는 고립이다. 자신을 보호하거나 도와주는 환경에서 경원, 소외될 수 있으며, 특히 신강해서 편인

이 월주에서 기구신으로 작용하면 부모의 도움이 박하고 결혼 생활의 불안정성이 상대적으로 높아진다.

- **일주 편인** 통상적이지 않은 재능이나 통찰력, 영성을 요하는 분야에서 능력을 발휘하는 힘이다. 어린 시절 병약할 소지가 있고, 진단이 어려운 질병을 지속적으로 앓기도 하는데 옛날에는 무병(巫病)으로 쳤던 질병이 많다.
- **시주 편인** 편인이 시주에 있을 때 제일 즐겁다. 끼가 다분하고 엔터테인먼트 자질을 갖춘 사람이 많다. 자식과도 친구 같은 좋은 관계를 유지하는 편이다.

편인과 십신의 조합에 따른 특징

편인이 비견과 동주하면 비견의 힘이 너무 세진다. 의욕 과잉이 되어 본업 이외의 일에 손을 대면 큰 손실을 초래할 수 있다. 신약한 사람일지라도 월주나 시주에서 편인과 비견이 만난다면 자기를 두려워해야 한다. 자신의 경계 안에서 힘을 절제하며 공격보다 수비의 자세를 취할 필요가 있다.

편인과 식신이 동주하거나 나란히 있으면 활성화된 재능을 갖고 있다. 잠재적인 재능이 아니라 한눈에 드러나는 재능이 있는 경우가 대부분이다. 자유직업에서도 안정적인 성공을 거두는 편인데, 다만 사치에 관한 욕망이 크므로 자제해야 한다.

편인이 정인과 동주해 혼잡을 이루면 관심이 산만하고 귀가 얇아 미혹되는 일이 많다. 그 바람에 마무리가 약하고 이리저리 휩쓸려 다닌다.

편인이 편재와 만나면 안정적인 재운을 갖게 되고, 정재와 만나면 예술 방면에 뛰어난 재능을 발휘한다.

편인이 정관과 동주하면 배우자가 남모르게 골치가 아플 수 있다. 잦은 변덕이라든가 사소한 일을 두고두고 이야기하는 등 상대방을 힘들게 하는 경우가 있다.

정인(正印)

- **연주 정인** 정인이 연주에만 딱 하나 있으면 성장기의 학업 성적이 좋은 경우가 많다. 다만 이것이 이후의 삶에 이어진다는 보장은 없다.
- **월주 정인** 면학 분위기가 잘 조성된 환경에서 자라면서 학업 성적도 좋고 학문과 친숙한 경우가 많다. 하지만 월지 정인이 합, 충, 형이 되면 경제적으로 힘든 형편 때문에 학업을 마치지 못하거나 목표한 바를 이루지 못하게 될 수 있다.
- **일주 정인** 신약한 경우 미남, 미녀가 많고, 목욕과 동행하면 색욕으로 인한 문제가 발생할 수도 있다. 일지에만 정인이 있고 신약하면 출중한 외모에 공부까지 잘하는 경우가 많다. 그러나 아쉽게도 일주 정인은 신강할 가능성이 높아져 신약은 드물다.
- **시주 정인** 시주에만 정인이 있으면 전공이 직업으로 이어지는 경우가 많다. 하지만 다른 주에 정인이 더 있다면 여러 직업을 전전할 가능성이 높고, 20대와 30대 사이의 시기에 대운에 정인이 들어오면 조기 이직 가능성이 있어 직업의 불안정성이 커진다.

정인과 십신의 조합에 따른 특징

정인은 자신의 정신적 만족도를 중요시하느라 경제적인 면을 소홀히 하게 되는데, 식신이 동주하면 재물이나 이재에 대한 현실적 감각이 보완된다.

정인이 상관과 만나면 예술 분야에서 큰 명성을 얻을 수 있지만, 결혼 생활은 풍파가 예상된다.

정인이 원국에 2개 이상이면 한 우물만 파야 한다. 부업도 금물이고 어설프게 사업을 벌이면 실패하기 십상이다. 한 가지 일에만 집중해야 안정성을 얻을 수 있다.

정인이 재성과 동주하면 오히려 갉아먹는 힘이 있어 재운이 따르지 않는 반면, 편관과 동주하면 정인스럽게 야금야금 재물을 모아 크게 만드는 힘이 있다.

관계를 감명하다

역마,
도화,
화개,
괴강…
신살에
집착하지 말라.
신살은 원국을
이해하는 데
세밀함과
입체감을
더해줄 뿐이다.

합, 충, 형 그리고 신살의 입체적 의미

기초편에서 합, 충, 형을 다룰 때 개별 오행들의 위치 및 만남, 주변과의 관계 등을 중심으로 각각의 조합 원리와 종류를 살펴보았다면, 이 장에서는 원국 감명 시 이들이 어떻게 작용하는지 입체적으로 읽어내는 데 도움이 되는 요점을 짚어보려 한다. 오행 간의 작용에는 합과 충, 그리고 형 이외에 파(破)와 해(害)도 있지만 현대 명리학에서 파와 해는 적용력이 미미하다고 보고 생략하는 경우가 대세며 형의 경우에도 인사신, 축술미 삼형까지만 인용하고 자묘 상형이나 진진, 오오, 유유, 해해 자형 역시 아주 예외적인 경우가 아니면 적용하지 않는 편이 일반적이다.

합(合)

기초편에서 이미 알아본 천간합과 지지합, 그리고 천간과 지지 사이의 합을 일괄로 정리하면 다음과 같다.

천간합	지지 삼합	지지 방합	지지 육합	간지 암합	지지 암합
甲己 합화 土 乙庚 합화 金 丙辛 합화 水 丁壬 합화 木 戊癸 합화 火	亥卯未 합화 木 寅午戌 합화 火 巳酉丑 합화 金 申子辰 합화 水	寅卯辰 합화 木 巳午未 합화 火 申酉戌 합화 金 亥子丑 합화 水	子丑 합화 土 寅亥 합화 木 卯戌 합화 火 辰酉 합화 金 巳申 합화 水 午未 합화 火	丁亥 戊子 辛巳 壬午	子戌 丑寅 卯申 寅未 午亥

합은 음양오행 간의 미묘하고 복잡한 운동이다. 합과 충의 본질을 이해하면 이미 명리학을 깨쳤다고 할 수 있을 정도인데, 합이 일어나는 근본적인 원리도 단순하지 않으며 합 그 자체의 의미도 간략하게 요약할 수 있는 것이 아니다. 명리학에 관심을 두고 공부를 시작한 이들 셋 중 한 명은 합과 충에 이르러 좌절하고 흥미를 잃는다. 그래서 기초편에서는 결론만 일단 익히는 것으로 제시했는데 심화편에서는 간략하나마 그 원

리도 간단하게 추적해보기로 하자.

합은 천지간의 음과 양이 만나서 이루는 생성의 원리다. 양은 양끼리 음은 음끼리 대립하고 충돌하는 충과 다르다. 흔히들 합은 '사랑' 혹은 '화합'(좋고 길한 것)이고 충은 '투쟁' 혹은 '충돌'(나쁘고 흉한 것)이라고 요약하지만 그렇게 간단하지가 않다.

합은 글자 그대로 두 개의 요소가 합하는 것, 힘을 모으는 것, 유대하고 연대하는 것, 서로 끌어당기는 것을 의미한다. 시위에 나선 두 사람이 스크럼을 짜는 장면을 상상해보자. 한 사람 한 사람은 유약할지 모르나 두 사람은 어깨동무로 서로 얽어맸으므로 혼자일 때보다 더 강한 의지로 묶일 것이다. 하지만 경찰의 진압이 워낙 압도적이어서 도망가야 할 때는 두 사람이 묶여 있는 경우가 더욱 불리하지 않겠는가? 그래서 합에서는 서로 얽히고 묶임으로써 각자의 독립성이나 가능성들이 무력화되기도 한다는 것을 잊어서는 안 된다. 가령 용신이 원국에서 합으로 묶이면 힘을 쓰지 못할 수도 있다.

합이 복잡한 것은 합화(合化)의 속성 때문이다. 2개(혹은 3개)의 오행이 합을 하면서 다른 성분의 오행을 생성시킨다. 그렇다고 기존의 오행이 완전히 사라진다는 뜻이 아님은 분명히 해야 한다. 먼저 천간의 합화를 서락오(徐樂吾)가 평주한 심효첨(沈孝瞻)의 『자평진전평주』(子平眞詮評註)의 해설로 알아보자.

천간의 합(合)과 화(化)는 10개 천간의 음과 양이 서로 만나서 형성된다. (…) 만물은 토로부터 생하며 수화목금 또한 토에 기생하게 되는 까닭에 토가 먼저 있게 된다. 따라서 갑기합에서 시작하니 화하여 토가 된다. 토는 금을 생하니 따라서 을경이 합하여 금으로 화하는 것이 그다음의 순서가 되고, 금생수하니 그러므로 병신이 합하여 수로 화하는 것이 그다음이 되고, 수생목이 되니 그러므로 정임이 합하여 목으로 화하는 것이 그다음이 된다. 목생화가 되므로 무계가 합하여 화로 화하는 것이 그다음이 된다. 이런 과정을 거쳐서 오행이 펼쳐지는데 가장 먼저 토에서 시작하여 상생하는 순서에 따르니 이는 또한 자연의 이치이기도 하다.

천간합 5개는 『연해자평』에서 각각 다른 이름을 붙였다. 갑기합화토는 중정지합(中正之合), 을경합화금은 인의지합(仁義之合), 병신합화수는 위엄지합(威嚴之合), 정임합화목은 인수지합(仁壽之合), 무계합화화는 무정지합(無情之合)이 그것이고 그 합마다의 성격에 대한 다양한 설이 난무하지만 거의 속설 수준이니 무시해도 상관없다.

다만 천간합 5개의 운동 방향은 살펴볼 필요가 있을 듯하다. 예컨대 동방의 갑목과 중앙의 기토가 합해 중앙의 토를 따르는 갑기합화토와 서방의 경금과 동방의 을목이 합해 서방의 금의 세력을 강화하는 을경합화금, 이 2개와 각기 다른 방향의 오행이 어느 쪽도 아닌 또 다른 방향으로 화하는 나머지 3개의 합화는 개념이 다르다. 김기승은 『과학명리』에서 갑기합화토의 경우 갑목과 기토는 작용이 정지하며(멈추며), 을경합화금은 금 세력의 강화, 병신합화수는 새로운 창조, 정임합화목은 방향의 일대 전환, 무계합화화는 이동과 변동의 의미를 품고 있다고 주장했는데 음미할 만한 대목이다.

지지합은 천간합보다 훨씬 복잡하다. 그중에서도 주목해야 하는 것은 역시 삼합과 방합, 육합이다. 합의 작동력으로 보면 삼합-방합-육합 순이고 결합력으로 보면 육합-방합-삼합 순인데 어느 하나 무시할 수 없는 것이다.

가장 강력한 작용을 하는 것으로 삼합과 방합을 먼저 들 수 있겠는데, 조후를 우선하는 입장에선 삼합보다 방합이 훨씬 강렬하게 작용한다고 주장하는 경우도 있다. 하지만 지지합의 핵심은 역시 삼합이라는 것이 통설이다. 삼합은 생지(生地), 왕지(旺地), 고지(庫地)가 모여 회국(會局)을 이루는 것이며 방합은 춘하추동 계절을 이루는 지지 3개가 한데 모인 것이다.

1. 삼합(三合)과 반합(半合)

지지에 오행 3개가 모여 삼합이 성립하면 합화가 성립되어 화하는 오행으로 국을 이룬 것으로 본다. 예를 들어 신자진이 모이면 수국이 형성되었다고 보는 것이다. 물론 앞에서 말했듯 신금과 진토, 그리고 그 오행의 십신의 성격은 여전히 존재한다. 신과 자만 원국에 있고(즉 3개 중 2개만 원국에 있고) 하나가 대운이나 세운에서 왔을 때도 그 기간 동안은 신자진 삼합이 이뤄지는 것이다. 다만 원국에서 삼합이 이뤄졌다 하더라도 나머지 하나의 지지가 삼합의 오행과 충을 하면 삼합은 무산된다. 신자진 수국을 이뤘는데 인목이 있어 인신충을 한다면 삼합은 결렬이다. 대운이나 세운의 경우도 마찬가지다.

삼합 외의 다른 오행과 삼합 내의 오행 하나가 육합을 해서 쟁합이 되면, 가령 신자진 수국인데 나머지가 유금이어서 진유합금을 하는 경우는 어떻게 될까? 깨끗한 삼합만큼은 아니지만 삼합의 결합이 우선한다고 보는 것이 옳겠다.

❶ **신자진 수국(水局)** 윤하(潤下), 큰 강과 같은 에너지.
   인간 본위적이고 자연 친화적인 속성으로 지혜와 창의성, 기획력이 탁월하나 감성적으로 흐르기 쉽고 색욕의 유혹에도 약한 면모를 보인다.
❷ **해묘미 목국(木局)** 곡직(曲直), 이상을 향한 곧고 강한 고집.
   인자함에 바탕을 둔 인격자적 풍모로 간섭이나 구속을 싫어하고 종종 강력한 리더십을 행사하기도 하지만 현실성의 결여로 이상주의에 함몰하는 경향도 지니고 있다.
❸ **인오술 화국(火局)** 염상(炎上), 확산과 발산의 열기.
   매사에 용기와 과단성을 지니고 돌진하는 정열과 왕성한 활동성이 특징으로 급한 성격 때문에 자주 실수를 하거나 싫증을 쉽게 느끼기도 한다.
❹ **사유축 금국(金局)** 종혁(從革), 냉정한 결단력과 소신.

성정이 바위처럼 굳세고 정의의 실현에 대한 믿음이 굳건하며 목표를 향해 밀어붙이는 지도력과 추진력은 강하지만 매사에 완벽주의를 강요하고 유연하지 못해 독선에 빠지기도 한다. 그럼에도 『연해자평』 같은 고서엔 지지의 복덕수기(福德秀氣)라고 칭하기도 했다.

방합이 같은 기운끼리 뭉치는 본질적인 합이라면 삼합은 각기 다른 요소들이 모여 이루는 이상주의적인 합이다. 그래서 삼합에 대해 사회적 합이라는 표현을 많이 쓴다. 즉 생지와 고지가 본래의 성질에서 뛰쳐나와서 왕지의 뜻에 합류하는 모양새다. 기본적으로 삼합을 원만한 인간관계와 이상적인 목표 추구의 잠재력으로 보는 것은 이런 이유다.

한편 반합은 가운데 왕지, 자오묘유와 나머지 생지 혹은 고지와 2개만 합을 하는 것을 말한다. 반합도 생지와 왕지가 합하는 것은 준삼합이라 하기도 하고 고지와 왕지가 합하는 것을 반합, 생지와 고지가 합하는 것을 가합(假合)이라고 나누기도 하는데, 가합은 반합으로 인정하지 않는 것이 통설이 되었고 준삼합, 반합을 모두 반합이라고 규정하는 것이 일반적이다. 반합은 구조적으로 불균형한 합으로 육합보다 작용력이 크다는 주장도 있지만 합이라고 하기엔 다소 부족함이 있다. 삼합에 비한다면 의지는 있으되 현실성이 다소 결여되었다고 보는 정도가 되겠다.

2. 방합(方合)

방합은 같은 방향, 같은 계절적 성분의 합이므로 강력한 방향성이 형성되는 것이며 이는 곧 실행으로 옮기게 되는 강력한 추동 의지를 표현한다. 방합은 서양 점성학의 12 하우스의 쿼터별 영역과도 의미가 비슷하다. 방합이 되어 국을 형성할 때 삼합 때와 같은 의미의 작동이 일어난다. 다만 그것의 실현이 신속하고 성패가 더욱 뚜렷하게 드러난다는 차이가 있다.

그리고 같은 성질끼리의 합이므로 삼합과는 달리 나머지 지지가 방합의 한 요소와 충을 하더라도 방합이 해체되지는 않는다. 인묘진 목국을 이루었다고 할 때 나머지 지지가 신금과 와서 인신충을 한다고 해도 삼합 때와는 달리 방합이 무너지지 않으며 오히려 더욱 결속력이 강화되기도 한다. 즉 목국은 충의 자극으로 인해 더욱 강화되고 신금이 오히려 무력해지는 것이다.

삼합과 다른 점이 두 개 더 있다. 방합은 계절의 기운의 결합이므로 월지가 방합에 꼭 들어와 있어야 한다는 점이 삼합과 또 다른 점이다. 즉 연, 일, 시가 방합을 이루는 것은 의미가 없다. 대운이나 세운에서 들어와 방합을 형성할 때도 월지가 포함되지 않는 방합은 성립되지 않는다. 또 하나 다른 것은 삼합엔 반합이 있었지만 방합의 경우 반방합은 인정되지 않는 쪽으로 입장이 모아지고 있다는 점이다. 물론 원국의 월지와 대운의 지지, 세운의 지지가 나란히 방합을 형성하는 것은 삼합 때처럼 여전히 인정된다.

3. 육합(六合)

육합은 일월이 합삭(合朔)한 것에서 유래하며 태양과 지구가 달을 가운데 두고 일직선상에 놓이는 것을 말한다. 이렇게 보면 자와 축, 인과 해, 묘와 술, 진과 유, 사와 신, 오와 미가 합이 되는데 이 육합은 지구가 중심인 천동설의 시대부터 있어온 것이지만 현대의 지동설에 의한 위성의 궤도와 그 위성에 속하는 오행이 보기 좋게 일치한다.

두 오행 사이에서 일어나는 육합은 천간합의 경우와 마찬가지로 반드시 나란히 붙어 있어야 합이 성립하며, 삼합이나 방합처럼 회국의 힘이 없어 합화되기는 거의 불가능하고 오행과 십신의 기능이 묶인다고 본다. 즉 용신이면 용신의 기능이, 기신이면 기신의 기능이 무력화되는 것이다. 오히려 육합이 지나치게 많으면 음란함이 증가한다고 본다. 각 육합의 성격을 살펴보자.

❶ **자축합화토** 수의 계절에 속하나 자와 축은 상극 관계 간의 합이므로 육

친 관계는 유정하지만 토로 화하기는 매우 어렵다.

❷ **인해합화목** 인목과 해수는 수생목의 관계이므로 목이 수의 생을 받아 최강의 합화 작용이 일어난다. 해수의 우호적인 희생으로 목의 힘이 압도적으로 발휘된다.

❸ **묘술합화화** 목과 토의 극합으로 불협화음의 합이다. 자축합처럼 '적과의 동침'과 같아서 주변 상황이 목이 강화되면 얼마든지 상대를 공격하는 것으로 전환될 수도 있는 합이다. 따라서 합화가 되어도 화 기운이 조성되는 정도지 적극적으로 화가 강화되는 것은 아니다.

❹ **진유합화금** 인해합화목의 경우처럼 토생금의 관계로 강력한 금의 결속이 이뤄진다.

❺ **사신합화수** 화와 금의 상극이 만났지만 화생금의 의미도 있으므로(금은 불로 단련된다) 합을 통해 새로운 창조적인 이상으로 승화하려는 기운이다. 묘술합과는 사정이 약간 다르나, 그렇다고 수 기운이 왕성해지는 것은 아니다.

❻ **오미합화화** 여름의 기운을 지닌 지지끼리의 유정한 만남으로 합화 자체가 안 된다는 주장도 있지만 이미 둘의 결합만으로 유정한 화의 관계다.

4. 암합(暗合)

암합은 글자 그대로 지지에 숨어 있는(지장간) 오행과의 합을 말하는 것이니 실제적인 합이라고 할 수는 없으며 따라서 합화는 당연히 일어나지 않는다. 다만 합을 이루려는 간절한 기운 혹은 의도를 암시하는 것이다. 이룰 수 없는 꿈과 같은 간절함이랄까? 하지만 좀 더 적극적으로 사고하면 지장간의 오행이 의미하는 육친 간의 관계를 강하게 암시한다고 볼수 있다. 가령 겁재를 의미하는 오행과 편재를 의미하는 오행이 암합을 하고 있다면 아버지(편재)가 자기가 아닌 다른 형제(겁재)를 편애한다든지 아니면 자신도 모르게 편재의 재물을 잃게 된다는 의미를 지닐 수 있는 것이다.

암합이 더욱 구체적인 의미를 지니게 되는 것은 원국보다도 대운에서 암합이 비약적으로 이뤄질 때다. 이는 색욕으로 인한 손재나 고통이 뒤따를 위험이 증가하는 시점으로 경계해야 할 경우다.

합화(合化)

기초편에서도 강조했듯 원국 내에서 합이 이뤄져도 합화는 거의 어렵다. 지지 삼합과 방합을 제외하면 합화가 이뤄지려면 주변의 상황이 합화하려는 오행의 환경이 갖춰져야 한다. 천간합과 육합, 반합 등 2개로 이뤄지는 합은 일단 나란히 붙어 있어야 합이 성립하므로, 천간합의 경우 일간을 포함하는 합은 아예 합화의 조건이 안 되고 연간과 월간의 합만이 합화의 요건을 갖추는 셈이 된다.

물론 대운이나 세운에서 들어와 원국과 합이 되는 경우는 다시 한 번 강조하지만 완전히 다르다. 대운의 오행은 워낙 유동성이 강하므로 원국의 다른 오행과 충합이 동시에 일어나지 않는다면 그 대운의 오행은 무조건 합화한다. 즉 원국에 정화가 있는데 임수 대운이 들어온다면 임수는 무조건 정임합화목하여 목으로 기운이 화한다. 합화가 되지 않는 경우는 원국에 병화가 있어 병임충이 성립되는 바람에 충합이 되는 경우뿐이다. 쟁합이 되면 원국에서는 합의 작용이 무력화되는 데 반해 대운과 원국 간에는 오히려 합화가 더 강하게 일어난다. 즉 위의 경우 정화가 2개 있어 대운의 임수가 원국의 정화 2개와 쟁합을 하게 되었을 때도 목으로 화한다는 말이다. 원국과 대운의 합화의 경우 원국의 오행은 자신의 성질을 화하지 않고 그대로 유지한다는 것도 다시 짚어둔다.

임철초 비교 명식

임철초 명식

『적천수천미』에 나오는 유명한 명식이다. 두 명식은 거의 같고 연지만 다르다. 일간 병화가 오월에 태어나 득령하고 득지한 원국인데 연간과 월간의 무계합이 포인트다. 만약 무계합화화가 성립한다면 이 원국은 불바다가 될 것이다. 왼쪽 명식의 무계합은 월지가 오화이긴 하나, 연간의 계수는 연지 축토 안의 지장간 계수에 뿌리를 내리고 있어 수로서의 존재감이 하늘에서 땅에 통근하므로 무토와 합은 할지언정 화로 변하지 않는다.

하지만 오른쪽 명식은 어떤가? 연간 계수 아래 연지도 사화이므로 무토와 계수를 둘러싼 환경은 모두 화 분위기 일색이며 그 속에 갇힌 계수는 습토인 지지 진토의 도움을 받기엔 너무 멀고 장애물도 많다. 이 무계합은 합화하여 시지를 제외하고는 거의 불바다를 이룬 형국으로 바뀌는 것이다. 이것이 합의 마술이며, 한 글자 차이지만 두 원국은 천양지차가 나버렸다.

위의 두 명식 모두 용신은 시간 임수인데, 진토는 비록 토이나 속에 계수를 품고 있는 습토이므로 나름으로 뿌리를 내렸지만 강한 화의 기세와 무토의 극이 무섭다. 그러나 왼쪽 명식은 무토가 계수와 합을 해서 묶였으니 임수를 극할 겨를이 없어 임수 용신이 구실을 하는 데 지장이 없는 반면, 무토가 합화해버린 오른쪽 명식은 연월일이 모두 불바다니 임수 하나가 시지 진토에 간신히 의탁해서는 용신의 구실이 변변치 않게 되었다. 게다가 무계합화화로 월지, 일지 오화의 양인을 더욱 불지르니 화 비겁의 흉조가 넘치다 못해 과격해진 것도 더욱 문제다. 두 원국의 비교는 합의 작용이 얼마나 극단적인 변화를 불러오는지를 보여주는 아찔한 사례라고 할 것이다.

충(沖)

합이 결합과 질적 변화를 뜻한다면 충은 두 기운의 팽팽한 다툼이며 충돌을 통한 운동에너지의 활성화다. 기초편에서 천간충 10개와 지지충 6개

를 다뤘지만 천간충은 엄밀히 볼 때 칠살의 관계에 해당하는 갑경충, 을
신충, 병임충, 정계충의 4개며 나머지 6개는 극으로 분류됨이 정확하다.

천간충		지지충
甲庚 甲戊(극) 丙壬 丙庚(극) 戊壬(극)	乙辛 乙己(극) 丁癸 丁辛(극) 己癸(극)	卯酉 子午 寅申 巳亥 辰戌 丑未

충(沖)과 극(剋)

충과 극은 적대적으로 부딪힌다는 점에서 많은 부분이 닮았지만 엄밀히
보면 다르다. 충 또한 상극의 관계지만 갈등과 대립 속에서도 변화와 변
동을 야기하는 왕성한 활성화가 이뤄지는 것이라면, 극은 글자 그대로
일방적으로 극하는 주체가 극을 당하는 객체의 활동을 규제하는 것이다.
　충과 극을 엄밀하게 나눠야 하는 이유는 대운의 해석 때문이다. 대운
의 천간이 원국의 천간과 합화를 하려고 할 때 또 다른 원국의 천간과 충
을 하면 충합이 되어 합화가 무산되지만 극을 당하면 합화가 성립되기
때문이다. 가령 대운의 갑목(甲)이 원국의 천간 기토(己)와 합을 해서 갑
목이 토로 화할 때 천간에 경금이 떠 있으면 갑경충이 동시에 성립해 갑
목은 기토로 화화기 어렵게 된다. 그러나 경금이 아니고 무토가 있다면
갑목과 무토 간은 극이지만 갑목은 기토와 합하여 토로 화하는 것이다.

천극지충(天剋地沖)

『적천수』에서 말하듯이 천간은 충으로 활성화됨을 반기고 지지는 충 없
이 생조의 흐름을 타거나 합이나 국을 이루어 고요한 것을 반긴다. 지지

가 충으로 어지러우면 뿌리가 뽑혀버린다. 따라서 이를 방지하기 위해서는 충의 오행이 다른 지지와 합을 해서 충의 타격을 무력화하거나 진술축미 고지가 충하는 오행을 거두어들이면 충의 흉한 작용이 오히려 길한 작용으로 변한다. 고지가 충을 거두어들인다고 하는 것은 예컨대 인신충이 지지에서 일어났다고 할 때 신금의 고지는 축토이므로 축토가 인신충을 가라앉히는 구실을 한다는 것이다.

하지만 갑인과 경신, 을묘와 신유, 병인과 임신처럼 천간과 지지가 동시에 충을 하는 경우를 천극지충이라고 하는데, 이때 지지가 합을 이루고 회국을 이루더라도 이 준동하는 기운을 가라앉히기는 불가능하며 그 세가 급속히 흉해진다고 보았다.

하지만 용신이 지장간에 암장되어 있거나 용신이 합을 당해 묶임으로써 무력하다면 마땅히 충을 하여 동하게 해야 용신으로 써먹을 수 있는 것이다. 따라서 합에도 마땅한 것과 마땅하지 못한 것이 있고, 충에도 또한 마땅하거나 마땅하지 못한 것이 있음을 깨달아야 한다.

형(刑)

형은 인사신(寅巳申)과 축술미(丑戌未)를 말하는 삼형과 상형(相刑), 자형(自刑) 등이 있지만 삼형만을 유의미한 형으로 받아들이는 추세다. 삼형은 수술, 사고, 입원, 송사, 형옥, 계약, 주선 등 복잡한 의미를 품고 있는데 부정성과 긍정성을 동시에 담고 있다. 인사신은 세 글자 자체가 권력의 욕망을 상징하고 축술미는 재물에 대한 욕망을 강하게 품고 있는 글자들이다. 따라서 인사신과 축술미는 그 힘의 지배를 당하는 것을 의미하기도 하지만 그 힘을 행사하는 주체가 된다는 것을 의미하기도 한다. 공직이나 대기업 같은 조직에서 엄청난 승진을 이루어내는 힘이 되기도 한다는 것이다. 예측 불가능한 상황의 변화라는 점에서 형은 충보다 더욱 격렬한 변동성을 가진다.

　　　　　　　　　　　　　　　　제4강. 관계를 감명하다

상관	본원	겁재	편관
丙	乙	甲	辛
戌	未	午	丑
정재	편재	식신	편재
辛丁戊 묘	丁乙己 양	丙己丁 장생	癸辛己 쇠
백호 암록 월덕 화개	백호	도화 문창	

92 겁재	82 편인	72 정인	62 편관	52 정관	42 편재	32 정재	22 식신	12 상관	2 비견
甲	癸	壬	辛	庚	己	戊	丁	丙	乙
辰	卯	寅	丑	子	亥	戌	酉	申	未
정재 관대	비견 건록	겁재 제왕	편재 쇠	편인 병	정인 사	정재 묘	편관 절	정관 태	편재 양

영국의 전 왕세자빈 다이애나 프랜시스의 명식. 용희신 금수, 기구신 화토. 오월 을목이 술시에 태어난 신약한 사주며, 을미 일주로 일지 편재의 양이 생조되어 타인을 잘 이해하고 측은지심이 깊은 성격을 지니므로 적십자 활동이나 아프리카 빈민촌 구호 활동 등 사회봉사 활동에 많은 시간을 할애했다. 을목 일간이 월간에 위치한 갑목과 이웃해 등라계갑을 이루면서 많은 영국인의 사랑을 받는 왕세자빈이 되었고, 지지는 화 식상과 축술미 삼형을 이루는 재성이 강하게 자리 잡고, 조후상으로 다소 조열한 명식이다. 지지가 합을 이루어 도화와 동반된 월지의 화 식신의 장생으로 힘이 모이므로 화려한 스타일이나 패션 등으로 대중적인 관심과 인기를 모으기도 했다. 정관 대운인 신유년에 결혼해 왕세자빈이 되었고, 정유 편관 대운에 남편인 찰스 황태자의 스캔들로 관계가 소원해지면서 무술 대운에 결국 이혼을 하게 되었다. 지지에 위치한 축술미 삼형은 왕세자빈으로의 극단적 신분 상승을 의미하기도 하지만, 모든 사생활이 대중에게 공개되는 유리 감옥과도 같은 구속의 의미로 작용하기도 했다. 무술 대운 정축년인 1997년에 이르러 이미 원국 안에서 일지와 시지에 자리한 백호의 기운이 다시 들어오게 되고, 기구신 대운과 세운에서 축술이 들어옴으로써 재차 일지와 버티컬로 축술미 삼형이 이루어져 파파라치에 쫓기다가 교통사고로 사망했다.

신살(神殺)의 입체적 의미

신살 하면 "와, 귀인이 들어왔다" 혹은 "살이네, 큰일났다" 같은 초보적인 의미로 생각하기 쉬운데, 신살은 그렇게 간단하지 않다. 음양오행이 철학적이라면 신살은 입체적이고 실용적이다. 명리학의 철학적 고찰 없이 신살 위주로 원국을 판단해선 안 된다. 신살은 어디까지나 참조 사항으로, 삶의 다양성과 복잡성 때문에 원국 감명의 세밀성과 입체성을 더하고자 사용하는 데 신살의 역할을 제한해야 한다.

사람들이 신살에 집착하는 이유는 단순하면서 자극적인 내용 때문이다. 특히 명리학의 고전인 『연해자평』이 집필되기 이전인 8~9세기 당나라 때 신살은 대중을 현혹하는 데 효과적이었다. 『연해자평』 이후 십신과 용신이라는 개념이 중요한 부분을 차지하면서 신살은 부차적, 참고적 요소로 밀려나긴 했으나, 명리학이 일간 중심의 원국 감명으로 본격적으로 진화하기 전까지 신살 이론은 계속 널리 퍼져 있었다. 그렇게 1,000년이 넘는 시간 동안 여러 이론이 누적된 데다가 『연해자평』 이전과 이후에 통용된 것들이 복잡하게 뒤얽힌 탓에 신살 이론은 제대로 정리되지 못했다.

이 장에서는 원국을 감명하는 데 비교적 유의미한 신살들을 추렸는데, 이마저도 각각의 책이나 문파마다 선정하고 입증하는 기준이 다른 것이 현실이다. 예를 들어 신살 중 괴강을 보자. 무진, 임술 일주를 포함해 6개 주를 괴강이라고 정의하는 문파가 있으나, 무진과 임술을 제외한 무술, 임진, 경술, 경진의 4개 일주만을 괴강으로 인정하는 문파의 주장이 우세하다. 나의 임상 결과 무진, 임술 일주의 경우 괴강의 특징이 나타나지 않을 때가 많았다.

또 다른 예로 현재 우리 생활에서도 많이 사용되는 신살의 하이라이트인 역마, 도화, 화개를 보자. 김동완 선생의 경우 인신사해는 모두 역마, 자오묘유는 모두 도화, 진술축미는 모두 화개로 간단히 정리했다. 이에 대해서도 나는 명리학 서적들을 참고해 최대한 합리적인 선에서 정리를 하고자 했다. 우선 이 세 가지 신살은 모두 삼합의 관계에서 파생되었다.

삼합	역마	도화	화개
寅午戌	申	卯	戌
巳酉丑	亥	午	丑
申子辰	寅	酉	辰
亥卯未	巳	子	未

역마는 삼합의 생지(生地)인 인신사해를 말한다. 역마가 성립하려면 생지를 생해주는 왕지가 포함된 삼합의 요소가 원국의 지지에 한 개라도 있어야 한다. 예를 들어 인목(寅)의 경우 인목을 생하는 자수가 포함된 삼합인 신자진 삼합의 요소가 다른 지지에 한 개라도 있어야 역마가 성립된다. 원국에서 역마가 성립되지 않은 생지는 대운, 세운에서 역마를 성립시켜주는 삼합의 오행을 만나면 그 운이 적용되는 기간에는 역마로 기능한다.

도화는 삼합의 왕지(旺地)인 자오묘유다. 왕지가 생하는 삼합의 요소를 만나야 도화가 성립된다. 원국에 자수(子)가 있다면 다른 지지에 자수가 생하는 묘목이 포함된 삼합인 해묘미 중 하나라도 있어야 도화가 성립된다. 이는 대운과 세운에도 적용되는데, 신자진 중 하나가 있고 자수를 생해줄 유금(酉)이 원국에 없는 경우, 대운이나 세운에서 유금이 들어오면 그 유금은 도화가 성립된다. 하지만 반대로 원국에 유금이 있으나 신자진이 하나도 없어서 유금이 도화로 성립되지 않을 때는 대운이나 세운에 신자진이 들어온다고 해도 도화가 성립되지 않는다.

화개는 삼합의 고지(庫地)인 진술축미를 의미하는데, 화개가 성립되려면 이 고지가 포함된 삼합의 요소가 원국의 지지에 한 개라도 있어야 한다. 진토(辰)의 경우 신자진 삼합의 요소가 다른 지지에 하나라도 있어야 화개가 되는 것이다. 만약 원국 내 지지에 진토가 2개 있다면 이 2개는 모두 화개를 이루는 조건에 만족된다.

한편 십이운성 중 건록을 중심으로 결정되는 귀인들의 경우 『명리정종』과『연해자평』에 따라서 무토, 기토 일간은 각각 다른 신살이 적용된다. 즉 토(土) 일간의 십이운성이『연해자평』에서는 병화와 정화를 기준으로 적용되고『명리정종』에서는 임수와 계수를 기준으로 적용된다. 이는 토가 화(火)에서 기포(起胞)하는가, 수(水)에서 기포하는가에 대한 철학적 사고의 차이라고 생각된다. 양인의 경우를 보자. 양인은 일간의 건록 다음 자리에 있는 오행을 말하는데, 예를 들어 일간이 갑목이면 건록은 인목이 되고 인목 다음 자리인 묘목이 갑목의 양인이 되는 것이다. 많은 책을 검토한 결과 양인은『연해자평』의 기준에 따라 음 일간에는 적용되지 않는다고 정리했다.

양인: 甲-卯, 丙-午, 戊-子(명리정종)/午(연해자평), 庚-酉, 壬-子

이상의 몇몇 예에서도 보았듯 신살을 규정하는 근거는 오랜 시간 동안 많은 사람들에 의해 전해져왔기 때문에 체계적이지 못하고 의견도 분분하다. 신살을 단순히 그 자체로 볼 것이 아니라 명식 내의 여러 요소(십신과 십이운성, 합, 충, 공망 등)와 함께 종합적으로 이해해야 비로소 의미가 있다는 점을 기억하자.

삼기귀인(三奇貴人)

기문(奇門)에서 유래된 귀인으로 천상삼기, 인중삼기, 지하삼기 세 종류가 있는데 어느 것이나 조건이 까다로워 명식에서 잘 보이지 않아 기초편에서는 소개하지 않았다. 하지만『연해자평』이나『삼명통회』(三命通會)에서 되풀이해서 소개되고 또 인간관계론에서 취급되기 때문에 소개한다. 삼기귀인은 어느 것이나 일생 동안 배움이 많아 박학다식하고 총명하며 원대한 이상과 포부를 지니는 귀인이다. 한 방면에서 탁월한 재능으로 두각을 드러내고 일가를 이룩하는 힘이다. 여기에 천을귀인이 임하면 출장입상(出將入相)하며 국가의 동량이 된다고 고서들은 전한다.

삼기귀인은 만족시키기가 까다롭다. 첫째, 천상삼기는 갑·무·경이며 인중삼기는 임·계·신이고 지하삼기는 을·병·정인데 연·월·일간 혹은 월·일·시간에 임해야 하고 간격이 떨어지면 안 된다. 글자도 순서대로 배열되는 것이 원칙이나 천상삼기 말고는 순서가 바뀌어도 무방하다는 견해도 있다. 둘째, 삼기귀인의 기운이 왕성해야 하는데, 삼기 가운데 하나가 반드시 득령하거나 득세를 이뤄야 한다. 셋째, 삼기의 십이운성이 사, 묘, 절지에 임하면 성립되지 않는다.

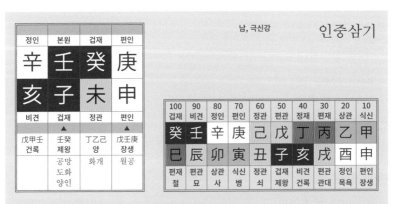

후기 낭만주의를 대표하는 작곡가이자 빈필의 지휘자로서 19세기 말과 20세기 초의 서양음악사를 수놓은 구스타프 말러의 명식. 월지 정관을 제외하면 전체가 어두운 수국으로 수 전왕의 성격을 띠는데, 예술가로서 이룬 성공과 달리 일생 동안 유대인으로 배척되었고 갖은 질병과 정신적인 불안정에 시달린 고통이 느껴진다. "나에겐 삼중으로 고향이 없다"라는 통절한 고백은 그의 일생을 관통했으며 "세상에 흥겨운 노래란 없다"라는 말에서는 어둡고 염세적인 세계관이 물씬 느껴진다. 그는 오케스트라에서 새로운 세계를 고통스럽게 창조했고 그의 동시대에선 받아들여지지 않았지만 20세기 후반에 이르러 세계 클래식계에 말러 열풍이 불게 했다. 무자 대운 신해년 50세의 나이로 사망했으며 그 앞의 정해 대운 정미년엔 둘째 딸 알마를 잃었다. 월일시간에 인중삼기가 임했고 득지와 득세했으며 십이운성도 제왕, 건록으로 강성하다. 그의 내면은 고통으로 일생 아롱졌지만 현대 오케스트라 지휘법의 새로운 장을 열었고 누구도 범접할 수 없는 규모의 거대한 교향곡 10곡은 서양음악사의 또 하나의 고갱이를 이루었으니 특출하고 비범한 재능을 불태운 삶이라 하겠다.

천을귀인(天乙貴人)

천을귀인은 (천을귀인 자체가 어떤 도움을 주거나 좋은 것을 가져다주는 것은 아니고) 모든 횡액으로부터 나를 지켜주는 일종의 수호천사와 같은 역할을 한다. 용희신이 오든 기구신이 오든 똑같이 제 역할을 하며, 천덕, 월덕 귀인도 마찬가지다. 천을귀인이 합을 하거나 생조된 자리에 있고 형, 충, 공망이 되지 않은 경우에는 진학, 취업, 건강과 같은 삶의 중요한 부분들을 큰 어려움 없이 해결해나갈 수 있다. 전쟁이나 기아, 재난 등으로 삶이 위태로웠던 과거에는 귀인의 역할이 중요했으나, 요즘처럼 평온한 시기에는 귀인의 역할이 상대적으로 크지 않다.

천을귀인은 사람의 성격과 성품을 설명하기도 한다. 특히 일지에 천을귀인이 놓인 경우(정유丁酉, 정해丁亥, 계묘癸卯, 계사癸巳)를 일귀(日貴)라고 하는데, 고전에 의하면 일귀를 청고정대(淸高正大)라 했다. 이는 그 사람의 인격과 성품의 맑음이 하늘처럼 높고, 올바름이 대지를 뒤덮을 정도로 크다는 의미다. 먹고사는 데는 별 도움이 안 될지 몰라도 교사나 공무원, NGO 등 공적 영역에 종사하는 사람에게 꼭 필요한 귀인이다.

천을, 천덕, 월덕 귀인은 일지 또는 월지에 있을 때 십신과 십이운성만큼이나 큰 의미를 가진다. 또 합이 되거나 생조되는 자리에 있을 때 더욱 귀인의 역할이 커지고, 반대로 형, 충, 공망이 되는 자리에서는 무력화되거나 오히려 살의 역할을 하기도 한다. 일주, 월주, 시주, 연주 순으로 영향력이 강하다.

식신-천을, 즉 천을귀인과 식신이 만나면 의식주의 복록을 의미해 고전적으로 매우 길하게 평가했다.

역마-천을은 천을귀인이 말에 올라탄 상태로, 역마의 길흉적 성격은 상관이 없다. 이 경우는 통상적인 성격의 수세적이고 보수적이고 방어적인 천을귀인이 아니다. 위엄과 지모를 갖춘 지휘력, 쉽게 말해 오피니언 리더 같은 의미를 가진다.

겁재-천을은 영웅, 준재(俊才)의 상이라 했는데 과장된 말이고, 천을귀인의 안정성과 방어성을 넘어 적극적인 힘을 갖는 정도로 볼 수 있다.

건록-천을은 학식과 인문학적인 통찰력을, 화개-천을은 높은 명예심과 관직을 의미한다.

괴강-천을의 경우, 천을귀인과 괴강은 동주할 수 없는데 두 신살이 다른 주에 이웃하면 고도의 사교력을 의미한다.

이상에서 보듯 천을귀인은 안정적인 기운이지만, 강하고 극단적인 힘을 갖는 십신이나 신살과 조합을 이룰 때 더 큰 힘을 발휘한다. 이러한 신살과 신살, 신살과 십신의 조합은 대운에서도 강하게 적용된다. 예를 들어 대운에서 천을귀인이 겁재처럼 강한 십신과 동반되어 들어온다면, 원국 내의 조합보다 훨씬 큰 힘을 발휘한다. 그러므로 대운에서도 신살과 다른 요소들의 조합을 잘 살펴야 한다.

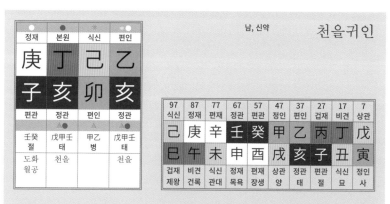

대한민국 초대 대통령 이승만의 명식. 정해 천을귀인 일주로 연주에 또 천을귀인을 만났다. 관성이 인성으로 합이 되고 흐르니 인다신약에 가까운 성향을 보인다. 합 자체는 천을귀인이 반기지만 편인으로만 관성이 모이니 자신에게만 이로운 귀인으로 사용했다. 원국 내 천을귀인의 상호작용과 흐름을 다음 쏜원의 명식과 비교해보면 차이를 느낄 수 있다.

천을귀인

정관	본원	비견	편인
壬	丁	丁	乙
寅	酉	亥	丑
정인	편재	정관	식신
	▲		●
戊丙甲 사	庚辛 장생	戊甲壬 태	癸辛己 묘
	문창 천을	역마 천을	천덕 화개

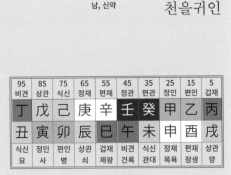

95 비견	85 상관	75 식신	65 정재	55 편재	45 정관	35 편관	25 정인	15 편인	5 겁재
丁	戊	己	庚	辛	壬	癸	甲	乙	丙
丑	寅	卯	辰	巳	午	未	申	酉	戌
식신 묘	정인 사	편인 병	상관 쇠	겁재 제왕	비견 건록	식신 관대	정재 목욕	편재 장생	상관 양

중화민국의 건국의 아버지로 불리는 쑨원의 명식. 천을귀인 2개를 일지, 월지 각각 하나씩 만났나. 충 없이 뉴축, 인해합을 하고 있고 유금 편재는 또 다른 천을귀인 해수와 투출된 임수 정관을 생한다. 해수 천을귀인은 역마-천을로 지도자로 자리매김 하는 데 큰 작용을 했다. 유금과 합을 하는 축토는 편인을 만난 식신이 화개와 문창에 깊이를 더한다. 귀인들 간의 환상적인 상승효과가 발생했다. '삼민주의'를 제창하고 45 임오 대운에 집필한 저작들로 정관을 바로 세워 중화민국 혁명의 토대를 마련했다. 생애 동안 많은 혁명 시도가 실패했고 그때마다 무사히 위기를 넘겨 건국의 아버지로 남을 수 있었던 것은 천을귀인의 작용으로 볼 수 있다.

천덕귀인(天德貴人), 월덕귀인(月德貴人)

천덕, 월덕 귀인은 천을귀인과 똑같은 힘이 있다고 봐야 한다. 천덕귀인과 월덕귀인 2개를 다 가지고 있는 것을 천월이덕(天月二德)이라고도 하는데, 옛날에는 천월이덕을 관운무병(官運無病), 흉화위길(凶化爲吉)이라 했다. 즉 관운에 올라도 무탈하게 오래오래 높은 자리에 있는 힘이고 흉한 기운마저도 길한 기운으로 바꿔버린다는 뜻이다. 그만큼 천월이덕은 명리학의 역사에서 오랫동안 총애받았으며 천을귀인보다 더 길한 작용을 한다고 여겨진다.

고전적 이론에 따르면 관성-천월이덕은 높은 관직에 오르는 관운을, 인성-천월이덕은 심성이 훌륭하고 부모의 덕이 있음을, 재성-천월이덕은 문무겸전을, 식상-천월이덕은 풍류와 만년의 영화를 의미한다고 한다. 천월이덕의 역할은 동주한 십신의 힘을 더욱 강화하는 것, 그리고 기신의 자리에 위치하면 기신의 부정적인 작용을 감소시켜주는 것 정도로 이해하면 된다. 천을귀인과 마찬가지로 일주에 있는 천덕귀인, 월덕귀인을 가장 길하게 본다.

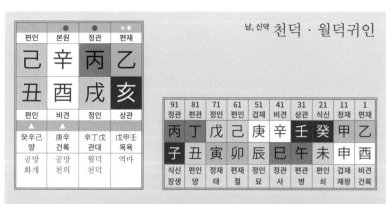

남, 신약 **천덕 · 월덕귀인**

편인	본원 ●	정관 ●	편재 ☀※
己	辛	丙	乙
丑	酉	戌	亥
편인	비견	정인	상관
癸辛己 양	庚辛 건록	辛丁戊 관대	戊甲壬 목욕
공망 화개	공망 천의	월덕 천덕	역마

91 정관	81 편관	71 정인	61 편인	51 겁재	41 비견	31 상관	21 식신	11 정재	1 편재
丙	丁	戊	己	庚	辛	壬	癸	甲	乙
子	丑	寅	卯	辰	巳	午	未	申	酉
식신 장생	편인 양	정재 태	편재 절	정인 묘	정관 사	편관 병	편인 쇠	겁재 제왕	비견 건록

세기의 테너, 루치아노 파바로티의 명식이다. 예술적 감수성이 뛰어나다는 일주 건록을 토 인성이 에워싸고 있는 신강한 명식으로, 연주에 용희신에 해당하는 상관생재가 지극히 아름답고, 그것이 월간 병화 정관에서 월지 정인으로 흐르는 것 또한 거침없다. 식-재-관-인-비의 빛나는 연주상생 흐름이며, 게다가 네 개의 천간은 모두 지지에 통근하거나 생조되어 있어 오행이 모두 반듯하고 흠집이 없다. 잠재성의 사령부에 해당하는 월지 술토 정인이 아름답고 강하게(관대) 앉은 데다 형, 충, 공망이 되지 않는 월덕, 천덕의 양덕을 한 몸에 지녔으니 빛나는 병화의 명예를 오래도록 지속할 수 있었다. 연 · 월주 오른쪽 반만 본다면, 본래 그가 전공한 교육학이 참으로 어울린다. 그러나 두 가지 전공 중 그가 직업으로 선택한 것은 성악이다. 시주를 관통한 편인이 월지 정인보다도 더 강하게 신유 일주를 견인한 탓이다. 제2차 세계대전을 겪은 유년기의 환경은 힘들었지만(11 대운의 갑기합토까지), 첫 희신 대운인 계미 대운에 성악가로 데뷔하고 임오 대운에 이르러 유럽 벨칸토 오페라 '하이 C의 제왕'이 되었다. 부와 명예를 세계적으로 거머쥔 하이라이트는 병신합수가 되는 신사 대운. 하지만 무토 대운 병술년에 췌장암 판정을 받고 이듬해 타계했다.

문창귀인(文昌貴人)

문창귀인은 고전적 명리학에서는 큰 비중을 차지하지 않았지만, 요즘 시대에는 주요 귀인으로 다뤄져야 한다고 생각한다. 문창귀인은 단순히 글을 잘 쓰고 말을 잘하는 것을 넘어 지식욕을 의미하는데, 이는 다양한 분야에 대한 지적 호기심과 열망으로 나타난다. 문창귀인은 박학다식하고 언변이 좋으며 추리력과 창의력이 탁월한 기운이다. 예를 들어 책 한 권을 대충 띄엄띄엄 읽어도 그 안에서 자신이 꿈꾸는 창의적인 모티프들을 끄집어내는 것과 같다.

문창귀인은 일지, 시지, 월지, 연지의 순으로 강하게 작용한다. 천을, 천덕, 월덕 귀인과 달리 용희신과 기구신을 많이 가리는데, 기구신과 만나면 필화(筆禍)나 구설수에 휘말릴 가능성이 있다. 또 문창귀인은 십이운성 중 사(死), 묘(墓), 절(絶)과 짝을 이루거나 형, 충, 공망이 되면 무력화된다.

문창귀인이 상관과 만나면 일문천지(一聞千知)라 했으니, 하나를 들으면 천 가지를 깨우치는 힘이다. 따라서 상관-문창귀인을 가진 사람은 책을 가까이하고 창의적인 자기 계발을 해야 좋다.

천의성과 문창귀인이 동주하는 경우를 옛날에는 이로공명(異路功名)이라 했다. 다른 길에서 공명을 얻는다, 즉 자신이 열심히 노력한 분야와 상관없는 엉뚱한 데서 성과를 얻는 것을 뜻한다. 회사 잘 다니다가 개그맨이 되는 경우, 공학 박사 과정 밟다가 가수가 되는 경우 등이 이로공명의 예다.

괴강과 문창귀인이 이웃하면 의약학, 실험 계통에서 큰 힘을 발휘한다.

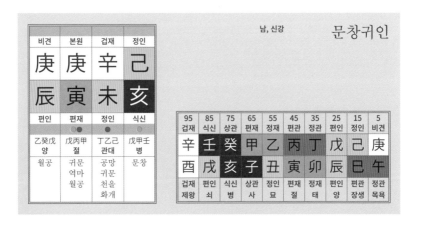

미국의 대문호 어니스트 헤밍웨이의 명식. 경경 병존의 신강한 명식으로 강인함이 느껴진다. 일지 인목이 인해합, 미인 암합을 하고 있지만 금 비겁으로부터 극이 심하다. 목수가 용희신이다. 일지 편재 절의 고립은 여러 차례의 결혼과 여성 편력으로 나타났다. 기신인 인성은 과다하고 월지에는 관대까지 만나 실제로 어머니가 드셌고 어머니 장례식에도 가지 않을 정도로 평생 사이가 좋지 않았다.

경경 비겁 병존에 월공까지 만나 과시욕이 강했고, 강인한 육체와 남성성에 집착했다. 작가이자 종군기자로 스페인내전, 양차 세계대전에도 참여했고, 참전 경험은『누구를 위하여 종은 울리나』(For Whom the Bell Tolls, 1940),『무기여 잘 있거라』(A Farewell To Arms, 1929) 등의 소설의 바탕이 되었다. 사냥, 복싱, 낚시 같은 스포츠에 몰두했고 작품에서도 짙은 남성성을 추구한다. 문창, 화개, 귀문은 간결하고 직선적인 문체와 절제된 묘사, 작가의 통찰과 사유가 어우러진 작품으로 발현되었다. 55 을축 대운 갑오년에 월덕, 천덕, 천의를 만나 노벨 문학상을 수상했다.

월공(月空)

'하늘에 뜬 달' 월공은 타인에게 인기를 얻고 주목받는 힘을 말한다. 과거보다는 요즘같이 이미지를 중시하는 엔터테인먼트 및 미디어 산업이 발달한 시대에 더욱 중요한 역할을 하는 신살이다.

월공은 월지를 기준으로 정해지는데, 자신을 보호하는 월덕귀인과 충하는 관계이므로 원국에 월공이 있으면 건강이나 명예, 경제적 손실의 가능성을 염두에 두는 것이 좋다.

도화와 월공이 동반되면 배우나 가수 등 무대에 서는 직업에 종사할 가능성이 많다.

남, 신약

월공

식신	본원	상관	비견
丙	甲	丁	甲
寅	申	丑	戌
비견	편관	정재	편재
戊丙甲 건록	戊壬庚 절	癸辛己 관대	辛丁戊 양
역마	공망 역마 월공	천을	월공 화개

99 상관	89 식신	79 겁재	69 비견	59 정인	49 편인	39 정관	29 편관	19 정재	9 편재
丁	丙	乙	甲	癸	壬	辛	庚	己	戊
亥	戌	酉	申	未	午	巳	辰	卯	寅
편인 장생	편재 양	정관 태	편관 절	정재 묘	상관 사	식신 병	편재 쇠	겁재 제왕	비견 건록

미국 로큰롤 슈퍼스타 엘비스 프레슬리의 명식. 축월 갑목이 인시에 태어난 명식으로 시간과 월간에 화 식상과 이웃해 있으므로 갑목의 기질이 빛나게 드러난다. 천간에서 충이나 합이 없는 깨끗한 목 비견과 시지의 비견에 건록은 현실적인 어려움에도 굴하지 않고 자신의 꿈을 이루기 위해 끝없이 도전하는 힘으로 발휘되고, 특히 기성세대와의 단절을 의미하는 파격적인 로큰롤과 흑인 창법으로 노래하는 혁신적인 발상으로 가수의 길을 열게 된다. 일지 편관의 절이 시지와 충을 해 인신충이 되고, 역마와 동반함으로써 인생의 드라마틱한 굴곡과 불안정함을 보여준다. 연주 비견과 일주에 동반된 월공과 갑목으로 생조된 깨끗한 화 식상의 힘으로 재능을 화려하게 꽃피우고 많은 인기를 누리게 되었다. 연·월지 기신인 재성의 혼잡으로 많은 돈을 벌었지만 그 재산을 지키지 못하게 되고, 지장간에 미약하게 감추어진 인성, 즉 수의 기운이 몰려온 신사 대운 정사년에 약물중독으로 생을 마감했다.

암록(暗綠)

암록은 일간의 건록과 육합을 이루는 지지에 해당한다. 녹(祿) 자가 월급, 녹봉이라는 뜻이니 암록은 공식적이지 않은 경제적 수입을 의미한다. 고난에 빠졌을 때 예측하지 못한 사람들에게 도움을 받을 수 있는 힘인데, 살다 보면 사소한 도움을 받지 못해 문제가 눈덩이처럼 커지는 경우가 많음을 생각하면 매우 중요한 기운이다.

암록은 형, 충, 공망이 되거나 기구신 자리에 임하면 무력화되지만, 문창귀인과 달리 부정적으로 작용하지는 않는다. 들어오는 것이 없을 뿐 엉뚱한 액운이 생기는 일은 없다.

비겁-암록은 형제, 동료의 도움, 식상-암록은 처가, 후배 및 부하의 도움, 관성-암록은 조직 내 발전 및 남편 덕, 인성-암록은 어머니 및 외가의 도움이 있다고 하는데 이런 암록들은 비현실적 도움, 즉 말로써 도움을 주는 경우가 많다. 하지만 재성-암록은 실질적으로 금전과 관계가 있으며 암록 중 가장 강한 작용을 한다.

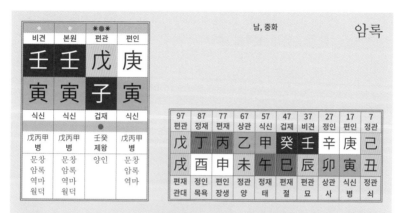

베토벤은 무재 사주로 47 재성 대운이 오기 전까지는 재물운이 좋지 못했다. 평생 정규직을 원했으나 명예심과 자존심으로 똘똘 뭉친 호감을 살 만한 성격도 아니어서 그 바람은 이뤄지지 않았고 재성 대운이 들어오기 전까지 근근이 생활할 수밖에 없었다. 늦게까지 버틸 수 있었던 데는 베토벤의 재능을 높이 산 귀족들의 후원이라는 암록이 있었기 때문이다. 그에 그치지 않고 소송을 통해 세계 최초로 저작권이라는 개념을 확립해서 자신과 조카에게 암록을 창출하고 후대 예술가들에게는 간접적 유산을 남겨주는 위업을 달성했다. 암록을 지지에 도배한 사람의 역량이라 할 수 있다.

천의성(天醫星)

월지 바로 앞의 간지가 천의성에 해당된다. 월지가 축(丑)이면 자(子)가 천의성이다. 지지의 천의성이 천간에 투출(透出)되어도 천의성으로 간주한다. 인목(寅)이 천의성인데 인목은 없고 천간에 갑목(甲)만 있어도 갑목은 천의성이 되는 것이다.

천의성은 자신이 훌륭한 의사가 되거나 아니면 의사에게 중요한 도움을 받을 수 있는 운을 말한다. 즉 의사, 약사, 한의사, 역학자, 종교인, 목회자, 변호사, 상담가와 같은 활인업(活人業)에 종사할 수 있는 가능성을 의미하면서 동시에 자신이 정신적, 육체적 위기에 빠졌을 때 의사, 상담자, 종교인 같은 훌륭한 활인자를 만날 수 있는 기운을 말한다.

천의성은 용희신에 임했을 때 강력하게 작용하고 기구신에 임해도 최소한의 역할은 한다. 천의성이 강한 신살인 양인과 만나면 칼 들고 사람 살리는 외과 의사 같은 분야에 종사하는 힘이 되고, 괴강과 만나면 목회자, 한의사(침술사), 사이비 종교 교주 같은 분야에 종사하는 경우가 많다.

남, 신약 · 이로공명

편관	본원	정재	정재
甲	戊	癸	癸
寅	戌	亥	巳
편관	비견	편재	편인
戊丙甲	辛丁戊	戊甲壬	戊庚丙
병	관대	건록	절
문창 암록 월덕	괴강 천의 화개	역마	공망 역마

91 정재	81 편관	71 정관	61 편인	51 정인	41 비견	31 겁재	21 식신	11 상관	1 편재
癸	甲	乙	丙	丁	戊	己	庚	辛	壬
丑	寅	卯	辰	巳	午	未	申	酉	戌
겁재 쇠	편관 병	정관 사	비견 묘	편인 절	정인 태	겁재 양	식신 장생	상관 목욕	비견 관대

19세기 러시아의 화학자, 사회운동가이자 국민음악파 '러시아 5인조'의 일원인 알렉산드르 보로딘의 명식. 신약하지만 연주를 제외한 3개 주는 통근한 힘으로 잠재력이 상당하다. 토화가 용희신이다. 대운이 원국과 마찬가지로 깔끔하게 통근한 간지로 한신, 희신, 용신인 금토화로 흐른다. 대운의 완벽한 지원으로 신약한 일간이 강왕한 재성을 통제하면서 많은 신살을 다 쓰고 살았다. 이 명식의 키포인트는 괴강, 문창, 천의의 동반으로 다양한 분야에서 이로공명이 되었다. 보로딘은 상트페테르부르크 대학에서 화학과 의학을 전공하고 모교의 교수가 되었다. 독일에서 유학할 때 폐결핵으로 요양 중이던 피아니스트와 결혼했다. 평생 병약한 아내를 간병했고 여성해방운동에도 관여해 중심적인 역할을 했다. 화학 교수로서는 알데하이드 연구 등으로 화학사에 이름을 남겼다. 교수 재직 중 '러시아 5인조'에 가입해 작곡가로 활동하며 러시아 국민음악 창조에 기여했다. 일생 동안 화학자라는 뚜렷한 직함을 갖고 있었지만 작곡가로 이름이 더 알려졌다.

역마(驛馬)

역마는 시대 변화와 함께한 신살 중 하나다. 농경시대에는 정착 생활을 중요시했으므로 '살'로 인식되었고, 현대사회에서는 교통의 발달로 장거리 이동이 활발해지면서 큰 의미로 부상하게 되었다.

십이운성과 관련해서 사(死)와 절(絶)에 역마가 놓인 사절-역마는 병마(病馬)라고 해서 말이 힘이 없다. 무늬만 역마인 것으로 좋은 쪽이든 나쁜 쪽이든 역마의 기능이 작동되지 않는다.

공망과 동주한 역마는 휴마(休馬)라고 한다. 푹 쉬고 있는 말이다. 이는 뿌리 뽑힌 삶처럼 주거가 불안하고 이직율이 높은 역마를 의미한다.

역마가 합이나 충이 되는 자리에 놓여 있을 때를 기마(起馬)라고 한다. 일어서는 말이라는 뜻이니, 역마의 힘이 극단적으로 강해진다. 역마는 합이 되건 충이 되건 똑같으므로 충을 맞아도 비관적으로 생각할 필요 없다. 말이 터보엔진을 단 격으로 잘못하면 사고가 나겠지만 잘 운용하면 활성화된 힘을 발휘할 수 있음을 기억하자.

삼형-역마는 인사신(寅巳申) 삼형에 걸린 역마다. 인사신이 원국 내에 있는 경우는 물론이고 대운이나 세운에서 만나는 경우에는 주의해야 하는데, 삼형-역마는 대운과 세운, 원국 내 지지가 만나 성립되는 꽤 빈번한 역마다. 그래서 이를 역마다인형살(驛馬多人刑殺)이라 하며 위태로움, 파산, 질병, 사회적 불명예 등을 암시하므로 조심해야 한다.

대운에서 초년과 노년에 역마가 오는 것은 용희신, 기구신에 상관없이 좋지 않은 흐름이다. 초년에는 안정적인 환경에서 성장하고 노년에는 안정된 환경에서 삶을 정리하는 것이 이상적이기 때문이다. 원국 내 역마가 2개 이상이면 어떤 방향으로든 평생 삶이 산만하고 분주하며, 또 그에 비해 결과는 다소 박하다.

역마는 천을귀인과 동주할 때 가장 긍정적인 효과를 나타내는데, 천을-역마는 능수능란한 사교력이나 외교력을 통해 자신이 하고자 하는 일들을 성취하고 좋은 결과를 만들어낸다.

편관-역마는 지고불성(志高不成)역마라고 해서 고생만 죽도록 하고 이루어지는 것은 없는 역마를 말한다. 주위에선 답답해도 본인은 재미있어하며 돌아다니지만 성과가 없다. 운전과 교통사고를 조심해야 한다.

편인-역마는 고전적으로 수금이나 외판을 하는 직업에 종사하는 기운이라 해서 빈천역마라 했다. 온갖 것으로 성공하는 요즘 시대에는 다양한 영역에서 성공할 수 있는 힘으로 작용하거나, 그렇지 않은 경우 반대로 신체적, 정신적으로 고단한 역마가 될 가능성이 있다. 따라서 빈천역마보다는 극귀극천(極貴極賤)역마라 할 만하다. 실제로 크게 성공한 사람들 중에 편인-역마를 가진 사람이 많다.

옛날 고전에서는 여자의 정관-역마, 남자의 정재-역마는 역마와 관계없이 현명한 배우자를 얻는 역마라 했는데 현대에는 적용이 되지 않는 이론이라고 본다.

남, 극신약　　역마

『딴지일보』 총수 김어준의 명식. 신약한 명식으로 토화가 용희신이다. 원국 자체가 순환이 좋지 않아 삶의 굴곡은 피할 수 없으나 그런 와중에도 잘 살아가는 것은 대운의 상성이 좋기 때문이다. 3개 주가 역마이고 월지 해수는 운을 만나면 역마로 활성화된다. 일주와 복운인 연주와 통근한 월주, 시주가 눈에 띈다. 시주 편관은 기마로 갑무, 인신 쟁충극을 해서 위태롭다. 운성도 병을 만나 관성과 관련된 이동은 건강이나 관재수 등의 여러 문제가 발생할 수 있다. 평상시에도 여러 가지 일을 벌이고 그로 인해 이동이 잦은데 20대 병인 대운에는 배낭여행으로 50여 개국을 떠돌다가 여행 가이드를 하기도 했다. 51 기사 대운에는 인신사해 4개의 역마가 모인다. 어떤 행보를 보일지 기대된다.

도화(桃花)

신살 중에서 가장 많은 오해를 받는 것이 도화다. 안티페미니즘 시대에는 여성의 도화를 금기시했고 페미니즘 시대에는 도화를 은근히 긍정적으로 보는 경향이 있는데, 이는 도화를 잘못 이해한 것이다. 우리가 생각하는 도화는 외모나 체형, 성적 매력이나 욕구 같은 세속적 의미지만 명리학적 관점에서 본 도화는 타인의 관심을 끄는 힘, 즉 타인과의 관계를 규정할 수 있는 신살이다.

도화의 적용은 여타 신살과 조금 다르다. 도화는 형, 충, 합을 꺼리는데, 특히 합이 되면 도화의 힘이 너무 세지면서 탈이 날 가능성이 높다. 오히려 도화는 다른 신살과 달리 공망이 되는 자리에 있을 때를 대길하게 본다.

도화, 역마, 화개는 매우 강한 힘인데 그중에서도 도화는 자오묘유(子午卯酉) 즉 왕지에 해당하기 때문에 가장 힘이 세다. 그리고 왕지에 앉은 힘이기 때문에 도화가 위치한 자리의 용희신, 기구신 여부가 중요하다. 용희신 도화는 재예와 지혜라는 말로 요약되는데 예술적인 재능, 현실적 지혜를 의미하며 풍류를 좋아한다. 기구신 도화는 음욕이 강하거나 언행이 불순하고 혹은 은혜를 모르는 자기중심적 독단성의 기운으로 작용할 수 있다.

도화의 위치에 따른 강약과 관련해서 다양한 이론이 있지만, 나의 의견은 도화 자체가 강한 힘이기 때문에 월지, 일지, 시지에 자리한 도화는 모두 강하다고 봐야 한다는 것이다. 다만 도화의 위치에 따라 의미하는 바가 달라질 수는 있다. 연지에 있는 도화는 독자적으로 특정한 힘을 발휘한다기보다 다른 지지에 도화가 있을 때 그 도화의 힘을 강화하는 데 기여하는 정도라고 보면 된다.

월지 도화는 외모와 상관없고 일의 재능이 탁월해 전문성을 가지는 기운이다. 특히 일지가 십신상 관성에 해당하고 월지가 도화인 경우, 결혼을 하면 배우자의 가족에게 사랑받는 힘이 강해서 가족 간에 돈독한 관계를 맺을 수 있다.

일지 도화는 도화 중에서 가장 미모가 출중하지만, 호색의 경향이 있어 파란만장한 삶을 살기도 한다. 특히 일지가 십신상 정인이면서 도화를 가진 경우 미모가 탁월한 사람이 많은데, 이들은 이성관계와 구설수를 조심해야 한다.

시지 도화는 호색의 힘이 가장 강하지만 일지 도화와 달리 이로 인한 사회적 문제를 발생시키지 않고 문제가 생겨도 방어와 수습을 잘한다.

남자의 재성-도화와 여자의 관성-도화는 본인이 아니라 배우자의 성적 문란함으로 고통받을 수 있음을 암시한다.

화개-도화는 도화와 화개가 원국에 동반되는 경우로, 왕지는 고지의 방향으로 힘이 흐르기 때문에 사실상 도화의 힘이 사라진다. 고전에서는 염세학인(厭世學人)이라고 해서 종교나 역학 같은 분야에 투신을 많이 한다고 했다. 도화와는 전혀 상관없이 세상의 슬픔과 비극을 느끼고 인간과 우주의 운명에 자신을 맡긴다는 뜻이다.

역마-도화는 도화와 역마가 나란히 있는 것이다. 주거 불안, 표류 방랑의 의미인데 용희신에 도화가 놓여 있을 때는 오히려 타지에서 뜻을 크게 이루고 출세하는 힘을 가진다.

양인-도화는 학식과 재주가 비상하지만 병약함을 조심해야 한다.

최악은 도화가 원진(元嗔)과 동반되는 것이다. 이때는 자신이 악처, 악부가 될 가능성이 높으므로 여기 해당하는 사람들은 자신의 원국을 이해하고 스스로 마음을 다스려야 한다.

도화

식신	본원	상관	정인
乙	癸	甲	庚
卯	酉	申	午
식신	편인	정인	편재
甲乙 장생	庚辛 병	戊壬庚 사	丙己丁 절
도화 문창 천을	도화 천덕	역마	도화

99 상관	89 식신	79 정재	69 편재	59 정관	49 편관	39 정인	29 편인	19 겁재	9 비견
甲	乙	丙	丁	戊	己	庚	辛	壬	癸
戌	亥	子	丑	寅	卯	辰	巳	午	未
정관 쇠	겁재 제왕	비견 건록	편관 관대	상관 목욕	식신 장생	정관 양	정재 태	편재 절	편관 묘

피겨스케이팅 금메달리스트 김연아의 명식. 용희신 수목(통관용신), 기구신 토금이다. 신월 계수가 묘시에 태어난 중화의 명식으로 일·월지, 연주의 강한 금 인성과 시주에 통근한 식신이 인상적이다. 일지 금 편인의 병으로 어려서부터 피겨스케이팅에 탁월한 재능을 보이며 13세에 국가대표로 발탁되었다. 월지의 정인이 연간에 투출해 어머니의 헌신적인 뒷바라지를 배경으로 혹독한 환경에서도 인내심을 발휘하며 훈련에 매진했고, 스케이팅 기술의 정석을 끝없이 연구하고 연습하여 살아 있는 피겨스케이팅의 교과서라고 불렸다. 일·월지에 자리한 금 인성의 힘으로 어린 시절부터 참가한 모든 경기에서 한 번도 포디움 밖으로 밀려난 적이 없을 정도로 꾸준한 훈련과 자기 관리에 힘썼다. 완벽하고 정확한 기술을 바탕으로 일지 편인의 병, 시주에 통근한 강한 식신의 장생의 힘을 발휘해 피겨스케이팅을 독창적인 예술의 경지로 완벽하게 수행함으로써 임오 대운인 2012년 벤쿠버 올림픽에서 금메달을 수상했다. 2014년 임오 대운 갑오 세운, 십이운성상 절에 소치 동계올림픽을 마지막으로 은퇴했고, 연·일·시주에 자리한 도화의 힘으로 스케이팅 분야뿐 아니라 광고 모델이나 홍보대사로도 일하며 많은 관심과 사랑을 받고 있다.

화개(華蓋)

화개는 진술축미(辰戌丑未) 고지에 붙어 있기 때문에 지지에서 일어나는 신살 작용 중에서 가장 어렵고 복잡하다. 화개를 이해한다면 진술축미 고지를 이해한다는 것이고, 고지의 성격을 이해한다는 것은 조후(調候)와 음양오행을 이해한다는 뜻이므로 상당한 경지에 있을 것이다. 화개는 스펙트럼이 굉장히 넓기 때문에, 화개에 대한 충분한 이해 없이 원국을 단편적으로 해석하는 실수를 경계해야 한다.

화개는 기본적으로 종교, 수도(修道)의 힘이고 고독의 성이다. 문장력과 창의성이 있는데, 문창귀인의 화려하고 밝고 재기 있는 문장과 달리 화개의 문장은 어둡고 깊이 있으면서 강한 카리스마를 풍긴다. 화개의 또 다른 특징은 참모나 비서 같은 2인자의 자리에 있을 때 강력한 힘을 발휘한다는 것이다.

연주, 월주, 일주, 시주가 모두 화개이면 극한적 고독의 힘이기 때문에, 극한의 창조력을 갖거나 절대적인 존경을 받는 경우도 있는 한편 철저히 고립된 삶을 사는 등 극단적인 양상을 보일 수 있다. 화개가 한 주에만 있더라도 용희신 자리에 있다면 극한적인 고독과 극한의 창조력을 의미한다. 그러나 이 경우를 제외하면 화개는 다른 신살과 달리 하나일 때는 별 의미가 없고 2개 이상 자리해야 그 기능을 발휘한다.

일지 또는 시지를 포함해 화개가 2개 이상이고 일지나 시지의 화개가 공망이 된 경우는 고전에 의하면 머리 깎고 절에 들어가는 승려의 운명이다. 스님뿐 아니라 종교인 혹은 종교적 영성이 삶에 있어 중요한 사람이다.

화개가 정인에 임하고 이것이 용희신에 해당하는 자리면 대학자가 될 수 있는 힘을 의미한다. 이런 사람들은 공부가 적성에 맞는다.

화개가 형, 충이 되면 엔터테인먼트 문화사업으로 분주할 수 있다.

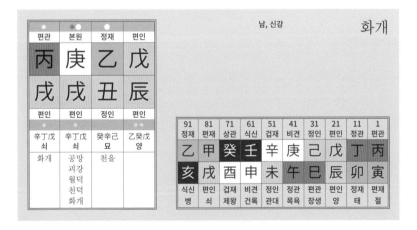

제4강. 관계를 감명하다

독일의 낭만파 작곡가이자 지휘자 펠릭스 멘델스존의 명식. 용희신 수목, 기구신 토금. 축월 경금이 술시에 태어난 인다신약의 명식으로 연간과 지지의 토 인성이 전체 원국을 압도적으로 지배하고 있다. 경술 일주로 일지에 편인의 쇠 월덕, 천덕 귀인, 화개가 동반되어 섬세하고 감성적인 음악적 감각으로 아름답고 시적인 멜로디와 밝은 음색을 가진 곡들을 작곡했다. 은행가의 아들로 태어나 유복한 어린 시절을 보냈고, 일주 괴강답게 어려서부터 예술적으로 천재의 면모를 보였는데, 11 정묘 대운인 10대에 대표작 〈한여름 밤의 꿈〉(A Midsummer Night's Dream) 등 훌륭한 곡들을 다수 작곡해 재능을 인정받았다. 작곡뿐 아니라 악기 연주, 지휘, 그 밖에 시나 그림, 외국어에도 뛰어난 재주를 보였다. 유대인임에도 자신을 독일인이라 간주해 개신교로 개종한 것도 자신의 정체성과 종교에 대한 독특한 관점을 반영한다. 지지에 강하게 관통해 있는 토 인성의 힘으로 바흐, 베토벤, 모차르트의 고전음악을 끊임없이 연구해 큰 영향을 받았고, 21 무진 대운 기축년에 축축, 진진 화개가 추가되어 바흐의 〈마태수난곡〉(St. Matthew Passion)을 세상에 소개한 큰 업적을 남겼다. 31 기사 대운 병오년에 각별한 사이였던 누나의 죽음에 큰 충격을 받았고, 그로부터 6개월 후 38세의 젊은 나이에 뇌출혈로 사망했다.

괴강(魁罡)

일주가 경진(庚辰), 경술(庚戌), 임진(壬辰), 무술(戊戌)에 해당될 때 괴강이라고 한다. 일주가 괴강이 아니면 다른 3개의 주가 경진, 경술, 임진, 무술이어도 괴강이 아니다. 일주가 괴강이라는 전제하에 나머지 주의 괴강도 괴강이라 본다. 그러면 대운, 세운에서 들어오는 것을 괴강 대운으로 볼 수 있느냐 하는 문제가 생기는데, 이 역시 일주 괴강일 때만 성립하는 것으로 잠정적으로 인정하기로 한다.

괴강의 특징은 극귀극천, 총명황포(聰明荒暴)라 할 수 있다. 남녀 모두 외모가 매력적이며 결벽증을 보이는 경향이 있다. 괴강의 중첩에 따라 작용하는 정도가 달라지는데, 일주를 포함해서 3개 이상일 때는 엄청난 부귀의 가능성도 있지만 엄청난 극빈의 가능성도 내포하고 있다. 고전에서는 경술, 경진 일생이 다른 주에서 관살혼잡을 이루거나 임진, 무술 일생이 다른 주에서 재성혼잡이면 극빈일 가능성이 높다고 했다.

괴강이 형이나 충이 되면 황당한 일을 당하거나 이상한 사건에 휘말릴 수 있다.

연쇄살인범 강호순의 명식. 일주와 연주가 괴강이고 시주 병술은 백호로 괴강과 상승효과를 일으킨다. 일주 괴강이 연주 괴강과 시주 백호와 충을 해서 끔찍한 재난을 만들어냈다. 관계와 커뮤니티, 남자에게 여자를 의미하는 월지 편재 인목과 사회적 명예와 안정, 자식을 의미하는 시간 편관이 고립되어 있다. 식재, 목수가 용희신이 된다. 22세에 첫 결혼을 해 15년 동안 4번의 결혼을 했다. 범죄 사실이 밝혀지기 전까지 알고 지낸 여성들의 강호순에 대한 평판은 예의 바르고 자상한 사람이었다. 아들들에 대해서도 각별한 애정을 보였다고 한다. 고립된 재성과 관성에 대한 집착을 알 수 있다. 강호순은 2006년부터 검거되는 2009년 1월까지 집중적으로 범죄를 저질렀는데 임오 대운 오화 소운에 접어들면서였다. 임수는 희신으로 이 원국이 처음으로 만나는 수 기운인데 오화와 함께 들어와 운이 좋지 않았다. 세운에서 2005년까지 금수로 지원을 받았으나 2006 병술년이 되면서 임수는 완전히 고립된다. 인오술 화국이 되어 일간을 자극하고 희신 임수를 더욱 고립시켰다.
불우한 성장 환경이나 폭력, 학대의 흔적이 없고 스스로 범행 동기를 설명하지 못하는, 한국에서는 처음 나온 연쇄살인범 유형이다. 토 인성은 집중력이 뛰어나 한 분야를 파는 것이 좋으나 경금 일간의 양토 편인이 과다하면 양상이 좀 다르다. 집중력과 습득력이 매우 뛰어나 관심사가 자주 바뀌거나 정서적 감응도가 떨어질 수 있다. 총명황포한 기운을 잘 유통시킬 수 있게 신경 써줘야 한다.

양인(羊刃)

양인은 양간(陽干)에만 적용되는 신살로 천간과 지지가 오행상 동일하면서 음양이 다른 경우에 해당한다. 양인은 원래 '큰 벼슬에 올랐으나 물러나야 할 때 물러나지 않고 끝까지 버티는 추레한 권력욕'을 말하는데, 이는 치열한 경쟁을 통해 자신을 지키는 힘 정도로 해석할 수 있다. 무도하고 폭력적인 성정이나 한편으로는 불굴의 의지를 가지므로 가혹한 형태의 결단을 내리는 힘이 되기도 한다. 이는 가족과의 관계에서는 조절되어야 하는 힘이지만, 현대사회에서는 아닌 것은 아니라고 이야기하고 행동할 수 있는, 어느 정도 필요한 힘이기도 하다.

양인은 60갑자 중 가장 센 조합이므로 형, 충, 공망이 될 때 부정적으로 작용하는데, 재난을 당하거나 재산상의 큰 손실 또는 민형사상의 문제에 연루될 가능성이 높다. 특히 양인이 충이 되면 폭력성이 더욱 증가한다. 또 다른 지지의 정재나 정관과 합충을 하면 안정성이 크게 떨어질 가능성이 크므로 주의해야 한다.

양인과 식상이 동주하면 언론, 변호, 평론 등의 분야에서 두각을 나타내며, 양인과 편관이 동주하면 군인, 경찰, 법조인, 의료계에 종사할 가능성이 많다.

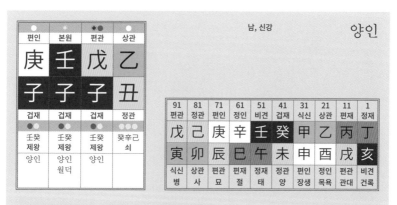

핀란드의 작곡가 잔 시벨리우스의 명식. 자월 자시에 태어난 임수로 매우 신강하다. 천지를 쓸어버릴 듯 넘실거리는 물길을 축토가 자축합으로 자수의 범람을 막아서며 투간된 편관 무토와 상관 을목을 보호하고 있다. 원국의 목과 토를 보호하는 것이 중요하다. 화목이 용희신이다. 용신인 화는 지장간에도 없어 화보다 을목이 중하게 쓰인다. 동시대의 작곡가들이 고전음악의 조성을 해체하고 난해한 현대음악으로 들어서던 시기에 시벨리우스는 유행이 지난 국민음악을 고수해 자신만의 음악적 세계를 열었다. 시벨리우스의 음악은 독립을 열망하는 핀란드 국민들에게 큰 위안을 주었고 그는 국가적 영웅이 되었다. 독특한 색감을 지닌 그의 음악은 유럽뿐 아니라 미국에서 열광적인 인기를 얻었다. 난해한 현대음악의 조류 속에서 국민음악을 고수하며 자신만의 작품 세계를 일궈낸 힘은 자수 삼병존의 겁재에 제왕, 양인의 자기 확신과 추진력에서 비롯되었다고 볼 수 있다.

백호(白虎)

일주에 갑진(甲辰), 을미(乙未), 병술(丙戌), 정축(丁丑), 무진(戊辰), 임술(壬戌), 계축(癸丑)이 있을 때 백호라고 하며, 괴강과 마찬가지로 일주가 백호일 때 다른 주, 세운, 대운의 백호를 인정한다.

백호는 한 사람의 생명을 좌지우지하는 힘으로 산업재해, 교통사고, 큰 수술 등 예측 불가능한 위험에 노출되는 기운이 강한 신살이다. 특히 종양성 질병이나 비명횡사와 관련이 있어, 과거에는 대살(大殺)이라 칭할 정도로 두려워했다.

원국의 백호는 유능한 힘, 특수한 재능이나 전문적인 능력을 의미하며, 목적한 바에 대한 집중력과 끈기가 탁월하다. 원국에 백호가 있는 사람은 호랑이에게 물려 갈 걱정은 할 필요 없으니 그럴 시간에 자신의 재능이 무엇인지 돌아보는 게 낫다.

백호는 원국 내에서보다 대운과 세운에 올 때 부정적인 기운이 커지는데, 이때는 종양성 질병이나 생사이별수가 있으므로 관심을 기울여야 한다.

남자의 재성-백호나 여자의 관성-백호는 해당되는 재성, 관성이 기구신일 경우 배우자에게 흉조가 발생할 수 있음을 암시한다.

백호는 형, 충이 될 때 강한 작용력을 발휘하며, 양인과 동주할 때를 합살(合殺)이라 하여 매우 귀한 극단적으로 길한 힘으로 보았다.

남, 극신강

백호

독일의 경제학자이자 정치학자인 카를 마르크스의 명식. 용희신 금수, 기구신 화토. 진월 무토가 축시에 태어난 사주로 토 비겁으로 신강한 사주다. 자기주장이 강하고 선악과 호오에 대한 판단이 뚜렷해 명분에 맞지 않는 일은 하지 않는 성격이다. 지지의 월·일지가 진진 병존, 비견의 묘, 화개를 안고 있어 고독한 기운으로 깊은 통찰을 통해 큰 성공을 거두지만, 굴곡 많은 인생을 살게 된다. 독일에서 유대인으로 태어난 마르크스는 20대에 청년헤겔파에 가입했고, 급진적 반정부 기관지의 편집장이 되어 혁명을 꿈꾸었다. 고국인 프로이센에서 추방되어 브뤼셀, 파리, 런던 등을 전전했고, 공산주의자 동맹에 가입해 엥겔스와 함께 『공산당선언』(Manifest der Kommunistischen Partei)을 공동 집필, 40대 후반 신유 대운에 이르러 대표 저서인 『자본론』(Das Kapital)을 출간했다. 연지의 편관의 병은 문창과 암록, 역마를 동반하므로 유럽 각지를 떠돌며 집필 활동을 하게 됨을 암시한다. 유럽 각국의 혁명이 좌절되고 잇달아 추방을 당하게 되자 수년간 고립되어 정신적 고통과 물질적 빈곤 속에서 지내기도 했다. 일·시지의 비견과 겁재에 백호가 동반되어 통상적이지 않은 분야에서 큰 힘을 발휘하게 되지만 너무 극단적인 힘의 조합 때문에 인생의 부침이 많았다. 계해 대운의 계미년 용신인 계수가 무토와 재차 쟁합을 하여 기구신으로 화하는 1883년에 사망했다.

원진(元嗔)

진해(辰亥), 오축(午丑), 사술(巳戌), 묘신(卯申), 자미(子未), 인유(寅酉)를 원진이라 하며, 이들 중 진해, 오축, 사술, 묘신은 귀문관과 겹친다. 귀문관과 겹친 원진이 크게 작용하고 그중에서도 진해 원진이 가장 파괴적인 힘을 발휘한다.

원진은 서로 싫어하고 미워하는 신살이라서 사람과의 관계에서 제일 먼저 보게 되며, 결혼이나 동업 등의 파트너로 가장 불리한 기운이다.

원국 내에서 원진이 위치한 십신에 따라 의미가 다른데, 비겁-원진은 형제나 동료의 흉사를 의미하고, 재성-원진은 금전으로 인한 원망, 관성-원진은 관재 손명, 인성-원진은 학력의 중도 중단 등의 의미가 있다.

하지만 이런 것들은 크게 중요하지 않다. 사람이 파괴되는 것은 개인 또는 단체를 대상으로 한 의사소통이 어그러지고 와해될 때다. 그래서 구설수, 불평불만의 의미가 있는 식상-원진이 가장 문제가 된다. 식상-원진이 있는 사람의 말은 본인의 의도와 다르게 오해를 받는 경우가 많아, 사회생활에서든 결혼 생활에서든 나쁘게 작용할 가능성이 크다. 어떤 부부에게는 아무것도 아닌 일상적인 말이 어떤 부부에게는 치명적으로 작용한다. 아무것도 아닌 일로 사건이 엄청나게 커질 수 있으니, 원국 내에 식상-원진이 있을 때는 관계에 대해 많은 생각을 해야 한다.

168명이 사망하고 680여 명이 부상을 입은 미국 오클라호마 주 연방 정부 청사의 폭탄 테러범 티머시 맥베이의 명식. 계수가 겁재보다 반기는 진토를 월지, 시지에 만났다고는 하나 병진 간지는 습토로 작용하기 어렵다. 원국의 흐름이 좋지 않고 용희신인 수금도 늦게 만난다. 신약한 원국에 일주를 충하는 정사 구신 대운을 4세라는 너무 이른 나이에 만났다. 이어진 대운도 무오, 기미로 완벽한 기구신 대운이 30년 동안 이어진다. 4 정사 대운 정사년에 부모가 이혼하고, 학교에서는 따돌림을 당했다. 자신을 괴롭히는 자들에게 복수하는 상상으로 위안을 삼았고, 성장 후에는 연방 정부가 자신을 억압하는 절대악이라는 적개심을 갖게 됐다. 일지 겁재를 제외한 나머지 3개 주는 정인, 정재, 정관으로 보수성이 강해 한번 믿으면 신념을 바꾸기 어려운 구성이다. 좋지 않은 성장 환경으로 인해 계해 일주의 넘쳐나는 인정 욕구에 대한 불만족이 반사회적인 인격을 형성하게 만들었다. 계해가 병진이라는 형옥에 갇힌 꼴이 됐다. 진해 원진이 아무런 완충 작용 없이 일간을 둘러싸고 있는데 진해 원진이 또 겹치는 을해년에 폭탄 테러를 저질렀다. 대운 또한 24 기미 대운으로 계해 일주를 극했다. 아이러니하게도 첫 희신 대운 첫해에 독극물 주사로 사형이 집행됐다. 34 경신 대운 2001 신사년이었다. 신사년은 병신합수, 사신합수로 갇혀 있던 일간이 해방되는 해였다.

귀문관(鬼門關)

명리학 고전들을 보면 진해(辰亥), 오축(午丑), 사술(巳戌), 묘신(卯申), 인미(寅未), 자유(子酉), 6개의 조합이 귀문관이라는 입장은 동일한데 위치에 대한 기준은 제각각이다. 이에 대해 내가 만든 절충안은, 일지를 기준으로 나란히 붙어 있을 때만 귀문관으로 인정한다는 것이다. 예를 들어 일지가 진(辰)일 때는 나란히 붙어 있는 해(亥)가 귀문관이 되고, 해가 일지면 진이 귀문관이 된다. 일주를 기준으로 나란히 붙어 있으려면 월-일, 일-시에서만 귀문관이 성립된다. 실제 임상 사례를 보아도 귀문관을 의미하는 지지가 일지에 포함되지 않거나 떨어져 있을 때는 귀문관의 특징이 희박하고 적용이 안 되는 경우가 많았다.

귀문관은 사람의 마음을 읽는 통찰력이 있으며, 영특한 두뇌와 특수한 분야의 재능을 말한다. 추상적, 명상적, 종교적 화두에 관심이 많은 경향이 있다. 하지만 건강상의 문제가 발생할 가능성이 많은데, 일-월주 귀문관이 있거나 인미, 묘신과 같이 강한 힘을 가지는 경우 심각한 질병에 노출될 위험이 높으므로 각별히 주의해야 한다. 또 진해 귀문관은 가장 강한 원진의 기운이기도 하기 때문에 사회적 관계의 고립, 파괴 등을 조심해야 한다.

용희신 귀문관이 문창과 동반되면 예술적 감수성이 탁월하게 발휘되는 경우가 있다.

귀문관이 기구신에 해당하면 십신에 따라 부작용이 발생하는데, 비겁-귀문관은 형제, 동료와 불화, 식상-귀문관은 욕구불만, 욕설 과다, 재성-귀문관은 아내와의 불화 혹은 재물 손괴, 인성-귀문관은 문서 계약으로 인한 사고 같은 문제들이 발생할 수 있다.

특히 관성이 기구신인 신약한 원국에서 귀문관이 관성의 자리에 위치하면 부정성이 강하게 작용하는데, 조직 내에서 불이익을 당하거나 여자의 경우 남편과의 불화나 성폭력과 관련된 불상사를 겪을 가능성이 있다.

귀문관이 신살 중 화개와 동주하면 병명을 알 수 없는 건강상의 문제가 지속될 수 있다. 하지만 영적인 신기 또는 종교적 신심이 강하다.

남, 신약　　귀문관

비스마르크는 독일 자국 내에서는 독단적인 행보로 많은 반발을 샀지만 유럽에서는 절묘한 외교력으로 비스마르크 체제라는 국제 평화 질서를 만들어냈다. 비스마르크 체제는 독일의 평화를 유지하기 위해 주변국들의 균형을 독일 위주로 재편한 것이다. 독일이 관여된 사안뿐 아니라 유럽에서 일어나는 갈등에 중재자 역할을 자처했다. 분열된 독일을 통일하고 유럽의 강대국으로 거듭나게 한 지도자로서 자만심에 빠지기 쉬운 위치였지만 자만의 함정에 빠지지 않고 각국이 처한 입장을 면밀하게 파악하고 그에 맞는 대응으로 조율해나간 데는 미인 귀문관의 영향이 컸다고 볼 수 있다. 미인 귀문관은 원진이 없는 귀문관으로 비스마르크의 원국에서는 해묘미 삼합과 미인 암합을 하고 있다. 겁재에 양이 편관, 정관과 합을 해서 필요한 수단을 적절하게 강구할 수 있었다. 편재 해수도 편관, 정관과 합을 해서 유럽이라는 전체를 한 시야에 파악하는 데 작용했다.

공망(空亡)

공망은 십간, 십이지 사이에서 천간을 기준으로 짝을 짓고 남는 지지를 일컫는 말로 살(煞)에 준하는 개념이다. 어느 지지가 공망이 된다고 그 오행의 의미가 사라지는 것은 아니고 십신 혹은 육친의 의미가 무력화되는 것을 뜻한다고 본다. 공망에 해당하는 지지는 일간과 인연이 없는 지지이니 그 글자가 의미하는 십신과 육친의 의미가 무정하다고 해석한다. 즉 해당되는 십신과 육친에 덕이 없다고 보는 것이다.

예를 들어 무신 일주라면 편관과 정관에 해당하는 인묘(寅卯)가 공망인데 이는 관성 공망이다. 관, 즉 큰 규모의 조직 생활이 여의치 않음을 의미한다. 다시 말해 조직보다는 개인 중심의 일에 종사하거나 조직 사회로 나간다고 하더라도 현실적인 권력을 다투는 곳이 아니라 정신적인 의미를 채우는 그런 조직에 가담하는 것을 의미한다. 이 무신 일주가 여자라면 관에 해당하는 남편 덕이 약하거나 있다가도 없어지는 형태가 된다. 그러나 공망의 형태로 산다면, 즉 결혼을 하지 않거나 이혼 후에 독립적인 삶을 꾸린다면 오히려 관이 원활해진다는 의미도 된다.

인성 공망이면 학문적 성취의 실패나 도덕적, 종교적 윤리 요소가 희박해지는 것을 암시한다. 그리고 남녀 공히 인성은 육친상 어머니이므로 모친과의 인연이 약한 것을 의미하기도 한다.

비겁 공망이면 투쟁성과 경쟁심이 약화되거나 육친적 관점에선 형제나 동료로 인한 아픔이 있을 수 있다.

식상 공망은 식상에 속하는 생산이나 교육에 장애가 있을 가능성이 크다. 또한 식상 공망은 활동 수단 없이 재물을 취하는 모습인데, 특히 상관 공망이면 특별한 재주가 있거나 공망된 십신으로 큰 재물을 구하기도 한다. 여성의 경우 식상은 자식을 의미하니 자식과의 인연이 박하다고 본다.

재성 공망은 재물에 대한 논리가 약하거나 인연이 없는 경우를 말하는데 학문이나 명예를 추구한다면 오히려 큰 성취를 가져오기도 한다. 남성의 경우, 재성은 처를 의미하므로 처덕이 약하다고 할 수 있겠다.

공망은 충과 합, 형에 의해 해공, 즉 공망이 풀려난다. 충은 강력하게 공망을 분쇄하고, 합 또한 공망을 풀지만 방합만 예외로 공망을 해소하지 못한다. 암합은 해공의 힘이 매우 약하다. 형 또한 공망을 무력화하지만 충과 합보다는 해공의 힘이 약하다.

그리고 대운에는 공망이 적용되지 않지만 세운에는 공망년이 적용되는 것을 유념하라. 또 한 가지 주목할 점은 지지에만 공망이 적용되는 것이 아니라 천간에도 적용된다는 점이다. 만약 오화가 공망이라면 오화의 정기에 해당하는 천간의 정화도 공망이 된다.

조금 특이한 해석으로는 재관 공망은 수명이 길다고 보기도 한다. 재성과 관성은 에너지를 쏟아야 하는 십신인데 재관이 공망되었다는 것은 에너지를 아꼈다는 의미가 되기 때문이다. 그리고 사주 모두가 공망이거나 삼주가 공망인 경우를 특별한 귀명으로 보는 견해도 있다.

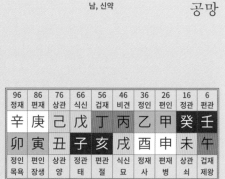

연·일·시 삼주가 공망인 요한 바오로 2세 교황의 명식. 비이탈리아인으로 455년 만에 교황의 자리에 오른 그는 폴란드 출신으로 용신인 정해 대운 1978 무오년 교황의 자리에 올랐으며 구신년인 1981 신유년에 터키인의 저격을 받았으나 건강을 회복했다. 득령한 신약 명식으로 용신은 정화 겁재. 바오로 6세의 교회개혁 정신을 이어받아, 교회가 과거에 저지른 불관용과 전체주의 정권의 인간성 유린에 대한 묵인은 잘못임을 인정하는 진보적인 고백을 함으로써 교회를 한 걸음 진전시키는 공로를 세웠다. 정재와 편재, 정관이 공망인데 편재 연주는 사신합으로 해공되었다. 정재, 정관이 공망이므로 처의 덕과 상관없는 종교적 구도의 길을 걸었고 정신적인 가치를 추구하는 조직에서 자신의 존재를 증명했다.

제4강. 관계를 감명하다

제五강

운명을 운용하여

조화를 이루다

불완전한
인간이
완벽하게
조화로운
상태에
도달하려는
의지가
용신이다.

용신 심층탐구

용신과 원국 사이의 작용과 반작용

꿈의 지형도, 용신

현대 명리학에서 용신(用神)의 중요성은 더 말할 필요가 없다. 하지만 동시에 용신이 만병통치약은 아니라는 것은 기초편에서 재삼 강조한 바다. 다른 요인들은 제쳐두고 오로지 용신에 의한 판단만을 중요시하는 용신 의존증은 손쉽게 체념과 허무주의로 우리를 몰고 간다. 음양과 오행, 십신과 십이운성, 신살이 원국을 파악하고 규명하는 각론이라면 용신은 그것을 바탕으로 어떻게 나의 운명을 운용할 것인지에 필요한 전략전술론이다. 주체의 본질에 대한 파악 없이 전략만을 구하자고 든다면 그것은 오히려 자신의 목을 찌르는 흉기로 전락하고 말 것이다.

인간은 불완전하고 복잡한 존재다. 명리학적으로도 한 원국에서 음양과 오행의 절대적 조화란 존재할 수 없다. 그러므로 인간은 우주의 완벽한 조화의 상태로 되려는 무의식적인 지향성을 갖고 있다. 그런 욕구를 명리학으로 실현할 수 있는 구체적인 하나의 도구로서 용신이라는 개념을 제시할 수 있다. 즉 완벽하게 조화로운 상태로 도달하려는 의지의 가장 핵심 키워드가 용신이라는 뜻이다. 물론 그것을 자신 속에서 실현할 수도 있고 죽을 때까지 못 할 수도 있다. 그야말로 쓸 용(用) 자대로 쓸 수 있는 사람이 있고, 못 쓰고 복수당하는 사람도 있다. 대부분 용신은 자기가 소유하지 못한 것일 가능성이 높기 때문에 잘 쓰지 못한다. 그래서 그것을 가지기 위한 제반 노력을 포기하거나 혹은 아예 그 자체를 인지하지 못하는 것이다.

용신은 우주적 조화를 지향하는 인간 개인의 꿈의 지형도, 즉 꿈의 게놈(Genom)이라고 할 수 있다. 다시 말해 가장 궁극적인 단계의 조화를 위한 키 카드가 용신이다. 그리고 인간은 마침내 조화를 이뤄낸 이상적인 자신의 모델에 자신을 일치시키려고 한다. 그러므로 용신 개념을 인문학적으로 이해하지 못하고 단순히 자신에게 결핍된 것을 취하는 세속적인 잣대로만 평가한다면, 용신 만능론에 빠지게 되고 그것은 생각보다 위험한 결과를 초래할 것이다.

용신이란 적극적으로 수행하고 실천하는 개념이다. 개개인의 잠재력을 가장 효과적으로 영향력 있게 사용하는 것이라고 할 수 있다. 용신은 만병통치약이 아니라 자신이 주체적으로 사용해야 의미 있는 개념임을 반드시 기억해두어야 한다.

용신의 의미에 대해 충분히 이해했다면, 원국에서 용신을 파악하는 방법을 알아보자. 용신이란 일간을 가장 쓰임새 있게 만들어주는 요소라고 간단히 정의한다면, 그 용신을 생조해주는 것을 희신(喜神)이라 한다. 반대로 용신을 극하는 요소는 기신(忌神)이라 하며, 그 기신을 생해주는 것을 구신(仇神)이라 한다. 한신(閑神)은 용희신도 아니고 기구신도 아닌 제3의 요소인데, 경우에 따라 매우 중요한 역할을 한다. 기신을 극해주는 역할로 자신의 일간을 방어하는 기능을 하기 때문이다.

용신은 원국 내에서 한 개 이상일 가능성도 있다. 또 중화(中和)를 이루는 원국처럼 용신을 꼭 구할 필요가 없을 때도 있는데, 이 경우는 원국 내에서 나름으로 오행의 균형을 이루고 있으니 굳이 용신을 구하기보다 십신의 성격 자체로 원국을 해석하는 편이 합리적이다.

참고로 용신은 천간의 요소로 잡는 것이 좋다. 용신이 천간에 위치한 경우에는 그대로 정하고, 지지에 있으면 지장간을 구성하는 천간의 요소 중에서 용신을 구하면 된다.

고립용신 판단법

용신의 종류에는 크게 고립용신과 행운용신이 있다. 고립용신은 건강용신이라고도 하는데, 나는 이를 최우선적으로 고려해야 한다고 생각한다. 행운용신은 통상적으로 사용되는 용신으로, 이 장에서는 억부용신론, 조후용신론, 통관용신론, 전왕용신론 등 가장 널리 사용되고 골격이 되는 이론들을 소개하겠다.

그렇다면 구체적으로 각 이론에 근거한 용신 파악 방법을 알아보자.

고립용신은 한 오행이 생조 없이 힘을 빼 가거나, 극을 당하거나 극을 하는 오행으로 둘러싸인 상황을 말하는데, 이 경우 건강과 생명, 해당 육친이나 십신의 성격이 위태로움을 의미한다. 그러므로 고립된 오행을 살려야 한다는 취지에서 그 오행을 고립용신으로 정하게 된다.

고립용신을 파악하는 데 흔히 지나칠 수 있는 사항을 하나 지적하고자 한다. 원국 안의 하나의 오행이 자신과 같거나 자신을 생해주는 오행이 아닌 다른 오행, 즉 자신이 생하거나 극하거나 극을 당하는 오행으로 둘러싸여 있다고 해서 그것이 고립이 되는 것은 아니다. 다음과 같은 경우를 보자.

시간 계수가 자신을 극하는 축토와 자신이 극하는 정화와 사화로 포위되어 있지만 이 경우 계수를 고립이라고 하지 않는다. 계수 아래 축토의 지장간에 계수가 숨어 있고 시간 계수는 축토 지장간에 뿌리를 튼튼히 내리고 있기 때문이다. 그래서 고립용신을 파악하려면 지지의 지장간을 유심히 살펴야 한다.

김동완의『사주명리학 완전정복』(2005, 동학사)에서 인용한 위 명식은 수 전왕으로 연지 묘목이 수에 둘러싸여 거의 썩어가는 형국이다. 행운용신은 수겠지만 건강용신은 당연히 목이다. 다행히 초중반 운이 수목으로 흘러 위기를 잘 넘어가는가 했으나 27 병인 대운에 이르러 골수암으로 투병하다 사망했다.

병화는 병신합수되어 건강용신의 한신이 희신으로 전화했음에도 병 소운 내의 세운이 목은 조금도 없고 집중적으로 금의 기운으로 흐른다. 이 고비만 넘겼으면 하는 아쉬움이 크다.

하지만 여기서 우리가 조금 더 생각해보아야 할 것은 아무리 이렇게 심각한 고립이 일어났다 하더라도 이와 똑같은 명식을 가진 이가 우리나라에만 최소한 50명은 넘을 텐데 모두 이렇게 치명적인 발병으로 세상을 떠났을까 하는 점이다. 전부 확인해볼 길은 없지만, 결코 그렇지 않을 것이다. 아주 사소한 질병이나 사고 정도로 넘어갈 수도 있고 아예 아무런 일도 없을 수도 있다. 한 사람의 명식으로 그 모든 것을 판별하는 것은 무리가 있기 때문이다. 그렇지만 다음의 경우를 보자.

화와 토의 기운이 극강한 가운데 월지 해수가 연간 신금에 간신히 의지해 있는데 신금은 토생금이 되고 있다고는 하나 전혀 뿌리를 못 내려 오히려 토다금매로 고립의 기운이 있으니 월지 해수 또한 막막하다. 일곱 살 되던 정축년 해수는 완전히 말려 뇌성마비에 걸리고 말았다. 그런데 이 사람의 부모 명식을 보자.

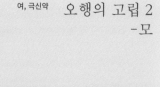

여, 극신약 오행의 고립 2
-모

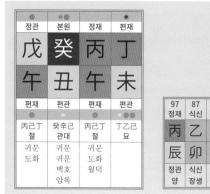

정관	본원	정재	편재
戊	癸	丙	丁
午	丑	午	未
편재	편관	편재	편관
丙己丁 절	癸辛己 관대	丙己丁 절	丁乙己 묘
귀문 도화	귀문 귀문 백호 암록	귀문 도화 월덕	

97 정재	87 식신	77 상관	67 비견	57 겁재	47 편인	37 정인	27 편관	17 정관	7 편재
丙	乙	甲	癸	壬	辛	庚	己	戊	丁
辰	卯	寅	丑	子	亥	戌	酉	申	未
정관 양	식신 장생	상관 목욕	편관 관대	비견 건록	겁재 제왕	정관 쇠	편인 병	정인 사	편재 묘

남, 신강 오행의 고립 2
-부

정관	본원	정재	정인
癸	丙	辛	乙
巳	戌	巳	巳
비견	식신	비견	비견
戊庚丙 건록	辛丁戊 묘	戊庚丙 건록	戊庚丙 건록
귀문	귀문 귀문 백호	귀문 천덕	

99 정재	89 편관	79 정관	69 편인	59 정인	49 비견	39 겁재	29 식신	19 상관	9 편재
辛	壬	癸	甲	乙	丙	丁	戊	己	庚
未	申	酉	戌	亥	子	丑	寅	卯	辰
상관 쇠	편재 병	정재 사	식신 묘	편관 절	정관 태	상관 양	편인 장생	정인 목욕	식신 관대

부모 모두가 화, 토로 가득하며 발병 시 두 사람 각각 무토 소운, 기토 소운이었다. 아이의 해수는 완벽하게 화, 토에 갇혀 있었던 셈이다. 하지만 계축 일주인 어머니의 헌신적인 사랑과 노력으로(그리고 대운도 금수 기운으로 흐른다) 보통 10대 중반을 넘기기 어려운 것으로 알려진 질병치고는 보기 드물게 20대 후반이 된 지금도 부모와 같이 살고 있다.

행운용신 판단법

건강용신에 비해 행운용신은 좀 더 복잡하고, 여러 개의 용신이 성립될 수도 있으며, 같은 명식을 두고도 입장에 따라 이견의 여지가 생길 수 있

제5강. 운명을 운용하여 조화를 이루다

는 골치 아픈 분야다. 용신의 심각성은 그것이 음양과 오행, 합과 충, 십신과 십이운성, 나아가 신살까지를 종합적으로 파악해 도출되는 일종의 최종심급의 개념이라는 데서 나온다. 즉 십신이나 신살을 부분적으로 잘못 파악하더라도 원국과 대운의 전체적인 판단을 그르치는 수준까지 나아가진 않지만, 행운용신을 잘못 규명하면 전혀 엉뚱한 통변으로 모든 것을 무너뜨릴 수 있다. 그래서 기초편에서 행운용신을 파악하기 어려우면 고립용신(건강용신)만 찾고 대운을 십신과 십이운성, 신살로만 보는 것이 오히려 오류를 피하는 현명한 길일 수 있다고 한 것이다. 그리고 이런 방식의 소박한 통변이 더욱 타당한 해석일 가능성도 많다.

하지만 이왕 내친걸음이니 너무 어려워만 하지 말고 기초편의 내용을 바탕으로 차근차근 행운용신 판단법을 도출해보자. 먼저 행운용신을 정하는 데 꼭 명심해야 할 사항을 아래와 같이 정리해보았다.

억부(抑扶)를 중심으로 용신을 판단하되 조후의 관점에서 보완하라.
하나의 오행이 명식을 전면적으로 지배하는 전왕(全旺)이나 오행 2개가 극하며 대치하는 통관(通關)의 경우를 제외하면 거의 대부분의 명식은 억부로 파악 가능하다. 억부란 넘치는 것은 덜어주고 모자라는 것은 힘을 더해준다는 뜻인데, 여기서 '넘치는 것을 덜어준다'는 의미를 잘 새겨야 한다. 너무 강한 오행(과다)은 극하는 것보다 살살 달래서 힘을 빼는 것, 곧 과다 오행이 생하는 오행으로 설기하는 편이 대개의 경우 훨씬 효율적이다. 목(木)의 힘이 압도적인데 고작 커터칼(금金) 하나로 그 아름드리나무를 벨 수는 없는 것이고, 오히려 칼이 부러질 것이다. 이럴 땐 목이 생하는 화(火)가 억부에 도움이 된다. 화로 목을 태워 목의 기운을 반감시키는 것이다. 이때 금은 함부로 공격하지 말고 자신을 지키는 것이 훨씬 유리하다. 극을 하는 오행을 용신으로 잡을 때는 그 오행의 힘이 비록 극하는 대상보다 약하더라도 또렷하게 생조되어야 가능하다. 구체적으로 말한다면 앞의 경우처럼 과다한 목국(木局)에 금이 하나밖에 없다 하더라도 바로 곁에서 토(土)가 금의 기운을 산뜻하게 밀어주고 금이 충이나 합, 혹은 형에 걸리지 않고 깨끗하다면 능히 대적 가능하다.

　다음으로 조후의 관점에서 보완하라고 했는데, 이는 억부의 관점에서 용신을 채택했더라도 원국 자체가 너무 조습하거나(목화木火, 조토) 너무 한난(寒暖)할 때(금수金水, 습토) 따뜻함과 차가움의 조화를 생각해야 한다는 뜻이다. 한쪽 기운으로 치우쳐 있는데 용신마저 그 속에 있다면 균형을 기대하기 어렵다. 이럴 땐 과감히 억부의 틀을 깨고 조후를 우선해야 한다.

　용신과 희신, 기신과 구신의 차이에 연연하지 말라.
희신은 용신을 생해주는 오행이고, 기신은 용신을 극하는 개념이지만 동시에 희신을 생하기도 하며, 구신은 기신을 생하고 희신을 극한다. 고전에 따라서는 용신과 희신을 자유롭게 설정하기도 해서 우리를 더욱 혼란에 빠뜨린다. 즉 화가 용신이라고 할 때 꼭 목이 희신은 아니고 금이나 수를 그때그때의 희신으로 잡기도 한다. 내 생각으로는 일단 배우는 단계에서는 철저히 상생상극의 개념에서 용신과 기신을 정하는 것이 바람직하다고 본다. 하나의 용신을 먼저 규명하고, 그것을 생하는 요소를 희신으로 정하고 극하는 요소를 기신으로 잡는 것 말이다. 그리고 그 가운데의 요소, 곧 용신이 생하는 요소를 한신으로 규정한다.

　다만 용신과 대치하는 기구신의 세력이 너무 강할 때는 기구신을 설기하는 희신이 무력한 용신보다 큰 역할을 하는 경우가 많다. 예컨대 무토(戊) 일간 극신약인 나의 명식의 경우, 왕성한 재성과 관성 때문에 용신 무토보다는 관성과 재성을 설기하는 희신 병화(丙)가 사실상 용신 구실을 하게 된다. 이런 경우 많은 책에서 '용신은 병화이며 무토를 기다린다' 유의 애매한 표현을 써서 더욱 혼란에 빠뜨리는데, 억부의 원칙에 입각해 용희신을 규정하고 '희신이 실질적으로 용신의 구실을 한다'고 보면 혼란을 줄일 수 있겠다. 그렇다면 이런 경우 본래의 무토 용신은 아무 역할도 못 하는가 하는 의문이 들 수 있다. 그렇지 않다. 차분하고 냉정하게 그리고 방어적으로 용신의 기운을 운용한다면 기구신의 부정성을 최소화하고 나름의 결실과 안정을 도모하는 데 크게 기여한다. 희신의 기운과 다른 점은 적극성과 공격성을 피해야 한다는 것뿐이다.

원국에 없고 지장간에도 없다 해도 용신은 용신이다.

흔히 용신은 원국에 있는 글자여야 하며 원국에 없으면 지장간에라도 암장되어 있어야 한다는 것이 일반적인 견해다. 자신이 보유하고 있지도 못한 오행을 어떻게 용신으로 쓸[用] 수 있는가 하는 것이 이런 입장의 근거다. 하지만 나는 이에 동의하지 않는다. 극단적인 사례겠지만 원국에 수와 목, 2개의 오행밖에 없는 경우를 가정해보자. 과연 이 사람은 2개의 오행만으로 이루어져 있고 2개의 오행의 기운만을 쓰고 살게 될 것인가? 더욱 과장해 말한다면 2개의 오행 이외의 오행을 담당하는 신체의 장기들은 전부 거덜 나고 말 것인가? 그렇지 않다. 우주의 모든 존재는 어떤 방식으로든 아슬아슬한 오행의 조화 속에서 살아간다. 10년 주기의 대운, 1년 주기의 세운, 월운, 일운의 통로로 우주는 인간에게 끊임없이 변화하는 오행의 기운을 제공한다. 그뿐인가? 인간은 다른 인간 및 수많은 생명체와 조우하며 그 기운을 받고 살아간다. 따라서 원국에 존재하지 않는다고 그 오행을 쓸 수 없는 것은 결코 아니다. 인간은 그 정도로 무기력하지 않다. 다만 유정한 자리에 놓여 있어 쉽게 발현되는 용신보다는 용이하지 않을 뿐이다.

마지막으로, 다시 한 번 강조하건대 용희신의 의미를 과대평가하지 말고 기구신의 의미를 일방적으로 받아들이지 말라.

명식 사례를 분석하거나 상담을 하다 보면 역사에 이름을 남긴 자들의 명식에서 용희신이 아름답게 흘러가는 경우가 상대적으로 많다. 그러다 보니 기구신이 수십 년 이어지는 자신의 대운을 들여다보며 한탄하게 된다. 이런 경우가 차라리 명리학을 아니 배우는 게 좋은 경우다. 명리학이 자신의 삶에 낙담하는 데 이론적 근거를 제공한다면 무슨 가치가 있겠는가? 그리고 '팔자가 좋아서' 그 사람이 그토록 성공을 거두었다고 생각한다면 그것은 그 사람에 대한 결정적인 모독이 될 것이다. 그 사람은 용희신운에 혼신의 노력을 다해 정확히 그 운을 사용했을 뿐이다. '팔자가 좋은데도' 활용하지 못하는 사람이 몇백만 배는 된다는 사실을 어찌 모르는가?

또 다른 한편으로, 기구신에 대한 단편적인 이해 또한 올바른 통변을 가로막는 장애물 중 하나다. 기구신은 결코 우리를 망하게 하는 것이 아니라, 지금 접어드는 길의 상태를 미리 알려주는 경고등과 같다. 예를 들어 사업가는 용희신 때보다 기구신 대운 때 훨씬 성과가 좋은 경우를 많이 보았다. 용희신 대운 때 시원시원하게 확장하고 매출 규모도 신장하는 듯하지만 동시에 지출도 늘어나서 순이익은 얼마 되지 않았는데, 기구신 대운에 이르러 불필요한 지출을 최대한 줄이고 내핍 경영을 했더니 매출 규모는 줄었지만 순이익은 크게 증가하는 경우다. 기구신 대운에서 한 발짝 물러나 건강을 비롯한 자신의 상태를 점검하고 모자라는 부분을 채운다는 겸허한 자세로 임한다면, 용신운에서 비로소 현실적인 성과로 되돌아오게 된다. 기구신이 우리에게 가르쳐주는 가장 중요한 덕목은 전체적인 조화를 잃었을 때 오히려 자신을 성찰하는 계기로 삼아야 한다는 현명한 지혜다.

이상의 관점을 전제하고 행운용신을 구하는 법을 전개해보자.

억부용신법(抑扶用神法)

억부용신법은 행운용신을 구하는 가장 기본적인 관점으로, 신강신약론을 전제하며 오행과 십신, 특히 십신을 바탕으로 평가한다. 글자 그대로 넘치는 것은 덜어주고 모자란 것은 보태준다는 의미다.

신강한 명식
비겁이나 인성이 강하므로 대부분 식재관(食財官, 식상, 재성, 관성)이 용신이 된다.

―비겁이 강하고 인성이 약하면 관성이 용신이 된다.

―인다신약을 포함해서 인성이 과다인 경우 재성을 용신으로 구한다.

―인성과 비겁이 혼합되어 신강한 경우 재성이 용신이 된다.

―비겁이 강한데 관성이 미약해서 대적하지 못하면 재성을 용신으로 구하지만 희신인 식상이 용신의 구실을 하는 경우가 많다.

―비겁의 기운이 강하고 관성의 기운도 대등하면 식상을 용신으로 구한다.

판사 출신의 민변 변호사로 참여정부 시절 법무부 장관을 지낸 강금실의 명식. 을묘 일주가 인월 진시에 났으므로 목의 기운이 극강한 신강 명식인데 인성 임수가 정임합으로 묶여 목으로 화하려는 경향이 강하므로 시간에 투출한 경금 정관을 용신으로 삼고 희신으로 진토 지장간의 무토를 삼는다. 화목이 기구신이 되고 정인 임수가 한신이 된다. 시주에 용희신이 재생관으로 유정하다.

갑진 대운 신유년에 사법시험에 통과했고 을경합금 사유합금으로 기구신이 용신으로 화하는 을사 대운에 서울지방법원 남부지원을 시작으로 순조로운 판사 경력을 쌓았다. 기신 병오 대운에 서울고등법원 판사직에서 물러나 인권변호사가 되었고 이혼했다. 대운이 바뀌는 정미 대운 첫해에 법무부 장관으로 발탁되어 화제가 되었으며 2006년 묘술합화로 희신이 기신이 되는 병술년에 열리우리당 공천으로 서울시장에 출마했으나 오세훈에게 패한다.

2000 경진년 이석태 변호사와 함께 호주제 폐지를 위한 논문을 발표했고 2005 을유년에 민법 개정이 이뤄져 여권 신장에 길이 공헌했다. 자유주의적 언행으로 많은 인기를 누렸고 무신 대운부터 다시 용희신 대운으로 흐르니 말년운이 아름답다.

남, 중화

재성 용신

편관	본원	정인	정인
辛	乙	壬	壬
巳	未	寅	寅
상관	편재	겁재	겁재
戊庚丙	丁乙己	戊丙甲	戊丙甲
목욕	양	제왕	제왕
공망 역마	귀문 백호	귀문 월공	월공

93 정인	83 편관	73 정관	63 편재	53 정재	43 식신	33 상관	23 비견	13 겁재	3 편인
壬	辛	庚	己	戊	丁	丙	乙	甲	癸
子	亥	戌	酉	申	未	午	巳	辰	卯
편인 병	정인 사	정재 묘	편관 절	정관 태	편재 양	식신 장생	상관 목욕	정재 관대	비견 건록

안철수의 명식. 중화 사주로 목 겁재와 수 정인이 병존되어 강한 힘을 발휘하는 명식으로 토 재성을 용신으로 사용해 겁재의 힘을 설기하고 인성을 극함으로써 원국의 균형을 맞출 수 있다. 미중 기토를 용신으로, 사중 병화를 희신으로 사용한다.

시지 사화 상관에 드러난 화 희신이 23 대운부터 거의 25년을 지배함으로써 상관이 활성화되어 컴퓨터 백신 사업에 투신, 본업을 넘어서는 성공을 거두었을 뿐 아니라 젊은 세대의 멘토로서 사회적 영향력까지 확보한다. 식상의 탐구열이 재물과 명성을 가져왔고 이 식상생재를 바탕으로 재생관으로 흘러 일약 대권 후보로 부상했으니 대운의 흐름이 참으로 절묘하다.

남, 극신강

식상 희신

정인	본원	식신	식신
丁	戊	庚	庚
巳	戌	辰	辰
편인	비견	비견	비견
戊庚丙	辛丁戊	乙癸戊	乙癸戊
절	관대	묘	묘
공망 귀문	괴강 귀문	공망 괴강 화개	공망 괴강 화개

94 식신	84 겁재	74 비견	64 정인	54 편인	44 정관	34 편관	24 정재	14 편재	4 상관
庚	己	戊	丁	丙	乙	甲	癸	壬	辛
寅	丑	子	亥	戌	酉	申	未	午	巳
편관 병	겁재 쇠	정재 제왕	편재 건록	비견 관대	상관 목욕	식신 장생	겁재 양	정인 태	편인 절

알 파치노의 명식. 극신강한 사주로 화 인성의 생조를 받는 토 비겁이 강력한 힘을 발휘하는 명식이다. 연간과 월간에 금 식신이 병존해 있고 지장간에 뿌리를 내리고 있으므로 약하지 않다. 억부상으로 금 식상을 희신, 수 재성을 용신으로 사용해야 하지만, 지장간에만 미약하게 존재하는 수 재성이 강력한 토 비겁의 힘을 제어할 수 없으므로 천간에 투출한 금 식신이 토 비겁의 힘을 적절히 설기함으로써 실질적인 용신의 역할을 하게 된다.

흔히 이런 경우를 두고 용신을 금 식상으로 삼고 수 기운을 기다린다는 식으로 표현하는데 생극제화의 원칙에 따라 수를 용신, 금을 희신으로 두고 희신이 사실상 용신의 구실을 한다고 정의하면 될 일이다. 계미 대운에 〈대부〉로 스타로 떠올랐고 34, 44, 54 신유술 금 대운에 배우로 발복했다. 상복은 없다가 1993 계유 용희신년에 이르러 〈여인의 향기〉로 아카데미 남우주연상을 받았다.

신약한 명식

식상, 재성, 관성이 강하므로 대부분 비겁과 인성이 용신이 된다.

　—식상이 과다하면 인성이 용신이 된다.

　—재성이 과다하면 비겁이 용신이 된다.

　—관성이 과다하면 비겁이 용신이 되는 것이 맞지만, 관성의 힘을 대적할 만큼 강하지 않으므로 희신인 인성이 실제로 용신의 역할을 한다.

　—일주가 통근하고 관성이 너무 강하면 신약 중 유일하게 식상이 용신이 된다. 이는 일지가 비겁이나 인성인 경우, 즉 득지(得支)만 한 신약의 경우를 말하며, 이때 일주는 통근하여 힘이 있으므로 원국 내 균형을 위해 식상이 관성을 제어하는 데 중점을 두어야 한다. 희신은 비겁이 된다.

극신약한 사주로 일간 갑목이 통근한 월주의 편관과 시간의 정관에게 직접적인 극을 받고 있고 지지도 재성과 상관으로 구성되어 모두 일간의 힘을 빼앗는 오행으로 이루어져 있으므로 비겁인 진중 을목을 용신으로 삼아 먼저 일간을 보호해야 한다.

인성 용신

식신	본원	비견	편인
癸	辛	辛	己
巳	亥	未	亥
정관	상관	편인	상관
戊庚丙	戊甲壬	丁乙己	戊甲壬
사	목욕	쇠	목욕
역마	역마	화개	역마

97 비견	87 상관	77 식신	67 정재	57 편재	47 정관	37 편관	27 정인	17 편인	7 겁재
辛	壬	癸	甲	乙	丙	丁	戊	己	庚
酉	戌	亥	子	丑	寅	卯	辰	巳	午
비견	정인	상관	식신	편인	정재	편재	정인	정관	편관
건록	관대	목욕	장생	양	태	절	묘	사	병

유시민의 명식. 신약한 사주로 일지, 연지의 식상이 시간에 투출되어 식상이 강한 명식이므로 인성을 용신으로, 관성을 희신으로 사용해 강한 식상의 힘을 제어해야 한다. 희신인 고립된 관성을 보완하고 용신인 인성이 약한 비겁에 힘을 실어주어 원국의 균형을 맞춰야 한다. 병인 대운에서 연이은 정치적 실패 이후 을축 대운에 들어서면서 다시 작가로 돌아와 베스트셀러 작가이자 뛰어난 정치비평가로 제2의 전성기를 누리게 되는 것도 축토 편인 대운에 맞는 길을 택했기 때문일 것이다.

식상 용신

편관	본원	편인	정관
乙	己	丁	甲
亥	卯	丑	午
정재	편관	비견	편인
戊甲壬	甲乙	癸辛己	丙己丁
제왕	장생	관대	절
역마	도화 문창	암록	도화 월공

96 편인	86 정인	76 편관	66 정관	56 편재	46 정재	36 식신	26 상관	16 비견	6 겁재
丁	丙	乙	甲	癸	壬	辛	庚	己	戊
亥	戌	酉	申	未	午	巳	辰	卯	寅
정재	겁재	식신	상관	비견	편인	정인	겁재	편관	정관
제왕	쇠	병	사	묘	절	태	양	장생	목욕

케빈 코스트너의 명식. 신약한 사주로 일주가 약하지 않고 일지의 관성이 시간과 연간에 투출함으로써 강한 힘을 발휘하므로 식신인 축중 신금을 용신으로 사용해 목 관성을 극하고, 비겁을 희신으로 사용해 관성의 힘을 설기하며 일간의 힘을 보완한다. 물론 지장간에 암장된 식신으로 강한 관성을 대적하기 어렵지만, 식상 대운에 용신의 역할을 하게 될 가능성이 높다. 용신인 36 식신 소운에서 아카데미와 골든글로브를 휩쓰는 기염을 토했으나 기신인 사화 소운에서 연이은 실패로 급추락하는 비운을 맞았다.

중화의 명식

억부용신법이 가장 난항을 겪는 경우는 아마도 중화의 명식일 것이다. 중화의 명식은 일간이 강하다고 볼 수 없지만 어떤 경우에도 약하다고 볼 수 없기 때문이다. 세력을 다 잃어도 득령, 득지했다든지(이런 경우 신강으로 봐야 한다는 입장도 있다), 실령, 실지했어도 나머지가 전부 일간과 같거나 생하는 막강한 득세를 했다든지, 아니면 득령과 득지 중 하나를 하고 그런대로 만만찮은 득세의 지원을 받는 경우다.

이러면 일간을 돕는 비겁이나 인성을 용신으로 잡아야 할지 일간을 견제하는 식재관을 용신으로 봐야 할지 헷갈리기 십상이다. 앞에서 말한 대로 자칫 용신을 그릇되게 잡는다면 전체의 통변이 무너지는 재앙이 될 것이므로 신중에 신중을 거듭해야 한다. 그리고 오행마저 조화롭고 고립마저 없다면 신강 혹은 신약의 경우와는 달리 용신을 규정해도 그 작용력이 현저하지 않을 수도 있으니, 오히려 십신과 십이운성으로만 파악하는 편이 효율적일 수도 있다. 즉 비겁운은 비겁의 속성으로 파악하고 관성운은 관성의 특성으로 해석하는 것이다. 어느 정도 삶의 데이터가 축적된 40대 이후의 사람이라면 용신을 정하고 그 사람의 대운과 세운에 낱낱이 적용해보는 것도 좋은 방법이지만 20대 이하의 경우는 그마저 가능하지 않다.

따라서 중화의 명식은 원국의 전체 판도를 종합적으로 판단해야만 올바른 용신의 판단에 도달한다. 일간의 강약은 기본이고 조후의 상태를 감안해야 하며 무엇보다 합과 충으로 인해 어떤 변동이 일어나는지도 꼼꼼히 살펴야 한다. 점수상으로는 중화지만 합과 충으로 인해 신약과 신강 쪽으로 기우는 명식이 많고, 그럴 경우 신강, 신약에 준해서 용신을 구하면 되는 것이다.

편관	본원	비견	식신
乙	己	己	辛
丑	巳	亥	卯
비견	정인	정재	편관
癸辛己 관대	戊庚丙 태	戊甲壬 제왕	甲乙 장생
암록 천덕 화개	역마	공망 역마	문창

96	86	76	66	56	46	36	26	16	6
비견	상관	식신	정재	편재	정관	편관	정인	편인	겁재
己	庚	辛	壬	癸	甲	乙	丙	丁	戊
丑	寅	卯	辰	巳	午	未	申	酉	戌
비견	정관	편관	겁재	정인	편인	비견	상관	식신	겁재
관대	목욕	장생	양	태	절	묘	사	병	쇠

중화의 사주로 기토 일간이 신왕하고 연지와 월지가 해묘 반합을 이루고 시간에 투출한 편관이 발달해 있다. 오행이 소화롭고 고립이 없어 십신과 십이운성으로만 파악하는 편이 효율적일 수 있다. 다만 월지의 수 정재가 연지와 해묘 반합과 일지와 사해충을 이루어 상대적으로 약한 기운을 보인다. 그러므로 월지의 정재를 용신으로 사용해 힘을 보완하고, 연간의 금 식신을 희신으로 사용해 비견과 편관을 적절히 제어하고 정재에 힘을 실어주어 원국 내의 균형을 맞출 수 있다.

조후용신법(調候用神法)

계절이나 음양오행을 바탕으로 하며 한난조습, 즉 차갑고 뜨거움, 건조하고 축축함 사이에서 균형을 잡는 역할을 하는 오행을 추출하는 방법이다. 다시 말해 차가운 것은 따뜻한 기운으로, 뜨거운 것은 차가운 기운으로 중화하는 기능을 하는 오행을 용신으로 구하는 것이다. 조후용신법은 전체 명식의 조화를 골고루 살펴야 하지만 특히 일간을 주체로 월지와 시지를 살피는 것이 첫 관문이다. 월지와 시지는 계절과 낮밤이라는 조후를 결정하는 자리이기 때문이다. 예를 들어보자. 병화 일주가 미월(未月) 갑오시에 태어났다면 오미합화(午未合火)하여 원국이 조열하니 금수의 기운, 특히 임수(壬)로 조후를 화평하게 해야 할 것이다.

조후용신

정재	본원	편관	비견
●●	●●	**	●●
癸	戊	甲	戊
丑	辰	子	申
겁재	비견	정재	식신
○	▲	▲●●	▲
癸辛己 쇠	乙癸戊 묘	壬癸 제왕	戊壬庚 장생
백호 천을	백호 화개	양인	

96	86	76	66	56	46	36	26	16	6
편관	정관	편인	정인	비견	겁재	식신	상관	편재	정재
甲	乙	丙	丁	戊	己	庚	辛	壬	癸
寅	卯	辰	巳	午	未	申	酉	戌	亥
편관	정관	비견	편인	정인	겁재	식신	상관	비견	편재
병	사	묘	절	태	양	장생	목욕	관대	건록

표면상으로는 중화 사주지만 지지가 신자진 삼합과 시지 축토로 구성되어 수의 기운
이 강하므로 지지가 십신상 모두 재성으로 이루어진 신약한 명식이다. 억부상으로는
지지에 강한 재성의 기운을 견제하기 위해 비겁인 진중 무토를 용신으로 사용하고,
조후상으로도 너무 습하므로 진중 무토와 지장간에도 없지만 대운이나 세운에서 오
는 화의 기운을 기다려 용희신으로 사용해야 한다.

전왕용신법(全旺用神法)

하나의 오행 또는 십신이 원국 전체를 압도적으로 지배하는 경우, 그 기
운을 좇아 용신을 잡는 방법을 말한다. 견제조차 불가능한 압도적인 대
세가 형성되었을 때는 대세의 기운을 따르는 것이 순리라는 인식이 전왕
용신법의 요체다. 가령 목의 기운이 여덟 글자 중 6개 이상이라면 나머지
오행은 압도적인 목의 기운에 맞서 힘을 발휘하기 힘들다. 목 오행이 4개
뿐이어도 목을 생조하는 수가 2개라면 나머지 상황에 따라 이 또한 전왕
법이 적용된다. 언뜻 보아 하나의 오행이 지배하고 있지 않은 듯한데도
합화의 작용에 의해 전왕법이 적용될 수도 있으니 주의를 요한다. 『자평
진전 평주』(子平眞詮評註)에 나온 다음 명식을 보자.

음간 기토 일간에 미토 월지, 그리고 임수와 해수, 정화까지 어떻게 보아도 전왕 같지 않고 금이 없는 것만 빼면 나름대로 오행이 어울려 보인다. 하지만 지지가 해묘미합화목(亥卯未合化木) 삼합을 이루고 천간은 정임합화목(丁壬合化木)에 연지 인목과 시간 을목까지 가담하여, 기토 일간을 제외하곤 전체가 목국이 되어 목 관성의 전왕이 되었다.

하지만 하나의 오행이 압도적이어도 전왕법을 적용하지 못하는 경우가 있으니 다음과 같은 사항을 잘 점검해보아야 한다.

먼저 일간의 음양이 중요하다. 일간이 양간이면 월지가 중요한데, 양간 일간이 득령했다면 비겁 전왕인 경우를 제외하면 전왕이 성립되지 않는다. 나머지가 다른 오행으로 통일되었다 하더라도 일간이 득령하면 충분히 맞설 수 있다고 보는 것이다. 이 경우 당연히 일간의 오행이 용신이 될 것이다. 이와 비슷하게 일지가 인성으로 일간을 생조해도 양간 일간이면 득령한 것과 같이 본다. 이는 양간의 주체성을 높이 감안한 것이다. 그리고 비겁 전왕의 형국이어도 관성이 투출(透出, 관성이 한 주에 동주하거나 월지 관성 위 연간에 같은 관성이 놓이는 경우, 혹은 일지 관성에 시간 관성이 놓이는 경우를 말한다)하고 재성이 관성을 생조하면 이 역시 전왕법이 성립되지 않는다.

그렇다면 일간이 음간이면 어떻게 되는가. 일간이 음이면 전체 세력의 판도가 더욱 중요하므로 득령해도 나머지가 일체의 힘을 이룬다면 그 힘에 따라야 한다. 음간 일간의 경우 유일한 예외는 일간이 통근하고 월간이나 시간의 인성이 일간을 돕는 경우뿐이다.

전왕은 십신에 따라 5개로 나뉜다.

❶ **비겁 전왕** 격국(格局) 이론에서는 종왕격(從旺格)으로 비겁이 용신이고 인성이 희신이 된다. 비겁이 압도적이므로 적극적인 추진력과 강한 승부욕이 특징이다.

❷ **인성 전왕** 종강격(從强格)으로 부르는데, 이 역시 비겁이 용신이고 인성이 희신이나 희신인 인성이 사실상 용신의 구실을 하고 비겁은 크게

작용하지 못한다. 인성 전왕은 극도의 총명함과 꺾이지 않는 고집이 특징이다.

❸ **식상 전왕** 종아격(從兒格)으로 부르는데, 식상이 용신이고 비겁이 희신이지만 재성도 희신의 구실을 한다. 창의력과 예술적 재능이 뛰어나고 크진 않지만 안정적인 재물복도 있다.

❹ **재성 전왕** 종재격(從財格)으로 부르는데 재성이 용신이고 식상이 희신이다. 재물에 대한 집념이 강하거나 정의와 의리에 대한 신념이 투철하다. 편재가 강하면 재물이나 여색에 관한 욕망일 가능성이 높고 정재이면 정의 혹은 규범에 대한 집요한 관심일 가능성이 높다. 둘 다 결혼운이 좋은 공통점이 있다.

❺ **관성 전왕** 종관격(從官格) 혹은 종살격(從殺格)으로 부르는데 관성이 용신이고 재성이 희신이다. 명예와 권위, 혹은 권력에 대한 집착이 강하다.

극신강한 사주로 토 인성과 금 비겁으로 이루어진 비겁 전왕의 명식이다. 지지에 이루어진 사유축 삼합이 천간의 신금 삼병존과 함께 어우러져 완벽하게 금 비겁으로 힘이 집중되는 명식을 완성한다. 비겁 전왕의 경우 전왕용신법에 의해 금 비겁을 용신, 토 인성을 희신으로 사용함으로써 금 비겁의 기운을 극대화해야 한다.

남, 신약　재성 전왕

편재	본원	정재	식신
乙	辛	甲	癸
未	卯	寅	卯
편인	편재	정재	편재
丁乙己 쇠	甲乙 절	戊丙甲 태	甲乙 절
공망 화개	도화	천을	도화

94	84	74	64	54	44	34	24	14	4
정재	편재	정관	편관	정인	편인	겁재	비견	상관	식신
甲	乙	丙	丁	戊	己	庚	辛	壬	癸
辰	巳	午	未	申	酉	戌	亥	子	丑
정인 묘	정관 사	편관 병	편인 쇠	겁재 제왕	비견 건록	정인 관대	상관 목욕	식신 장생	편인 양

억부상으로는 신약한 사주지만 천간과 지지에서 목 재성이 강력하게 힘을 발휘하는 재성 전왕이 면시이다. 천간에서 수 식신의 생조를 받는 목 재성이 지지에 강하게 뿌리내리고 있고, 지지에서 연지와 일지의 묘목이 시지의 미토와 묘미 반합의 쟁합을 이루게 되면서 모든 힘이 목 재성에 집중된다. 전왕용신법으로 용신은 목 재성, 희신은 수 식상으로 사용한다.

통관용신법(通關用神法)

극하고 극을 당하는 오행의 기운이 원국에서 무리지어 팽팽하게 대치되어 있을 때 적용되는 방법으로, 극을 하는 주체의 힘이 당하는 대상보다 좀 더 강해야 한다는 전제가 필요하다. 만약 반대라면 통관법은 적용되지 않는다. 이때 극을 하는 오행의 힘을 설기하고 당하는 오행의 힘을 보태주는 쪽으로 흐르게 하는 것이 통관용신이다. 통관(通關)은 강한 쪽의 힘을 덜어서 약한 쪽에 실어주는 것이니 본질적으로 억부의 원칙에 바탕하고 있다. 2개의 거대한 세력이 극의 관계로 대치하고 있다면 원국 자체는 바람 잘 날 없는 혼란의 전장과 같다. 또한 동시에 이 상태는 긍정적인 방향이든 부정적인 방향이든 격렬한 에너지가 생성되고 있는 것이므로 통관에 의해 소통이 원활해진다면 통상적인 수준을 넘는 거대한 성취의 힘이 되기도 한다.

　통관법에서 유의할 점은 다음 두 가지다. 하나는 통관용신이 원국에 선명하게 드러나 있느냐의 여부다. 예를 들어 왕성한 목 관성이 역시 왕성한 (그러나 관성보다는 세력이 조금 약한) 토 비겁을 극하고 있는데 이를 통관하는 것은 화 인성일 때, 이 화 인성이 원국에 또렷이 그것도 시간이나 월간 같은 유정한 자리에 존재하는지를 봐야 한다. 나는 앞에서 용신이 지장간에나 존재하거나 아예 지장간에 없는 경우도 용신은 자신의 기능을 수행한다고 했지만 극한적으로 두 오행이 대치하는 통관법의 대상인 원국에서는 사정이 다르다. 즉각적으로 원국 안에서 두 세력의 화해를 이끌어낼 오행이 원국 안에, 그것도 유정한 자리에 있는 경우와 지장간에 간신히 암장되어 있는 경우, 그리고 지장간에도 존재하지 않는 경우는 그 수행 능력의 차이가 매우 크다.

두 번째 유의할 점은 통관법에 의해 용신을 규정했다고 할 때 희신은 어떻게 규정할 것인가다. 대치하고 있는 두 세력의 가운데 오행이 통관용신이라면 자연스럽게 극하고 있는 더 강한 세력이 상생의 법칙에 의해 희신이 되는 모순이 발생하기 때문이다. 대부분의 이론서에서는 언급조차 하지 않는 형편이고 언급하더라도 전체 상황에 따라 예외적으로 판단해야 한다는 정도다. 통관법의 희신은 일간의 신강, 신약 상태를 두고 판단해야 한다. 예컨대 식상과 관성 세력이 대치하고 있다면 그 원국은 거의 예외 없이 신약일 것이다. 이럴 경우 재성이 통관용신이 되는데 가장 강한 식상이 희신이 될 순 없는 노릇이다. 이때는 예외적으로 인성을 희신으로 채택할 수 있다. 인성은 용신인 재성의 힘을 빼 가기는 하지만 약한 일간을 생조하고 강한 식상을 배후에서 공격하며 덜 강한 관성의 힘을 설기하므로 상황에 따라 구신의 역할보다는 희신의 구실을 하기도 한다. 하지만 일간이 통근해서 신약해도 능히 자신의 몸을 지킬 수 있을 때는 인성은 용신을 약화시키는 그냥 구신의 성격이 더 강해질 것이다.

강력한 관성이 비겁을 극하는 통관의 경우는 어떨까? 이때 원국은 신강하다고는 말할 수 없어도 중화이거나, 신약이어도 일간이 약하지는 않을 것이다. 이 경우는 명확하다. 통관용신이 인성이고 희신은 일간 자체를 지키는 비겁이다. 이때는 관성이 태왕(太旺)한 억부용신법으로도 설명 가능한데, 비겁이 용신이나 강한 관성을 설기하는 희신인 인성이 용신 구실을 한다고 보아도 결과는 똑같은 것이다. 따라서 통관법에서의 희신은 상황과 오행의 배치에 따라 조심스럽게 설정되어야 하며 그것도 판단하기가 모호하면 오직 용신만 구하고 희신은 무시하는 것이 오류를 줄이는 또 다른 방법이다.

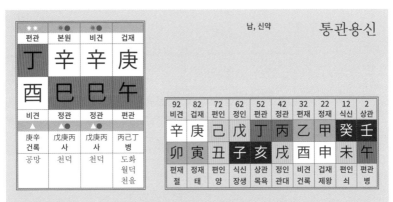

신약한 사주로 관성과 비겁이 극단적으로 대치하는 명식이다. 통관용신법으로 토 인성을 용신으로, 일간을 지키는 금 비겁을 희신으로 사용한다. 이는 억부용신법으로도 설명이 가능한데, 관성이 강한 신약한 명식에서 관성의 힘을 인성으로 설기하고 그 힘을 상대적으로 기운이 약한 비겁에 모아주는 역할을 하기 때문이다.

지금까지 용신을 구하는 여러 가지 방법에 대해 이해했다. 위의 과정을 통해 구한 용신이 기능하는 데 추가적으로 고려해야 할 요소가 있는데, 바로 용신의 위치와 상태다. 용신이 일간과 가까운 데 있고 선명하고 생조되었다면 용신이 유정하다 하고, 용신이 없거나 고립, 충극(沖剋)이 심한 경우 또는 지장간에 암장되어 힘을 발휘하기 어려운 경우의 용신을 무정하다고 평가한다. 유정한 용신은 발휘될 가능성이 크고 무정한 용신은 유정한 용신에 비해 발휘되기 어렵다. 하지만 다시 말하건대 발휘되기 어렵다고 해서 의미 없는 것은 결코 아니다. 용신이야말로 주어지는 것이 아니라 적극적으로 활용해야 하는 인간 의지의 추상적인 도구이므로 아무리 유정한 위치에 용신이 자리한들 쓰지 않으면 녹슨 칼에 불과하니, 유·무정 여부는 아주 예외적인 상황이 아니면 크게 개의할 내용이 아니라는 것이 나의 판단이다.

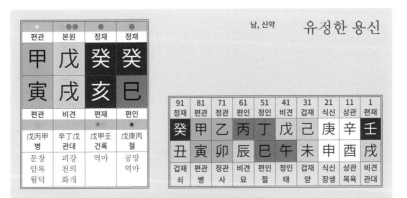

신약한 사주로 연주를 제외하고 월주, 일주, 시주가 모두 통근한 명식이다. 일주를 중심으로 월주의 강한 재성과 시주의 통근한 관성에게서 일간을 지켜야 하므로 억부상 토 비겁인 술중 무토를 용신으로, 화 인성인 사중 병화를 희신으로 사용한다. 이 명식의 경우 일간을 받치고 있는 일지에 용신이 위치하므로 유정한 용신이라 할 수 있다.

신강한 사주로 토 편인의 힘이 매우 강한 명식이다. 억부상으로 강력한 토 인성의 힘을 억제하는 목 재성을 용신으로, 진중 계수를 희신으로 사용한다. 하지만 월지 편재가 완벽한 고립을 보이고, 희신 계수마저 지장간에 미약하게 존재한다. 이 경우를 무정한 용신이라고 하는데, 괴강과 동반된 구신인 토 인성의 부정적 작용을 억제하는 용신의 역할을 기대하기 어렵다.

십신의 용신에 의한 성격 판단

우리는 지금까지 원국을 감명하는 데 있어 음양과 오행의 구성, 천간과 지지의 합과 충, 십신과 십이운성, 신살의 유무, 신강과 신약의 가늠, 용신을 파악하는 과정까지 이해했다. 용신을 파악했다면, 그 용신이 해당하는 십신에 따라 원국의 주체가 어떤 성격을 갖는가에 대한 고찰이 필요하다.

용신으로 성격과 심리를 파악한다는 것은 일견 모순으로 보인다. 오행의 발달이나 과다로 그 사람의 성격을 파악하는 것은 이미 살펴보았듯 충분히 이해할 수 있다. 즉 원국에 토의 성분이 많으면 어떤 방향으로든 토의 성격이 드러나는 게 당연하다. 하지만 전왕용신처럼 과다한 오행이 용신이 되는 것과 같은 예외적인 경우를 제외하면 통상적으로 억부나 조후로 잡은 용신은 자기에게 약하거나 고립된 힘이 되는 오행일 것인데, 어떻게 그 용신이 그 사람의 성격을 설명할 수 있다는 말인가?

같은 오행일지라도 용신과 원국의 오행은 차이점이 있다. 원국을 구성하는 오행은 현실적 판단이나 행동으로 발현되는 것이고, 용신으로서의 오행은 인간이 지향하는 꿈을 향해 무의식적으로 전진하는 것이다. 한 원국에 결핍된 오행의 성격이, 궁극적 조화를 이뤄나가려는 무의식적인 의지로 발현되어 오히려 한 인간의 성격으로 규정되는 것, 이 아이러니한 과정이 용신과 원국의 오행을 통해 인간의 성격을 파악하는 주요 근거가 된다. 이는 원국에 없는 오행으로 원국의 성격을 파악하려는 이른바 허자론(虛字論) 혹은 무자론(無字論)과도 부분적으로 상통하는데, 인간은 자신이 갖지 못했거나 자신에게 결여된 요소에 대해 강한 욕망을 지니고 있음을 말하는 것이다. 원국에 용신이 유정하다면 자신이 욕망하는 꿈에 대한 의지의 발현이 대운과는 크게 상관없이 용이하게 일어날 수 있는 구조이고, 무정하거나 지장간에도 없는 구조라면 그 욕망은 대운의 흐름에 따라 롤러코스터를 타듯 발현될 것이라고 본다.

따라서 원국의 오행 배치를 통해 원국 주체의 현실적인 성격을 파악하고 용신 오행의 설정을 통해 그 주체의 지향성을 입체적으로 구성해야 하는 것이다. 이것이 명리학이 지니는 성격 판단의 특장점이다. 요컨대 단순히 한 사람의 성격을 이루는 질료들을 평면적으로만 판단하지 않고 그 속에 숨은 욕망의 지향점까지 파악하고, 나아가 미래의 자기 삶의 방향을 결정하는 전략 수립의 도구로 활용할 수 있게 하는 것이 용신을 통한 성격 판단의 핵심이다.

비견(比肩)

비견이 용희신이면 일단 신약하고 식재관이 상대적으로 강한 사람이다. 비견이 약한 사람은 자아도 약하다. 그래서 비견이 용희신인 사람들은 통상적으로 온건하고 조화롭고 화평한 성격이 많다. 타인과의 관계도 누구와든 무난하다. 하지만 비견이 용신이므로 그 가운데서도 자신을 드러내고자 하는 경향이 있고 노골적이지 않은 경쟁심이 강하다. 신약인데 인성이 용신인 사람과 다른 점이 이것이다. 따라서 비견이 용신인 이들은 '좋은 게 좋은 것'이라는 관성에 구금되지 말고, 스스로 자신 없어 하는 비견이 가진 본질, 곧 독립심과 한두 번의 실패를 오히려 자신의 내력으로 여기는 불굴의 태도를 취하는 데 좀 더 의도적으로 투자해야 한다. 신약 명식이 비견의 독자성을 탑재하면 본래 지닌 꼼꼼함과 조정 능력이 더 빛나게 되어 상대적으로 좌절의 확률이 낮아진다.

반대로, 비견이 기구신이면 보통 신강한 사람을 말한다. 자존심과 자기주장이 강하므로 사교성에 문제가 있다. 웃자고 농담했는데 죽자고 덤비는 경우로, 특히 월주 간지가 모두 비견이고 그 비견이 기구신이면 폭력성의 가능성이 높으므로 자신을 엄격한 기준으로 성찰해야 한다. 다시 말해 조직의 규칙에 대해 다시 한 번 심사숙고하거나 주변의 충고를 겸허하게 받아들이고, 내면의 명예심을 끊임없이 호출하는 지혜가 필요하다.

비견 용신

식신	본원	정관	비견
壬	庚	丁	庚
午	午	亥	辰
정관	정관	식신	편인

丙己丁 목욕	丙己丁 목욕	戊甲壬 병	乙癸戊 양
	월공	공망 문창	월공

95 정관	85 편관	75 정재	65 편재	55 상관	45 식신	35 겁재	25 비견	15 정인	5 편인
丁	丙	乙	甲	癸	壬	辛	庚	己	戊
酉	申	未	午	巳	辰	卯	寅	丑	子
겁재 제왕	비견 건록	정인 관대	정관 목욕	편관 장생	편인 양	정재 태	편재 절	정인 묘	상관 사

코미디언 고 이주일의 명식. 신약한 사주로 일간이 화 정관과 수 식상에게서 고립되어 있고 지지에 뿌리를 내리지 못하고 있으므로 금 비견을 용신으로 사용해 일간을 보호하고 토 인성인 진중 무토를 희신으로 사용해 일간에 힘을 실어주어야 한다. 월지 수 식신이 문창과 동반되어 코미디언으로서 직관적이고 재치 있는 말로 많은 사랑을 받았고, 일간과 연간의 비견이 월공과 동반되어 있으므로 자신을 내보이려는 욕망이 강해진 비견 대운에 1965년 악극단 사회자로 연예계에 데뷔했다. 35 겁재 대운부터 희극배우로 이름을 얻기 시작하고, 1979년부터 이어지는 강한 인성과 비견 세운에 이르러 텔레비전에 출연하게 되면서 많은 유행어와 춤으로 폭발적인 인기를 구가하며 마침내 코미디의 황제라는 별칭을 얻을 정도로 크게 발복했다. 임진 대운에는 14대 국회의원으로 당선되었고 계사 대운에 방송에 복귀해 활발히 활동하던 중 임오년 폐암으로 투병하다가 사망했다.

겁재(劫財)

겁재는 똑같은 비겁이지만 조금 다르다. 인간관계에서 비견이 용희신인 사람은 따뜻한 성격과 무난함으로 사랑을 받는다면, 겁재가 용희신인 사람은 가식 없는 솔직함으로 사랑받는다. 얼핏 보면 행동이 공격적으로 보일 수 있지만 뒤끝이 없고 감정을 솔직하게 표현함으로써 타인을 편하게 하는 장점도 있다. 겁재가 용희신인 사람은 이런 특성들이 장점으로 흘러가게 만들어야 한다. 겁재가 용신인 사람이 고립되거나 스스로 유폐시킨다면 자신의 장점을 발휘할 기회가 거의 없다. 이들은 작은 조직을 적극적이고 효율적으로 운영하는 힘이 있거나, 큰 조직에서는 참모와 2인자

제5강. 운명을 운용하여 조화를 이루다

로서 직분을 잘해내는 잠재력이 크다. 또 주업 말고도 부업을 다양하게 수행하거나 취미 활동을 프로페셔널하게 펼치는 일에도 능하다. 긍정적이든 부정적이든 겁재는 에너지상 십신 중에서 가장 큰 힘이다. 그것을 어떻게 활용하는지에 따라 많은 것이 극적으로 변화한다.

하지만 겁재가 기구신인 경우는 많은 주의를 요한다. 폭력적인 표출이 빈번하거나, 사회생활은 싹싹하게 잘하는데 집에 들어오면 완전히 다른 사람으로 돌변하는 경향이 강하다. 그리고 표리부동한 성격으로 문제를 야기한다. 인간관계에서 갈등을 겪을 때 타인을 불신하거나 남 탓으로 돌리는 경향도 있다. 겁재 기구신에 양인이 위치하는 경우(그러니까 양간 일주의 겁재 제왕지의 경우) 이런 부정성 혹은 불신감이 더욱 강화된다. 하지만 원국이나 대운에서 양인이 겁재와 2개 이상 동주하게 된다면 오히려 고결한 이상을 이뤄내는 강한 힘을 통해 타인의 존경을 받을 수 있는 기운이 될 수 있다.

겁재가 가진 극귀극천의 극단성, 모 아니면 도가 겁재 기구신의 핵심이다. 겁재 기구신은 국가가 공인하는 자격증을 취득한다면 그 극단성에서 벗어날 가능성이 높지만 모두가 그런 삶을 살 수는 없는 노릇이다. 그래서 옛날에는 겁재를 4흉신 중 하나라고 했지만 그렇게 생각하면 안 된다. 겁재는 망가질 수도 있지만 감당하기 벅찰 만큼 커다란 고결함을 갖게 될 수도 있다.

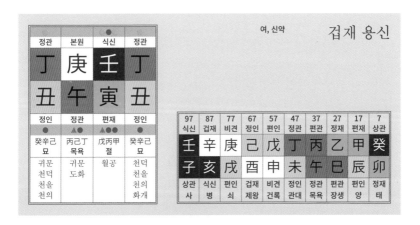

신약한 사주로 일간인 경금이 축중 신금에 뿌리를 내렸지만 주변의 식재관으로 설기가 심하므로 일간의 힘을 보호해줄 금 겁재를 용신으로 사용해야 한다. 이 명식의 주인공은 배우 김지미로 독립심과 돌파력 강한 성격으로 월지 목 편재의 절이 월공과 동반되어 일찍부터 배우로 데뷔해 큰 성공을 거두었다. 27 을사 대운 기유년 겁재 세운에 아시아영화제 주연상을 시작으로 수많은 영화제에서 수상했다. 일주에 도화가 동반하므로 35년간 배우로 많은 인기를 누렸으며 용신이 암장된 연·시지의 정인이 천덕, 천을 귀인과 동반되어 700여 편이 넘는 영화에 출연하는 등 왕성한 활동을 했고, 영화 제작자로서도 성공했다.

식신(食神)

십신 중에서 식상이 용희신일 가능성은 확률적으로 조금 낮다. 신강한데 비견보다 인성이 훨씬 강한 경우, 신약하거나 중화여도 일간이 생조되어 있고 관성이 강한 경우 식상이 용희신이 된다. 그래서 식상이 용희신이 되기란 쉽지 않은데, 고전에서는 식신이 용희신인 것을 길하게 보았다.

식신이 용희신이면 온후, 명랑, 풍류를 좋아하는 경향으로 자신을 몰아가려는 힘이 강하게 작동된다. 고전에서는 식신제살(食神制殺)이라 해서 식신이 용희신일 뿐 아니라 한 개라도 생조된 자리에 놓여 있어 관성, 특히 편관과 맞설 수 있는 힘을 갖게 되었을 때를 최고의 경지로 쳤다. 이런 경우 평생 의식주의 마름이 없고 낙천적인 삶을 산다고 했는데, 사람이 굶어 죽던 시절에는 최고의 복이라 했지만 요즘 시대에는 최고의 복까지는 아니어도 어쨌든 낙천적이고 명랑한 삶을 살 수 있는 힘이라 하겠다.

식신이 기구신이면 분발심이나 발전성이 낮고, 식신의 부정성인 의지박약의 성격이 두드러지게 된다. 그리고 성(性)적으로도 둔감해지기 쉽거나, 성도덕 자체가 불안정한 경우가 많다. 특히 식신이 기구신이고 원국이 관인생(官印生, 관성이 인성을 생조하는 것)되지 않는다면 삶 자체가 지향점이 없고 지리멸렬함이 반복되는 수가 있으니 모든 가능성이 사라지기 전에 주변의 특수관계인이 개입할 필요가 있다. 정작 당사자는 자신이 무슨 문제에 봉착해 있는지조차 인식하지 못하는 경우가 태반이기 때문이다.

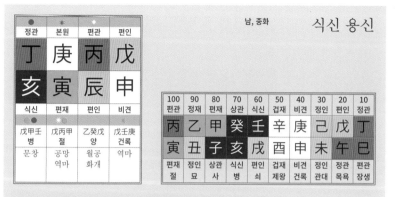

남, 중화

식신 용신

정관	본원	편관	편인
丁	庚	丙	戊
亥	寅	辰	申
식신	편재	편인	비견
戊甲壬 병	戊丙甲 절	乙癸戊 양	戊壬庚 건록
문창	공망 역마	월공 화개	역마

100 편관	90 정재	80 편재	70 상관	60 식신	50 겁재	40 비견	30 정인	20 편인	10 정관
丙	乙	甲	癸	壬	辛	庚	己	戊	丁
寅	丑	子	亥	戌	酉	申	未	午	巳
편재 절	정인 묘	상관 사	식신 병	편인 쇠	겁재 제왕	비견 건록	정인 관대	정관 목욕	편관 장생

지휘자 카라얀의 명식. 중화 사주로 일주가 튼튼하고 인성과 관성이 발달한 원국에 식신인 해중 임수를 용신으로 사용해 원국의 균형을 맞추게 된다. 식신이 용신인 경우 명랑하고 낙천적이며 예술을 좋아하는 특징을 가지므로 평생 음악을 통해 자신의 재능을 발휘하고, 명예와 경제적 풍요를 누렸다. 월지 편인의 양이 편관에게 생조를 받아 강한 힘을 발휘하고 있고 월공과 동반되어 수많은 녹음 작업과 공연을 통해 클래식 음악을 대중화하는 데 크게 기여했으며, 특히 여성 팬들의 사랑을 많이 받았다. 지지에 권력욕을 상징하는 인목, 진토, 신금이 위치해 지휘자로서 자신이 이끄는 오케스트라를 최고의 위치에 올려놓았고, 20세기 음악의 황제로 불렸다. 희용신운에 해당하는 경신 대운부터 갑자년에 이르기까지 34년 동안 베를린 필의 종신 지휘자를 역임했고, 갑자 대운 기사년에 이르러 인사신 삼형이 되고 용신인 식신이 사화와 만나 충이 되는 1989년에 사망했다.

상관(傷官)

같은 오행이어도 식신과 달리 상관이 용신일 때는 개념이 달라진다. 상관은 식신과 완전히 반대의 성격이 하나 있다. 우선 빠르다. 일을 쌓아두지 않고 민첩하다. 식신이 용희신인 사람은 일을 하지 않고 버티다가 마감일에 전화가 오면 그때부터 하기 시작한다. 반면 상관은 마감일 전날 일을 끝낸다. 부지런하거나 신뢰성이 높아서가 아니라 자기가 잠을 못자기 때문이다. 그래서 상관을 4흉신으로 꼽던 옛날에도 '상관은 남들이 갖지 못하는 재주 한 가지는 품고 있다'는 좋은 말을 해줬는데 그건 상관에 대한 모독이다. 상관이 용희신이면 다재다능하고 민첩하며 자존심이 강하다. 동시에 여러 가지 일을 해내는 능력이 있지만, 식신에 비한다면 자기 능력보다 박한 평가를 받는다. 불만이 많을 수밖에 없으나 이를 말로 표출하면 불평분자밖에 되지 않으니 좌절감은 더욱 쌓여간다. 상관 용신인 이들은 박한 평가마저도 자기 안에서 삭이고 오히려 자기 극복의 계기로 삼아야 한다. 그럴 때 비로소 진정한 상관으로서의 탁월함이 완성된다.

상관이 기구신일 때도 똑같은 원칙을 적용한다. 상관은 자존심이 강하기 때문에 원수라도 자기 앞에서 무릎 꿇고 도움을 간청하면 받아준다. 왜? 자기의 자존심을 충족시켰기 때문이다. 그래서 상관은 기구신으로 작동하더라도 남을 속이거나 기만하지는 않는다. 다만 교만할 뿐이다. 그 와중에도 말은 많아서, 상관의 모든 재난은 대부분 말에서 온다. 말을 많이 하거나, 해서는 안 될 말을 하거나, 다 알고 있는데 굳이 말을 하거나. 모두 알고 있는데 꼭 한 사람이 그걸 지적하면 지적한 사람만 덤터기를 쓴다. 따라서 상관은 용희신이든 기구신이든 말을 조심해야 한다. 꼭 말해야 할 때는 진짜 아무도 모른다고 판단될 때 자기희생을 감수하고 해야 한다. 그래서 바른말을 하는 내부고발자는 거의 상관에서 나온다.

상관인 사람은 친한 사람들끼리 있을 때 남의 결점을 지적해서 모두를 즐겁게 하다가도, 그걸 받아서 누군가 자신의 결점을 지적해서 웃기면 정색을 한다. 자기가 남의 결점을 지적해서 좌중을 웃겼다면 자신 또한 남이 자신의 결점을 지적해서 웃게 만드는 것을 승인할 수 있어야 성숙한 상관이 되는 것이다. 가장 성숙하고 훌륭한 유머는 자신을 낮추거나 자신의 흠을 드러냄으로써 모두를 즐겁게 하는 것이다. 아무리 가까운 사이라도 남의 약점이나 결점을 가지고 좌중을 웃게 만들려고 하면 안 되지만, 이왕 시작했으면 남이 자기의 결점으로 웃음을 끌어내는 것도 관대하게 받아들여야 한다. 상관은 그걸 못 받아들여서 사람들에게 외면당하게 된다.

상관	본원	편인	정인
丙	乙	癸	壬
戌	亥	丑	辰
정재	정인	편재	정재
辛丁戊 묘	戊甲壬 사	癸辛己 쇠	乙癸戊 관대
암록	역마		

94	84	74	64	54	44	34	24	14	4
편인	정인	편관	정관	편재	정재	식신	상관	비견	겁재
癸	壬	辛	庚	己	戊	丁	丙	乙	甲
亥	戌	酉	申	未	午	巳	辰	卯	寅
정인 사	정재 묘	편관 절	정관 태	편재 양	식신 장생	상관 목욕	정재 관대	비견 건록	겁재 제왕

문재인의 명식. 중화의 사주로 수 인성과 토 재성이 강한 명식이지만 월지 축토가 수의 기운을 띠므로 수 인성이 더 강하다. 조후상 한습하므로 술중 무토를 용신으로, 상관인 시간의 병화를 희신으로 사용함으로써 억부와 조후상의 균형을 맞출 수 있다. 상관이 용희신으로 작용하는 경우, 정의감과 자존심이 강한 성격이 많고 자기 능력보다 낮은 평가를 받게 되는 경향이 있다. 그 예로 고교 시절 학업에 두각을 나타냈지만 가난한 환경으로 인해 방황하다가 입시에 실패해 재수를 했고, 사법연수원 수료 후 판사 임용이 거부되어 대형 로펌의 영입 제의를 받았으나 거절하고 고향에 내려가 인권변호사가 된 것이다. 을해 일주 일지 정인의 사로 고상한 마음씨를 갖고 있으며 통찰력이 얻어지면 밀고 나가는 성격이지만 정치인으로서 투쟁력이 약한 것이 단점으로 평가된다. 24세부터 50대까지 식상 대운이 이어지며 민주화 운동과 인권변호사로 꾸준하게 활동했고 무오 대운에는 참여정부의 초대 민정수석을 역임했다. 축술미 삼형이 들어온 기미 대운에 18대 대선에 출마했으나 실패했고, 병신년인 2016년 대통령 탄핵 국면에서 차기 대선 후보 1순위로서 정치적 역할을 다하고 있다.

편재(偏財)

편재가 용희신이 되려면 일단 신강하고 비겁과 인성의 균형이 있거나, 편인이 더 유력한 인다신약(印多身弱)이어야 한다. 인다신약인 경우는 편재가 원국에 있어도 생조 여부가 중요한데, 생조되지 못했을 경우 과다한 인성을 제어할 길이 없기 때문이다. 본원인 주체가 함몰당할 수 있기에 비겁으로 인성을 설기하기란 위험하다.

편재가 용희신이면 기동성이 강한 편재의 특성상 기교가 뛰어나고 일처리에 빈틈없는 성격이 수월하게 드러난다. 편재는 기획력과 입체적 사고의 능력이 뛰어나고, 타인의 마음을 잘 헤아릴 줄 알기 때문에 판매나 마케팅 능력도 좋다. 편재가 용희신이 되면 비겁과 인성의 기운이 모두 강한 신강한 명식이므로 일을 도모하면 큰 성과를 내는 경우가 많다. 학문에 종사할 때도 한 번에 큰 성과를 낸다. 논문 한 편으로 20년 동안 자리를 유지하는 교수, 하지만 아무도 욕을 못 한다. 20년 동안 그 논문을 뛰어넘은 사람이 거의 없기 때문이다. 주위에서 저 사람이 공부를 더 하면 진짜 훌륭한 업적을 이룰 텐데 하고 기대하지만 늘 어디 놀러 갈 생각이나 하고 있는 교수의 모습이 편재가 용희신인 사람의 모습이다. 정재가 용희신인 교수는 1년에 한 번씩 꼬박꼬박 논문을 쓰고 발표하지만 아무도 관심이 없다.

편재가 기구신이면 무사안일하고, 욕심이 지나쳐 낭비벽이 심하다. 현재의 즐거움을 중요시하기 때문에 미래를 생각하지 않고 낭비를 하게 된다. 특히 편재가 천간에 투출된다면 술과 이성을 밝히고 재물을 가볍게 여기는 부정성을 강하게 갖게 된다. 편재 기구신의 경우 자기 노력의 결과 이상의 재물을 좇으면 필시 탈이 나므로, 재물을 추구하기보다 이상과 봉사를 자신의 의제로 삼아야 한다. 그러면 재물은 조용히 따라온다. 특히 대운에서 용희신의 기운이 이어지다가 불쑥 편재 기구신 대운이 임할 때 더욱 경계심을 발동시켜야 한다. 수많은 유혹이 눈앞을 어지럽혀 부화뇌동하다가 일을 크게 그르치기 쉽다.

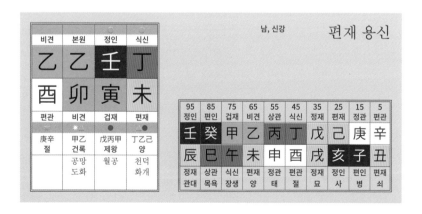

      제5강. 운명을 운용하여 조화를 이루다

커트 코베인의 명식. 신강한 사주로 다수의 목 비겁과 천간의 정임합, 지지의 묘미합으로 비겁이 매우 강한 명식이다. 편재인 미중 기토를 용신으로 사용해 목의 힘을 설기하고, 식신인 미중 정화를 희신으로 사용해 목의 힘을 용신인 편재로 모아주는 역할을 해야 한다. 일주에 통근한 비견의 건록으로 예술가의 자질이 탁월하고, 편재가 용신이므로 기타리스트와 보컬로서 재능을 마음껏 발휘해 큰 성공을 거두었다. 월주에 강하게 자리 잡은 겁재의 제왕으로 공연 도중 수많은 기타를 부순 것으로도 유명하다. 편재 용신운인 기해 대운 1991 신미년에 얼터너티브 록의 대표적 앨범인 《Nevermind》를 발표해 인기와 큰돈을 벌어들였지만, 10대 시절부터 이어진 마약중독과 우울증이 점점 악화되어 인기가 절정에 달하던 갑술년에 자살했다.

정재(正財)

정재 용신의 키워드는 정직, 성실, 정의감, 섬세함, 근면이다. 정재가 용신으로 잘 생조된 사람은 안정적인 삶을 살 가능성이 높지만, 정재의 장점을 긍정적으로 사용할 수 없는 시대적 환경 때문에 마음속으로는 불만족이 큰 경우도 있다. 지금의 세상이 정재의 가치를 높이 평가하지 않는 질서로 바뀌었기 때문이다. 그런데 역설적으로 한국의 중간계급 이하의 사람들이 전부 정재적 삶을 지향하는 것은 정말이지 문제가 크다. 지금 젊은 세대들이 다시 정재적인 삶의 가치로, 그것도 절박하게 몰려간다는 것은 굉장한 사회적 손실이다. 정재적 삶이라는 것은 사회의 총인구 중 극소수만이 누릴 수 있다. 공무원, 교사, 준공무원까지 다 합쳐도 정년이 보장된 직업의 비율이 얼마나 되겠는가. 절대 다수의 사람들이 그걸 하겠다고 하면 극소수의 성취한 자와 대다수의 루저를 아무 의미도 없이 양산하는 결과가 된다. 그래서 나는 정재와 정재적인 질서가 개인을 넘어 사회 전체적으로도 썩 좋은 것 같진 않다. 반칙이 난무하는 세상에선 언제나 정직하면 박해받았다. 정재의 불만은 여기서 기인하지만, 그렇다고 자신의 특성 자체를 부인한다면 다른 어떤 경우보다 안정성이 무너질 가능성이 높다.

정재가 기구신이면 다소 게으르고 자기 위주의 처신과 사고를 하게 된

다. 아무래도 정재가 지닌 조화의 안정성이 떨어지게 되는 것이다. 특히
정재와 편관이 2개 이상 있으면 행동이 경솔하고, 남자의 경우 재다신약
이면 아내나 다른 가족에게 의존하는 경향이 강해진다. 하지만 십신 중
에 기구신으로서의 부정성 혹은 불안정성은 정재가 가장 낮다. 정재는
기구신이어도 정재적 성향을 완전히 버리지 못한다. 그리고 정재가 기구
신이어도 부정성을 피할 수 있는 경우가 있는데, 정재가 십이운성 중 제
왕이나 묘를 만나는 경우다. 정재가 묘와 동주하면 검소하고, 제왕과 동
주하면 가족의 결속력이 강해진다. 그 정재가 기구신인데 겁재가 가까이
에서 위협한다면 정착보다는 방랑을 좋아하고 동시에 외도의 가능성이
높아진다.

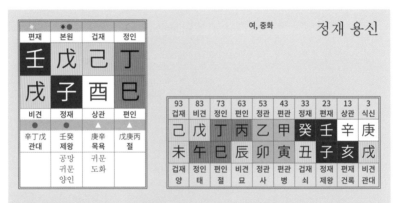

박세리의 명식. 중화의 사주로 비겁이 강하고 인성이 연주에서 통근해 있으므로 자중
계수 정재를 용신으로 잡아 비견의 힘을 덜어주고 인성의 힘이 비겁으로 흐르는 것을
제어해야 한다. 비겁이 강하므로 운동선수로 적합하고, 정재가 용신이므로 자신이 원
하는 결과를 얻기 위해 성실하고 계획적으로 훈련에 임했으며, 그 결과 꾸준한 실력
으로 각종 대회에서 좋은 결과를 얻어 많은 후배 선수의 귀감이 되었다. 용신운인 신
해 대운에 국내 선수로는 최초로 미국의 메이저 골프 대회에서 우승을 했고, 재성 대
운인 임자 대운에서 더욱 발복해 LPGA 명예의 전당에 입회하여 명예를 얻고 큰 상금
도 벌어들였다. 계축 대운 병신년인 2016년 신금과 지지의 자수가 반합을 이루어 희
신이 용신으로 화하게 됨으로써 올림픽 대표팀 감독으로 출전해 여자 골프 종목에서
금메달을 획득했다.

편관(偏官)

편관이 용희신이면 편관의 특징이 진솔하게 드러난다. 편관은 두뇌 회전이 빠르고 감정도 쉽게 표출한다. 그리고 의협심과 모험심, 거침없음이 특징으로, 『그리스인 조르바』(Vios ke Politia tou Alexi Zorba)의 조르바 아니면 영화〈길〉(La Strada)의 잠파노 같은 캐릭터들이 전형적인 편관적 인물이다. 많은 사람을 동시에 주변으로 불러 모을 수 있는 힘, 그리고 그 사람들을 매료시킬 수 있는 강렬한 기백과 흡인력이 편관 용신의 강점이며 무엇보다 명랑한 낙관성의 기운이 생성된다. 편관이 용신이면 자신의 직관을 신뢰하고, 동료들의 신뢰와 존경을 받을 수 있는 사람으로 자신을 일관되게 기획해야 한다. 편관 용신이 일관성을 상실하면 권모술수를 부리는 인간으로 몰리거나 기회주의적 인물로 쉽게 낙인찍힌다.

편관이 기구신일 때는 기단(氣短)하다. 기운의 지속성이 약하다. 말만 많이 하고 실제로는 전혀 실행하지 않는가 하면, 시작만 즐비하고 중간도 끝도 없다. 그리고 편관이 기구신이 되면 타인에 대한 이상한 의존성이 발생한다. 편관이 용희신일 때와 완전히 다르다. 다만 편관이 기구신이라도 편인이 있어서 살인상생(殺印相生), 즉 편관이 편인을 생해주는 관계일 때는 재간(才幹)과 냉철한 판단력 등을 발휘해 조직적인 사업들을 잘 꾸려나갈 수 있다고 본다. 편관이 기구신이고 특히 지지에 편관의 힘이 강할 때는 우울해지는 것을 경계해야 한다. 편관의 대표적인 표정은 씩씩함과 명랑함인데, 그것을 잃는다면 편관의 기운이 가장 낮아졌을 때이며 건강상으로도 큰 문제가 발생할 가능성이 높다.

편인	본원	겁재	겁재
辛	癸	壬	壬
酉	未	寅	辰
편인	편관	상관	정관
庚辛 병	丁乙己 묘	戊丙甲 목욕	乙癸戊 양
공망 도화	공망 귀문	귀문 역마 월공	월공

남, 중화　　편관 용신

99 겁재	89 편인	79 정인	69 편관	59 정관	49 편재	39 정재	29 식신	19 상관	9 비견
壬	辛	庚	己	戊	丁	丙	乙	甲	癸
子	亥	戌	酉	申	未	午	巳	辰	卯
비견 건록	겁재 제왕	정관 쇠	편인 병	정인 사	편재 묘	정재 절	정재 태	정관 양	식신 장생

한화 회장 김승연의 명식. 중화의 사주로 시지에 통근한 금 인성과 강한 월지 인목, 일지와 연지에 고립된 토 관성이 특징적이다. 편인인 미중 기토를 용신으로 해서 고립된 관성 2개의 힘을 보완하고, 미중 정화를 희신으로 해서 강한 상관의 힘을 정관으로 흐르게 하고 인성과 비겁의 힘을 적절히 제어함으로써 원국의 균형을 맞출 수 있다. 일지 편관의 묘가 고립되어 대운에 따라 삶의 변화와 변동이 다양한 방향으로 나타날 가능성이 있고, 통근한 시지의 편인의 힘을 발휘해 문화, 예술, 스포츠에 지속적으로 후원을 했다. 월공이 동반된 강한 월지 상관의 힘으로 사회복지나 환경 문제, 상생에 관한 프로젝트 등을 실행했고, 천안함 유가족을 채용하는 등의 행보를 보였다. 29 을사 대운에 가업을 계승해 병오, 정미 대운에 이르기까지 식상생재, 재생관, 관인생이 되는 대운이 지속되면서 편관이 용희신으로 작용하게 되므로 빠른 두뇌 회전과 리더십, 넘치는 의욕과 도전정신을 발휘해 기업을 크게 성장시켰다. 하지만 정미 대운 정해년인 2007년 아들과 연관된 폭행 사건으로 구설수에 올랐고, 무신 대운 임진년에 배임죄로 유죄선고를 받는 등 고립된 관성의 단점을 특징적으로 반영하고 있다.

정관(正官)

정관이 용희신이면 성격이 온후하고 독실하며 어떤 일에도 정성을 다하려는 잠재적 특징을 가진다. 선현들은 일지에 정관이 있고 그것이 용희신이면 훌륭한 배우자가 되거나 훌륭한 배우자를 맞이할 명이라고 주장했다. 정관은 정인과 더불어 신중함으로 무장되어 있고, 따라서 경쟁에 강하다. 자영업을 하더라도 뜨내기손님보다는 오랜 시간 신뢰를 통해 형성된 단골이 많은 편이다. 편관처럼 우두머리로 나서는 의지도 그럴 힘도 없지만 한 걸음씩 꾸준하게 자신이 설정한 의제를 실현해나간다. 즉 시험에서도 수석을 하진 못하지만 합격권 안에 꼭 드는 기운이 강하고, 빨리 승진하지는 않지만 종국적으로는 가장 높이 올라가는 끈질김이 있다. 이 끈질김 때문에 학식도 높은 경우가 많은데 정관은 기본적으로 자신이 알고자 하는 진리에 대한 경외감이 있기 때문이다. 정관이 용희신이면 이런 궁극적 자세를 자기 것으로 하는 지혜가 요구된다. 일희일비하는 자세로는 정관의 용신을 가동할 수 없다. 계획도 10년 정도의 중장기적 목표를 정하고 거기에 도달하는 과정을 촘촘하게 설정하는 태도가 필요하다.

정관이 기구신이면 일단 의지가 견고하지 못하고, 공무원이나 큰 기업의 직장인으로서 녹봉을 받는다 하더라도 오래가지 못하거나 승진이 썩 좋지 않다. 다만 이런 사회적인 것과 상관없이 정관이 기구신이어도 하나만 있고 형, 충으로 엮여 있지 않으면 옛날부터 군자의 성(誠)이라 해서 능히 자신을 삼가고 세상으로 나아갈 수 있는 힘으로 보았다. 단, 관살혼잡이면 호색과 잔꾀에 능해서 오히려 정관의 특성을 잃게 된다. 정관이 정재와 동주한다면 기구신에도 상관없이 정교한 지혜까지 겸비해 웬만한 위기에서도 흔들리지 않는 힘이 된다. 정관이 기구신일 때 유의할 점은 상후하박의 얄팍함이다. 즉 자기보다 힘이 있는 자에겐 무릎을 꿇고 자기보다 아래에 있는 이들에게는 가혹한 기준을 적용하는 것이다. 이는 언젠가는, 특히 대운마저 기구신으로 임하게 될 때 아랫사람에게 모함을 당하거나 공격받는 수모로 돌아올 가능성이 높으니 스스로 경계해야 한다.

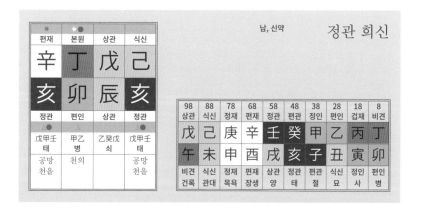

재즈 음악가 듀크 엘링턴의 명식. 신약한 명식으로 연·월주에 통근한 식상이 강하게 자리 잡은 것이 특징적이다. 편인인 묘중 갑목을 용신으로 사용해 강한 식상의 힘을 제어하면서 신약한 비겁의 힘을 보완하고, 정관인 해중 임수를 희신으로 사용해 상관의 힘을 설기시켜 원국의 균형을 맞춘다. 희신인 연지와 시지에 위치한 정관이 천을귀인과 동반되어 밴드의 리더로서 작곡이나 편곡, 앙상블의 구성을 소규모의 조직을 통해서 완성했고, 끊임없이 새로운 장르의 음악을 연구하고 음악적 시도를 함으로써 자신의 존재감을 증명했다. 용신운인 임술 대운 병신년에 뉴욕의 재즈 페스티벌에서 큰 성공을 거두면서 전성기를 누리게 되고, 임인년에 자신의 역작인 피아노 앨범 《Money Jungle》을 발표했다.

편인(偏印)

편인이 용희신이면 성격이 활발하고 다방면에서 종횡무진하는 재능을 보인다. 문과적인 정인보다는 이공계나 예체능계에서 더욱 돋보이고, 통상적이지 않은 분야에서 더 발휘되는 성질이 있다. 편인은 겁재, 상관, 편관과 더불어 4흉신의 하나로 오랫동안 꺼렸지만 20세기 이후 가장 각광받는 십신으로 승격(!)했다고 해도 과언이 아니다. 이는 무엇보다 편인이 가진 삐딱한 시선, 비범하고 창조적인 발상, 보통 사람들이 지나치는 영역에서 새로운 가치를 일구어내는 혁신적인 능력 때문이다. 특히 편인은 사람의 고통을 파악하고 극복하게 하는 활인업(活人業) 분야, 즉 의학이나 약학, 상담, 종교, 무속, 역술 같은 분야에 뛰어난 잠재성이 있으므로 이를 적극적으로 활용한다면 두각을 드러낼 수 있는 힘이 된다. 또한 편인 용희신은 젊은이들이 선망하는 연예인의 기운이기도 하므로 이런 '끼'를 억압하지 말고 마음껏 발산할 수 있는 환경이 필요하다.

편인이 기구신이면 편관 기구신처럼 시작과 끝이 극단적으로 다르고, 태만함 때문에 결과가 잘 도출되지 않는 경향이 있다. 시종이 극단적인 것은 편관 기구신의 경우는 상황 탓이 더 크고 편인 기구신의 경우는 본인의 변덕 탓이 더 크다. 특히 인성이 혼잡되고 편인이 기구신인 경우 한 가지에 집중하지 못하고 직업이나 직장, 주거지를 자주 바꾸기도 한다.

게다가 편인과 겁재, 양인이 동주하면 가족을 포함한 주변 사람에게 폭력성과 잔인함을 드러낸다. 이런 경우 부침이 극단을 오간다. 즉 이 힘으로 무언가를 성취하더라도 바로 그 힘에 의해 급속한 몰락이 뒤따를 수 있으므로 평소에 자신의 기운을 관리하고 통제하는 자제력을 키워야 한다.

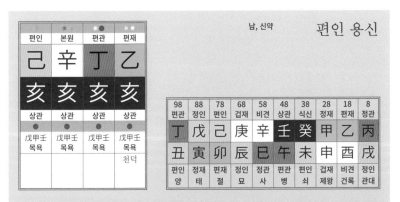

지지가 해수 상관이 관통하는 신약한 명식으로 시간의 편인 기토를 용신, 월간의 편관 정화를 희신으로 잡아 약한 일간을 돕고 해수 상관을 제어하게 한다. 우디 앨런은 스탠딩 코미디언으로 출발해 영화감독, 작가, 극작가, 음악가 등 다양한 방면에서 종횡무진 활동했다. 성격 나쁘고 말 많고 상식을 넘어서는 행동을 하기로도 유명한데 편인의 변덕과 예민함, 비범하고 창조적인 발상과 목욕을 만난 수 상관이 가진 상상력과 총명함, 직관력, 행동력이라는 특성이 상승효과를 일으켜 아무렇지 않게 행동으로 나오는 것이다. 그런 우디 앨런의 일관성이 그를 하나의 보통명사처럼 사람들에게 받아들여지게 했고 작품에도 반영되어 자신만의 독특한 작품 세계를 구축했다.

정인(正印)

정인이 용희신이면 정인의 본래적 속성인 자비로움과 인내심, 스스로 고결하고자 하는 식견이 외관상 부족해 보인다. 하지만 내면에는 자신을 단련시키고자 하는 의지가 깊이 똬리를 틀고 있다. 정인 용희신으로 흐르는 키포인트는 학문적 열정이다. 무엇이든 피상적인 차원에서 머무르지 않고 가장 근원적인 의문까지 도달하려는 집요한 성정이 그것으로, 이는 자신의 정체성에 대한 성찰의 자세로 이어진다. 대부분의 신약한 명식에서는, 특히 식상이 발달, 과다한 경우는 책을 가까이하고 명상하는 것이 보약이다. 이 정인의 힘으로 식상의 단순한 호기심을 심화시키고 재성, 특히 편재의 산만함을 제어하는 것이다.

정인이 기구신인 경우는 마마보이를 떠올리면 된다. 자기중심적이고 게으른 성격을 보인다. 게다가 정인이 충까지 되면 산란하고 분망한 성격으로 부정성이 극대화된다. 그러나 정인이 기구신이라도 양인과 동주하면 백 가지 기교를 갖게 되고, 겁재와 동주하면 고결한 인격으로 승화할 힘이 되니 주목할 만한 대목이다. 하지만 기구신인 정인이 상관과 동주하면 자신의 재산 규모를 넘어서는 과소비를 하거나 허영심을 갖게 될 경향이 농후하니 이 또한 조심해야 한다.

정인 기구신의 가장 흔한 양상은 다음 두 가지다. 하나는 결단력 혹은 맺고 끊음의 부족으로, 시작은 정교한데 도무지 끝을 내지 못한다. 자기 검열 때문이다. 아니다 싶으면 빨리 포기해야 하는데 물고 늘어져 시간만 보낸다. 이는 타인의 평가를 두려워하는 경우로 비생산적인 완벽주의에서 빨리 벗어날 필요가 있다. 다른 하나는 직업의 전전이다. 정인이 용희신이거나 기구신이면 가능하면 자신이 전공한 분야의 연장선에 있는 직업을 선택하는 것이 현명하다.

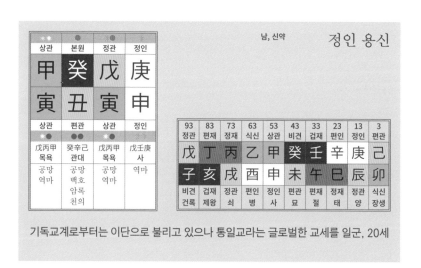

기독교계로부터는 이단으로 불리고 있으나 통일교라는 글로벌한 교세를 일군, 20세

기 한국 종교계가 낳은 풍운아 문선명의 명식이다. 무인월 갑인시의 계축 일간이니 상관이 강한 거의 극신약한 명식이지만, 일지 축토가 계수의 뿌리가 되므로 투간한 관성과 상관을 모두 지휘할 수 있다. 비록 먼 연주의 자리에 머무르나 용신 정인이 철주를 내리고 있어 주목할 만하다. 원국의 네 오행이 모두 강력한 뿌리를 지녀서 웬만한 위기에는 눈도 깜짝하지 않았으며 배포가 대단했다. 김일성 생전에 방북했을 때 당 간부들에게 호통을 치고 주체사상을 대놓고 비난한 것은 유명한 일화. 결국 김일성 주석과 의형제를 맺었고, 그 인연은 아들 대까지 이어진다. 금수로 흐르는 대운을 타고 종교의 거목이 되었다.

특수관계인과 용신

특수관계에 있는 사람끼리 완벽하게 서로 용희신인 오행을 서너 개씩 갖고 있으면 둘이 환상적인 짝이 될 것이라 생각한다. 그런데 삶은 그렇게 단순하지 않다. 내게 필요한 기운이 상대방에게 많다는 것은 내게 없거나 약한 것을 상대방이 다 가지고 있다는 뜻이고, 상대방이 필요한 것을 내가 다 갖고 있다는 것은 그에게 없는 것이 내게 다 있다는 뜻이다. 그러면 둘은 일단 서로 이해하기도 가까워지기도 어렵고, 가까워져도 관계가 유지되기 쉽지 않다. 서로의 관성(慣性)이 너무 다르게 작용하기 때문이다. 음양과 오행이 반대 방향으로 작용하므로 내겐 당연한 것이 저 사람에겐 민감한 문제가 되고 저 사람에겐 아무것도 아닌 일이 내겐 치명적인 문제가 될 가능성이 있다. 한편 상호간에 용희신을 과다 보유한 경우엔 다른 양상도 나타난다. 관계가 맹목적이거나 탐닉, 과도한 신임으로 흐를 가능성도 배제할 수 없다.

특수관계인이라고 뭉뚱그려 얘기하지만 가족, 혹은 배우자, 동업자, 스승 혹은 제자, 라이벌 등등 스펙트럼이 무척 넓어서 그 성격에 따라 적용되는 의미가 또한 다르니 인간과 인간의 관계론에서 용신의 역할과 기능에 대한 연구는 거의 미지의 상태라고 봐야 할 것이다. 매우 조심스럽지만, 그럼에도 특수관계인과의 관계에서 용신의 역할에 대해 최소한 다음과 같이 기본적인 틀은 설정할 수 있을 것이다.

용신이 유정한 경우

용신이 유정한 자리에 있다면 특수관계인 상대방의 원국 내 용신 오행이 과다하거나 발달한 것은 오히려 역효과로 끝나기 쉽다. 말하자면 용신의 과잉 공급이다. 이럴 경우는 용신에 해당하는 오행이 희신 오행에게 깨끗하게 생조받으며 자리하는 것이 훨씬 작용력이 크게 발휘된다. 다시 말해 합, 충, 형이 되지 않고 같은 주 혹은 바로 옆에서 희신 오행으로 생조되는 하나의 용신 오행이 훨씬 상호작용에 긍정성을 지니게 된다는 말이다. 용신은 기본적으로 합과 충, 형을 꺼린다. 합이 되면 묶이게 되고 충이 되면 어느 방향으로 튈지 예측 불가능하며 형이 되면 갇히는 까닭이다. 용신이 유정하고 합, 충, 형이 없는데 상대편 특수관계인의 오행이 복잡하게 합, 충, 형을 불러일으킨다면 용신은 오리무중이 된다.

용신이 무정한 경우

하지만 용신이 무정한 자리에 있거나 지장간에도 없다면 과다 혹은 발달한 상대방의 오행은 커다란 기폭제로 작용할 가능성이 매우 높다. 이것은 막힌 출구를 과감하게 돌파하는 계기로 작용해 전격적인 국면 변환을 연출하는 힘이 될 수 있을 것이다. 좀 더 구체적으로 말한다면 용신의 무정함으로 인한 해내고자 하는 의지의 발현을 현실화하게 하는 방아쇠로 작동하는 것이다.

용신과 십이운성 및 신살

상대편의 원국 중 자신의 용희신에 해당하는 오행의 자리에 놓인 십이운성과 신살도 중요한 변수다. 자신의 일간으로 보아 상대편 해당 오행의 십이운성이 자신의 십이운성과 조화를 이룬다면 금상첨화다. 가령 본인의 원국이 신강하다면 그 해당 오행의 십이운성이 쇠, 병, 사, 묘, 절, 태로 흐르는 것이 훨씬 작용력이 배가되며 신약한 원국이면 양, 장생, 목욕,

관대, 건록, 제왕으로 흐르는 것이 크게 작용한다. 신살 또한 자신의 일간 혹은 월지를 기준으로 보아 천을, 천덕, 월덕, 문창, 암록, 천의성 등이 동반한다면 상대방의 오행은 용희신 작용이 더욱 빛을 발할 것이나, 역마, 양인, 백호 등에 자리하면 그 향방은 예측 불가능한 상태에 빠질 수 있다.

　마지막으로 요약하면 특수관계인에 있어 용희신의 작용은 깨끗하고 선명할 때, 그리고 합과 충, 형과 살 같은 변화, 변동을 야기하는 요소의 개입이 없을 때 두드러진다.

　용신을 규명하는 것도 어렵고, 의미 또한 제대로 파악하기가 쉽지 않으며, 그것을 구사하기란 더욱 어렵다. 하지만 이것이 명리학의 최후 전선임을 감안한다면 용신 개념은 천변만화하는 우리 삶을 대하는 데 가장 획기적인 전략의 도출이라고 할 것이다.

제六강

「운」과 「명」의 역동

기나긴 인생에서
고작 몇 번의
실패가 삶 전체를
지배하게
할 수는 없다.

대운 심층탐구

원국과 대운의 합충으로 인한 변화

운의 전략과 전술

10년 단위의 대운은 명리학의 하이라이트다. 사주(四柱) 팔자(八字)로 이루어진 원국이 사람이 태어나며 우주로부터 부여받은 명(命)이라면 대운은 그 명이 생애 동안 만나는 수많은 변화와 변동의 환경, 곧 운(運)에 해당한다. '명'은 평생 그 사람의 본질을 이루지만 '운'은 천변만화한다. 따라서 명이 그 사람의 정체성이라면 운은 그 정체성이 시시각각 조우하는 현실적 조건을 말한다. 바로 이 두 가지 축이 만나 운명(運命)이 이루어지는 것이다.

타고난 기질과 그 기질이 수행해야 할 소명, 그리고 그 소명을 지닌 주체를 둘러싸고 시시각각 변하는 환경과 조건을 뜻하는 대운은 명리학이 단순하고 정태적인 성격 판단 기법이 아니라 주체와 세계 간의 실로 역동적인 전략전술론임을 증명하는 결정적인 요소이며, 수많은 여타 점술학의 도전과 미심쩍은 의심에도 불구하고 21세기에 들어와서도 여전히 영향력을 행사하는 이유이기도 하다. 따라서 용신과 대운의 의미를 제대로 이해한다면 아무리 몸부림쳐도 운명은 정해져 있다는 따위의 운명결정론이 얼마나 어이없고 속물적인 주장인지 알 수 있을 것이다.

객관적으로 전력이 우세한 팀도 원정 경기에서는 이상하게 힘을 쓰지 못하고 이변의 결과를 낳는 경우가 허다하다. 재물운이 상대적으로 박약한 명식도 어떤 시점에 이르러 발복하는 경우를 설명하는 것이 대운이다. 원국이 봉착하는 특정한 상황의 규정이라는 측면에서 대운을 사주팔자(四柱八字)의 원국에 더해 오주십자(五柱十字)라 부를 만하다.

대운은 생일과 절입일의 관계에 따라 도출된 대운수에 의해 10년 단위로 이루어진 천간과 지지의 흐름이다. 대운 안에는 1년 단위의 세운(歲運)이 있고, 세운은 월운(月運), 일운(日運)으로까지 쪼개진다. 그리고 문파에 따라 대운의 천간과 지지를 나누어 천간을 첫 5년, 지지를 나머지 5년으로 보는 소운(小運)을 제시하기도 한다. 나 또한 소운의 개념을 수용하는 쪽인데, 시간 단위로 보면 대운(10년) − 소운(5년) − 세운(1년) − 월운(1개월) - 일운(1일)의 다섯 층위를 가지는 셈이다.

통상적으로는 대운 - (소운) - 세운까지만 현실적인 타당성이 성립된다고 보며, 월운과 일운은 변수의 복잡성이 감당하지 못할 정도로 증가하기 때문에 특수한 경우가 아니면 적용하지 않는다. 뛰어난 역학자들이 날짜까지 적중하는 일이 없는 것은 아니지만 그 경우들은 극한적인 예외거나 신화적으로 과장되었을 가능성이 크다. 그리고 그런 초미시적인 판단은 논리적 추론이라기보다는 오랜 경험과 수련을 통해 다져진 직관적 판단일 가능성이 매우 높다.

하지만 월운이나 일운은 꼭 그런 대가들의 전유물은 아니다. 특수한 직종, 예컨대 트렌디한 영업이나 주식 데이트레이더(day trader), 수술이 많은 의사 등 하루하루의 변수가 매우 크고 압박감이 심한 직업에 종사하는 사람은 월운과 일운을 지속적으로 점검해볼 필요가 있다고 생각한다. 용희신과 기구신 오행에 따라 성패가 어떤 리듬을 만드는지 주시한다면 자신에게 맞는 계획을 세우는 데 도움이 될 것이다.

다시 대운과 세운으로 돌아와서, 대운과 세운을 규명하는 데 가장 기본적인 작업은 대운의 천간과 지지를 읽는 것이며 나아가 대운과 세운 간의 관계를 정확하게 파악하는 것이다. 특히 후자가 중요한데, 대운과 세운의 관계를 얼마나 균형 있게 입체적으로 파악하느냐에 따라 대응 전략을 훨씬 정교하게 수립할 수 있다.

먼저 대운의 간지를 파악하는 것부터 짚어보자. 이 또한 여러 관점이 난무한다. 대운이야말로 추상적인 성격이 강한 천간은 무시하고 오로지 현실적인 요소가 강한 지지를 중심으로 봐야 한다는 입장이 우세하지만 기초편부터 일관된 나의 입장은 결코 그렇지 않으며, 오히려 천간은 전략적 관점으로 보고 지지를 전술적 관점으로 봐야 한다고 본다. 그래서 실제적으로도 천간의 요소가 지지의 요소보다 우월하게 적용되었으면 되었지 결코 미력하지는 않다는 게 나의 판단이다. 전투건 인생이건 전략적인 방향은 타당했지만 전술적 타이밍이 일을 그르칠 수도 있고, 전략의 설정은 터무니없었지만 전술적인 기민함으로 뜻하지 않은 승리를 획득

할 수도 있다. 그럼에도 전략의 설정이 우선하는 것은 명백하다. 영화계의 오랜 교훈 중에 이런 말이 있다. "좋은 시나리오로 나쁜 영화를 찍을 수 있지만 나쁜 시나리오로는 좋은 영화를 찍지 못한다." 나는 천간과 지지가 시나리오와 영화의 관계라고 본다.

대운에서의 충과 합 그리고 형

앞의 4강에서 살펴보았듯이 합과 충은 일견 평면적일 것 같은 오행의 관계에 다차원적인 입체성을 부여하는 개념이다. 충과 합, 그리고 형까지, 이 세 개념은 대운에 이르러 더욱 변화와 변신의 회오리바람을 불러일으킨다.

대운과 원국의 오행과의 충

천간의 충, 충과 극

대운(혹은 세운)과 원국과의 충은 다시 말하지만 본질적으로 원국 내 오행끼리의 충과 큰 차이가 없다. 다만 대운과 원국의 충은 그 대운 중에만 유효하다. 하지만 앞서 4강에서 천간의 충을 충과 극으로 세분했는데 대운에서의 충과 극은 미묘하게 그러나 확실히 다르다.

엄밀한 의미에서 완벽한 충은 갑경충, 을신충, 병임충, 정계충의 4개인데, 다시 한 번 강조하건대 충이 물러설 수 없는 두 기운의 팽팽한 다툼이라면 극은 극을 당하는 대상에 대한 극하는 주체의 공격 혹은 지배라고 볼 수 있다.

순수한 천간의 오행이 충으로 두 기운이 팽팽하게 다툴 때 양쪽 모두 왕성한 활성화가 이루어진다. 이 활성화는 운동에너지이며, 갈등과 대립, 흔들림과 회의를 표상한다. 이 충에서는 극의 작용은 거의 의미가 없다. 다만 원국의 천간에서 충이 성립되어 있는데 (갑목 월간과 경금 연간이 충하고 있다고 가정해보자) 대운이나 세운에서 또 갑목이 와서 쟁충이 된다면 갑목보다는 경금이 심하게 금이 간다고 본다. 대운과 세운에서 나란히 갑목이 와서 삼쟁충이 일어나면 더욱 그럴 것이다. 혹은 원국에서 이미 쟁충이 일어나 있는데 대운에서 다시 충을 거든다면 그 변화의 폭은 예측 불가능하게 커진다. 대운과 원국의 일대일 충이 어느 정도 예측 가능한 변화, 변동이라면 쟁충은 예측 불가능한 변화, 변동인 데다가 그 폭이 극적으로 커지므로 여러 상황을 살펴 대비할 필요가 있다.

이에 비해 극은 좀 더 단순하다. 충에 비해 일방적인 관계이기 때문이다. 무토 월간에 갑목 대운이 왔다면 무토는 갑목의 극을 받아 활동성이 규제를 받는다. 대운에서의 충과 극을 따질 때 가장 중요한 요소는 해당 오행이 용희신이냐 기구신이냐는 것이다. 원국의 용희신에 해당하는 오행이 대운으로부터 충 혹은 극을 당한다면 어떻게 해석할 수 있을까? 또 그 반대의 경우는?

원국의 용희신을 대운이 충한다는 것은 다름 아니라 대운에 기신이 임했다는 뜻이다. 당연히 용신의 힘이 무력화되거나 변화의 부정성이 높아진다. 천간의 용희신이 충되면 전반적인 상황의 악화, 혹은 내면적인 갈등과 번민이 증가할 가능성이 높고 지지의 용희신이 충되면 실질적인 결실이 허약하거나 용신의 작용이 흐지부지될 확률이 치솟는다. 거기에 다시 쟁충이 성립되면(이미 원국의 용신이 충되고 있는데 다시 대운과 충이 되면) 이때는 비상경보가 울려야 할 판이다. 반대로 대운의 용신이 원국을 충하는 것은 원국의 기신과 한판 대결을 펼치는 것이므로 변화, 변동의 폭이 확장된다. 즉 더욱 긍정적인 에너지가 발생할 수도 있고 그 힘이 정체될 수도 있으며 용희신의 작용이 반감될 수도 있다. 이런 때는 상황 자체를 더욱 세심하게 살펴 기운이 어느 방향으로 흐르는지를 잘 포착해야 한다.

충과 달리 극의 경우는 보다 단순하다. 극을 당하는 쪽의 의미가 반감 혹은 구금된다고 보면 큰 무리가 없다. 용신이 극당한다면 용신의 구실이 반감 혹은 무력화될 것이고 기신이 극당한다면 기신이 또한 그렇게 될 것이다. 결국 충과 극의 차이는 예측 불가능성의 증대냐 힘의 반감 혹은 무력화냐의 차이에 있다고 하겠다.

지지의 충

기초편과 앞의 4강에서도 밝혔듯 6개의 지지충 중에서는 묘유충이 파괴력이 가장 강하다. 복잡한 지지답지 않게 순수한 오행끼리의 충이지만 자오충은 오화 지장간에 토가 있고, 지장간 사이에 합도 일어난다. 조후상으로 보면 자오충이 세지만 오행의 성분으로 보면 묘와 유는 지장간 사이의 합 작용도 없이 일대일로 딱 붙는다. 예컨대 일지가 묘목으로 원국 내에서는 충이 없는데 대운이나 연운에서 유금이 와서 충이 될 때, 그리고 동시에 천간도 충을 한다면 굉장히 큰 충이다.

다음으로 역마끼리의 충인 인신충, 사해충은 활동성이 강한 지지들 사이의 충이기 때문에 불안정성은 폭발적으로 증가하지만 동시에 대발(大發)할 수 있는 힘도 된다. 건강과 사고의 위험만 지혜롭게 대처한다면 큰 성과를 가져올 수 있는 힘이 될 수도 있다.

진술충, 축미충은 붕충으로 충의 파괴력은 미미한 편이다. 원국과 대운 간의 붕충은 재물의 획득과 부부 혹은 파트너 사이의 불화의 기미를 동시에 암시한다. 그런데 이 붕충 중에서 축미충은 지장간의 특성상 조심히 살펴볼 필요가 있다. 특히 미토 지장간의 정화(丁)와 축토 지장간의 신금(辛)이 부딪쳐서 신금이 깨지는 경우, 원국에는 금이 없고 하필이면 축토 지장간에만 신금이 미약하게 있는데 미토와 충이 나서 깨질 때는 그 신금에 해당하는 요소가 치명타를 입는다. 차라리 아무것도 없을 때가 나은데 지장간에 미약하게 있는 오행이 충을 맞는 경우가 파괴력이 제일 크다. 따라서 축미충은 충 자체는 힘이 없는데 딱 이 경우, 즉 지장간에만 있는 유일한 금이 깨질 때는 어떤 충보다도 치명타를 입는다는 것만은 잊지 말아야 한다. 그래서 축미충이 있는 사람은 이를 유심히 봐야 한다.

정재	본원	편인	비견
癸	戊	丙	戊
丑	辰	辰	寅
겁재	비견	비견	편관
癸辛己 쇠	乙癸戊 묘	乙癸戊 묘	戊丙甲 병
백호 천을	백호 화개	월공 화개	문창 암록 역마

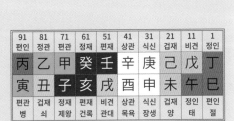

91 편인	81 정관	71 편관	61 정재	51 편재	41 상관	31 식신	21 겁재	11 비견	1 정인
丙	乙	甲	癸	壬	辛	庚	己	戊	丁
寅	丑	子	亥	戌	酉	申	未	午	巳
편관 병	겁재 쇠	정재 제왕	편재 건록	비견 관대	상관 목욕	식신 장생	겁재 양	정인 태	편인 절

독일의 경제학자이자 정치학자 카를 마르크스의 명식. 극신강한 명식으로 수금이 용희신이다. 희신 금은 원국 내에서는 축토 지장간에 신금이 겨우 자리하고 있다. 어려운 와중에도 31 경신, 41 신유, 51 임술까지는 계수를 대운이 지원해줘서 경제난과 고립된 생활 속에서도 연구와 저작 활동으로 위대한 사상가가 될 수 있었다. 61 계해 대운은 통근한 용신 대운이 무계합, 인해합으로 구신과 한신이 된다. 마지막 10년 동안은 피부병, 정신적 침체, 경제적 어려움에 시달렸고 1883 계미년 감기와 기관지염으로 사망했다. 기구신으로 변한 대운에 연운의 무계합과 축미충이 더해진 것이다. 시지 축토 지장간에 겨우 버티고 있던 신금이 타격을 받은 해였다.

　　천간충이 지지충에 비해 지속성이 강하고 작용력은 약하다.
천간은 추상적인 것, 지지는 구체적이고 현실적인 것을 관장한다. 지지충이 작용력은 훨씬 강하지만 인간의 논리답게 굵고 짧다. 반면 천간충은 직접적으로 드러나지 않지만 내면적으로 오랜 시간 동안 지속된다.

작용력은 일-월-시-연의 순서
충에서는 일주를, 특히 일간을 우선적으로 봐야 한다. 그다음으로 월주, 마지막으로 시주, 연주 순이다.

원국의 기존 충에 대운이 쟁충으로 가세하는 경우와 충합이 되는 경우
원국에 이미 충이 성립하고 있는데 대운이 다시 충할 경우 대운이 원국의 용희신을 충하는지 기구신을 충하는지 살펴야 한다. 용희신을 충하면 불확정성이 높아지고 기구신을 충하면 극적인 흉화위길(凶化爲吉)이 일어날 가능성이 커진다. 이미 충이 되어 있는데 대운이 합을 해서 충합이 되면 사실상 그 충과 합의 작용력이 약화되거나 없다고 봐야 한다. 원국에서 충을 하고 있는데 대운이 와서 합이 되면 그 대운 동안은 그 충의 역할은 없어진다는 뜻이다.

원국 내 합충과 대운의 충이 5개 이상이면 부정적인 변화, 변동을 의미하고 그 이하면 긍정적인 변화, 변동일 가능성이 높다.

원국에 도합 두세 개의 합과 충이 있는데 대운이 와서 충과 합이 늘어나 총 5개 이상이 될 때는 충이 부정적인 쪽으로 작용할 가능성이 높아진다. 용신 대운이어도 용신이 힘을 잃어버릴 가능성, 기신이면 더욱 부정적인 역할을 할 가능성이 높아진다. 5개 이하일 때는 아무 일도 없거나 오히려 긍정적인 변화, 변동일 가능성이 높다.

그런데 쟁충, 쟁합이 원국과 대운에서 4개 이상 일어나면 어떤 방향으로든 크게 타오르는 힘이 될 수 있다.

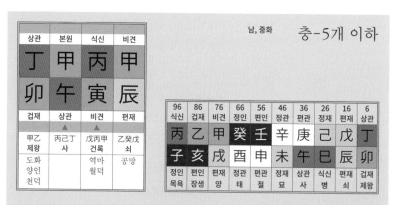

현 제주도지사 원희룡의 명식. 목화가 바둑판 모양으로 배치된 와중에 중간에 끼이지 않고 식상생재되고 있는 연지의 진토가 이 명식의 키포인트로 재관인 금토가 용희신이 된다.

원국 내에는 인오 반삼합만 있는 고요한 명식이다. 16 무진 대운에는 갑무 쟁극으로 극이 2개가 추가됐다. 희신 토가 무진으로 통근해서 길하다. 고등학생 시절 내내 전국 수석을 달렸고, 대학 입시에서도 전국 수석을 하는 경사가 났다. 대학 입학 후에는 야학에서 학생들을 가르치고 민주화 운동을 했지만 후에 검사로 임용되는 데 악영향을 끼치지 않았다. 희신 편재가 적당한 극을 만나 길하게 작용한 예다.

남, 중화　　　충-5개 이상

94	84	74	64	54	44	34	24	14	4
편관	정인	편인	겁재	비견	상관	식신	정재	편재	정관
己	庚	辛	壬	癸	甲	乙	丙	丁	戊
亥	子	丑	寅	卯	辰	巳	午	未	申
겁재	비견	편관	상관	식신	정관	정재	편재	편관	정인
제왕	건록	관대	목욕	장생	양	태	절	묘	사

작가 스티븐 킹의 명식. 중화 명식으로 원국에서 약한 식재 화목이 용희신이다. 충 10개, 합 6개로 원국이 극히 어지럽다. 34 을사 대운 1987 정묘년 충 4개와 합 5개가 추가됐고 사유축 삼합된 유금과 묘목의 묘충이 또 하나 추가됐다. 알코올을 비롯한 마리화나, 담배, 코카인, 각종 의약품에 중독되어 친구들과 아내의 도움으로 치료를 받았다. 자신을 관리하는 힘인 관성이 심하게 극을 받은 해였다. 44 갑진 대운 마지막 해인 1999 기묘년 산책 중 술 취한 운전자가 모는 차에 치여 폐가 주저앉고 다리와 엉덩이가 복합 골절되는 중상을 입었다. 여러 차례의 수술 끝에 기적적으로 살아났지만 후유증으로 다리를 절게 되었다. 역시 충합이 만발한 해였고 갑기합토, 진유합금으로 원국의 균형이 금으로 쏠린 해였다.

　천간, 지지를 동시에 충할 때 변화의 폭이 가장 크다.

특히 일주나 월주가 대운과 천간, 지지가 동시에 충을 할 때는 변화, 변동의 폭이 크다. 주가 다르더라도 어느 대운이 천간과 지지를 동시에 충하면(가령 월간과 시지) 그 또한 간지충으로 간주하지만 일주의 간지를 동시에 충한다면 건강과 안위의 적신호며 일지가 부부궁이기도 하므로 배우자의 변고 혹은 생사이별을 뜻하기도 하니 가장 불길하다. 더욱이 대운과 세운이 모두 일주 자체를 충한다면 위험도는 현격히 증가한다. 이런 점에서 무토나 기토는 극만 있고 충이 없으므로 상대적으로 안정적인 일간이 된다. 일주 간지충 다음으로는 일주와 월주의 간지 중 하나씩이 충할 때 위험하다.

원국의 월주와 모두 충하면 긍정적인 변화가 크게 일어난다.
아무 이유 없이 굉장히 긍정적인 충이 있다. 월주의 천간과 지지를 대운이나 연운이 동시에 충했을 때, 이때는 커다란 긍정적인 변화가 일어난다. 그 월주의 오행이 용신에 해당한다면 더욱 말할 나위가 없다.
누구에게나 50대 대운에 이르면 월지는 필연적으로 충을 하게 된다. 문제는 월간인데 월간 또한 충 아니면 극이 일어난다. 대운의 천간이 나머지 주의 천간과 합과 충이 없고 월간과만 깨끗하게 충한다는 것, 그리고 대운의 지지가 월지와만 깨끗하게 충한다는 것은 거의 성립하기 어려운 확률이긴 하다. 충이 아니더라도 대운의 간지가 월간과만 극이 일어나고 월지만 충되는 경우가 그다음이다. 하지만 대부분은 50대 대운에 (기본적으로 충극이 있으므로) 쟁충합이 복잡하게 일어날 경우가 많은데 그만큼 변화, 변동의 여지가 커진다는 뜻이니 고달픈 시기가 될 가능성이 더욱 크다.

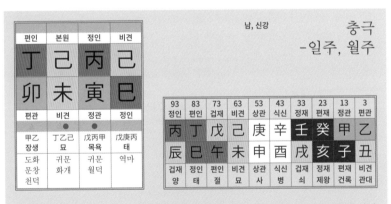

편인	본원	정인	비견
丁	己	丙	己
卯	未	寅	巳
편관	비견	정관	정인
甲乙 장생	丁乙己 묘	戊丙甲 목욕	戊庚丙 태
도화 문창 천덕	귀문 화개	귀문 월덕	역마

남, 신강

충극
-일주, 월주

93 정인	83 편인	73 겁재	63 비견	53 상관	43 식신	33 정재	23 편재	13 정관	3 편관
丙	丁	戊	己	庚	辛	壬	癸	甲	乙
辰	巳	午	未	申	酉	戌	亥	子	丑
겁재 양	정인 태	편인 절	비견 묘	상관 사	식신 병	겁재 쇠	정재 제왕	편재 건록	비견 관대

미국의 16대 대통령 에이브러햄 링컨의 명식. 링컨은 정치 역정이나 개인적인 삶이나 순탄한 부분 없이 암살이라는 죽음을 맞기까지 고난의 연속이었다. 수가 지장간에도 없고 금도 사화 지장간에만 존재하는 조열한 명식으로 수금이 용희신이다. 한신, 기신으로 일주를 충극하는 을축 대운에는 부농이었던 아버지의 파산과 그로 인한 가

제6강. '운'과 '명'의 역동

난과 억압적인 아버지의 학업 방해 및 노동 강요, 어머니의 죽음 등 고난의 연속이었다. 23 계해 대운부터 대통령이 되기까지 도전과 실패를 반복하며 투쟁적인 삶을 살았다. 43 신유 식신 대운 마지막 해인 1860년 노예 문제로 첨예하게 갈등 양상을 보이던 미국의 대통령으로 당선된다. 천을귀인을 안은 53 경신 대운은 희신 대운으로 월주를 충하고, 사화를 사신합수로 끌어당기고 있다. 경신 대운에 링컨은 대통령으로서 미국을 통일하고 노예제도를 폐지하는 위업을 달성하며, 한신, 기신이 일주를 충하는 1865 을축년에 암살당했다.

대운과 원국의 오행과의 합

충의 경우와 달리 대운이 원국과 성립되는 합은 원국 내의 합과는 아연 다른 양상을 보인다. 원국에서는 합이 성립되더라도 합화까지 되는 경우는 거의 없음을 우리는 이미 알고 있다. 하지만 대운의 경우는 다르다. 대운은 유동성과 운동성이 무척 강한 오행이므로 원국의 오행과 합이 되는 순간 곧바로 합화로 진행한다. 물론 원국의 오행은 그대로다. 쟁합이 되어도 마찬가지다. 원국 안에서의 쟁합은 합의 무력화를 의미하지만 대운과의 쟁합은 합화는 물론이고 합화의 예측 불가능성까지 일어난다.

대운의 오행이 원국의 오행과 합이 되었는데 합화되지 않는 경우는 대운의 오행이 원국의 다른 오행과 충을 하여 충합이 되는 경우뿐이다. 충이 아닌 극을 하는 경우도 합화되지 않는다는 입장이 있지만 극의 경우는 합이 되는 오행과 합화하려는 본능이 우선한다고 나는 본다. 즉 4개의 천간충의 경우에만 합화를 저지할 수 있다는 뜻이다.

이 합화 작용으로 인해 대운에는 놀라운 반전이 일어난다. 기신인 줄 알았는데 원국과 합화해 용신이 되고 용신인 줄 알았는데 기구신으로 전락하는 경우가 그것이다. 합과 충을 꼼꼼히 익혀야 하는 이유가 바로 여기에 있다.

대운과의 합이 특정 오행을 발달로 이끌거나 혹은 용희신으로 화할 경우 확장의 긍정성이 두드러진다.

대운에 온 한신이나 기구신인 오행이 합을 해서 용신으로 화(化)하거나 원국에 어느 정도 두드러져 있는 오행의 발달에 기여하는 경우 삶의 운동에너지를 거대하게 확장하는 역할을 한다.

대운과의 합이 과다 혹은 기신으로 화할 경우에는 확장의 부정성이 두드러진다.

반대로 원래 발달해 있는 오행과 합을 해서 과다로 만들어버리거나 기신으로 화할 경우에는 부정적인 에너지의 확산이나 예기치 않은 재난, 해당 육친과의 문제를 야기할 가능성이 높아진다.

대운과 더불어 쟁합이 일어나면 기존의 합이 더욱 복잡하게 전개된다.

보통 원국 안에서 쟁합이 일어나면 합의 기운이 약화되거나 없어진다. 그러나 대운이나 연운과 합을 이루게 되면 합화의 작용이 매우 복잡하게 변화한다. 긍정적인지 부정적인지 예측 불가능하다. 즉 쟁합 때문에 용희신으로 합화했더라도 긍정성 속에 부정적인 요인이 숨어 있는 경우가 많고 반대로 기구신인 경우에도 부정성 속에 긍정적인 변화 가능성이 숨어 있을 수 있다. 이런 경우에는 주변의 다른 요인들과 종합해서 봐야 한다.

지지가 합충 및 쟁합, 쟁충으로 3개 이상 금이 간 원국에 대운이 다시 합충을 이루면 매우 위험한 상황을 초래한다.

이건 지지만의 문제다. 지지가 4개 중에 3개 이상이 쟁충, 쟁합으로 복잡하게 금이 간 경우 대운이 들어와서 다시 합과 충을 추가하면 극단적인 양상으로 치달을 가능성이 비약적으로 증가한다.

대운-합

겁재	본원	편인	편인
乙	甲	壬	壬
丑	申	子	寅
정재	편관	정인	비견
●●	▲	▲	●
癸辛己 관대	戊壬庚 절	壬癸 목욕	戊丙甲 건록
천을	역마	월덕	역마 월덕

98	88	78	68	58	48	38	28	18	8
편인	정관	편관	정재	편재	상관	식신	겁재	비견	정인
壬	辛	庚	己	戊	丁	丙	乙	甲	癸
戌	酉	申	未	午	巳	辰	卯	寅	丑
편재	정관	편관	정재	상관	식신	편재	겁재	비견	정재
양	태	절	묘	사	병	쇠	제왕	건록	관대

정치인 우상호의 명식. 신강한 명식으로 인성과 비겁을 설기할 재성과 식상인 토화가 용희신이다. 38 병진 대운은 간지로는 용희신이지만 지지가 신자진 수국을 이뤄 구신이 되었다. 선거는 당사자의 운도 중요하지만 어떤 사람과 대결하는지와 당의 상황도 중요해진다. 용신이 구신이 된 병진 대운에는 세 번 도전해 한 번 승리하고 두 번 실패했다.

48 정사 대운도 정임 쟁합, 사신합으로 완전한 희신으로는 작용하지 않지만 통근한 힘이 강하고 원국과 인사신을 이뤄 신강한 원국의 편관의 절의 힘을 기대해볼 만하다. 19대, 20대 총선에서 승리해 3선 국회의원으로 당 원내대표를 하고 있다. 58 무오 대운은 용희신 대운으로 원국에 긍정적인 충합이 만발한다. 판단에 신중을 기한다면 발복이 기대된다.

대운-충

편관	본원	편관	식신
丙	庚	丙	壬
子	午	午	子
상관	정관	정관	상관
**	*●*	*●*	**
壬癸 사	丙己丁 목욕	丙己丁 목욕	壬癸 사
월덕		월덕	월공

100	90	80	70	60	50	40	30	20	10
편관	정재	편재	상관	식신	겁재	비견	정인	편인	정관
丙	乙	甲	癸	壬	辛	庚	己	戊	丁
辰	卯	寅	丑	子	亥	戌	酉	申	未
편인	정재	편재	정인	상관	식신	편인	겁재	비견	정인
양	태	절	묘	사	병	쇠	제왕	건록	관대

경금 일간을 화 관성이 에워싸고 있는 아슬아슬한 극신약의 원국이다. 그보다는 못하지만 만만치 않은 임수와 자수 식상이 관성의 과다를 적절하게 제어해 화 관성이 아름답게 제련되었다.

원국에 16개의 충과 2개의 암합을 하고 있어 원국의 모든 오행이 쟁충으로 금이 가 있는 상태다. 이런 경우 무조건 일간 경금을 지켜야 하지만 강력한 관성을 설기할 인성 토 희신이 사실상 용신 구실을 한다. 20 무신 대운은 완벽한 용희신 대운으로 하는 일마다 성공을 하게 된다. 30 기유 대운도 겁재 용희신 대운으로 더 큰 성공을 바랐고 무리하게 사업을 벌였다. 세운 무자년은 자오 쟁충이 또 추가되어 큰불에 화염방사기를 덧댄 꼴이 되니 사업은 부도나고 명주는 목숨을 버리는 극단적인 선택을 했다. 원국에 쟁충이 많고 운에서 쟁충이 추가될 때는 신중에 신중을 더해야 한다.

대운과 원국의 형

대운과 관련해서 형이 문제가 되는 것은 삼형, 곧 인사신과 축술미에 해당될 때다. 자묘 상형이나 진진, 오오, 유유, 해해 같은 자형은 대운에서는 크게 영향을 미치지 않는다. 삼형은 극단적인 부정성과 극단적인 긍정성이 교차하는 아주 복잡한 개념임은 이미 4강에서 설명했다.

인사신은 세 글자 자체가 권력욕을 상징하고 축술미는 재물에 대한 욕망을 강하게 품고 있는 글자들이다. 문제는 이것이 대운과 원국을 합해 삼형이 형성될 때인데, 예컨대 원국에 인과 신이 있는데 대운이나 세운에서 사가 들어오는 경우, 혹은 인사신 중 한 글자밖에 없는데 나머지 두 글자가 대운과 세운의 지지에 들어와 삼형이 이뤄지는 것을 말한다.

두 삼형 중에서도 노골적인 형의 형상을 보이는 것은 역시 인사신이다. 이미 인신충을 품고 있기 때문이다. 이것을 굳이 풀자면 교통사고가 났는데(인신충) 의사 혹은 판사의 명령으로 병실에 입원하거나 감옥에 갇히는 경우(형의 집행) 혹은 그런 형을 집행하는 권한을 가진 존재가 되는 것을 의미한다.

축술미는 또 다르다. 세 글자 모두 토 오행이며 고지에 해당하는 글자들이다. 고서에는 자신의 부나 배경을 믿고 무례하게 구는 경우를 말한다고도 했는데 이 또한 그런 횡액을 당하거나 횡액을 행사하는 위치에 서는 것을 말한다.

삼형으로 인한 고통은 남에 의해 내가 묶이는 형국이므로 신강한 명식보다는 신약한 명식이 폐해가 더하다고 할 수 있다. 갑목 일간이 신약한 데 인사신이 성립된 경우 갑목을 도울 수의 기능이 원국에도 없다면 인사신의 부정성이 커진다. 하지만 같은 신약이라도 토 일간이면 일간을 도울 사화가 존재하므로 고통은 그리 크지 않게 될 것이다. 축술미의 경우 또한 토가 용희신이냐 기구신이냐에 따라서 삼형의 적용 정도가 크게 달라질 수밖에 없다.

그럼에도 원국의 일지와 대운 및 세운의 지지가 인사신, 혹은 축술미로 나란히 서게 될 때는 어떤 경우에라도 사고와 질병에 의한 입원, 좌천 혹은 실직, 송사로 인한 고통을 조심해야 한다. 일지가 삼형에 걸릴 때는 전체의 조화가 위태로워지기 때문이다.

또한 인사신의 경우, 세 글자 중 하나가 원국에서 고립되어 있는데 대운이나 세운에서 삼형이 성립되는 것 역시 극히 위험하다. 고립된 오행이 포박되는 양상이니 심신의 심각한 위해가 일어날 가능이 매우 높다.

남, 신약   삼형-인사신

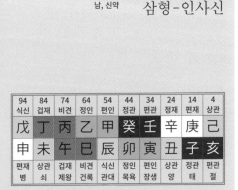

프랑스 최초의 사회당 출신 대통령 프랑수아 미테랑의 명식. 4세 첫 대운부터 64 을사 대운까지 수목 용희신으로 흐르는데 더 행운인 것은 용희신이 합화가 거의 일어나지 않을뿐더러 합화가 되어도 한신인 화로 합화되는 정도였다는 것이다. 44 계묘 대운 1965 을사년 애초에 가망 없는 대선에 출마해 비록 당선되진 못했으나 돌풍을 일으켰고, 64 을사 대운 1981 신유년에 대통령에 당선됐다. 가망 없는 대선에서 돌풍을 일으킨 해는 을사년, 대통령에 당선되었을 때는 을사 대운이었다는 점이 재미있다. 인사신 삼형이 이뤄졌고 사화는 사신합수가 되어 길하게 작용했다.

남,신약 삼형-축술미

상관	본원	편인	식신
●	●	○	✱
乙	壬	庚	甲
巳	戌	午	子
편재	편관	정재	겁재
	▲●	✱●▲	✱●
戊庚丙 절	辛丁戊 관대	丙己丁 태	壬癸 제왕
귀문 천을 천의	공망 백호 월공 화개	도화	공망 양인

98	88	78	68	58	48	38	28	18	8
편인	정관	편관	정재	편재	상관	식신	겁재	비견	정인
庚	己	戊	丁	丙	乙	甲	癸	壬	辛
辰	卯	寅	丑	子	亥	戌	酉	申	未
편관 묘	상관 사	식신 병	정관 쇠	겁재 제왕	비견 건록	편관 관대	정인 목욕	편인 장생	정관 양

미국의 41대 대통령 조지 허버트 워커 부시이 명식. 수금 용신으로 58 병자 대운 1988 무신년 미국 대선에서 공화당 대통령 후보로 나서서 교활한 네거티브 전략을 통해 대역전극을 벌이며 대통령에 당선됐다. 이후 네거티브 전략을 주도했던 정치 컨설턴트가 그 전략의 실체를 밝히고 사망했다. 대중들은 정치 혐오를 느꼈고 부시의 이미지는 회복할 수 없이 실추했다. 68 정축 대운 1991 신미년 재선에 실패했다. 대운이 정축으로 바뀌면서 비겁과 재성의 균형이 재성으로 쏠리고 기신 토 관성이 버티컬로 축술미 형이 이뤄진 해였다.

대운과 세운

개두(蓋頭)와 절각(截脚) 그리고 소운(小運)

그러면 대운을 구성하는 천간과 지지 오행 간의 관계를 어떻게 읽을 것인가 하는 문제를 생각해보자. 가령 병화가 용신이라면 병오(丙午) 대운이나 병인(丙寅) 대운은 천간과 지지가 용신 혹은 희신으로 구성되었으니 갈등할 이유가 없다. 기구신 대운도 마찬가지다. 하지만 병자(丙子) 대운이나 병신(丙申) 대운처럼 용신과 기구신이 하나의 주를 이루었을 때는 어떻게 되는가? 이럴 때 등장하는 용어가 개두(蓋頭)와 절각(截脚)이다.

개두는 천간의 오행이 지지의 오행을 극하는 경우를 말하고 절각은 지지의 오행이 천간의 오행을 극하는 경우를 말한다. 앞의 예 중에서 병자는 절각이고 병신은 개두다. 대운이 개두나 절각을 당하면 용희신 혹은 기구신 기능이 반감되거나 약화된다. 극을 하는 쪽 역시 힘을 잃는 것은 당연하다.

(갑목이 용신이라고 가정할 때) 갑신(甲申) 대운처럼 기신이 절각하는 대운이라면, 즉 천간이 용희신이고 지지가 기구신이라면 우선 용희신 갑목의 수행력이 무력화되지만 신금 기구신의 운폭(運幅) 또한 크게 반감된다. 전략적으로 볼 때 우호적인 상황이 도래했지만 현실적인 장애 혹은 예상치 못한 변수가 발생해서 기대만큼의 결실이 없는 경우가 되겠다. 하지만 치명적인 상황은 피했으므로 크게 손상당하진 않을 것이다.

그리고 이를 소운으로도 볼 수 있다. 천간의 앞의 5년은 용신년이고 후반의 5년은 기신년이다. 소운으로 나누어 볼 때는 기계적으로 나누는 것이 아니라 전반부 5년은 천간의 요소 70퍼센트, 지지의 요소 30퍼센트로 보고 후반부 5년은 반대로 천간의 요소 30퍼센트, 지지의 요소 70퍼센트로 감안해 판단한다. 이렇게 보면 전반부 5년은 목표만큼 되지는 않아도 좀 더 공격적으로 방향을 설정하는 것이 타당하고, 후반부 5년은 반대로 전반부 5년의 성과를 최대한 방어적으로 유지하는 지혜가 필요할 것으로 본다.

전극(戰剋)

대운의 개요를 소운의 의미와 함께 파악했다면 그다음 단계로 대운과 세운의 관계를 면밀히 고려하는 것이 중요하다. 특히 세운은 운의 구체적인 발현이 가장 선명하게 드러나는 단위로, 대운의 배경 위의 세운은 운의 판단에 핵심이 되는 요소다. 세운 또한 대운처럼 개두와 절각의 상태를 먼저 살펴서 간지의 전체적인 상황을 판단한 뒤, 대운과의 관계를 점검한다. 세운을 원국의 오행과 함께 파악하기 전에 대운과의 관계를 먼저 따져야 한다. 즉 합과 충, 생과 극을 살피는 것이다. 합과 충에 대해선 뒤에 다시 이야기하겠지만, 대운과 원국, 세운과 원국 사이뿐 아니라 대운과 세운 사이에도 합과 충이 일어남을 잊어서는 안 된다. 특히 합이 되어 어디로 화하는가가 중요하다. 오행 자체의 개념이 바뀌기 때문이다.

하지만 여기서 우선 주목해야 할 것은 대운과 세운 사이의 충극이다. 대운과 세운 사이의 충돌을 고전에서는 전극(戰剋)이라 했는데, 특히 대운과 세운의 천간끼리 일어난 경우를 칭했지만 지지 또한 마찬가지로 적용해야 한다고 본다. 특히 간지 모두가 동시에 대운과 세운이 극을 한다면 그 길흉 변화의 회오리바람은 예측 불가능한 수준으로 확대된다. 한마디로 변화하는 에너지의 폭이 확대되는 것이니, 평소보다 더욱 긴장감을 가져야 하는 시기다.

앞의 예를 그대로 가져와보자. 용신이 갑목인 갑신(甲申) 대운에 경오(庚午) 세운이 들었다고 해보자. 천간과 지지 모두 세운이 대운을 극한다. 반대의 경우도 있다. 가령 무인(戊寅) 세운이 들어왔다면 이는 대운이 세운의 간지를 동시에 극하는 형국이 되겠다. 또 이런 경우도 있을 수 있는데 무오(戊午)나 경인(庚寅) 세운이 들면 천간과 지지의 극이 반대로 작용한다. 이 모두가 전극이며, 천간과 지지 한쪽만 극이 발생해도 전극이라 봐야 한다.

경오 세운의 경우 용신 갑목 대운의 천간이 무력화되지만 오화가 기신 신금을 또한 무력화하니 흉화를 제거한다. 무인 세운이면 용신 갑목이 구신 무토를 주저앉히지만 대운의 신금이 세운의 용신 인목을 무력화한다. 무오나 경인의 경우 또한 같은 현상이 일어난다. 이런 각각의 경우를 어떻게 해석할 것인가? 천간으로서는 대운의 오행이 극을 당하는 것이 뼈아프고 지지로서는 세운의 오행이 극을 당하는 것이 치명적이라고 본다. 천간은 총체적인 환경과 거시적 전략이므로 대운에서의 그것이 무너지면 전체의 기조가 뒤흔들릴 것이고, 지지는 현실적인 결과이므로 그것이 구체적으로 드러나는 세운이 극을 당할 때 실질적인 타격이 현실화할 것이기 때문이다.

그렇다면 위의 4개의 세운 중 갑신 대운에서 경인 세운의 타격이 현실적으로 그리고 추상적으로 가장 폭발적으로 일어날 가능성이 높고, 무인 세운은 실질적인 타격은 역시 크지만 기조는 그대로 유지할 가능성이 있으며, 경오 세운은 타격은 입지만 치명적인 것은 아니되 전략적 기조 자체가 뒤흔들릴 수 있고, 무오 세운은 타격도 기조의 흔들림도 상대적으로 가장 가볍다고 판단할 수 있겠다.

대운과 세운 간의 균형

좀 더 시야를 확대해본다면 대운과 세운 사이에는 다음과 같은 관계가 형성될 것이다.

❶ **용희신 대운 속의 용희신 세운**

❷ **기구신 대운 속의 용희신 세운**

❸ **용희신 대운 속의 기구신 세운**

❹ **기구신 대운 속의 기구신 세운**

물론 한신의 요소도 있지만 대운과 세운 사이의 관계를 이해하는 데 일단 위의 네 경우만으로 충분하리라 본다.

흔히 『명리 – 운명을 읽다: 기초편』 정도를 공부한 단계에서 "저는 앞으로 기구신 대운이 50년 이어지는데 그럼 제 인생은 끝난 건가요?" 하는 푸념을 간간이 접하게 된다. 이런 고착적인 사고야말로 명리학의 최대 암초다. 명리학이 절망과 체념의 도구가 된다면 그것이야말로 비극이 아니겠는가? 우주는 그렇게 간단하게 우리를 규정짓지 않는다. 그리고 우리가 무엇인가를 공부한다는 것은 궁극적으로 우리 자신의 보다 견고한 낙천성을 쌓기 위해서다.

대운이 기구신으로 흐른다고 해서 인생이 끝나는 것이 아니다. 5강 용신 편에서 누누이 밝혔듯 용희신 대운이라고 해서 모든 게 그냥 이루어지는 것은 아니기 때문이다. 그리고 기구신 대운이라고 해서 아무리 몸부림쳐도 모든 것이 수포로 돌아가는 것도 아니다. 그런 규칙은 적어도 인간의 세계에서는 존재하지 않는다.

그리고 무엇보다 우리에겐 세운이 있다. ❷의 경우처럼 기구신 대운 속에서 용희신 세운의 배치를 잘 살펴야 한다. 전반적인 환경이 전략적인 차원에서는 불리하다 하더라도 용희신 세운에 임하면 나름의 돌파구가 생겨서 실질적인 성과로 이어지는 기운이 강해지기 때문이다. 반대로 ❸의 경우라면 모든 상황적 조건이 순조로울 것 같았는데 실제로는 여러 돌발 변수에 의해 외화내빈(外華內貧)의 결과가 되거나 아니면 하는 일은 그런대로 성과가 있지만 본인 혹은 특수관계인에게 변고가 일어날 가능성이 높다. ❶과 ❹의 경우라면 더 설명할 필요가 없을 것이다.

따라서 대운이 기구신으로 줄곧 몇십 년을 흐른다고 해서 절망하는 것은 어리석은 판단이며 자신의 한 번뿐인 삶에 대한 예의가 아니다. 오히려 그렇기 때문에 자기 삶의 패턴을 안정적으로 설계하고 그 바탕 위에서 세운을 따라 아기자기하고 기동력 있는 계획을 세울 수 있는 조건이 된다. 숙고하고 조심하고 점검해서 나쁠 하등의 이유가 없으니까 말이다. 똑같은 실패를 두고 "역시 난 뭘 해도 안 돼"라는 자세와 "이번 경우는 내가 너무 쉽게 생각한 것 같군"은 완전히 다르다. 고작 세 시간 동안 진행하는 야구 경기에도 3번의 기회는 존재한다는데 기나긴 인생에서 고작 몇 번의 실패가 삶 전체를 지배하게 할 수는 없다.

대운을 읽는 지혜

용희신 대운과 기구신 대운

위의 이야기의 연장선에서 대운과 세운을 읽을 때 유의해야 할 요소가 또 있다. 원국의 구성에 따라 대운의 흐름이 극단적으로 치우치는 경우 즉 용희신과 기구신 대운이 우르르 몰려다니는 경우가 있고, 그냥저냥 두루뭉술하게 섞여 흐르는 경우가 있을 것이다. 세운은 만세력에 의거해 누구나 같은 세운이 되지만(예컨대 2016년이 병신년이므로 누구나 2016년의 세운은 병신 세운이다) 대운은 각자의 월주에 따라 달리 정해진다.

월주가 수(水)로 통근한 임자(壬子) 월주의 양간(陽干) 일생 남자의 사주를 가정해보자. 대운수는 생일에 따라 다르겠지만 대운은 계축-갑인-을묘-병진-정사-무오-기미-경신-신유의 방향으로 흐를 것이다. 원국의 나머지 요소에 따라 신약할 수도 신강할 수도, 중화일 수도 있겠지만 월주가 수로 통근했다고 하면 일단 강인한 힘이 느껴진다. 그런데 대운까지 수-목-화-토-금의 강한 간지가 짝을 지어 흐르게 되니 이런 경우 용희신과 기구신 대운의 대비가 지나치게 선명하지 않은가? 이 사람이 수목 용신이고 대운의 오행이 합화되지 않는다고 가정할 때 초년운은 계축-갑인-을묘의 강한 용희신으로 흐르지만 시간이 흐를수록 말년운은 기미-경신-신유의 기구신으로 뭉쳐서 흐르게 된다.

용희신과 기구신이 20년 이상 지속한다면 그 대운은 극단적으로 성패가 갈릴 확률이 높고 용희신과 기구신이 뒤섞인 대운에 비해 삶이 극적으로 요동칠 가능성이 크다. 특히 초년운이 용희신으로 흐르고 말년운이 기구신으로 흐른다면 노름판에서 흔히 하는 말로 '첫 끗발 개끗발'이 되거나 '학교에서 우등생이 사회에서 열등생'이 되는 결과를 낳기 십상이다. 평소에 내가 가장 많이 하는 말 중 하나가 "좋은 사주, 나쁜 사주란 애당초 존재하지 않지만 그래도 굳이 좋은 사주라는 게 있다면 말년운이 좋은 사주"다. 끝이 좋아야 다 좋다는 고금의 교훈이 아니겠는가? 앞의 예를 다시 가져와보면 용희신이 토금(土金)일 경우가 되겠는데, 여기에도 함정이 도사리고 있다. 초년부터 장년까지 워낙 쓰라린 시간을 오래 겪어서 정작 용희신 대운이 도래했을 때 기진맥진한 나머지 그 대운을 제대로 구사해보지도 못할 수 있기 때문이다.

20년 이상 용희신 혹은 기구신 대운이 들어올 때는 그 대운의 시작 전과 끝나는 시점의 대응이 중요하다. 거듭 강조하지만 용신 대운을 주체의 의지로 쓰지 못한다면 아무 의미가 없거나 방향을 잘못 잡으면 오히려 복수를 당하기도 한다. 용희신 대운의 기운을 가장 잘 끌어다 쓰려면 그 대운의 전 대운부터(대부분 기구신 대운일 가능성이 많다) 치밀한 준비가 필요하다. 그리고 만약 용희신 대운이 20년 이상 이어지는 동안 모든 일이 순조롭게 흘러간다면 인간은 무의식적으로 방자해지게 마련이다. 따라서 용희신 대운이 끝나갈 때도 물러날 지점을 정확히 선택하는 것이 중요하다. 특히 사업이나 투자 같은 예측 불가능성이 높은 일에 종사한 다면 방어적 경영 체제로의 전환을 고려해야 한다. 큰돈을 버는 사람은 언제나 많지만 부자가 적은 이유가 바로 여기에 있다. 과욕을 버리고 적 정 시점에서 물러난다면 풍요로운 삶을 누리기에 충분했던 사람이 하루 아침에 파산하고 투옥까지 되는 불상사가 생기는 것은 물러날 때와 나아 갈 때를 가늠하지 못했기 때문이다.

기구신 대운이 길게 이어지는 경우 또한 대응이 다르지 않다. 그 앞의 대운부터 세심하게 대비를 시작해야 한다. 특히 건강용신이 심하게 고립 된 경우 그를 공격하는 기신 대운이 20년 이상 이어진다면 참화의 가능 성이 매우 높아진다. 기구신 대운이 시작하기 전의 대운부터 건강검진을 지속적으로 받고, 생활 패턴을 바꾸거나 고립을 방어할 수 있는 다양한 전략을 수립하고 실천해야 한다.

대운을 읽는 전략과 전술

그렇다면 용희신 대운 혹은 기구신 대운을 대하는 지혜는 과연 무엇인 가? 용희신 대운이 '원하는 것은 모두 이루어지는 판타지 타임'이거나 기구신 대운이 '아무리 몸부림쳐도 벗어날 수 없는 호러 타임'이 아닌 것 만은 확실하다.

용신 대운이란 그저 부조화스러운 인간의 원국에 우주가 오행적인 균 형점을 부여하는 시간일 뿐이다. 이 말인즉 억부와 조후의 관점에서 어 떤 원국이 지닌 음양오행과 그것에 의해 규정되는 십신이 주어진 원국 안에서 가장 조화롭게 그리고 상대적으로 가장 용이하게 발현될 수 있는 시간 그 이상도 이하도 아니라는 뜻이다. 그리고 그 발현은 주체의 적극 적인 선택과 행동에 의해서만 일어나지 우연히 일어나는 법은 없다. 시험으로 따진다면 남들 하는 만큼 했는데 남들보다 점수가 좀 더 나오는 정도라고 할까? 그러나 공부하지도 않았는데 남들보다 좀 더 좋은 점수를 받는 일은 불법적인 매수 이외엔 가능성이 아예 없다.

좀 더 구체적으로 파보자. 대운의 용신은 무엇보다 먼저 원국의 용신에게 아연 힘을 불어넣는다. 원국의 용신이 유정할수록 대운의 용신은 빛을 발한다. 하지만 무정하다고 해서 의미가 반감되는 것은 아니다. 오히려 간절하므로 대운의 용신을 크게 반길 수 있다. 예컨대 임수가 용신인데 대운에서 계수가 들어왔다고 하자. 임수가 원국에서 유정하다면 대운 계수는 이미 원국에 임수가 있으므로 그리 반갑지 않을 것이다. 하지만 임수가 무정하다면 수 자체가 아쉬우니 계수도 큰 구실을 하게 된다.

또한 동시에 대운의 용신은 원국의 구신을 극하여 기신을 향한 생조를 차단하고 한신의 기를 북돋아 기신의 힘을 최소화한다. 기구신의 힘을 최소화하고 용신과 한신 오행을 활성화함으로써 기운의 흐름을 맑게 하고 집중성을 드높이는 것이다. 이럴 때는 고도의 집중성과 확신을 지니고 앞으로 나아가야 한다.

희신의 경우도 크게 다르지 않다. 용신을 생조해 더욱 빛나게 하고 기신을 설기해 전체의 조화를 아름답게 한다. 희신이 용신보다 실질적인 작용력이 큰 것도 기신을 설기하기 때문이다. 용신과 다른 점은 한신을 극하는 것인데, 이는 분주해서 마음과 몸의 여유가 없음을 암시하는 것이다.

반대로 대운의 기신은 어떤가? 대운의 기신은 원국의 기신을 기고만장하게 만들어 대놓고 용신을 파극(破剋)하려 들 것이다. 이럴 땐 무엇보다 정신적, 육체적 건강을 최우선시해야 한다. 특히 40대 이후의 대운에서 기신운은 더욱 그렇다. 이런 기신운은 어떻게 대처해야 할까? 앞서 희신운에서 언급했듯 이 기신운을 살살 달래 설기할 희신을 잘 작동시켜야 한다. 가령 원국의 갑목 식신이 희신이라면 오행으로서의 갑목과 십신으로서의 식신을 잘 실현시켜 기신운에 대응하는 것이다. 그리고 세운을 잘 살펴 세운에서도 그런 희신의 기운을 집중적으로 활용해야 한다. 원국과 세운에서 희신이 희박하면 특수관계인 가운데 자신이 필요한 희신 오행의 기운이 강한 사람을 찾아보고 다른 한편으로는 다양한 자구 노력 (색상, 방향, 섭생, 무엇보다도 해당 십신이 의미하는 의지적인 행동 방식 등) 으로 그것을 최대한 생성시키면 된다.

한신을 활용하는 것도 좋은 방법이다. 한신이 만약 만만치 않은 힘이 라면 한신으로 기신을 약화시키는 것이다. 하지만 한신은 동시에 구신을 생조하므로(그리고 그 구신은 다시 기신을 생조하므로) 희신만큼의 기능은 기대하기 어렵다.

그리고 기신의 합충 변화도 빠뜨려서는 안 된다. 을목이 기신이라고 하자. 을목에 대해 경금은 한신인데 을경합화금(乙庚合化金)이 되어 기 신이 한신으로 화하여 그 성질이 사라지니, 을목 기신엔 희신보다도 경 금 한신이 최고의 보약이 될 수 있다. 신금 또한 경금만큼은 아니지만 을 목을 충해서 변화를 불러오는데, 운에서의 충은 사실 예측이 불가능한 방향으로 흐를 수 있으므로 단언하기는 어렵다. 자칫하면 어설픈 충으로 기신이 더욱 기고만장해질 수 있다는 뜻이다.

이렇게 상생상극의 관점에서 용희신과 기구신, 그리고 한신을 입체적 으로 읽고 그 독해를 바탕으로 전략과 전술을 세우는 것이 대운의 핵심 이다. 한마디로 요약한다면 용희신 대운은 욕망하는 바를 쉽게 얻을 수 있지만 쉽게 잃기도 한다는 것, 기구신 대운은 어렵게 얻지만 쉽게 잃지 는 않는다는 것을 명심해야 한다.

자, 그럼 전략과 전술은 어떻게 구할 것인가?

전략은 추상적이지만 확고해야 하고 전술은 구체적이지만 유연해야 한다. 예컨대 대통령이 대선에서 제시하는 공약들은 전략이다. 공약이 확고하지 않으면 표를 얻기도 힘들고 당선되었다 한들 임기 중에 소소한 비판과 장애 요소만으로도 비틀거리다가 결국 공약(空約)으로 흐지부지 될 것이다. 공약을 실현할 전략과 의지가 확고하고 상황도 우호적이라면 그것을 실행해나가는 전술은 유연해야 한다. 전략이 확고하고 지지도 얻 었으니 오로지 공명심으로 돌진한다면 이명박 전 대통령의 '4대강 공약'

짝이 나고 말 것이다. 우리는 그것을 독선이라고 부른다. 한발 물러서야 할 때는 물러서서 상황과 민심을 살피고(예를 들어 대운은 용신으로 흐르나 세운이 기신으로 전환했을 때) 조정해야 할 것이 생겼을 때는 전략의 대전제가 무너지지 않는 선에서 조정하는 유연함이 국가 통치에서건 각 개인의 삶의 운용에서건 필요한 것이다.

용신과 대운이 중요하다고는 하지만 그 작용력은 사람마다 다르다. 원국은 그 사람이 가진 기본적인 재질이기 때문에 개개인별로 중요도의 차이가 없다. 그런데 용신과 대운은 사람마다 적용도가 다르다. 흔히 하는 말로 똑같이 약을 지어 먹어도 약발이 잘 받는 사람과 그렇지 않은 이가 있지 않은가? 용신과 대운도 마찬가지다. 용신과 대운이 나처럼 지나치게 잘 맞아서 좀 무서운 경우가 있다. 간간이 틀려주고 해야 나쁜 일이 예상되어도 아닐 수도 있겠지라는 요행이라도 품어보는데 그럴 수가 없다. 한편 이와는 반대로 용신이니 대운이니 자기는 하나도 안 맞는다는 사람도 있다. 그런 사람은 명리학 체계 자체를 의심한다. 그런데 실제로 용신과 대운의 영향이 크게 작용하는 원국이 있고, 상대적으로 적게 작용하거나 용신과 대운을 별로 따져볼 필요가 없는 사람들도 있다.

용신과 대운이 크게 작용하는 원국

- **음양의 균형이 깨져 있고 중화시키는 오행이 없는 원국** 양팔통(陽八通), 음팔통(陰八通) 또는 일주를 포함해서 4개 주 가운데 3개 주가 음이거나 양인 경우에는 음양의 균형이 깨져 있다. 또 오행상으로 뭉쳐 있거나 전체를 중화시킬 통관 오행이 없는 경우가 있다. 예를 들어 목 3개, 토 3개가 있는데 이를 중화해주는 화가 없이 서로 강하게 대립하는 오행들로 뭉쳐 있는 경우는 용신과 대운이 중요한 역할을 하며 작용력이 강하다. 기운이 모가 날수록 용신과 대운이 강하게 작동한다.
- **오행을 갖추지 못하고 편향된 원국** 오행을 제대로 갖추지 못하고 한 오행이 4개 이상으로 편향성이 심하고 균형이 깨진 경우에도 용신과 대운이 크게 작용한다.

- **충과 고립이 심한 원국** 충은 변화나 변동의 여지가 많음을 의미하고, 심한 고립은 해당 오행이 의미하는 건강상의 문제를 암시하므로 용신과 대운의 역할이 중요하다.
- **조후가 일방적으로 춥거나 더운 원국** 한여름의 낮이나 한겨울의 밤에 태어나 월지와 시지의 조후가 한편으로 치우쳤거나, 오행상으로 목화나 금수의 기운이 편중된 경우에 해당하며, 용신과 대운의 역할이 중요하다.
- **일간이 불안정한 원국** 전반적으로는 원국에 오행이 조화를 이룬 듯한데 일간이 뿌리를 내리지 못했거나 쟁충이나 심한 극을 당할 때, 그리고 이를 생조해주는 오행이 주변에 없을 때도 원국과 용신의 작용력이 크다.
- **용신이 제대로 역할을 못하고 희미한 원국** 용신 오행이 지장간에 미미하게 있거나 없는 경우 용신과 대운이 중요하다.
- **원국의 합이 한 오행으로 편중되는 경우** 흔하지 않지만, 여러 개의 합이 한 오행으로 변하게 되는 경우를 말한다. 예를 들어 원국에 수의 기운이 약한데, 지지에서 신자진합수(申子辰合水)가 되고 천간에서 병신합수가 되어 원국이 모두 수의 기운으로 변화하는 경우다. 원국의 오행들끼리 합을 해서 하나의 오행으로 화학적 변화가 일어났을 때는 용신과 대운이 매우 중요한 작용을 한다.

제6강. '운'과 '명'의 역동

익히 눈에 익었을 나의 명식이다. 재관 다수의 극신약으로 인성도 하나 없다. 이렇게 극단적으로 구성되면 삶의 흐름도 극단적으로 될 가능성이 높고 대운은 말할 것도 없고 세운까지 강하게 작동된다. 사건, 사고, 치명적인 질병, 재물 출입과 결혼 생활의 불안정, 정신적인 혼란, 주거와 하는 일의 빈번한 교체 등등 롤러코스터의 인생이므로 흐름에 따라 세심한 대응책이 필요하다.

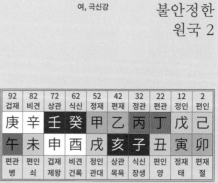

여, 극신강

불안정한 원국 2

두 번째 명식은 여성 드라마 작가의 명식으로 금 비겁 전왕의 극신강이다. 부유한 집안에서 태어났지만 어릴 때부터 풍파가 끊이지 않아 첫 대운에서 모친과 생이별했고, 격랑의 청년 시대를 보낸 뒤엔 대운과 세운에 따라 작가로서도 성공과 실패를 격렬하게 오갔다. 두 사람 모두 성격적으로도 다혈질이며 극단적인 양상을 보일 때가 많다.

용신과 대운이 크게 작용하지 않는 원국

- **음양과 오행이 조화롭고 고립된 오행이 없는 원국** 음양과 오행을 다 갖추고 고립되는 오행이 없으며 음양 간, 오행 간의 흐름이 순탄하면 용신과 대운의 작용력이 약하다.
- **합과 충이 많지 않은 원국** 합과 충 작용이 거의 없거나 있어도 전체의 흐름을 방해하지 않고 신살의 작용이 미약한 경우에도 용신과 대운이 크게 작용하지 않는다.
- **신강, 신약이 애매한 중화에 가까운 원국** 득령 혹은 득지는 했으나 득세가 확실하지 않은 경우의 사주로 많은 원국이 해당된다. 그리고 신약

이어도 일간이 뿌리를 내리고(득지) 일간 주변에 관인생(官印生)된 인성이 강하게 생조하는 원국은 용신이나 대운이 크게 작용하지 않으므로 오히려 대운의 십신의 성격만 집중적으로 참조하는 편이 훨씬 타당한 결론을 얻을 때가 많다. 이런 경우에는 원국을 좀 더 충실하게 해석하는 것이 중요하다.

스티븐 스필버그의 명식. 오행이 다 있고 순환이 순조로우며 약간의 충합과 적절한 신살을 가지고 있다. 시지의 유금 정재가 고립되어 있지만 천을귀인을 만났고 월간에 경금이 버티고 있으므로 건강상의 걱정도 없다. 별도의 용신이 필요 없는 중화 명식이다. 일간이 신왕하므로 자기 중심을 가지고 평탄하게 살 수 있다. 스티븐 스필버그는 평생 작은 스캔들 하나 없이 흥행과 작품성을 동시에 만족시키는 영화들을 감독하고 제작하며 이보다 더 좋을 수 없게 살았다.

26 계묘 대운 1975 을묘년 〈죠스〉(Jaws)로 대성공을 거둔 이후 작은 실패들은 있었지만 꾸준히 좋은 작품들을 내놓으며 최고의 자리에 올랐다. 46 을사 대운 1993 계유년 〈쥬라기 공원〉(Jurassic Park), 〈쉰들러 리스트〉(Schindler's List)로 영화감독 20여 년 만에 아카데미 감독상을 수상했다. 천덕귀인 대운에 천을귀인 연운이었다.

대운과 십신

5강에서 우리는 십신별로 용신의 성격을 알아보았다. 그렇다면 이번에는 대운의 해석에 있어서 각 십신이 대운 혹은 세운에서 용희신일 때와 기구신일 때 어떻게 작동하는지를 알아보자.

비겁운(比劫運)

용신운
긍정성과 적극성
(취직/결혼/번창/
취득/회복)

비겁은 자기중심주의, 불굴과 독립의 의지, 자신의 주관성에 대한 신념, 돌파의 적극성과 강력한 에너지를 의미한다. 긍정성과 적극성은 모든 용신운에 해당되지만 그중 비겁운에서 가장 강력하게 작용한다. 비겁 용신운일 때는 긍정성과 적극성을 가져야 한다는 뜻이지 그것이 저절로 생긴다는 뜻이 아니다. 스스로 그런 에너지를 채우지 않으면 용신은 무용지물이 된다. 비겁이 용신인 신약한 사람들이 비겁운이 들어올 때 시쳇말로 약발이 제일 잘 받는다. 신약한 사람들은 기본적으로 오만방자할 수가 없다. 비겁의 기운이 약하기 때문에 자기가 가진 것, 누릴 수 있는 것에 대해 확신이 없는 경우가 많다. 이는 큰 피해나 모욕을 당하지 않는 데는 기여할 수 있지만 자신의 꿈을 펼치거나 과감한 결정이 필요할 때 주춤하게 할 가능성이 매우 크다. 그러므로 용신 비겁운에는 되든 안되든 긍정성과 적극성을 갖고 추진해봐야 한다. 그런 기운을 바탕으로 취직, 결혼, 번창, 재물 취득, 아팠을 때의 건강 회복 같은 것들이 가능해진다.

이 대목에서 재밌는 예를 하나 들어보자. 시속 300킬로미터를 달릴 수 있는 페라리나 람보르기니 같은 무개차를 타고 앞뒤가 꽉 막힌 강남대로에 들어섰을 때와, 시속 150킬로미터도 내지 못하는 경차를 타고 한적한 시골 국도를 시속 80킬로미터로 시원하게 달릴 때를 비교하면 어느 쪽이 더 시원할까? 인생은 그런 것이다.

기신운
교만함과
자기중심성
(손실/고립)

대체로 신강한 사람들이 비겁이 기구신이 되는데, 이 경우는 정말 조심해야 한다. 대운이 아니어도 어디 가서 사고 치고 경찰이 오면 "내가 누군지 몰라?" 하는 유명한 대사를 내뱉는 사람들이 이들이다. 세상에 자신의 존재를 증명하려고 사회적 지위를 과시하는 게 바로 비겁이다. 그런 교만함과 자기중심성이 넘쳐나는데 기신운으로 비겁운이 오면 필연적으로 손실과 사회적 고립이 야기된다. 이럴 때는 비겁을 설기하는 식상이나 극하는 관성을 작동시켜야 한다. 문제의식을 갖고 탐구에 몰입하거나 규칙적으로 다소 과격한 운동을 해서 비겁의 기운을 약화시키는 것이다.

식상과 재성이 일주 혹은 시주에 있으면 작용력이 크게 감소한다.

신강한 사람이 비겁운이 왔는데 그 비겁운의 힘을 빼주는 식상이나 재성이 일간과 가까운 일지나 시주, 월주에 한 개라도 있으면 기신운일지라도 비겁이 크게 기신 작용을 하지 못한다. 신강한 사람들이 일지, 시주에 식상이나 재성을 하나 정도 갖고 있으면 원국의 조화가 잘 이루어진 예가 되고, 웬만한 기신운은 이미 원국에서 방어가 된다고 이해하면 된다. 십신을 여러 가지 다양하게 가지고 있어야 하는 이유 중 하나다. 원국마다 각자의 용신과 기신의 기능을 방해하는 방법은 조금씩 다른데, 이런 부분이 조금 까다롭지만 하나씩 깨우쳐가면 된다.

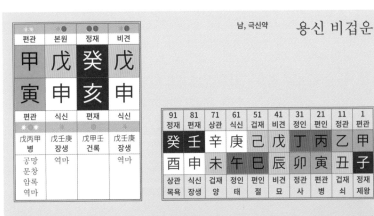

김어준의 명식. 극신약한 명식으로 비겁과 인성 토화가 용희신이다. 21, 31 대운에는 희신과 기신이 같이 들어와 분주한 가운데 큰 소득이 없었다. 통근한 41 무진 대운에 비겁운에 이르러 자신의 주관성에 대한 신념으로 세상에 자신을 드러내 운신의 폭을 넓히고 있다. 김어준의 활동상은 적절한 용신 비겁운의 예라 할 수 있다.

제6강. '운'과 '명'의 역동

비견	본원	편관	편관
** **	** **	** **	** **
庚	庚	丙	丙
辰	午	申	申
편인	정관	비견	비견
乙癸戊 양	丙己丁 목욕	戊壬庚 건록	戊壬庚 건록
화개		역마 월공	역마 월공

남, 신강

기신 비겁운

93 편관	83 정재	73 편재	63 상관	53 식신	43 겁재	33 비견	23 정인	13 편인	3 정관
丙	乙	甲	癸	壬	辛	庚	己	戊	丁
午	巳	辰	卯	寅	丑	子	亥	戌	酉
정관 목욕	편관 장생	편인 양	정재 태	편재 절	정인 묘	상관 사	식신 병	편인 쇠	겁재 제왕

노회찬의 명식. 비겁과 관성이 대치하고 있는 신강한 명식으로 목수가 용희신이다. 경경 병존, 신신 병존의 양금 비겁의 의지는 병병 편관도 꺾을 수 없다.

대운이 한신, 구신, 희신, 기신 골고루 들어와 평탄하지는 않았지만 극복하면서 한길을 걷고 있다. 43 신축 대운은 제대로 기구신 대운이다. 2005 을유년은 을경합금, 유축합금으로 겁재의 기운이 승했다. 삼성 X파일을 공개해 10년을 시달리게 된다. 53 임인 대운, 오랜 재판의 판결이 난 2013 계사년은 용신인 인목이 충을 맞은 채 인사신이 이루어진 해였다. 의원직 상실과 자격정지 1년이라는 무리한 판결을 받았다. 신강한 사람의 비겁 기신운에는 옳은 일이라 해도 상황 판단에 주의를 기울여야 한다.

식상운(食傷運)

○ 용신운
여유와 창의성 및 화합력
(결혼/자녀/개업/기획)

식상이 용신 대운으로 오면 식상의 특징이 극대화된다. 여유와 사람들과의 화합, 창의성 등이 굉장히 빛을 발한다. 식상이 용신인 사람에게 식상 용신운이 왔을 때 가장 많이 하는 일이 결혼이나 출산이다. 특히 무언가를 기획해서 새로운 일을 시작할 수 있는 힘이 된다. 만약 식상이 용신인 신강한 사람이 이때까지 해온 일이 잘 맞지 않는데 몇 년 후에 식상운이 온다면 지금부터 준비해서 식상 대운에 맞춰 탁 터뜨리는 힘으로 운용할 수 있다.

식상이 기신이면 용신은 관성으로 신강한 경우다. 비겁이 강하고 인성이 약한 경우 식상이 기신일 가능성이 높다. 관성이 용신인 사람에게는 체계, 조화로움, 조직적인 기운이 필요한데 그걸 깨뜨리는 식상이 기신운으로 오면 우유부단함이 가장 큰 특징으로 드러난다. 우유부단함과 신강함은 모순적인데, 신강하고 우유부단하면 문제가 크다. 자기 혼자 우유부단하면 차라리 괜찮은데 신강하니까 남의 일에 끝없이 간섭하고 참견해서 주변 사람을 짜증나고 힘들게 한다. 뒷공론과 구설수로 자신에 대한 평가를 스스로 낮추는 꼴이다.

원국과 합해 비겁/인성으로 화하거나 충이 되는 경우, 또는 일주와 시주에 식상이 생생하면 작용하지 못한다.

비겁운과 똑같다. 용신운인 식상이 원국의 다른 오행과 깨끗한 충이 되면 이때도 용신운 기능이 부실해지고, 신강해서 문제인데 원국의 다른 오행과 합을 해서 용신이 자신의 힘인 비겁, 인성으로 화했을 때도 식상운은 사실상 크게 기대하지 않는 편이 좋다. 또 신강한데 일주나 시주에 식상이 생생하게 놓여 있을 때도 중복이 되어서 식상 용신이 크게 작용하지 않는다. 식상이 연주, 월주에 있고(특히 월주가 길하다) 신강한 사람이라야 제대로 용신이 작용한다.

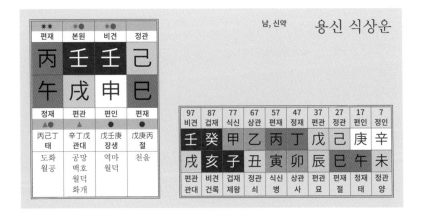

괴테의 명식. 첫눈에는 재다신약으로 보이지만 합충을 고려해보자. 지지가 오술합, 사신합으로 재성과 비견으로 흐르고 관성도 힘이 빠진다. 재성과 비견의 대립 양상은 득령으로 비견의 세력이 우세하고 재성이 식상생재 없이 관으로 설기가 되고 있어 보기보다 약한 재성이 된다. 신약한 와중에 합충으로 인한 변수가 많은 원국이다. 원국의 순환과 균형을 고려할 때 화목이 용희신이다.

목 식상을 운에서 만나 비겁이 재성으로 순조롭게 흘러 재성이 힘을 가질 때 괴테는 명작을 탄생시켰다. 17 경오 대운 갑오년『젊은 베르테르의 슬픔』을 발표했고, 27 기사 대운에는 바이마르 공화국에서 재상으로 정치에 참여하며 인간과 관련된 모든 분야를 공부하고 연구했다. 대운의 사화가 사신합수되었다. 재성과 편인이 합이 되는데 이는 공부로 수 비겁을 강화시켰다는 의미가 된다. 57 병인 대운 병인년『파우스트』1부를 완성하고 77 갑자 대운 신묘년에 2부를 완성했다.

남, 신약 기신 식상운

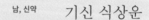

우디 앨런의 명식. 상관이 태과한 신약한 명식으로 인성과 관성인 토화가 용희신이다. 사생활을 영화에 담아내는 것으로 유명한 영화감독으로 이중적인 이미지가 없었는데 의붓딸과의 연애와 결혼으로 세상에 충격을 줬다. 48 임오 대운은 정임합, 정해 암합, 오해 암합으로 상관과 편관이 거대한 암합을 한다. 연인 관계인 동거녀의 입양한 딸과 부적절한 관계를 맺었다. 희신인 관성이 재차 상관과 암합을 하며 자기 관리가 도를 넘어선 것이다. 58 신사 대운으로 바뀐 첫해 사해 4쟁충, 천간에도 충극이 추가로 일어나 부적절한 관계가 폭로되어 세간을 떠들썩하게 만들었다. 1997 정축년에 의붓딸 순이와 결혼식을 올려 '세기의 불륜'이라는 비난을 받았다.

재성운(財星運)

재성이 용신일 때도 신강하다. 주로 비겁과 인성이 만만찮게 힘이 있고 관성이 미약할 때 재성이 용신이 된다. 신강하면 식상, 재성, 관성이 용신이 될 수 있는데 식재관의 딱 가운데에 재성이 있다. 재성의 위치는 매우 교묘하다. 비겁의 힘은 빼앗고 인성은 극하고 관성은 생조하고 식신의 힘을 뺀다. 신강 중에서도 재성이 용신인 사람이 상대적으로 제일 안정적인 경우가 많다. 신강한데 식상이 힘이 있으면 이것도 좀 피곤하다. 신강한데 식신이 제대로 힘을 받고 있으면 게으른 식신의 힘을 빨리 빼야한다. 이런 것들을 정확하게 처리해주는 게 재성으로, 신강한데 재성이 용신인 사람들은 좋은 쪽으로든 나쁜 쪽으로든 부지런히 열심히 산다. 사람들에게 업신여김이나 손가락질을 쉽게 받지 않는다. 명리학자 박청화는 사람이 인생에서 현실적으로 구사하는 용신은 재관(財官)이 핵심이므로 꼭 용희신운이 아니어도 재성과 관성이 청년에서 장년 시기에 흐르는 것이 좋다고 했다. 하지만 세상의 직업과 사람의 성격은 천차만별이므로 자신에게 꼭 맞는 기운이 무엇보다 우선이다.

용신운
원만한 인간관계
(결혼/재물운)

재성이 용신인 사람에게 재성 대운이 들어오면 대인관계가 원만하고 가족이 화목하며 부부 사이도 좋고, 이 좋은 관계를 바탕으로 돈도 번다. 결혼 전에도 능력 있고 돈도 잘 벌었는데 결혼을 해서 더 많은 돈을 벌고 더 좋은 일을 하게 되었다는 사람들을 보면 신강하면서 재성이 용신인 경우가 많다.

기신운
경거망동과 재물욕
(손실/학업 중단/가정불화)

재성은 기신이 되어도 예쁘다. 식상과 달리 신약할 때 재성이 기신이 된다. 재성이 기신이면 인성이 용신이다. 기신에 해당하는 재성이 대운에 왔을 때는 약간의 경거망동, 약간의 체면 손상 혹은 부부 불화

제6강. '운'과 '명'의 역동

내지는 고부 갈등 정도를 야기한다. 재물 부분에서도 가랑비에 옷 젖듯 빠져나가는 손실들이 있다고 본다. 재성 중에서 정재가 기신이면 구체적인 물질적 요소보다는 추상적인 요소인 체면, 자존심의 손상을 의미하고 편재가 기신이면 실질적인 재물이나 돈의 손실에 더 가깝다는 주장도 있다.

원국과 합해 비겁/인성으로 화하거나 충이 되는 경우, 또는 정재가 시간에 존재하는 경우는 작용력이 감소한다.

앞의 식상과 마찬가지로 용신에 해당하는 재성운이 원국과 합해서 신강한 사람에게 불필요한 비겁, 인성으로 화하거나 충이 되는 경우와 정재가 시간에 존재하는 경우는 용신운의 작용력이 감소한다. 정재가 시간에 자리하면 용신 재성운조차 작용력이 희미해진다. 시간의 정재는 용신이 아니더라도 하나를 얻으면 나머지를 다 내놔야 한다. 재성은 기본적으로는 천간보다 지지에 있어야 힘을 발휘하는데, 신강하고 재성이 용신인데 그 용신의 힘마저도 발휘하지 못하게 하는 시간 정재는 사실상 남는 게 없는 허망한 경우다.

서스펜스의 거장 히치콕의 명식. 비겁이 관성을 지휘하는 형국이다. 화목 식재가 용희신이다. 축토의 지장간까지 원국을 지배하는 수 비겁의 무한한 상상력이 뻗어 나갈 통로와 무대가 필요하다. 지장간에도 없는 재성이 초년부터 50년간 대운에 들어온

다. 평생이 용신운이라 할 수 있지만 특히 식상생재하는 완벽한 용희신 52 병인 대운 말과 62 을축 대운 초반에 걸쳐 걸작들을 쏟아냈다. 22 기사 대운 1925 을축년 정식 데뷔 이후 1960년까지는 거의 매해 작품을 발표했다.

남, 신약 **기신 재성운**

식신	본원	편재	정재
戊	丙	庚	辛
戌	辰	寅	未
식신	식신	편인	상관
辛丁戊 묘	乙癸戊 관대	戊丙甲 장생	丁乙己 쇠
화개	월덕	역마	

98	88	78	68	58	48	38	28	18	8
편재	정재	편관	정관	편인	정인	비견	겁재	식신	상관
庚	辛	壬	癸	甲	乙	丙	丁	戊	己
辰	巳	午	未	申	酉	戌	亥	子	丑
식신	비견	겁재	상관	편재	정재	식신	편관	정관	상관
관대	건록	제왕	쇠	병	사	묘	절	태	양

고르바초프의 명식. 식상 과다의 득령한 신약한 명식으로 관성과 인성인 목수가 용희신이다. 고르바초프는 18 무자 대운을 시작으로 30년 넘게 초고속 출세 가도를 달려 48 을유 대운에 최연소 서기장이 되었다. 을유 대운은 유금은 천을귀인이고 을목이 원국의 을경합과 을신충으로 을목의 힘은 생생하게 발휘되었다. 58 갑신 대운은 간지 자체에서 이미 절각으로 갑목이 타격을 받은 상태에서 원국의 경금, 무토와 충극을 하고 원국의 용신 인목은 대운의 신금에 직격타를 맞는다. 대운과 원국의 용신이 직격타를 받는 대운이므로 완급 조절이 필요했으나 실패가 없는 삶을 산 사람으로 그런 고려는 있을 수 없었다. 성급한 개혁, 개방은 소련 해체에 이은 러시아의 혼란을 가져왔고, 고르바초프는 실각한 후 나라 팔아먹은 사람이 되었다. 그래도 외국에서는 여전히 명성을 유지하며 강연이나 광고 출연 같은 활동을 했다. 목숨이 위험했다든지 건강을 망쳤다든지 하는 부작용은 없었다.

관성운(官星運)

고서에서는 관성이 용신이며 유정하고 비겁은 힘이 있으며 그 사이에서 인성이 이를 통관시키는 경우를 가장 선망했다. 출세의 길이 그 길뿐이었으니 다른 도리가 없었을 것이다. 하지만 이 관점은 공화국 시대에도 여전히 많은 부분이 유효하다. 지금도 사람들은 권력과 안정적인 지위, 뽐낼 수 있는 명예를 가진 삶을 원하기 때문이다.

용신운
안정과 신망
(합격/승진/당선/
건강)

관성이 용신이면 역시 신강하다. 사회적 인정과 신뢰가 굉장히 강해지는 경우이며 합격, 승진, 그것보다 더 중요한 건강을 강력하게 의미한다.

기신운
폭력성과 불화
(불안정/파탄)

관성이 기신일 때는 비겁이 용신인 경우로 신약하다. 관성 기신은 어릴 때 오거나 늦을 때 와야 한다. 한창 활동기 때 오면 문제가 많다. 관성이 기신이면 자기가 속한 공동체와의 불화를 야기하는데, 20대나 30대에 관성 기신이 오면 능력은 있지만 꼭 사고 치고 직장을 옮겨 다니는 일들이 생긴다. 그래서 비겁이 용신이고 관성이 기신이면 관성 대운이 들어오는 시기에는 특별한 관리가 필요하다.

원국과 합해서 비겁으로 화하거나 충하는 경우, 일간과 합하는 경우는 오히려 불리하게 된다.

재성이나 식신은 합을 해서 기구신으로 바뀌거나 충하는 경우 힘을 발휘하지 못하는 것뿐이지만 관성이 용신인 경우는 다르다. 용신인 관성이 원국의 다른 오행과 합을 해서 비겁으로 바뀌거나 충을 하거나 일간과 합을 하면 용신으로서의 힘이 없어질 뿐 아니라 오히려 기신의 역할을 하게 된다. 신강하고 관성이 용신이면 많은 생각을 해야 한다. 관 자체가 기본적으로 자기를 극하는 기운이기 때문에 정교한 커트라인을 통과해야만 용신으로 사용할 수 있다. 신강해도 자칫하면 관이 자기를 쳐낼 수 있다는 점을 명심해야 한다. 그래서 관성이 용신인 경우에는 사실상 용신으로 운용하기가 쉽지 않다.

음 일간과 합을 할 때, 식상이 일지나 원국 내에 생조해 있으면 흉운은 제거된다.

음 일간이 기신인 관성과 합을 하거나 혹은 양음 일간 모두 이 관성을 극하는 식상이 원국 내에 존재한다면 기신운은 다행히 크게 말썽을 부리지 않는다. 그런데 보통 식상이 없고 관성이 기신인 사람이 생각보다 많다. 그래서 관성이 2개 이상일 때는 식상이 하나쯤 옆에 있어야 이 관성이 다뤄지는데, 식상이 없는 사람은 실제로 조직 생활에 애로가 많다. 마흔 살이 넘었는데도 주변에 사람이 없는 이들은, 기신인 관성이 강한데 그것을 제어해줄 식상이 없어서인 경우가 생각보다 많다. 나는 그런 명식을 보면 마음을 터놓고 이야기할 수 있는 친구가 몇 명 있는지부터 물어본다. 한 명이라도 있으면 다행인데 10명 중 7명은 그런 사람이 없다고 한다. 관성은 정말 까다롭다. 특히 관성이 용신이나 기신이 되면 잘 따져서 봐야 한다. 무엇보다 관성이 기신이고 식상이 없으면 십신 중에서 최고의 기신으로 작용한다는 것을 기억하자.

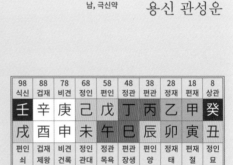

남, 극신약

용신 관성운

김성근의 명식. 식상이 태과한 극신약하고 관성이 고립된 명식으로 인성과 관성인 토화가 용희신이다. 원국에 2개 있는 정관이 고립되어 있고 식상의 견제가 강하므로 조직 생활이 어려울 수 있는데 김성근은 1984년부터 꾸준히 프로야구단 감독직에 몸담고 있다. 38 병진 대운부터 용희신 대운이 40년 동안 펼쳐졌다.

원국 내에서는 천간에서는 정임합을 하고 지지에서는 자오충을 하고 있는 것이 눈에 띈다. 평생 야구 지도자의 길을 걸었지만 한곳에서 4년 이상 머무르지 못한 것, 제자들이나 선수들과의 사이는 좋지만 혹사시킨다는 등 주변 사람들에게 모순된 평가를 받는 것은 이런 이유다.

식신	본원	정관	비견
壬	庚	丁	庚
午	午	亥	辰
정관	정관	식신	편인
丙己丁	丙己丁	戊甲壬	乙癸戊
목욕	목욕	병	양
	월공	공망 문창	월공

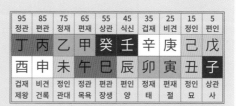

남, 신약

기신 관성운

95 정관	85 편관	75 정재	65 편재	55 상관	45 식신	35 겁재	25 비견	15 정인	5 편인
丁	丙	乙	甲	癸	壬	辛	庚	己	戊
酉	申	未	午	巳	辰	卯	寅	丑	子
겁재 제왕	비견 건록	정인 관대	정관 목욕	편관 장생	편인 양	정재 태	편재 절	정인 묘	상관 사

1980년대 코미디계의 황제 고 이주일의 명식. 신약한 명식으로 금토가 용희신이다. 45 대운에는 편인에 양으로 코미디언으로서 최고의 인기를 누렸다. 식상이 화 관성을 암합으로 묶어두고 있어 일간을 과하게 극제하지 않는 것이 특징이다. 55 계사 대운은 월주를 깨끗하게 충해 원국의 암합이 풀렸고 세력이 더 큰 관성이 일간과 비겁을 공격한다. 2002 임오년은 또다시 식신과 관성이 한 겹 더해져 폐암으로 사망했다.

인성운(印星運)

인성은 좋게 말하면 온화함과 자애로움, 나쁘게 말하면 정체를 알 수 없는 모호한 성격 탓에, 용신과 기신으로서의 드라마틱한 요소 없이 작용력이 가장 순하다고 할 수 있다.

용신운
평온과 안정
(성적 향상/
부동산 이익)

인성이 용신이면 평온과 안정의 작용력이 있다. 예를 들어 학생이면 성적이 올라간다거나 굳이 재물과 관련한 것이 있다면 부동산으로 인한 이익이 있다. 신약한 명식은 거의 예외 없이 인성이 용희신에 해당될 것이므로 인성에 해당되는 학문이나 성찰은 신약 명식에 필수적인 만병통치약이다. 공부를 통해 자존감을 드높일 때 신약한 이들은 비로소 자신의 존재를 실현하고 타자와의 관계를 생산적으로 설정할 수 있다.

기신운-
의존성과
책임 전가
(동업/보증 문제)

인성이 기신이면 신강하고 식상이 용신이 된다. 인성의 특징인 의존성과 책임 전가 혹은 동업이나 보증으로 인한 문제가 발생한다. 실제로 식상이 용신이고 신강한 사람이 자영업을 많이 하는데, 자연히 직장인들에 비해 동업 내지 재정 보증과 연관될 일이 생긴다. 인성이 기신인 경우 그런 데 관여했다가는 큰일 난다는 점을 명심해야 한다.

겁재	본원	편재	정재
乙	甲	戊	己
丑	戌	辰	卯
정재	편재	편재	겁재
癸辛己 관대	辛丁戊 양	乙癸戊 쇠	甲乙 제왕
천을			도화 양인 천의

남, 신약   용신 인성운

91 편재	81 정재	71 편관	61 정관	51 편인	41 정인	31 비견	21 겁재	11 식신	1 상관
戊	己	庚	辛	壬	癸	甲	乙	丙	丁
午	未	申	酉	戌	亥	子	丑	寅	卯
상관 사	정재 묘	편관 절	정관 태	편재 양	편인 장생	정인 목욕	정재 관대	비견 건록	겁재 제왕

프랜시스 포드 코폴라의 명식. 비겁과 재성으로만 이루어진 명식으로 원국 내 겹치는 글자가 없다. 중중한 재성으로부터 일간을 바로 세우고 자신의 목소리를 내는 것이 중요하다. 목수가 용희신이다. 초년 대운부터 비겁으로 흘렀으나 수의 지원이 없어 큰 힘을 발휘하지 못하고 식상을 만나 과다한 재성으로 흐른다. 31 용희신 갑자 대운에 이르러 대운 간지가 원국의 모든 재성과 충합을 하며 원국이 요동쳤다. 코폴라는 이 갑자 대운에 〈대부〉 1·2편, 〈지옥의 묵시록〉 등을 감독하며 10년 동안 평생 할 일을 다 해치워버렸다.

남, 신강 　기신 인성운

정관	본원	겁재	정인
壬	丁	丙	甲
寅	巳	子	戌
정인	겁재	편관	상관
戊丙甲 사	戊庚丙 제왕	壬癸 절	辛丁戊 양
역마 월덕	천덕	공망 월공	화개

98 겁재	88 편인	78 정인	68 편관	58 정관	48 편재	38 정재	28 식신	18 상관	8 비견
丙	乙	甲	癸	壬	辛	庚	己	戊	丁
戌	酉	申	未	午	巳	辰	卯	寅	丑
상관 양	편재 장생	정재 목욕	식신 관대	비견 건록	겁재 제왕	상관 쇠	편인 병	정인 사	식신 묘

차지철의 명식. 신강한데 관성 2개가 고립된 명식으로 재성과 식상인 토금이 용희신
이다. 정인은 선대에게 물려받은 정신적 유산 같은 것으로 자신에 대한 근원적 자부
심으로 발현되고, 공부나 학벌 및 학업에 대한 인정 욕구가 크다. 관인생되고 있는 정
인이 연간과 시지에 있어 스스로 만족할 만한 학업이나 학력이 뒷받침되어야 한다.
차지철은 18 무인 대운에 육군사관학교에 지원했다 낙방한 것이 평생의 콤플렉스가
되었다. 이후 경호실장에 임명되자 육사 출신들에게 무례한 행동을 일삼았다. 그런
태도가 김재규와의 불화의 원인 중 하나가 되었다.

지나친 것은 모자람만 못하다

명리학의
건강론은
우리 몸의
균형을 맞추는
보조자이며
위험 신호를
보내는 암시자다.

제七강

인간분석론 I

건강론

내가 쓰러져서 시한부 선고를 받고 요양하고 있을 때였다. 친한 선배가 문병을 왔는데, 그 선배는 공교롭게도 친형님이 간암 말기로 내일모레 하는 상태였다. 시집을 여러 권 낸 시인이기도 했던 선배는 그날 내게 「마지막 잎새」 같은 이야기를 했다. "내가 어제 형님 문병을 갔더니 형님이 창밖을 보고 그런 말씀을 하시더라. '나는 오늘도 살지 않았냐. 이 하루만큼 이익을 본 거야'라고." 그때는 '뭔 소리야, 이렇게 살아서 뭐 하게', 이런 생각만 했다. 한데 정말 하루하루가 비참한 삶이건만 '하루 더산 만큼 이익'이라는 말이 시간이 지날수록 진지하게 다가왔다. 물론 거기서 '하루 더'를 좀 더 건강하게 살면 금상첨화다.

지금처럼 의학이 발달하지 못했던 옛날에는 인간이 태어나서 40년 이상을 살기도 힘들었다. 그래서 환갑, 태어나서 60갑자를 한 바퀴 돈 것만으로도 온 동네가 축하를 했다. 지금은 평균수명이 우리나라만 하더라도 80세를 넘어섰다. 지금의 60세는 옛날로 따지면 45세밖에 안 되는 것이다. 이런 변화를 반영하듯, 과거의 명리학에서 장수가 최우선의 관심사였다면 오늘날은 웰빙, 즉 건강하게 잘 사는 것이 중요해졌다. 따라서 과거 명리학의 관점에서만 바라보는 건강 및 인생론은 의미가 없다.

같은 정도의 위험 요소가 있는 대운에서 과거에는 사람이 죽었다면 이제는 의학의 힘으로 웬만해서는 극복이 된다. 그래서 이 부분에 대해서도 많은 데이터 및 새로운 패러다임이 필요하다. 아울러 이제는 흔히 말하는 은퇴 이후의 삶, 노후와 관련해 어떻게 방향을 설정하고 그를 위해 어떤 요소가 필요한지에 대한 명리학적 기준도 다시 새롭게 정리해야 한다. 우리나라는 노인 빈곤율이 점점 높아질 뿐 아니라 노인 1인가구도 증가 추세다. 통상적으로 생명을 잃을 위험은 줄어들고 수명은 길어지는데 은퇴 이후의 비노동 시간은 늘어나고 독거의 비율이 높은 새로운 환경적 조건에서 장수의 개념을 어떻게 바라봐야 하는가는 굉장히 어려운 문제다.

질병과 건강

"건강한 신체에 건강한 정신이 깃든다"라는 말이 있다. 고대 로마의 풍자시인 유베날리스(Decimus Junius Juvenalis, 60?~140?)가 한 말인데 원전의 뜻이 왜곡되어 오늘날까지 전해져오고 있다. 유베날리스가 살던 당시 로마는 올림픽 때문에 신체의 아름다움을 가꾸는 열풍이 불었다. 이에 유베날리스는 '그런 너희의 건장한 신체와 머릿속에 건전한 정신이 들어 있을까?'라는 뜻으로 그 말을 한 것이다. 2,000년이 지난 지금도 이 풍자는 유효하다. 지나친 것은 모자람만 못하니, 동양에서 말하는 정(精), 기(氣), 신(神) 즉 몸을 이루고 유지하게 하는 기운들이 균형을 이루어야 정신이 안정되고 건강해진다. 서양적인 관점에서 본다면 정신과 육체의 균형을 어떻게 스스로 창조하고 유지하느냐가 건강의 핵심이지 신체적인 건강만을 중요한 가치로 내세우는 것은 바람직하지 않다는 뜻이다.

명리학에서도 질병의 원인을 정, 기, 신(그리고 혈血)의 부조화로 인해 발생하는 것으로 본다. 현재 한의학계에서는 명리학과 의학을 결합해 만든 의명학(醫命學)이라는 분야의 활발한 연구가 진행 중이다. 동양의학의 좋기도 하고 괴롭기도 한 점이 통섭(通涉)이다. 모든 분야가 다 통한다. 유관 학문들과의 접근성과 이해도가 높은 한의학계에서 앞으로 명리학의 어떤 새로운 패러다임이 나오지 않을까 기대를 해본다.

그러면 명리학적 오행과 신체 관계를 보기 전에 의명학에서 오행과 신체를 어떻게 보고 있는지 살펴보자. 명리학의 이론과 비교해서 공통점과 차이점을 찾아보는 것도 좋겠다.

의명학의 오행과 신체

오행	양(위), 음(아래)	해당 신체 부위
목	甲, 寅	쓸개, 머리, 손등, 발등
	乙, 卯	간, 정수리, 눈, 손가락, 근육
화	丙, 巳	소장, 어깨, 치아, 얼굴
	丁, 吾	심장, 복부, 혀, 맥, 정신
토	戊, 辰, 戌	위장, 옆구리, 입, 발
	己, 丑, 未	비장(지라), 무릎, 허리, 흉부, 팔
금	庚, 申	대장, 배꼽, 털, 허벅지
	辛, 酉	폐, 다리, 피부, 유방, 기관지, 코
수	壬, 亥	방광, 종아리, 머리카락
	癸, 子	신장, 생식기, 뼈, 귀

의명학의 오행과 신체의 연관성 중에서 특징적인 것만 짚어보자.

명리학에서는 눈을 화의 기운, 신체적으로는 심장과 연관된 것으로 보는데 의명학에서는 눈을 음목으로 본다. 여기서 흥미로운 점은 간과 근육도 음목에 해당한다는 것이다. 의명학에서는 근육 체계를 주관하는 것을 간으로 보고 간을 주관하는 것을 신장이라고 본다. 음목이 고립되거나 위험한 상황이 되면 간이 손상되기 시작하는데 이때 첫 번째 증상이 근육 체계에서 나타난다는 것이다. 근육이나 눈에 이상이 생기면 간이 무너지는 신호다.

쓸개에 문제가 생길 때는 심한 두통이 나타나고, 양화가 공격당하거나 위태로울 때는 얼굴색이 달라지는 증세가 나타난다고 유추해볼 수 있다.

양금의 털은 머리카락을 제외한 체모를 말한다. 머리카락은 수의 영역이다. 천간에 금의 기운이 강한 사람들이 체모가 왕성하게 자라는 경향이 있다.

음금에 피부가 해당되는데, 요즘 특히 문제가 되는 아토피성 피부염은 음금의 고립이나 불급과 관련이 있다.

음수는 뼈를 관장하는데, 뼈를 신장과 같은 연장선상에서 연결 짓는 것도 기존의 명리학적인 접근법과 다른 점이다.

이런 식으로 신체의 기관들 및 그 기관들에 발생하는 이상을 오행과 연관해서 파악하는 시각은 오행의 상생상극 개념에 대입해서도 생각해 볼 수 있다. 예를 들어 원국에 수의 기운이 약할 때는 금의 기운과 만나면 보강되니 건강해지고 목의 기운과 만나면 설기되니 허약해지며, 화의 기운이 찾아오면 극히 쇠약해지고 급기야 토의 기운이 심해지면 건강을 망칠 수 있으므로 철저히 대비해야 한다.

의명학의 오행과 음식

오행과 관련된 음식을 간추려보았다. 사상의학에도 오행별로 해당하는 음식에 대한 분류가 있지만, 의명학에서는 조금 다른 부분도 있다. 예를 들어 사상의학은 어패류나 어류에 대한 분류를 명시하고 있지만 의명학에는 포함되어 있지 않다.

오행별로 목은 신맛, 화는 쓴맛, 토는 단맛, 금은 매운맛, 수는 짠맛에 해당한다. 그러므로 목이 용신이면 신맛이 나는 음식을 즐겨 먹는 것이 좋은데, 특히 솔잎순식초가 효과가 좋다. 하지만 자신에게 필요한 음식만 골라서 섭취하는 것은 좋지 않고, 건강을 위해 조화와 균형 잡힌 식사를 하는 것이 중요하다. 우리는 무의식적으로 몸이 원하는 것을 찾는다. 식사 후 자주 탈이 나거나 불편함을 느낀다면 자신의 식생활을 검토해볼 필요가 있다. 그리고 오행별 음식의 종류와 자신의 음식에 대한 선호도 사이에 어떤 관계가 있는지 임상적으로 확인해보는 것도 좋은 방법이다. 이런 과정을 통해 자기에게 필요한 기운의 음식을 적절히 섭취하고 있는지, 혹은 자신에게 과다하거나 불필요한 음식을 단지 선호한다는 이유로 지나치게 섭취하고 있지는 않은지를 인지할 수 있다.

명리학의 오행과 신체

음양	해당 신체 부위	고립·과다·무(無)
양목 甲, 寅	간/쓸개(특히 쓸개), 사지(팔과 다리), 머리/뇌, 머리카락, 손톱/발톱, 신경계, 인후	간담계 질환, 만성피로, 신경통, 골통, 근육통, 정신 및 수족 장애(수목응결), 신경쇠약, 이노증(易怒症), 소화불량, 어지럼증, 불면증
음목 乙, 卯	간/쓸개(특히 간), 등뼈(척추), 목, 손가락/발가락, 손목/발목, 신경계(말초신경), 혈관, 창자	양목과 동일 창자의 염증

명리학에서 목과 관련된 신체 부위는 간과 쓸개인데 굳이 나누면 양목은 쓸개, 음목은 간이다. 그러나 일반적으로 간과 쓸개 모두 목에 해당한다고 봐도 무방하다.

목이 고립, 과다, 불급인 경우 우선 고려해야 할 것은 수목응결(水木凝結)이다. 이는 목 일간이 해자축 월에 태어난 경우에 해당하는데, 얼핏 보면 월지의 수(水)가 목을 생해줄 것 같지만 동절의 나무는 추위 때문에 얼어버린다. 이럴 때는 천간에 있는 병화가 얼어버린 일간의 목을 녹여줘야 하는데, 원국에 병화가 없으면 수목응결이 될 수 있다. 수목응결의 경우 지체장애나 정신적 장애로 나타날 수 있으므로 어릴 때부터 세심한 관찰과 주의가 필요하다.

목과 관련된 질환 중 이노증은 쉽게 말해 분노조절장애를 떠올리면 된다. 화의 기운이 과도해서 나타나기도 하지만 목이 고립되거나 아예 없을 때도 나타난다. 목의 기운이 과다한 경우는 비위를 관장하는 오행인 토를 공격함으로써 소화불량에 걸리기 쉽고, 수의 기운을 설기하므로 어지럼증이나 불면증에 노출될 수 있다.

음양	해당 신체 부위	고립·과다·무(無)
양화 丙, 콤	심장/소장(특히 소장), 혈압/체온, 눈, 혀, 이마, 어깨	심장질환/고혈압, 임파선, 안질, 가슴 두근거림/심신불안, 패혈증, 수족냉증, 구강 건조
음화 丁, 巳	심장/소장(특히 심장), 심혈관, 눈/시력, 신경, 턱	양화와 동일

화와 관련된 신체 부위를 양화는 소장, 음화는 심장으로 나누기도 하지만 일반적으로 화의 기운은 모두 심장과 소장에 관여한다고 볼 수 있다. 혈압과 체온, 눈, 혀, 이마, 어깨가 양화의 영역으로 양화가 약하면 이른 나이에 어깨의 통증을 경험하기도 한다. 음화는 턱에 해당하므로 정화

일간은 얼굴이 갸름한 특징이 있다.

화는 건강상으로 수명과 직결되는 심장을 의미하니 주의 깊게 관찰해야 한다.

음양	해당 신체 부위	고립·과다·무(無)
양토 戊, 辰, 戌	비위(특히 위장), 코, 살/지방, 허리/옆구리	비·위장 질환, 식욕부진/소화불량, 장 팽창, 구토, 장내 가스, 권태, 피부 과민, 당뇨/결석, 요통
음토 己, 丑, 未	비위(특히 비장), 배/복강, 피부, 췌장	양토와 동일 피부감염

토와 관련된 신체 부위는 비장과 위장이다. 얼굴에서는 코를 의미하는데 무토가 허약하거나 통근하지 못한 경우 코가 작거나 낮다. 양토는 살, 지방에 해당하며 허리와 옆구리에 살이 오른 경우가 많다. 토가 고립, 과다 혹은 불급이면 소화기계 질환과 피부 과민이 따른다. 특히 음토가 약할 때 남들보다 쉽게 피부감염 증상이 나타난다. 토는 단맛에 해당하므로 당뇨, 결석과도 관련이 있다. 정서적으로 토는 나른하기 때문에, 토가 허약하면 권태를 느끼기 쉽다.

음양	해당 신체 부위	고립·과다·무(無)
양금 庚, 申	폐/대장(특히 대장), 뼈/골격, 치아, 골수, 목소리, 배꼽	대장 질환, 뼈(대골격)·골수 계통의 질환, 신경계 질환, 변비/치질/설사, 치아 질환, 폐·기관지·호흡기 계통 질환
음금 辛, 酉	폐/대장(특히 폐), 뼈(소골격), 인후/성대, 콧구멍	경금과 동일

제7강. 지나친 것은 모자람만 못하다

금과 관련된 신체 부위는 폐와 대장이다. 골격 중에서도 장골(長骨), 골수도 금에 해당한다. 따라서 금이 고립, 과다, 불급이면 폐나 대장, 호흡기 계통의 질환과 골격 및 골수 질환, 신경계통의 질환이 발생할 수 있다. 대장과 관련된 변비, 치질, 설사 등도 금에 해당한다. 금의 기운이 약하면 치아도 약하다.

음양	해당 신체 부위	고립·과다·무(無)
양수 壬, 子	신장/방광(특히 방광), 입, 혈액, 순환계통	비뇨기 질환, 신장 질환, 당뇨, 잦은 코피, 성욕 감퇴, 허리와 등의 통증, 만성피로
음수 癸, 亥	신장/방광(특히 신장), 뇌수/ 골수, 정액/오줌, 월경, 눈동자, 땀/침	임수와 동일

수와 관련된 신체 부위는 신장, 방광이고 양수에는 입과 혈액, 순환계통이 해당한다. 음수에는 표에서 보는 바와 같이 주로 물로 이루어진 신체 구성 요소가 해당된다. 수가 고립, 과다 혹은 불급이면 비뇨기나 신장 계통의 질병, 당뇨, 잦은 코피, 허리와 등의 통증 그리고 만성피로가 나타나기 쉽다.

건강에 이상이 생기는 징후

원칙적으로 원국이 가진 오행의 균형이 무너질 때 건강에 문제가 생긴다. 물론 완벽한 균형을 갖춘 원국이란 존재하지 않는다. 다만 각 원국은 여러 가지 요소를 동원해 나름대로 균형을 이루고 있는데, 다음과 같이 원국 내 특수한 조건이나 대운, 특수관계인과 같은 외직 요소로 인해 그 균형이 무너질 때는 질병에 노출될 가능성이 높아진다.

과다 오행이 대운에 올 때

원국에 이미 과다한 오행이 대운에 또 들어오면 해당되는 장기에 문제가 발생할 수 있다. 주로 건강하다고 방심해서 무리하다가 질병이 생긴다.

결핍/고립 오행을 극하는 대운이 올 때

결핍된 오행을 극하는 오행이 대운에서 들어오게 되면 주로 고립된 오행에 해당하는 부위에 탈이 나기 쉽다. 그리고 더 심각하게 주의해야 할 경우는, 고립된 오행을 극하는 대운이 들어올 때다. 실제로 임상을 해보면 이런 경우 꼭 문제가 발생한다. 특히 40대 이후 신체의 방어력이 떨어지는 때에 고립 오행을 극하는 대운이 오면 예사로이 넘겨서는 안 된다.

일간 혹은 일지가 쟁충되어 파극될 때

일간은 원국의 주체를 의미하는데, 일간이나 일지가 생조되지 못한 상태에서 쟁충이 되어 파극되면 건강상의 문제가 일어날 가능성이 있으므로 주의해야 한다. 원국 내에서 일간 혹은 일지가 쟁충이 된 경우거나, 한 개의 충이 있는데 대운에서 또 충을 이루는 오행이 와서 쟁충되어 일간 혹은 일지가 파극되는 경우를 유심히 살펴야 한다. 하지만 더욱 주의를 요하는 경우는 신약한 원국에서 일간과 일지가 동시에 쟁충이 될 때다. 신약한 경우라도 이웃한 오행으로부터 생조되어 일주의 힘이 생생한 경우에는 위험이 덜하다.

특수관계인이 일주를 극할 때

같은 공간과 오랜 시간을 공유하는 특수관계인의 원국 내 오행이 자신의 일주를 극하는 경우에는 힘이 약한 일주가 무너질 수 있으므로 해결 방법을 모색해야 한다.

대운의 간지가 일주를 모두 충하고 세운/특수관계인까지 일주를 충할 때

대운의 간지가 일주를 동시에 충하는데 세운까지 다시 일주를 충하는 해에는 모든 것을 제쳐두고 건강을 최우선적으로 생각해야 한다. 역시 일주와 대운의 간지가 충하고 있는데 특수관계인이 일주를 충할 때도 건강을 우선해야 한다.

일지 혹은 월지와 대운 및 세운의 지지가 삼형일 때

일지나 월지가 대운의 지지, 세운의 지지와 인사신 또는 축술미 삼형을 이룰 경우는 건강상의 문제를 의미한다. 일지나 월지가 인사신, 축술미의 6개 중 하나에 해당하는 사람은 자기 생에 한 번쯤은 삼형이 오게 되어 있으므로 대운과 세운의 지지와의 조합을 주의 깊게 살펴야 한다.

장수와 단명

원국을 감명할 때 무엇보다 먼저 봐야 할 것은 건강의 흐름에 대한 정보다. 현재 대운뿐 아니라 10년, 20년 후의 대운까지 함께 파악함으로써 건강상의 흐름을 예측하고 식생활 및 생활습관 개선 등으로 미리미리 대비할 수 있어야 한다. 현재 의학기술이 발전하는 속도를 보건대 건강과 질병에 대한 명리학적 접근이야말로 건강한 삶을 위한 노력에 많은 도움이될 수 있다. 고전 명리학에서 제시한 장수와 단명의 조건이 오늘날에도 모두 유효하지는 않지만, 그 이론의 배경을 인지함으로써 현재 우리의 삶에 적용시킬 수 있는 틀은 마련할 수 있을 것이다.

장수

오행을 구비하고 오행 간의 흐름이 균형과 순환을 갖추고 있을 때

장수의 첫째 조건이다. 오행이 모두 있고 흐름이 순환되어 막힘이 없을 때 장수의 기운이 강한데, 실제로 감명해보면 이런 사람들은 "오래 사는 게 뭐가 중요하냐, 내 삶은 재미가 없다"라고 한다. 호강에 겨운 소리다.

충극이 없거나 기신이 충이 될 때

원국 내에서 충극이 많으면 변화, 변동의 에너지가 커지므로 좋고 나쁨을 예측하기 어렵다. 원국 내에서 충이나 서로 극하는 요소들이 없거나 적은 경우, 또는 용신을 극하는 기구신끼리 충을 하는 경우에는 그 역할이 현저히 줄어들게 되므로 장수에 도움이 된다.

합이 되어 한신이나 용희신으로 화할 때

합이 되어 용희신이 되는 것이 다른 부분에서는 좋지만, 건강에 관해서는 한신으로 합이 되는 것이 가장 유리하다. 한신은 용신을 공격하는 기신을 대신 막아주기 때문이다. 물론 그 대가로 한신은 용신의 힘을 설기한다. 따라서 그중에서도 제일 좋은 것은 한신이 아닌 오행끼리 합을 해서 한신이 되어주는 경우로, 이러면 용신의 힘을 설기하지 않고 기신을 극하는 역할만 할 수 있다. 그다음으로 길한 경우가 합을 해서 용신으로 바뀌는 것이다.

일주가 왕성하나 태왕하지 않을 때

일주는 힘이 있으나 신강하지 않은 경우, 즉 중화를 이루는 사주인데 일주가 통근했거나 월주나 시주가 일주를 생해주는 경우 장수에 유리하다.

일주가 약하나 인성이 있을 때

일주가 약한데 월지나 시지에서 인성이 일간을 호위하고 있으면 장수에 유리하다.

신강하고 관살이 약하나 재성이 있을 때

신강한데 관살의 기운은 약하고 재성이 강한 경우, 즉 일간을 직접 극하는 관살보다 일간의 힘을 설기하는 재성이 더 강한 경우는 신강해도 건강을 안정적으로 지키는 요소로 본다.

신강하고 재성이 약하나 식상이 있을 때

신강하고 재성이 약한데 주변에 식상이 있어서 재성을 생조해주는 경우, 이 식상은 식상생재가 되어 일간의 힘을 설기하는 재성의 기운을 보완해주는 동시에 일간을 극하는 관살을 견제해주는 역할을 하게 된다.

위에서 언급한 장수의 조건들은 일종의 통상적인 틀과 같다. 이를 만족시킨다 하더라도 원국 내에서 심하게 고립이 되거나 취약한 오행이 극을 당하는 대운을 만난다면 장수는 담보할 수 없게 된다. 하지만 합이 되어 한신으로 변화하는 것이 어떤 기능을 하는지 그리고 신약한 원국에서 인성이 어떤 의미인지 등에 대한 메커니즘을 이해한다면 현재에도 적용할 수 있는 건강에 관한 이론을 얻을 수 있다.

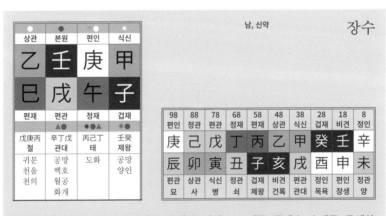

연지의 자수부터 시작하면 수생목, 목생화, 화생토, 토생금, 금생수, 수생목, 목생화로 여덟 자 모두 거의 완벽한 연주상생의 구조를 이루며, 따라서 고립된 오행이 있을 리 없다. 인생의 후반부로 갈수록 금토수 대운으로 흐르니 스트레스를 많이 받는 정보부 수장 출신으로서는 이례적으로 대권도 차지하고 장수까지 하는 기막힌 행운을 누리고 있다. 90세를 기념하는 스카이다이빙도 했고(그는 공군 조종사 출신이다), 95세가 되는 2018년에도 여전히 정정하다. 부호의 아들로 태어나 명문을 두루 거쳤고, 행정부의 요직 또한 고루 경험하며 대통령에 올랐고, 이제 장수의 복까지 누리고 있다. 아들 부시와는 달리 평생 균형 감각이 탁월했다.

단명

일주가 심하게 공격받을 때

나의 경우다. 나는 단명을 해도 아깝지 않은 명식이고 살면서 죽을 고비를 여러 번 넘겼는데, 원국을 보면 딱 드러난다. 인성 하나 없고 죄다 재관으로 왕성하다. 이렇게 일주가 심하게 공격받는 경우는 건강과 안전을 최우선적으로 판단해야 한다.

용희신이 미약하고 기신이 왕성하거나 지지에 암장되었을 때

원국 내에 용희신의 기운이 미약하거나 지장간에 암장되어 있는데 기신이 왕성하면 건강상으로 불리한 조건이다. 더욱 위험할 때는 지장간에 암장된 용신을 극하는 대운이 올 때다. 예를 들어 지장간에 암장된 계수가 용신인데 대운에 토의 기운이 강하게 들어오는 경우다. 이런 기전으로 미약한 용신이 파극된다면 일간이 버티기 어려워진다.

인다신약이고 인성혼잡이며 재성이 없을 때

혼잡된 인성으로 인다신약인 원국에서 재성이 없는 경우, 강한 인성의 힘을 억제할 방법을 찾기 어렵다. 결과적으로 일간이 혼잡되고 너무 강한 인성의 기운을 감당할 수 없게 되어 위험하다.

금수가 왕하고 습토(축)만 있을 때 / 목화가 왕하고 조토(미)만 있을 때

조후가 현재 우리의 삶에 결정적인 영향을 미치지 않기 때문에 단명의 사주로 보기는 어렵지만, 조후상 한편으로 치우치는 것은 건강상 문제가 생길 가능성이 있으므로 주의해야 한다.

초중년 대운이 계속해서 기구신으로 이어질 때

대운에서 한 주가 기구신으로 구성되어 연속으로 들어오는 경우를 말한다. 예를 들어 수목이 기구신인데 대운에서 을묘, 갑인, 계축과 같이 한

주가 기구신으로 구성되어 20년 이상 연속으로 들어온다면 건강에 각별히 유의해야 한다.

　천간이 모두 같은 오행이고 식상이 없는데 재운을 만나 군겁쟁재(群劫爭財)가 될 때

식상이 있다면 천간의 왕성한 비겁의 힘이 식상을 통해 재성으로 흐르게 되는데, 식상이 없으면 천간의 왕성한 비겁의 힘이 대운에서 들어오는 재성을 강하게 극하게 된다. 이렇게 재성이 파극될 때 건강상 위험하다.

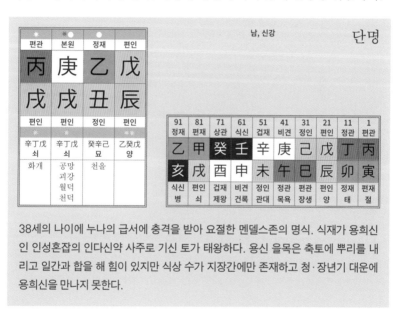

38세의 나이에 누나의 급서에 충격을 받아 요절한 멘델스존의 명식. 식재가 용희신인 인성혼잡의 인다신약 사주로 기신 토가 태왕하다. 용신 을목은 축토에 뿌리를 내리고 일간과 합을 해 힘이 있지만 식상 수가 지장간에만 존재하고 청·장년기 대운에 용희신을 만나지 못한다.

사고의 기운

우리는 질병만큼이나 사고가 잦은 세상에 산다. 사회안전망의 부재와 시스템 미비로 인한 국가적 재난으로 수많은 희생을 치렀음에도 한국의 안전불감증은 여전하다. 현대사회에서는 질병 이상으로 교통사고, 산업재해, 재난 등 사고로 인한 위험이 우리 삶의 위협 요소가 되고 있다. 그렇다면 사고를 일으키는 기운과 관련된 명리학적 요소는 무엇인지 알아보자.

일주가 괴강이고 다른 주에 괴강이 2개 이상일 때

일주가 괴강이고 다른 주에 2개 이상의 괴강이 있는 경우, 즉 일주를 포함한 3개 주 이상이 괴강이면 사고의 확률이 비약적으로 증가한다.

양인이 3개 이상일 때 혹은 역마와 양인이 2개 이상씩일 때

양인이 일주를 포함해서 3개 주 이상이면 사고의 위험성이 높아진다. 괴강과의 차이점은 양인이 3개 주 이상일 때는 공직에서의 비약적 승진이나 경제적 이익 등 길한 작용도 기대할 수 있다는 것이다. 역마와 양인이 두 주 이상이면 동반 상승효과를 나타내는데, 밖으로 떠돌아다니게 됨으로써 사고의 위험성이 높아지고 타인과의 시비로 인한 사건, 사고에 휘말리게 된다.

양인과 상관이 동주하고 상관이 기구신일 때

상관은 정관의 안정성을 해치므로 상관이 기구신이고 양인과 동주하게 되면 사건, 사고의 가능성이 높아진다.

신약에 인성이 간절한데 재성이 미약한 인성을 파극할 때

신약한 원국에서 인성이 강한 재성에 의해 파극되어 일간을 지키지 못할 때 사건, 사고의 위험에 노출될 가능성이 높다.

편관이 태왕한데 식신으로 견제되지 않을 때

정관이 있어 혼잡이라도 되면 그나마 나은데 편관으로만 깨끗하게 왕성하고 견제할 식신이 없으면 편관은 사고를 친다. 이때 강한 편관을 설기해줄 인성이 있어 통관을 시키면 사고의 위험성이 낮아진다.

양인, 도화, 목욕, 편관이 모두 모였을 때

편관은 하나밖에 없는데 양인, 도화, 목욕이 모였을 때는 엄청난 무언가(긍정적이든 부정적이든)를 이룰 수 있는 힘이 된다.

제7강. 지나친 것은 모자람만 못하다

월지 관성이 충극될 때

월지 관성이 충으로 극될 때, 예를 들어 월지에 정관 묘목이 있고, 바로 옆 일지나 연지에 유금이 있거나, 대운에서 유금이 강하게 왔을 때도 월지 관성이 강렬하게 충극되므로 사고의 가능성이 높아진다.

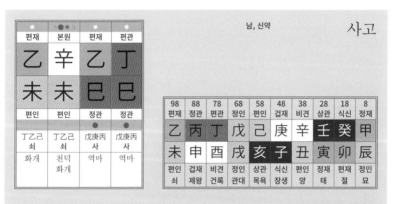

존 F. 케네디의 명식. 신약하고 화 관성이 강한 조열한 명식으로 억부에 조후를 감안해 식상과 비겁인 금수가 용희신이다. 신약한데 인성에 화 기운이 강하고 용신 식상은 지장간에도 존재하지 않고 희신은 구신에 암장돼 있어 용희신이 매우 무정하다. 관살혼잡이고 한신 을목은 충이 되어 원국의 방어력이 약하다. 암살을 당한 38 신축 대운 1963 계묘년은 식신이 들어와 정계충하고 극심한 설기를 당했다.

득지하고 칠살이 왕성한 신약한 명식으로 인성 비겁인 목수가 용희신이다.
인성 비겁이 간절한데 재성의 생조를 받는 연간의 칠살과 시간의 칠살이 일간을 위협

하고 있고 병화와 오화가 아슬아슬하게 칠살을 방어하고 있다. 일지 자수는 술술 병존 재성과 암합, 오화와는 충을 하고 있어 손상이 많이 가 있는 상태다. 원국의 균형이 위태롭게 유지되고 있어 운에 따라 원국이 요동칠 위험이 있는 것이다. 41 신사 대운 2012 임진년에 동승자들은 찰과상과 골절상만 입은 교통사고에서 명주는 세상을 달리했다. 병신합과 병임충으로 칠살을 제어하던 병화 식신의 힘이 약해져 갑목이 칠살에 공격을 받았고, 원국 내의 자술 암합이 진술충과 자진합수로 풀려버려서 토에 의해 자수 정인이 극제당했다. 아슬아슬하게 일주를 보호하던 방어망이 사라진 해였다.

인간의 운명이나 명식은 퍼즐이 아니다. 좋은 것만 끼워 맞춰서 만들 수 없다. 어떤 것은 모자라고 어떤 것은 넘치기 마련인데, 완벽히 조화롭지는 않지만 오행상으로 어떤 상생적 흐름을 갖는지가 중요하다. 그런 균형과 흐름이 건강 부분에서도 중요한 체크포인트가 된다. 또 동시에 고려해야 할 부분이 대운이다. 대운이 들어와서 오행의 균형이 어떻게 변하는지, 용신인지 혹은 기신인지에 따라 가장 먼저 결정되는 것이 건강이다. 진학을 하는지, 돈을 버는지, 승진을 하는지부터 신경 쓰는데 이런 부분에 앞서 먼저 균형을 무너뜨리는 요인이 건강이다. 건강에 심각한 이상이 생기면 삶의 환경 자체가 건강 상태를 중심으로 개편되지 않는가? 특별한 경우가 아니면 30대 이전에는 건강상의 문제가 체감되지 않는다. 40대 이후부터 서서히 속도를 내기 시작해서 50대 중반부터 대운에 의해 건강이 급격히 무너지는 경우가 많다. 따라서 20~30대 대운이 적용되는 개념으로 50대를 보면 안 된다. 적어도 40대 이후 대운부터는 무너지는 균형을 살피고 관련된 신체기관이나 질병에 대한 것을 유심히 봐야 한다.

백세시대를 제대로 살려면 내 인생을 장기적으로 볼 줄 아는 시각이 필요하다. 수십 년을 열심히 살아가며 이룬 것들이 부질없어지지 않도록, 건강이 무너져 삶의 기반 자체가 흔들리는 경험을 하지 않아도 되도록 긴 안목으로 인생을 설계하고 나를 지킬 줄 알아야 한다. 명리학의 질병 및 건강에 대한 이론들은 이를 도와주는 보조자이자, '잃기 전에 지켜라' 하는 신호를 보내는 암시자가 될 수 있다.

하고자 하는 바, 기운의 발현

물러날 때와
나아갈 때를
파악하면,
꿈을
실현할 수 있다.

인간분석론 II

학업과 직업

몇십 년 전만 해도 학업이라는 것은 인간에게 그리 중요한 화두가 아니었다. 역사적으로도 19세기 전반에 이르러서야 의무교육이 생겼고, 과거에는 자신이 속한 계급 또는 선험적 선택에 의해 삶이 정해졌다. 하지만 지금은 공식 교육과정에 따른 학업이 매우 커다란 비중을 차지한다. 후천적으로 어떤 환경에서 어떤 스펙을 쌓는가에 따라 삶의 방향이 결정되기 때문이다. 작가나 화가, 요리사와 같은 직업은 공식적인 학벌이 중요하지 않다. 박사 학위가 여러 개 있다고 소설이 눈물 나게 감동적이라거나 요리가 완벽하다고 평가하지 않는다. 하지만 의사나 약사, 변호사의 경우는 국가에서 시행하는 자격시험을 통과하지 못하면 직업으로 선택할 수 없다. 이런 제도로 인해 의료 행위는 배타적 소유권을 갖게 되었고, 변호사가 되려면 (사법고시 제도는 없어졌지만) 로스쿨이라는 높은 진입 장벽이 기다리고 있다. 그러므로 지금을 사는 우리에게 학업은 본의 아니게 매우 중요한 화두가 되어버렸다.

대한민국에서는 아무리 좋은 복을 타고났어도 10대 중반에서 19세 사이의 운이 나쁘면 인생이 꼬이게 된다. 다시 기회가 없다. 심각한 트라우마를 입고 이 경쟁의 전쟁터에서 물러나야 하는데, 이것이 억울하다고 재수, 삼수처럼 자꾸 여지를 늘려버리면 계속 적체가 된다. 노동 연령이 높아지고 사회적 비용을 감당하기가 어려울 것이다. 그래서 효율적인 자본주의 국가, 예를 들어 독일이나 프랑스 같은 나라에서는 초등학교 졸업 즈음에 대학 가서 공부할 인원과 기술직종으로 진출할 인원을 분류한다. 불평하는 사람은 없다. 대학 학비는 부담스럽지 않은 공짜 정도의 수준이고 가고 싶은 대로 갈 수 있지만, 졸업하기가 어렵고 힘들게 대학 과정을 마친 뒤 취직해봐야 기술훈련을 통해 고등학교 과정을 마치고 사회생활을 시작한 사람보다 평균임금이 그리 높지 않기 때문이다. 굳이 힘들게 경쟁하면서 대학에서 살아남아야 할 이유가 없다. 사회가 그렇게 바뀌어야 하는데 우리는 미처 그러지 못했다.

현재 대한민국의 청소년은 인생에서 가장 중요한 전쟁터에 내몰려 있다. 어떤 꿈을 가지고 어떻게 살 것인지에 대한 당사자의 의견은 무시되고,

대학 진학 여부 및 전공과 직업적 진로의 선택권도 없이 단지 어떤 대학에 진학할 수 있는가에만 초점을 맞추는 기형적인 사회가 만들어낸 결과다.

명리학은 자녀가 어떤 대학에 갈지, 내가 어떤 직업을 갖게 될지 구체적으로 가르쳐주진 않지만, 당사자가 하고자 하는 바의 기운이 무엇인지를 파악하는 데 훌륭한 자질이 있는 분야다. 한 사람의 원국을 이해함으로써 학업의 방향을 제시하고, 그 연장선상에서 직업을 선택하도록 도우며, 물러설 때와 나아갈 때를 파악해 자신의 꿈을 실현하기까지 모두 연결된 그 과정을 비교적 합리적으로 제시할 수 있는 학문이다. 따라서 나는 이를 통해 명리학이 학벌 지상주의 사회에 직접적이지는 않지만 근원적으로 기여할 바가 많다고 생각한다.

학업운

학습의 학(學)은 '배우다', 습(習)은 '익히다'라는 뜻이다. 즉 배운 것들을 반복해서 습득하는 과정이 학습이다. 학과 습은 다르다. '학'은 이해력이 빠르다는 의미로, 금세 알아듣지만 그게 다 자기 것이 되지는 않는다. 명리학적으로는 십신의 식상과 재성, 신살의 문창귀인에 해당한다. '습'은 단어 암기처럼 반복해서 익히는 것으로, 십신의 인성과 신살의 화개에 해당한다. 배우는 것은 여럿이 해도 반복해서 익히는 것은 결국 혼자 한다는 뜻이다.

이처럼 학업이라는 것은 글자 그대로 배우고 익히는 것인데 자본주의적 경쟁사회에서는 그것으로 끝나지 않는다는 문제가 있다. 모두에게 기회가 평등하니 사람들은 당연히 더 큰 부와 권력을 원하게 된다. 필연적으로 경쟁이 발생하고 그 경쟁을 제도화한 방법으로 시험을 최우선적으로 채택하고 있다. 시험, 그중에서도 대학 입시는 성인이 되는 길목에서 처음 치르는 공식적인 경쟁의 결과라 할 수 있다. 대학 입시는 중·고등학교 6년간의 과정의 결과로써 결론이 나므로, 현재 한국 사회에서 학업운을 본다는 것은 첫째로 중·고등학교 시절 5~6년간의 운을 봐야 한다.

학업운 판단의 기본 사항

학업운을 판단할 때는(직업운도 마찬가지다) 우선 원국을 훑어보고 인성의 상태 및 신살을 확인한 뒤, 월주와 연주를 집중적으로 파악해야 한다.

월주와 연주
학업운은 월주와 연주로만 확인한다. 아래에 언급되는 내용은 월주와 연주 기준이라는 것을 명심하자. 일주와 시주는 학업과 상관없다.

원국의 성격
학업운은 원국보다는 대운과 세운이 중요하지만 원국의 성격을 무시할 수 없다. 원국 자체가 학업과 거리가 멀면 아무리 몸부림쳐도 방법이 없다. 원국에서 학업과 관련해 봐야 할 것은 음양의 균형과 인성의 생조 문제, 학업에 직접적인 도움이 되는 문창귀인, 천을귀인의 유무다.

대운과 세운
시험운, 학업운을 보는 원칙은 원국이 아니다. 원국이 중요하지만 학업운을 결정하는 것은 대운과 세운이다. 예체능같이 그날의 컨디션이나 심사위원 같은 변수가 당락을 결정짓는 경우라면 월운, 일운까지 봐야 하지만 통상적인 문과, 이과는 원국보다 대운과 세운이 훨씬 크게 작용한다.

대운과 세운에서는 관인생의 기운을 봐야 한다. 예를 들어 원국에 관성은 있지만 인성이 없는데, 시험을 치르는 학업 기간 중에 인성이 대운이나 세운에 들어온다면 최고의 효과를 발휘한다. 대운이 들어와서 관인생 문제를 해결해주는 것이다. 마찬가지로 인성만 있고 관성이 없었는데 대운이나 세운에 관성이 들어오면 관인생이 된다. 특히 시험을 치는 해에는 그해의 대운과 세운의 관계를 봐야 한다.

제8강. 하고자 하는 바, 기운의 발현

직업운과의 분리

학업운과 직업운은 사실 상관이 없다. 많은 사람이 대학이나 전공이 직업에 결정적인 영향을 미친다고 생각하지만, 실제로는 학업의 연장선상에서 직업이 결정되지 않는 경우도 많거니와 학업운이 좋아도 직업운은 나쁘거나 그 반대인 경우도 많으므로 둘을 같게 봐서는 안 된다. 물론 예외도 있다. 의사, 약사, 교사 같은 직업은 대부분 학부 전공부터 시작해서 국가자격증까지 자격을 갖춰야 한다. 이렇게 직업 자체가 직업과 관련된 배타적인 전공을 필요로 하는 경우를 제외하고는 학업운과 직업운은 다르다는 점을 기억하자.

학업과 오행

오행 중에서 학업운과 제일 관련이 깊은 오행은 지식에 해당하는 수(水)다. 학업운에서는 수가 튼튼하게 하나라도 제대로 뿌리를 내리고 있다면 기본은 먹고 들어간다. 수가 불급하거나 고립된 경우는 학업운에서 치명타가 될 가능성이 크다.

수 다음으로 중요한 오행은 화(火)다. 화의 기운은 자신을 뽐내고 표현하는 속성이 강하므로, 좋은 성적을 냄으로써 타인에게 자랑하기 위해서라도 공부를 열심히 한다. 하지만 화 기운이 적당하면 공부를 잘한다는 것이지, 부족하다고 공부를 못한다는 것은 아니다. 청소년기에 수 기운이 부족하면 학습 능력에서 제법 심각한 문제가 생길 수 있는 반면, 화가 부족한 경우는 그렇지 않다. 다만 청소년기 자체가 봄, 성장하는 목의 기운이므로 화 기운이 부족하면 목의 기운이 자연스럽게 설기되지 못하므로 건강상의 문제가 발생할 수는 있다.

청소년기에 원국에 수의 기운이 절대적으로 부족한 경우라면 해외 유학을 돌파구로 고려해봄 직하다. 여기서 안되는 것은 딴 데서 해결하면 된다. 세계를 지역별로 오행으로도 분류하지만 우리가 사는 곳을 양(陽), 그 외의 지역을 음(陰)으로 보면 한국은 중심인 토(土)가 되고 해외는 모두 수(水)가 된다. 그래서 학업에서만큼은 해외로 나가는 것이 수의 부족을 채우는 방편이 될 수 있다. 물론 경제적 여건이 되어야 실행 여부를 고민해볼 수 있다는 안타까움이 있다.

학업에서는 천간의 수와 지지의 수가 다른 양상을 보인다. 천간의 수는 공부해야 한다는 사실 자체는 인지하고 있지만, 실행 여부가 미지수다. 수가 천간에만 있다면 지장간에라도 뿌리를 내려야 학업의 힘으로 발휘될 수 있다. 그러지 못하면 '아, 공부해야 되는데'로 끝난다. 학업이나 입시는 매우 현실적인 과제이므로 지지에 위치한 수가 실제적으로 유용하다.

수는 잔머리고 화는 겉멋이니 진지하지 않다. 그런데 이런 특성들이 학업에서는 효율성이 좋아진다. 보통 하는 말로 요령 있게 공부한다. 점수를 따서 경쟁에 이길 만큼만 공부하는 것, 이게 수와 화의 기운이다. 이에 비해서 목(木)과 금(金)의 기운은 지속성이 강하지만, 늘 책상 앞에 앉아 있어도 결과는 좋지 않다. 장기적인 과정의 학습이라면 결국 목과 금의 기운이 유리하지만 우리나라 입시는 단기적인 승부이므로 대부분 수와 화의 기운을 가진 사람들이 승리하는 경우가 많다. 물론 제대로 공부하려면 효율성과 지속성을 모두 갖춰야 하는데, 이를 가능하게 해주는 오행이 토(土)다. 토 기운은 효율성 쪽으로도 갈 수 있고 지속성 쪽으로도 갈 수 있으며, 그 둘을 동시에 가질 수 있게 중재하고 균형을 잡아주는 역할을 한다. 결과적으로 학업에서 큰 성취를 이루려면 원국 안에 오행이 고루 갖춰져 있고 균형이 잘 맞아야 한다는 사실을 다시 한 번 생각하게 한다.

학업 및 적성과 십신

비겁(比劫)

비겁은 정해진 색깔이 없고 독립심이 강하므로 경쟁에서 승리를 거두는 엄청난 힘이 될 수 있다. 학업에서의 비겁은 주변 십신의 관계에 따라 천국과 지옥을 오가는데, 관성이 비겁을 적절하게 제어해주면 학업에서도 강력한 경쟁력을 갖는 반면 식상은 비겁이 공부를 못하게 하는 최고의 공헌자다. 그러나 겁재의 경우는 워낙 변동성이 강한 힘이라 어설프게 넘겨짚을 수가 없다. 신살과 십이운성으로 보면 양간 일주의 겁재는 양인에 해당하고 음간 일주의 겁재는 제왕에 해당한다. 양간일과 음간일 중 어느 쪽이 학업에 유리할까? 겁재가 강한 원국에서 양인은 인성을 대체할 수 있는 힘이므로 학업운은 양간일이 훨씬 강하다. 음간일 겁재는 모 아니면 도다.

비겁은 자유롭고 독립적인 일, 혼자 힘으로 버텨내는 일이 적합하므로 프리랜서, 연예인, 운동선수 등 스스로 자기를 책임지는 진로를 고민해 보는 것이 좋다. 관성과 인접하면 관직, 인성과 인접하면 학교나 학문으로 나가는 경우도 많다. 하지만 비견은 기본적으로 식신을 생조하는 것이기 때문에 교육이나 예체능 분야로 흐르기 쉽다.

겁재가 재성과 인접하면 재무와 관련된 장사, 회계, 금융 분야에, 관성과 인접하면 법무와 관련된 분야에 종사하는 것이 좋다. 월지 겁재의 경우 연간에 편관이 투출했을 때는 교도행정이나 경찰행정, 감사행정 등 특수 행정 분야가 적성에 맞는다. 특히 월주의 상관을 겁재가 근처에서 생조하게 되면 그 조합은 원국 전체를 지배할 정도로 큰 힘이 되므로 직업 선택에서 변화의 폭이 가장 커진다. 따라서 이럴 때는 안정된 직장 또는 공인된 자격증을 가지도록 지도해야 한다.

식상(食傷)

식신은 틀에 얽매이지 않는 자유 경쟁에 강하고 자신이 흥미를 느끼는 데 심취하는 경향이 있다. 상관이 창조적인 본능에 강하다면 식신은 학업에서도 다양한 흥미를 추구한다. 요컨대 식신은 온고이지신(溫故而知新) 즉 과거의 유산들을 탐험하며 현재에 이르고, 상관은 그동안 없던 것을 만들어내고자 하는 욕망이 강하다.

식신과 상관 모두 말로 표현하는 과목에 강한데 상관은 논리적인 언술, 식신은 감성적인 언술에서 재능을 발휘한다. 식신 그 자체로는 교육이나 예능, 어학, 스포츠 분야로 진로를 설정하는 것이 좋으나 식신이 교육 분야에 힘을 발휘하려면 정관의 도움이 있어야 한다. 식신과 강한 인성이 인접하면 식신이 직접 극을 당하게 되므로 거의 힘을 발휘하지 못한다. 하지만 식신이 편인과 인접하고 적절히 힘의 균형이 유지된다면, 식신의 힘으로 생각하지 못하는 큰 능력을 발휘하게 된다.

상관은 총명하고 호승심도 강하므로 마음만 먹으면 학업 성취도가 높다. 다만 연주에 상관이 강하게 자리하면 답을 밀려 쓰는 등의 경우처럼 시험운이 좋지 않다. 상관은 주변 원국의 상황에 따라 변화의 폭이 심하므로 학업과 진로를 결정하는 데 가장 복잡한 십신이다. 상관이 득세하면 직업이 천 가지라는 말이 있을 정도로 득세한 상관은 학업부터 직업까지 종잡을 수 없으므로 적성에 맞는 관심의 일관성을 유지할 수 있게 꾸준한 관리와 지도가 필요하다.

재성(財星)

재성은 '학습' 중에 학(學), 즉 직관력과 이해력이 뛰어나다. 지능지수가 높은 사람 중에 원국 내 재성의 힘이 강한 경우가 많다. 하지만 머리 좋다고 공부를 잘하는 건 아니다. 정재는 적당주의가 강하고, 편재는 학업의 굴곡이 심한 경향이 있다. 정재는 자신이 정한 커트라인을 달성하면 더 이상 공부하지 않고, 편재는 사람 사귀고 노는 것을 좋아해 공부를 멀리한다. 그래서 재성이 강한 사람은 흔히 "머리는 좋은데 성적이 영…" 하는 소리를 듣는다. 그리고 재성을 가진 사람들은 공간과 환경에 민감하다. 자신만의 환경을 꾸미고 고집하는데 괜한 까탈이 아니라 재성이 지닌 공간감각의 특징이므로 함부로 억눌러서는 안 된다.

재성이 월주에 있고 연주에 정인이 이웃하면 경제학, 편인이면 통계학 분야, 연주에 관성이 이웃하면 경영학, 역마가 동주하는 경우에는 무역학과 인연이 있다. 또한 재성이 상관을 동반하면 마케팅 분야, 식신을 동반하면 광고 분야를 진로 선택에 고려하면 좋다.

관성(官星)

관성은 서열에 민감하다. 따라서 성적이 순위대로 매겨지는 학업에서도 그 서열이 곧 자신의 인격이라고 생각하는 경향이 강하다. 관성 자체가 명예심을 상징하고 자신을 관리하는 힘이므로 원국이나 학업 시기의 대운에서 관성이 심하게 훼손당하지 않는 한 학업에 매우 유리한 기운이다. 하지만 편관은 서열 본능을 학업 밖에서 구하려는 경우가 많아서 보수적인 가치 수호자인 정관에 비해 학업에 불리한데, 만약 편관이 서열의 욕망을 학업에 두면 엄청난 잠재력을 가진다.

관성은 원국 안에서 관인생이 되면 행정이나 법무 분야에, 관성보다 인성이 우세한 경우, 특히 편인이 강하다면 의약계에 적성이 맞는다. 관성이 힘 있는 식상과 인접하면 교육 관련 공무원이나 교도 공무원, 생조된 상관과 인접하면 수사나 치안, 검찰 분야로 진로를 설정해볼 수도 있다. 편관은 외교 분야나 감찰, 검찰, 경찰 군인 등과 같이 자신이 속한 조직의 구성원을 대상으로 업무를 수행하는 직종이나 권력을 행사하는 직업에 적합하다. 편관은 공학에도 소질이 있어서 항공, 조선, 자동차, 전기, 전자 등 규모나 파괴력이 큰 분야에 종사하기도 한다.

관성은 비겁을 극하는 기운이기 때문에 원국 안에서는 물론 대운과 세운에서 관성의 흐름을 잘 파악해 신중하게 진로를 결정해야 한다.

인성(印星)

학업 성취와 적성을 파악할 때 가장 중요한 십신은 인성이다. 두 인성은 모두 학업과 관련해서 중요한 기능을 하지만 방향이 다르다. 정인은 인문사회계열, 예술 분야에 소질이 있고, 편인은 기술 및 이공계열, 체육 분야에서 힘을 발휘한다. 특히 체육 분야로 가려면 인성의 힘이 비겁으로 잘 유통되어야 한다.

인성이 강한 재성과 동반되면 학업운으로 볼 수 없다. 월지에 인성이 있는데 연주가 다 재성이면 이 인성은 학업운으로 쓸 수 없는 기운이다. 운까지 재성운을 만나면 공부와 거리가 멀어진다. 이럴 때는 거꾸로 재성을 중심으로 파악하는 것이 좋은데, 인성에 의해 적절하게 제어된 재성을 활용해 장사를 하는 게 나으므로 진로를 정할 때 참고하면 된다.

인성과 재관의 위치도 학업에 중요한 역할을 한다. 인성이 매우 강한 관성과 인접해 있거나 식상으로부터 생조된 강한 재성과 인접한 경우에는 인성의 기능을 기대하기 어렵다. 인성이 가장 힘을 발휘할 수 있는 조건은 한두 개의 인성이 관인생을 이뤄 비겁으로 유통되는 것으로, 이 경우 최고의 학업운을 기대할 수 있다.

학업 성취에 가장 중요한 십신인 인성이 없거나 약한 경우에는 다음과 같은 여러 가지 대체 요소 유무를 파악한다.

- **양인** 신살 중 양인은 능히 인성을 대용할 수 있다. 경쟁력이 있고 유능하며 맡은 일을 확실히 끝내는 힘이 있어 입시나 학업에 큰 역할을 한다.
- **건록** 십이운성 중 건록은 의지와 노력으로 결과를 이뤄내는 힘이 있다. 공부할 머리가 아닌데 책상 앞에 앉아서 끝을 본다.
- **재성** 십신 중 연지, 월지의 재성은 요령을 피우거나 필요에 따라서만 학습을 하는 경향이 있기 때문에, 학업에서 성과를 내려면 족집게 과외 등 경제적인 뒷받침이 필요하다.
- **문창귀인** 학문적 이해력이 좋다.
- **목화통명(木火通明)과 금백수청(金白水淸)** 목화통명이란 '목과 화로 그 밝음이 통했다'라는 뜻으로, 목 일간이 화의 계절 여름의 사오미 월에 태어났거나 화 일간이 목의 계절 봄의 인묘진 월에 태어난 경우를 말한다. 금백수청은 금 일간이 수의 계절 겨울의 해자축 월에 태어난 경우를 말한다. 목화통명은 양의 통일성, 금백수청은 음의 통일성, 이렇게 일간과 월지 사이가 산뜻한 통일성을 이루고 있을 때도 학습 능력이 뛰어나다.
- **괴강과 백호** 괴강과 백호처럼 상대적으로 큰 힘을 가진 신살이 중첩되는 경우, 학업에서 어마어마한 잠재력을 발휘한다.

제8강. 하고자 하는 바, 기운의 발현

양인

익숙한 명식이다. 무인성 명식으로 학업과는 인연이 없을 것 같지만 양인과 만난 재성의 직관력과 이해력을 바탕으로 단기간의 시험에 강한 모습을 보인다. 하지만 정인의 꾸준함이 없으므로 학문으로는 이어지지 않았다. 대학 시험 첫해에는 낙방했지만 18 을사 대운에 정관이 투출하고 사화 편인이 인사신 삼형을 이뤄 명문대에 진학할 수 있었다.

목화통명

원희룡의 명식. 목 일간이 화의 계절에 태어나진 않았지만 과다한 목 비겁을 화 식상이 시원하게 유통하고 있다. 원국 전체가 목화통명이라 할 만하다. 목화통명의 총명한 머리와 직관력, 용신 진토 편재의 넓은 시야를 바탕으로 '교과서를 바탕으로 한' 공부만으로 수석을 하는 것이 특기인 사람이다.

편재	본원	비견	정관
丙	壬	壬	己
午	戌	申	巳
정재	편관	편인	편재
丙己丁 태	辛丁戊 관대	戊壬庚 장생	戊庚丙 절
도화 월공	공망 백호 월덕 화개	역마 월덕	천을

97 비견	87 겁재	77 식신	67 상관	57 편재	47 정재	37 편관	27 정관	17 편인	7 정인
壬	癸	甲	乙	丙	丁	戊	己	庚	辛
戌	亥	子	丑	寅	卯	辰	巳	午	未
편관 관대	비견 건록	겁재 제왕	정관 쇠	식신 병	상관 사	편관 묘	편재 절	정재 태	정관 양

임임 병존 일간이 신금 편인 장생을 만난 금백수청의 총명함과 재성의 요령까지 더해 저 문학, 인문학, 과학, 예술 전반에 걸쳐 지적 호기심을 보이며 문학적, 학문적 성과를 냈다.

정관	본원	정인	정인
庚	乙	壬	壬
辰	未	寅	寅
정재	편재	겁재	겁재
乙癸戊 관대	丁乙己 양	戊丙甲 제왕	戊丙甲 제왕
공망	귀문 백호	귀문 역마 월공	역마 월공

93 정인	83 편관	73 정관	63 편재	53 정재	43 식신	33 상관	23 비견	13 겁재	3 편인
壬	辛	庚	己	戊	丁	丙	乙	甲	癸
子	亥	戌	酉	申	未	午	巳	辰	卯
편인 병	정인 사	정재 묘	편관 절	정관 태	편재 양	식신 장생	상관 목욕	정재 관대	비견 건록

을미 편재 일주와 인인 병존 겁재의 재성에 대한 집중도, 임임 병존 정인의 총명함과 끈기와 정재, 정관의 자기 관리, 을미 일주 백호의 끈기로 될 때까지 해내는 집중력을 보인다.

산속에서 산 전체를 파악하는 괴강의 총명함과 식상, 편재의 다양한 호기심, 갑진, 정축 백호의 끈기와 관성의 마무리가 더해져 정치, 학문, 과학, 예술 분야에서 전방위적으로 지휘하고 성과를 이끌어내 조선왕조 500년의 기틀을 다졌다.

한편 학업운에 도움이 되는 십이운성과 신살은 순서대로 양인, 문창귀인, 천을귀인 및 천덕귀인이다.

학업에 장애가 되는 경우

관살혼잡, 인성혼잡

학업의 성취 과정에서 제일 큰 장벽은 관살혼잡과 인성혼잡이다. 이런 경우는 운이 좋아 괜찮은 대학에 들어가더라도 학과 전공과 맞지 않거나 졸업하고 난 뒤에 전혀 다른 일을 하게 될 가능성이 크다. 이렇게 혼잡이 될 거면 차라리 관살혼잡, 인성혼잡이 다 있는 게 낫다. 그래서 무엇인지 모르게 다 흩뜨려놓으면 학업 수행에 있어 차라리 길한 경우도 있다.

관성이 미약한데 강한 식상으로 파극될 때

원국 안에서 관성이 충이나 고립되어 있는데 강한 식상이 바로 옆에서 그 관성을 극하는 경우 학업 성취에 큰 장애가 된다. 관성은 명예심이므로 기분으로 공부를 하는데 그 기분이 계속 바뀐다. 학습 동기인 명분의 지속성이 떨어지므로, 공부를 해도 집중력이 오래가지 않는다.

신강한데 인성에 의해 약한 식상이 파극될 때

신강한 원국에서 비겁이 식상을 생조하는 힘보다 인성이 식신을 극하는 힘이 강할 때는 특히 식신의 경우 긍정성과 낙천성을 상실하게 되므로, 성격적인 문제가 발생할 가능성이 있다. 식상의 가장 큰 특징인 호기심이나 탐구심이 손상을 받아 학업에도 지장을 초래한다.

신약한데 인성이 재성 및 식상으로 파극될 때

인성의 기운이 약한 신약한 명식에서 식상이나 재성이 인성의 힘을 빼앗게 되면, 산만하거나 친구 관계로 인해 학업에 지장을 초래할 가능성이 있다. 이럴 때는 힘을 빼앗길 인성이 원국에 존재하지 않는 편이 더 나을 수 있다.

인성 과다

인성이 과다한 원국은 학업운에서 가장 안타까운 경우다. 열심히 노력하지만 결과에는 반영되지 않는다. 게다가 융통성이 부족하기 때문에 만족스러운 결과가 나오지 않더라도 다른 방법을 모색하지 않고 하던 대로 계속해나간다. 다행히 대운과 세운이 맞아 원하는 대학에 진학하고 학업을 지속하더라도, 자신의 분야 외에는 문외한이 되기 쉽다. 그러므로 과다한 인성은 식상과 재성으로부터 적절히 제어되어야 한다.

식상 과다

식상 과다도 공부를 못하는 전형적인 경우다. 인성 과다와는 다른데, 가끔씩 천재들이 한 명씩 끼어 있기도 한다. 식상이 과다하면 호기심이 너무 많아 산만해지고, 결정적인 시험에도 약하다. 이런 경우 인성으로 적절히 제어될 필요가 있다.

극신약하고 식재관이 왕성할 때

이 경우가 해결하기 가장 쉽다. 원국에 자신의 힘을 빼앗는 식재관이 왕성하면 일단 공부할 마음을 먹을 수 있는 확실한 동기 부여가 필요하다. 재성이 강하거나 재성이 용신이라면 금전적 보상이 잘 통한다. 또한 이런 경우 친구들과 어울려 다니느라 학업에 소홀하기 쉬운데, 이때도 부모가 친구들과 함께 공부할 마음을 먹도록 공통적인 목표를 정해주는 방법을 고려해봄 직하다.

학업운에 부정적인 요소들

공망(空亡)

학업에서 가장 부정적인 요소는 공망과 원진이다. 특히 월지나 연지에 있는 인성이 공망이 되고, 해공(解空)조차 어려운 경우라면 학업에 매우 불리한 기운이다. 이때는 대운이나 세운에서 인성과 합이 되는 기운을 찾아야 한다.

원진(元嗔)

원진은 서로 원망하는 기운으로 한 원국 안에서는 자신을 원망하는 기운이 된다. 자신의 가치를 왜곡하거나 부정적으로 인식할 수 있다. 하지만 귀문관과 같이 통찰력이 뛰어나므로, 원진의 기운을 무력화하는 기운 즉 원진에 해당하는 오행과 합을 하거나 충을 해서 원진을 가동하지 못하게 하는 오행을 가진 스승을 만나는 경우 학업적 성취를 이루기도 한다.

충(沖)

월지나 연지에 있는 인성이 충이 되는 경우 불안정성이 높아져 성적이 일정하게 유지되기 힘들다. 이럴 때는 공부하는 장소를 옮겨보면 좋다. 인성에 충이 났을 때는 오히려 주체적으로 움직여야 한다. 학원을 옮기거나 주변 환경에 변화를 주는 등과 같은 방법을 동원해볼 수 있다.

하지만 충이 된다는 것은 부정적인 의미만 있는 것이 아니라 보다 적극적인 변화, 변동의 폭이 커지는 것을 의미하므로 나쁘게만 볼 필요는 없다. 그냥 착한 인성 그대로 있는 것보다 충이 된 인성은 격렬한 투쟁성을 갖게 해서 오히려 큰 시험이나 기회에 강한 운이 될 수도 있다.

삼형(三刑)

인성이 삼형에 걸리면 옛날에는 무조건 불길하게 봤으나 요즘같이 직업이나 전공이 다양해지는 상황에서는 오히려 긍정적이다. 경쟁을 거치고 두각을 나타내는 기운으로 해석이 바뀌고 있다.

조후의 치우침

조후가 일방적으로 치우치면 음양의 조화도 깨진다. 원국이 조후상으로 너무 조열하거나 한랭한 경우, 큰일을 해내는 힘이기는 하지만 학업상 효율성은 기대할 수 없다.

만약에 수(水)도 없고 인성도 꽉 막혔다 해도 방법이 없지는 않다. 인신사해(寅辛巳亥) 역마 중 학업과 관련이 있거나 해외에서 발복할 기운이 있는 역마가 있다면 해외로 유학을 가는 것도 좋은 방법이다. 학업에 가장 유리한 역마는 정록마(正錄馬)로 불리는 갑인 역마다. 그다음이 명예와 해외 발복 역마인 해 역마, 그다음이 사 역마다. 한편 수의 기운을 넘어서 명예를 얻는다는 의미로 해석되는 수 관성의 경우에도 해외 유학을 고려해볼 수 있다. 해외 발복 역마가 있고 수가 관성이라면 더 좋다.

그리고 4개 주에 하나의 오행이 천간과 지지 어디든 관통하는 경우 또한 그 일관적인 집중성이 학업의 거대한 성취를 볼러올 가능성이 높다.

여, 신약 긍정적 학업운

정관	본원	겁재	상관
癸	丙	丁	己
巳	申	丑	酉
비견	편재	상관	정재
戊庚丙 건록	戊壬庚 병	癸辛己 양	庚辛 사
공망	문창 암록	화개	도화 천을

96 겁재	86 비견	76 정인	66 편인	56 정관	46 편관	36 정재	26 편재	16 상관	6 식신
丁	丙	乙	甲	癸	壬	辛	庚	己	戊
亥	戌	酉	申	未	午	巳	辰	卯	寅
편관 절	식신 묘	정재 사	편재 병	상관 쇠	겁재 제왕	비견 건록	식신 관대	정인 목욕	편인 장생

비겁과 인성이 용희신인 신약한 명식으로 지장간에도 없는 인성을 학업 시기에 대운
에서 만났다. 사유축 정재의 성실함과 정관의 자기 관리로 대운에서 만난 인성을 잘
활용해 어렵고도 기나긴 치과대학의 시험과 학업, 수련 기간을 좋은 성적으로 마쳤다.

남, 신약 부정적 학업운

정재	본원	정재	정관
丙	癸	丙	戊
辰	亥	辰	申
정관	겁재	정관	정인
乙癸戊 양	戊甲壬 제왕	乙癸戊 양	戊壬庚 사
귀문 월공 화개	귀문 귀문	귀문 월공 화개	

94 정재	84 식신	74 상관	64 비견	54 겁재	44 편인	34 정인	24 편관	14 정관	4 편재
丙	乙	甲	癸	壬	辛	庚	己	戊	丁
寅	丑	子	亥	戌	酉	申	未	午	巳
상관 목욕	편관 관대	비견 건록	겁재 제왕	정관 쇠	편인 병	정인 사	편관 묘	편재 절	정재 태

폭탄 테러범 티머시 맥베이의 명식. 비겁과 인성이 용희신인 신약한 원국에 초년부터
구신, 기신이 이어졌다. 4세 구신 정사 대운은 일주를 충한다. 불운한 가정사를 겪으
며 학교에서 집단 따돌림을 당했는데 원국의 진해 원진은 피해의식과 세상에 대한 원
망을 키우게 했다. 계해의 풍부한 상상력으로 복수에 대한 망상으로 시간을 보냈다.

직업운

2016년을 기준으로 '한국직업사전' 데이터베이스에 오른 직업의 개수는 11,000개가 넘으며 계속 새로운 직업이 신규 등록되고 있다. 이런 수많은 직업의 특성을 명리학적으로 세세하게 파악하기란 불가능하다. 그러나 우리 인간에게 중요한 화두 중 하나인 직업과 관련된 문제를 원국 감명 시 간과할 수는 없다. 따라서 '이 명식들이 이 직업에 맞는가'와 같은 각론을 펼쳐나가는 것이야말로 이 시대 명리학의 과제일 것이다. 물론 이 작업은 다른 부분에 대해서도 그렇듯 인간의 성격 판단의 연장선상에 있어야 한다. 원국에 나타난 이 사람의 성향이 이 일에 적합한가, 또는 실용적인가, 더 나아가 이 직업이 그의 꿈과 자신을 실현하고자 하는 것, 즉 용신을 잘 사용하게 하는 데 가장 적합한가? 이런 식으로 원국을 통해 얻을 수 있는 정보를 바탕으로 한 걸음씩 원리적으로 개인에게 접근해나가는 작업이 명리학적으로 직업을 고찰하는 첫 단계가 될 수 있을 것이다.

이때 주의할 점이 있다. 고전적으로 토(土) 비겁 신강이나 토 전왕의 사주를 군왕, 제왕의 사주라고 했다. 이는 조선 시대 역성혁명을 주장한 『정감록』(鄭鑑錄)의 기초가 되기도 했고, 고 김영삼 전 대통령이 어릴 적부터 대통령이 되겠다는 꿈을 가지게 한 것도 이를 근거로 했다. 그런데 사실 왕의 운명은 아무런 걱정이 없는 삶, 스스로 의식주를 해결하기 위한 생산 활동을 하지 않는 삶이라는 점에서 거지의 운명과 같고, 그래서 그 과정과 결과가 다를 뿐 왕과 거지의 명식은 다를 바 없다. 어떤 사람의 원국을 보고 "크게 될 왕의 명식입니다"라고 하는 것과 "평생 빌어먹을 거지 팔자네요"라고 하는 것은 사실상 같다는 소리다. 하지만 우리는 토 신강의 사주를 볼 때 군왕, 제왕의 사주만을 기억한다. 그것은 거지의 삶이 자족적이며 걱정 없는 삶이라는 데 동의하지 않기 때문이다. 하지만 우리의 동의와 상관없이 자분자족하며 어떤 것에도 구애받지 않는 삶을 사는 거지가 존재할 수 있다. 따라서 개인의 직업에 명리학적인 틀을 적용할 때는 이런 극단적 양면성이 존재할 수 있음을 항상 기억하고 세속적인 잣대나 사회적 편견이 끼어들지 않게 조심해야 한다.

더 나아가 우리가 구체적인 직업에 대해 명리학적으로 접근할 때는 보다 치밀하고 성숙한 프레임을 가지고 분석해야 한다. 그리고 상담하는 과정을 통해 상담자가 무엇을 꿈꾸고 무엇을 하고자 하는지, 무엇을 할 때 행복한지에 대해 충분히 파악해야 한다.

직업과 오행

오행별 발달일 때

목이 발달하면 종교나 자선, 복지, 상담, 역술 등 활인업(活人業)과 문화, 언론계에 적합하다. 조직에서 일하는 것보다 프리랜서가 유리하다. 목의 명예심으로 인해 정치나 법조계 쪽으로 많이 진출하지만 결과는 좋지 않은 경우가 많다. 참고로 정치는 특정한 직업이 아니므로 어떤 오행이든 가능하다.

화가 발달하면 아름다움을 추구하는 행위와 관련된 엔터테인먼트 예술, 즉 연예, 안무, 그리고 디자인, 미술, 미용, 공예, 조명, 화장품 관련 업무에 적합하다. 화의 성격상 남을 선동하는 능력을 발휘하는 정치, 평론과도 잘 맞는다.

토가 발달하면 중개와 저장(지식이나 재산) 관련 직군에 적합하다. 무역, 교육, 건설, 임대, 토목, 목회, 조직의 관리 행정 그리고 외교에 해당하는 직업군에 종사하면 좋다.

金
정확성,
계획, 원칙

금이 발달하면 회계, 기술, 금융, 컴퓨터, 외과 의사, 치과 의사, 보석 세공사 등 정확성과 정교함을 요하는 직업에 적합하다. 원칙을 중요하게 여기는 군인, 경찰 등도 금의 특성에 부합되는 직업이다. 평론은 화와 금의 특성을 모두 가진 직업이다.

水
두뇌, 기획

수가 발달하면 기획에는 강하지만 실행력은 없다. 움직이기 싫어하는 수의 특성상 이과 분야의 연구, 경제학, 회계, 통계 분야의 직업에 적합하고, 기획이나 외국어 분야에도 소질이 있다.

오행별 용신일 때

木
나무, 청색

목이 용신이면 실제로 나무와 관련되거나 나무가 연상되는 업무 및 직장 환경이 정서적으로도 건강상으로도 유리하다. 나무를 직접 다루는 직종으로는 목재업, 임업, 산림업, 조경, 가구 등이 있고, 종이와 관련된 직종은 인쇄와 출판 등이 있다. 그 외에 의류, 포목, 가죽, 의약품, 식료품 관련 분야, 수의사, 축산업 등이 적합하며, 종교 및 문화 사업도 목 용신에 맞는다.

火
불, 적색

화가 용신이면 불이나 빛과 관련된 직종인 전기, 가스, 전자, 난방, 컴퓨터, 조명, 방사선과 의사 등에 적합하다. 화의 특성상 자신을 표현하는 데 적극적인 일, 몸을 사용하는 활동적인 일을 하면 좋다.

土
흙, 황색

토가 용신이면 흙, 즉 땅과 관련된 직종인 농업, 건축, 토지 관련 사업, 장례업과 잘 맞는다. 사람들 사이를 조정하는 중개업, 커플매니저, 공무원이나 외교관 등의 직종도 고려할 수 있다.

金
금속, 백색

금이 용신이면 광업이나 금속, 기계, 무기사업 분야, 치과 의사, 외과 의사 등에 적합하다. 정교한 기술과 세밀한 안목이 필요한 보석 세공이나 과학 프로그래머, 평론가도 금 용신과 잘 맞는다.

水
물, 흑색

수가 용신이면 물과 관련된 수산업, 사우나, 목욕탕, 술집, 냉동산업 등에 적합하며, 물은 계속 흘러야 살아 있는 것이므로 긴 호흡이 필요한 일을 하면 좋다. 기획, 프로듀서, 드라마 작가, 통·번역 등과 같은 직종이 수용신에 잘 맞는다.

직업과 십신

비견(比肩)

비견과 겁재는 특별한 적성이나 직업을 규정하기 어렵고 비견의 특성대로 독립과 사업이 특징이라고 할 수 있다. 사업이 특정한 종목이 있는 게 아니다 보니 그 자체로 비견, 겁재의 직업적 특징이 된다. 여기서 사업이란 어쩔 수 없이 조직에 속하지 않고 독립적으로 하는 일들을 말한다. 특히 자격증이 있지만 공식적으로는 자영업자에 해당하는 의사, 변호사나 조직 안에 있으면서도 비조직적으로 활동할 수 있는 기자 등의 직업군을 말한다. 그리고 신체적인 강인함이 필요한 직업군인, 운동선수, 경호원, 군인, 경찰 등도 비견에 적합하다.

겁재(劫財)

겁재의 직업적 특성은 비견과 거의 유사하다. 하지만 비견과 달리 공동사업을 하는 것은 불리하므로 직업 선택에 있어 비교적 제한이 많다. 학업운에서도 언급했지만 겁재가 상관과 인접하면 수많은 직업을 전전할 우려가 있으므로 공인된 자격증이 필요한 전문직이나 자유로우면서도 한꺼번에 다양한 일들을 하는 직업을 적성에 따라 선택해서 삶의 안정을 도모해야 한다.

식신(食神)

호기심과 탐구심을 가진 식신의 직업적 특징은 교육과 연구다. 식신이 생조됐을 때는 교육계와 학계, 방송, 홍보, 광고 등 동일한 관심과 감각을 가진 커뮤니티를 기반으로 한 직종이 잘 맞는다. 식신은 언어 구사력이 뛰어나므로 통역이나 어문학 분야에서 두각을 나타내고, 그 외에 보육업, 요식업, 일반적인 봉급생활직 등에 두루 적합하다.

식신이 재성을 만나 식상생재가 되면 재물운을 의미하므로 돈과 관련된 분야, 사업, 역마가 동주한다면 무역업에 종사하는 것도 좋다. 원국 안에 재성이 없어도 용희신에 해당하는 재성이 대운에 오는 경우도 해당된다.

상관(傷官)

상관은 교육, 학문, 통역, 어문학 등 식신과 직업상의 특성이 유사한 부분도 있지만, 같은 직종이라도 경쟁사업군에 유리하다는 차이점이 있다. 성패가 나뉘는 흥행 문화산업, 소송에서 법리를 다투는 변호사, 경쟁적으로 유권자의 표를 얻어야 하는 정치가 등과 같은 직종에서 두각을 나타낸다.

편재(偏財)

편재는 금융, 증권, 투자 관련 직종에 적합하다. 편재의 봉사심이나 사교성을 발휘해 비정부단체나 외교, 중개 분야에서 능력을 발휘하며, 부동산이나 관광 분야의 직종에도 적합하다.

한 가지 덧붙이자면, 재성은 아직 여성과 남성의 차이가 많이 난다. 여성의 경우 재성의 사업성이 남성의 절반 정도밖에 되지 않는다. 남녀의 능력은 별 차이가 없지만 사업은 양적인 영역이다. 음의 기운이 강한 여성들은 사업을 하면 위험을 감수하기보다 안정성을 우선으로 하며 꼼꼼하기 때문에, 편재라 할지라도 적용력이 떨어진다는 것을 감안해야 한다. 그렇지만 여성의 경우에도 직업운을 볼 때 재성운이 따른다면 사업 쪽으로 진로를 설정하는 것이 자신의 기운을 잘 쓰는 것이 아닌가 싶다. 실제로 재성이 강한 여성들은 변호사를 하더라도 기업 담당 변호사를 한다.

정재(正財)

정재는 투기성이 있거나 결과가 예측 불가능한 업무 외에는 대부분의 직종에 어울린다. 상업과 공업, 행정이나 이과계의 교육 업무, 세무 등의 직종에도 적합하다. 특히 정재가 신살 중 문창귀인이나 천을귀인과 동반되면 예술적 재능을 크게 발휘하기도 한다. 사업이나 정치처럼 결과가 예측 불가능한 직업은 정재와 어울리지 않는다.

편관(偏官)

편관은 사업, 법조, 정치 등에 소질이 있다. 특히 건축이나 조선업, 매니지먼트처럼 다양한 분야와 복잡한 인적 네트워크를 체계적으로 조직하고 관리하는 사업에서 능력을 발휘한다. 다양한 직업군이지만 대외적이든 대내적이든 권력을 행사하는 직업이라는 공통점이 있고 이런 대목에서 편관은 가장 힘을 발휘한다. 자격증이 필요한 전문 직종을 제외하면 이처럼 스펙트럼이 매우 넓은 것이 편관의 직업적 특성이다.

정관(正官)

정관은 편관과 달리 안정적이고 보수적인 분야가 잘 맞으며, 정재와 유사하게 공무원이나 교사 등 고정적인 월급을 받는 직종에 종사하는 경우가 많다. 하지만 정관이 과다한 경우는 기술 분야의 업무에 적합하고, 학계에 종사하더라도 가르치기보다 자신이 주도적으로 연구하는 업무가 유리하다.

※관성 참고 사항

- **관살혼잡** 연주와 월주의 관살혼잡은 직장을 자주 옮기거나 직업 자체를 바꾸는 기운이다. 이 경우 한 직종을 고집하기보다 자신이 하고 싶은 일을 유연하고 여유 있는 자세로 선택해 결정하는 것이 좋다.
- **무관(無官) 사주** 원국 안에 관성이 불급한 경우, 특히 지장간에도 관성이 없다면 조직 생활보다 자신의 사업체를 직접 운영하는 사람이 많다. 무관 사주는 식상이 직업을 암시하는 경우가 많으므로 관성의 유무만으로 직업운을 판단할 수는 없다.
- **원국과 대운이 모순될 때** 관성은 비겁을 극하는 기운이기 때문에 원국 안에서는 물론 대운과 세운에서 관성의 흐름을 잘 파악해야 한다. 특히 원국과 대운이 모순되는 경우는 고정된 원국보다는 역동성이 강한 대운을 따라 인생의 방향을 과감하게 결정해야 한다. 만약 활발하게 사회활동을 하는 시기에 원국 안에 있는 관성을 대운이 20~30년 정도 저지한다면, 관을 과감히 포기하고 연구소나 산하단체, 정책보좌 업무 등과 같이 승진이 중요하지 않은 조직으로 옮기는 편이 낫다.

편인(偏印)

편인은 활인업이나 엔터테인먼트 직업군이 잘 맞는다. 사람의 신체적·정신적 건강과 관련된 의사, 간호사, 종교인, 역술가, 심리학자, 또는 엔터테인먼트 분야인 흥행업, 오락 및 유흥업 등에 적합하다.

정인(正印)

정인은 교육, 지식, 문서를 의미하므로 학문과 관련된 직업이 잘 맞는다.

교육인, 법조인, 연구원 등 편인보다 보편적이고 꾸준히 공부할 수 있는 직업이 적합하다. 의외로 생산직군에서 발군의 기량을 발휘하기도 한다.

　※인성과 관성

정관과 정인, 편관과 편인처럼 같은 방향의 힘이 깨끗하게 유통되는 경우, 종사하는 분야는 다르지만 관직운이 강하다. 하지만 인성은 강한데 관성이 힘이 없다면 미관말직에 머물거나 고시처럼 결과를 보장받을 수 없는 시험에 오랜 시간을 빼앗기게 된다. 이런 경우 관직보다는 자격증이 필요한 직업이나 의료계, 기술 계통에 종사하는 편이 유리하다.

직업과 신살

직업과 가장 관계가 깊은 신살 위주로 알아보자.

괴강(魁罡), 백호(白虎), 양인(羊刃), 천의성(天醫星), 귀문관(鬼門關)
원국 안에 괴강, 백호, 양인과 같이 강한 기운의 신살들이 2개 이상 모여 있을 때는 사업이나 정치, 특히 교육 분야에 종사할 때 큰 역량을 발휘하고 인기를 누릴 수 있다. 그리고 백호, 양인, 천의성, 귀문관 중 3개 이상이 원국 안에 있으면 의학, 심리학, 역학과 같은 활인업 분야에 종사할 때 큰 성공을 거둘 수 있다고 본다.

양인과 화개가 동행하면 두 기운의 상승효과가 발생하는데, 종교인이 되지 않더라도 신심이 깊은 신자가 될 가능성이 높고, 종교나 신학, 역학 등의 분야에 종사하게 되면 강한 설득력으로 많은 사람의 신뢰를 받을 수 있다.

도화(桃花)
도화만으로는 직업이나 적성을 파악하기 어렵지만, 도화가 화개나 문창귀인과 동행하면 예체능 방면에서 큰 힘을 발휘한다.

역마(驛馬)

역마가 2개 이상이면 외교, 관광, 어문, 무역, 항공, 홍보 분야에 적합하다. 역마가 화개와 동행할 때는 정치나 외교를 의미한다. 화개가 편관과 동주하면 정치, 법조, 경영 분야에 잘 맞는다.

진술축미(辰戌丑未)

지지 중에 진술축미는 변화를 의미하며 지장간의 성분 또한 복잡하다. 그래서 원국 안에 진술축미가 각각 다른 조합으로 3개쯤 있으면 인간 자체가 복잡하다. 워낙 많은 현실성과 가능성을 안에 품고 있기 때문에 학업, 전공, 직장 및 직업의 변화, 변동이 심하다.

예술가의 사주

미국의 경영학자 피터 드러커(Peter Drucker, 1909~2005)는 1990년대 말에 "문화산업에서 승리하는 국가가 21세기를 지배할 것"이라고 전망했다. 이 진단이 정확했음은 굳이 공식적인 통계를 보지 않더라도 '한류'의 나라에 사는 우리의 사회 환경에서 일상적으로 실감할 수 있다. 영화, 음악, 게임, 방송, 광고, 출판 등등 문화 콘텐츠는 기술 발전과 함께 전 세계로 전파되고 소통되며 엄청난 부를 낳는 원천이 되고 있다.

이런 문화산업의 융성은 그것을 창출하는 주체라 할 수 있는 '예술가' 및 '예술'이라는 직업에 대한 우리의 인식에도 변화를 가져왔다. 예민하고 사회성이 떨어지며 남들과 다른 고독한 예술가와 그들의 배고픈 직업은 이제 매력적이고 감각적이며 끼 많고 호감을 주는 이미지를 얻게 되었다. 그리고 광범위한 문화산업의 시대인 오늘날 예술의 직업적 카테고리에는 일차적인 창작자뿐 아니라 그것을 가공하고 전파하는 문화산업 종사자들 다수도 포함될 수 있을 것이다. 이처럼 점점 더 중요성과 매력이 더해지고 있는 창작자, 예술가의 사주에 대해 알아보자.

화개가 2개 이상이거나 화개가 인성과 동주할 때

전통적으로 가장 강한 예술가의 기운으로 인정받아왔다. 실제로 이런 원국은 오늘날에도 글로 창작 활동을 하는 문필가와는 잘 맞는다. 글쓰기는 철저히 혼자만의 창작 작업이다. 화개는 고독을 통해 큰일을 성취해내는 힘이고, 그런 화개가 지식과 문서를 의미하는 인성과 동반되는 경우는 종이를 통해 고독을 극대화한다는 것으로 해석할 수 있다. 하지만 영화나 공연, 음악과 같이 공동 작업이 필요한 예술 분야에서 화개와 인성의 역할을 파악하는 데는 더 깊은 연구가 필요하다.

관성이 왕성하고 인성이 그 힘을 유통시킬 때

명리학적 관점에서 직업 가운데 글을 쓴다든가 불후의 작품을 남기는 것은 인간의 명예에 의거한 발심의 결과라고 보았다. 명예는 관성의 기운이지만 관성만 왕성해서는 발심이 되지 않아 예술가가 될 수 없다. 관성이 왕성하고 인성이 그것을 설기시킬 때여야 한다. 관성의 기운이 강하면 명예욕이 강하기 때문에 늘 사람들과 부딪치기만 하는데, 강한 관성을 인성이 유통시키게 되면 자신의 명예를 위해 고통을 참아내며 창작활동을 할 마음을 먹게 된다.

식상이 왕성할 때

식상은 십신 중에서 예술성과 가장 근접한 특성을 가진다. 그런데 요즘은 식신이 3개 이상인 예술가는 많지 않다. 옛날에는 게을러도 예술을 할수 있었는데 지금은 식신이 많아 게으르면 예술도 하지 않는다. 식신이 주로 음악과 같은 소리와 관련된 분야에 소질이 있다면, 상관은 시각적 요인과 도구를 사용하는 미술 분야, 그리고 개그나 방송 진행 등 언어와 관련된 엔터테인먼트 분야에 소질이 있다.

문창귀인이 생조되어 있을 때

문창귀인이야말로 현대의 예술가에 적합한 신살이다. 문창귀인은 단순히 글만 잘 쓰는 것을 의미하는 게 아니라, 생각이 반짝반짝하고 상황 판단이 빠르며 그 판단을 정확하게 기술할 줄 아는 능력을 뜻한다. 현대사회는 예술가에게 장인성(匠人性)보다 감각을 요구한다. 자본주의가 거듭날수록 장인들은 설 자리가 없어진다. 반짝이는 감각, 순간적인 재치 같은 것들이 오히려 이 시대의 예술이라고 부르는 영역이 됐다. 그런 의미에서 장인성보다는 문창귀인이 생조되는 편이 21세기 예술가에 적합하다고 할 수 있다.

목화통명(木火通明), 금백수청(金白水淸)

명리학 고선에서 전통적인 예술가의 사주를 설명할 때 전형적으로 쓰이는 말이다.

목화통명은 일간이 밝은 기운을 가지고 태어났는데 월지가 지속적으로 그 기운을 북돋아주며, 따라서 목과 화의 기운에 의거한 창조적 기운들이 지속적으로 발현되는 것을 의미한다. 하절기 가로수 거리의 풍요로움을 떠올리면 된다.

금백수청은 금 일간이 겨울의 차가운 수 기운을 만나 모든 기운이 날카롭고 정교하게 바짝 선 상태가 되며, 이는 곧 응축되고 집요한 집중을 통한 성취의 힘이 된다. 주로 미술, 도구를 가지고 꼼꼼하게 쪼개고 깎아내는 음적인 일에 적합하다. 금백수청은 추운 겨울 하늘을 팽팽히 가로지르는 고압선을 떠올리면 된다.

임자, 계해, 계축 일주로 원국에 수(水)의 기운이 왕성할 때

임자, 계해, 계축 일주는 60갑자 중에서 수의 기운이 강한 일주들이다. 임자, 계해는 겁재에 제왕, 계축은 편관에 관대 일주로 에너지도 매우 강하다. 엔터테인먼트부터 순수예술까지 아울러서 많다.

남, 극신약　　　　　강헌

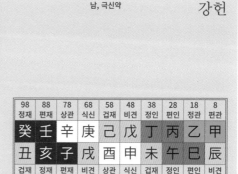

98	88	78	68	58	48	38	28	18	8
정재	편재	상관	식신	겁재	비견	정인	편인	정관	편관
癸	壬	辛	庚	己	戊	丁	丙	乙	甲
丑	亥	子	戌	酉	申	未	午	巳	辰
겁재	정재	편재	비견	상관	식신	겁재	정인	편인	비견
쇠	제왕	건록	관대	목욕	장생	양	태	절	묘

익숙한 명식이다. 비겁과 인성이 지장간에 희미하게 있는 극신약 명식으로 인성과 비겁이 용신이다. 무토 일간은 재성과 충합을 하고 있고 일지의 신금 식신은 통근한 정재 자수와 합을 하고 있어 식상생재가 왕성하다. 연·월주에서 정재와 편재, 정관과 편관으로 혼잡되어 있어 평범하게 살기 어렵다. 월지 묘목은 해공되었지만 연지 공망은 해공되지 않는다. 평생 갑근세를 내는 정규직을 가져본 적이 없고 관심 분야와 종사 직종 자체가 시기에 따라 달라졌다. 제왕지에 앉은 혼잡된 임자 재성이 도화와 양인을 만났다. 예술 분야에서도 호흡이 긴 음악이나 지식 분야에 종사하며 성과를 내는 직업을 가지게 되는 것이다.

남, 신강　　　　　앨프리드 히치콕

92	82	72	62	52	42	32	22	12	2
겁재	비견	상관	식신	정재	편재	정관	편관	정인	편인
壬	癸	甲	乙	丙	丁	戊	己	庚	辛
戌	亥	子	丑	寅	卯	辰	巳	午	未
정관	겁재	비견	편관	상관	식신	정관	정재	편재	편관
쇠	제왕	건록	관대	목욕	장생	양	태	절	묘

신월 축시에 태어난 계계 병존 일간이 연지에 겁재 제왕까지 만났다. 예술 계통에 종사할 확률이 아주 높다. 일주, 시주 축축 병존 편관에 백호, 화개를 만나고 왕성한 관성을 인성이 유통시키고 있다. 조직을 만들고 리더가 되어 그 조직을 총괄 지휘하는 사람임을 유추할 수 있다. 이런 정보들을 조합해볼 때 예술 계통 감독일 확률이 높아

인간분석론 II — 학업과 직업

341

지는 것이다. 히치콕은 서스펜스의 대가로 유명하지만 각본, 편집, 미술, 음악 등에도 능했고 그 외에 촬영 기법, 시나리오적 장치, 영화 전체를 콘티로 만들어 현장에서 수정 없이 빈틈없고 재빠른 촬영을 하는 등 영화 제작 시스템에도 혁신을 가져온 인물이다. 수 비겁의 무한한 상상력과 월지에서 원국을 유통시키고 있는 정인에 사와 화개의 끊임없는 연구와 통찰력, 편관의 넓은 판을 장악하고 지휘하는 능력 등이 효율적으로 어우러지며 나타난 결과라고 할 수 있다.

여, 신약

클라라 슈만

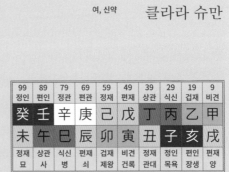

유월 묘시의 실령 · 실지한 신약 명식이지만, 갑목 일간이 월간 계수의 생조와 연 · 시지의 묘목에 뿌리를 내려 관살혼잡의 금 관성에 맞서는 형국이다. 용신은 상관 정화. 대운이 목-화-목-화로 흘러 천재 피아노 신동으로서 그 이름이 유럽 전역에 빛났다. 스승인 아버지의 반대를 무릅쓰고 소송까지 불사하여 작곡가 로베르토 슈만과 결혼해 여섯 자녀를 두었지만, 신자진 삼합이 된 병자 대운 병진년에 일찍 남편을 잃었다. 그러나 최고의 피아니스트이자 작곡가로 장수했고, 브람스에게 평생 애모를 받았다.

남, 신강

마일스 데이비스

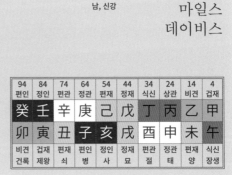

미국의 재즈 음악가이며 작곡가, 트럼펫 연주자인 마일스 데이비스의 명식. 사월 인시에 태어난 목화통명의 통근한 을묘 일주가 연지와 시지에 인목 겁재 제왕까지 만났다. 통상적인 직업을 갖고 살기 어렵다. 월간의 계수 편인의 고립으로 교육계와도 거리가 멀고 월주 사화 상관이 연간 병화로 투출했으니 혁신성과 무한한 성장 욕구를 가진 입과 관련된 예술 계통 종사자로 유추해볼 수 있다. 지장간에도 뿌리를 내리지 못한 고립된 월간 계수 편인은 마일스 데이비스에게 정신적, 육체적 고통이었겠지만 이 계수가 운에서 지원군을 만날 때 그의 잠재력은 폭발했다. 24 병신 대운에 이르러 신금이 편인 계수를 지원하는 첫해 《Birth of the Cool》이라는 앨범으로 쿨재즈의 개념을 정리했다. 목 비겁이 가진 무한한 성장욕으로 재즈 장르를 전방위적으로 확장시켰다.

사법 및 행정가의 사주

봉건 시대에는 '출세' 하면 역시 관료 계급이 최고였다. 그리고 삶의 불안정성이 높아진 오늘날의 한국 사회에서도 다시 공무원이 각광받고 있다. 공무원, 특히 사법 및 행정 분야에 관해서는 명리학 초기 시절부터 많은 명리학자가 관심을 갖고 연구를 거듭했으며, 그 결과 현재에도 유의미하게 적용할 수 있는 방법들이 많다. 그러면 사법 및 행정가, 전통적으로는 이른바 목민관(牧民官)의 사주에 대해 알아보자.

삼형이 있고 오행이 조화로울 때

놀랍게도 삼형이 등장한다. 삼형 하면 불길한 기운으로 생각하는데 삼형뿐 아니라 불안정한 기운은 극복했을 때는 오히려 큰 성취를 이루는 힘이 된다. 또 목민관은 사사로운 인정에 휩쓸리지 않고 형(刑)을 행사하는 단호함이 있어야 하기 때문에, 삼형의 기운은 목민관의 사주에 필요한 길한 힘으로 여겨졌다. 특히 인사신 삼형은 각각 다른 오행으로 조합되므로 2개만 더 있으면 오행이 순조롭게 조화를 이루어 목민관으로서 매우 길한 사주가 된다.

식재관이 왕성하고 월지의 양인이 힘을 받을 때

식재관이 왕성하면 일단 신약하다. 식재관만 왕성해서는 안 되고 월지에 생조받는 양인이 있어야 한다. 앞의 삼형과 반대되는 이야기다. 식재관이 왕성해서 기본적으로 낙관적이고 사람들의 처지에 공감하는 능력이 뛰어나더라도, 한편으로는 양인의 단호함도 있어야 한다는 말이다. 쉽지 않은 조합이다. 양 일간이면서 신약하고 식재관이 많으며, 월지에 양인만 있어서도 안 되고 월지가 신약한 가운데서도 생조되었을 때 목민관의 사주에 적합하다.

전통적으로 위의 두 경우를 가장 전형적인 목민관과 사법관의 사주로 평가했다.

편관이 재성으로부터 생조되어 뚜렷할 때

편관은 정규직과 잘 어울리지 않는 듯하지만, 재성으로부터 생조되어 선명하게 힘을 발휘할 때는 사법 및 행정직으로 진출을 많이 한다.

재성과 관성이 상호 생조할 때

나의 임상 경험상 가장 흔한 경우다. 재성 3개에 관성 3개, 재성 2개에 관성 2개, 이런 식으로 재성과 관성의 힘이 서로 균형이 맞을 때 사법 및 행정직으로 진출할 가능성이 높다.

관성이 왕성한데 정인이 힘이 있을 때

관성이 왕성한데 정인이 그 힘을 유통시키는 경우에도 사법 및 행정가의 사주에 해당한다. 이는 예술가의 사주에도 나온 조건이지만, 관성을 유통시키는 것이 정인이어야 한다는 점이 다르다. 인성혼잡이 있어도 안 된다.

재관은 미약하고 인성과 식상이 왕성할 때(내무행정)

위의 경우들까지는 공직의 사주에 관성과 재성이 필수 요소인 것처럼 보인다. 그러나 재관이 미약해도 인성이 왕성하고 이를 식상이 충분히 감당할 때는 행정 중에서도 내무부, 내무행정에 크게 길한 힘을 가졌다고 본다. 재관이 미약해도 인성이 왕성하다는 것은 인내심과 측은지심이 강해서 약자의 편에 서려는 생각이 강하다는 뜻이다. 그런데 목민관이 되려면 강한 인성만으로는 실현이 어렵다. 실질적으로 작용하는 것은 인성의 힘을 적절히 견제하는 식상이다. 인성의 힘을 크게 빼 가는 의식주의 힘, 인성이 극하지만 버티는 식상의 힘이 만만치 않아서 이 식상이 자기가 속한 공동체 전체의 의식주를 해결하는 힘으로 작용할 때 내무행정에 길한 사주가 된다.

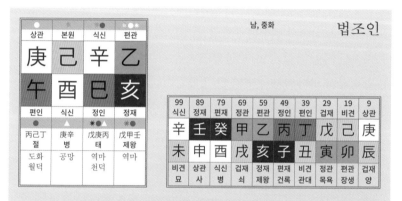

남, 중화　　법조인

판사, 대법관, 감사원장, 총리 등의 공직 생활 동안 청렴하고 소신 있는 행보로 '대쪽'이라는 별칭을 얻은 이회창의 명식. 사월 오시의 기토 일간이 식상과 정인이 뚜렷한 중화 명식이다. 연, 월, 일주 3개 주에서 일간, 식신, 정재, 편관, 정인, 일간으로의 흐름이 뚜렷하다. 편관 하나가 정시리즈에서 벗어나 있는데 이는 조직 생활을 하지만 관에 순응하기보다 뚜렷한 자기 소신을 갖고 직장 생활을 한다는 것을 의미한다. 을신충으로 식신제살하고 시간의 경금 상관은 멀리서 편관과 합을 해 편관의 권력을 권력의 눈치를 보지 않고 소신에 따른 판결을 내리는 데 사용함을 알 수 있다.

종교가의 사주

물질 중심주의 사회에서 탈세속적이고 정신적인 영역과 그와 관련된 직업은 존경받되 고난의 길이 연상되는 이미지다. 그러나 예술가의 사주가 그러하듯 이 또한 시대와 사회에 따라 어떻게 바뀔지 모를 일이다. 실제로 요즘 세상에는 온갖 힐링(healing)과 테라피(therapy)가 넘쳐나고 있지 않은가?

전통적으로 명리학에서 말하는 종교가에는 글자 그대로 우리가 말하는 종교 외에도 역술, 점술, 무당, 명상 수련 등 활인업(의사, 약사 제외), 그리고 정신적 영역에 속한 것들과 관련된 직종이 포함된다.

토(土)가 왕성하고 용희신이 미약할 때

종교나 역술, 명상 수련과 관계된 직종에 종사하게 되는 명식은 우선 토가 왕성해야 한다. 땅은 방위상 중앙이며 모든 생명의 기원이다. 이런 토가 왕성한 명식에서 원국의 균형을 맞추는 용희신이 무정하다면, 정신적으로 고단한 삶을 살게 된다. 꿈의 그릇은 크지만 현실에서는 그 꿈을 실현할 격발의 방아쇠가 보이지 않기 때문이다. 이럴 때는 정신적인 수련을 통해 자신을 구원하고자 해야 한다. 혹은 정신적 수련으로 다른 사람을 구원하는 진로를 선택하는 것도 좋다.

일주가 강건하고 상관이 왕성할 때

이 경우는 내가 볼 때 '내 몸을 태워서라도 이 세상 약자들을 한 명이라도 더 구원하겠다'는 확신범이다. 현실의 벽에 막혀 정신적으로 고단한 앞의 경우와 달리 실로 고결한 종교가의 사주라 하겠다.

목 일간에 인묘진 목월생이고 나머지에 수의 기운이 왕성할 때

이 경우 목의 특성인 측은지심이 있고, 그것을 뒤덮을 만한 강한 수의 기운을 끝없는 정신적 수련을 통해 발휘함으로써 종교가의 길로 가게 된다.

지지에 술(戌), 해(亥)가 있고 원국이 충극이 많으며 공망이 2개 이상일 때

원국에 충극이 많고 공망이 2개 이상인데, 합의 기운이 없으므로 해공도 되지 않아 원국이 정신없이 사납고 어지럽다. 이런 식으로 원국의 균형이 깨진 경우는 자의적이기보다 반복되는 부정적인 조건에 떠밀려 어쩔 수 없이 세상을 등지고 종교가가 되기 쉽다.

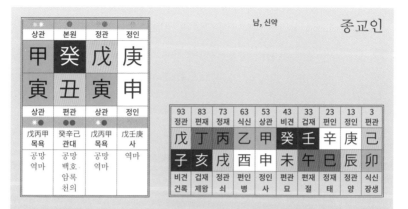

고 문선명 통일교 총재의 명식. 상관이 강한 신약한 명식으로 관성과 인성인 금토가 용희신이다. 원국이 충극, 합으로 어지러운데 삼주 공망은 공망끼리 합을 하고 정인과는 충을 해 제대로 해공되지 않았다. 기독교 집안에서 태어나 연주 정인에 사로 정신적인 유산은 물려받았으나 일, 월, 시주 공망의 영향으로 현실의 상황 여부와 관계없이 결핍감을 느끼며 새로운 활로를 모색하게 된다. 통근한 상관 갑인 역마로 정관을 혁파하고 새로운 통일교를 설립해 해외로 나가 국제적인 종교로 성장시켰다.

조직 안에서 발전이 큰 사주

직업과 조직이라는 개념은 대개의 경우 불가분의 관계다. 프리랜서나 자영업은 예외지만 직업을 갖게 되면 일의 성격을 떠나서 조직에 몸담게 된다. 그런데 개인의 능력이나 경력과 상관없이 어떤 사람은 조직 안에서 잘 적응하고 행복해하며 승승장구하는가 하면, 어떤 사람은 끊임없이 조직과 불화를 일으켜 기회를 박탈당하고 승진에서도 밀려나 이직을 하게 된다. 그러면 조직 안에서 발전이 큰 사주는 어떤 특징이 있는지 알아보자.

신강하고 관성이 약한데 재성이 관살을 생조할 때
조직 생활과 관련해서 신강할 때의 핵심은 재생관(財生官)이다. 신강한 명식에 약한 관성을 재성이 생조해주므로 신강함이 견제, 보완된다.

신약하고 관성이 왕성한데 관인생되고 재성이 없을 때

신약할 때의 핵심은 관인생(官印生)이다. 신약하면 인성, 비겁보다 식재관이 많다. 이 경우 관성의 힘을 인성이 유통시켜 약한 비겁의 힘을 강화해야 한다. 신약하고 관성이 왕성한데 원국 안에 인성이 없으면 조직 내불화가 잦아진다.

재성이 인성을 억제하는 가운데 관성이 통관할 때

원국 안에서 강한 재성이 인성을 극하고 있는데, 관성이 통관용신(通關用神)과 같은 개념으로 힘을 유통시키는 경우를 말한다. 이때 관성은 재생관, 관인생의 흐름을 주도하게 된다.

관성과 재성이 모두 지장간에만 있을 때

인간관계와 조직 생활에 필요한 재성과 관성이 모두 지장간에만 있는 경우, 대운의 흐름에 민감하기는 하지만 조직 내 발전 가능성이 높다.

비겁이 용희신이고 관인생될 때

비겁이 용신이면 신약한 경우에 해당하는데, 관인생이 성립되면 조직 생활에 적응력이 뛰어나다. 또 생조된 인성이 비겁에 힘을 실어주므로 조직안에서뿐 아니라 독자적인 직종에서도 자아를 실현할 수 있는 조건이다.

재성이 왕성하고 관성이 이를 설기 혹은 유통시킬 때

재성이 강한 사람들이 조직 생활에 유리하다. 사회적 관계가 원만하므로많은 사람에게 도움을 받으며, 잘 포장된 결과물을 내놓는다. 재성이 과다한데 재성보다 약한 관성이 재성의 힘을 유통시킬 때, 자신의 능력보다 훨씬 높은 평가를 받고 승진도 쉽다.

관성이 왕성한데 식상이 통제할 때

관성은 조직을 의미하는데, 관성이 강한 경우 식상이 적절히 견제해준다면 힘의 균형을 갖게 된다.

일간이 강하고 관성도 강한데 재성이 경미할 때

일간이 강하므로 관성의 공격을 방어할 힘이 있고, 관성은 선명하게 살아 있는 경우다. 약한 재성은 일간에 의해 제지받아 더는 관성으로 힘을 실어주지 못하기 때문에 적절한 균형을 맞추게 된다.

여, 신강 **전문 경영인**

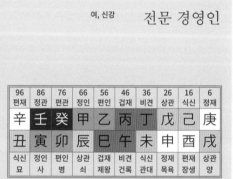

재벌 그룹의 엔터테인먼트 사업부 CEO에 오른 명식으로, 한국 30대 재벌 산하 기업 중에 친족이 아닌 일반인 여성으로 최초로 최고경영자에 승진한 인물로 화제가 된 적이 있었다. 해월생 정화가 오화 비견에 뿌리를 두고 목 편인까지 일지에 놓았으며 더구나 해수 정관이 연간에 투출하니 엔터테인먼트 사업, 그것도 벤처 수준이 아니라 대기업 규모의 회사에 최적화된 명식이라고 할 것이다. 다만 용신 신금 편재가 유정한 자리에 놓여 있으면서도 허공에 뜨고 희신 토의 생조가 미약한 것이 조금 아쉽다. 실제로 조직 내에서는 왕성한 열정과 합리적이고 투명한 이성의 균형으로 늘 신임을 받았으나 개인적인 투자에서는 큰 재미를 보지 못했다. 초·중년 대운까지 토금으로 흐른 데다 전공과는 다른 엔터테인먼트 분야에 일찍 투신한 것이 절묘하게 맞아떨어져 승승장구, 병오 대운의 기축년에 마침내 CEO에 올랐다. 그러나 2012 임진년 한신인 임수가 정관년에 정임합목으로 구신으로 화하고 지지 역시 진해 원진이 되어 밀려난다. 하지만 그 후로도 고문으로서 중용되었고 갑오년에 다른 회사의 임원으로 이직했다.

명리학의
재물운은
일확천금의
미몽이 아니다.
각자의 소명을
이루는 데
필요한 재화를
이를 뿐이다.

제**九**강

잘 살 것인가, 잘 살 것인가

인간분석론 III

빈부와 청탁

빈부와 청탁(淸濁)에 대한 본격적인 이야기를 시작하기 전에 명리학에서 재물이란 무엇인가, 그리고 지금 우리에게 재물이란 무엇인가를 근원적으로 생각해볼 필요가 있다. 용신의 경우와 마찬가지로 상담 명리학계에서 가장 왜곡되어 있는 것이 재물에 관한 부분이다.

우리는 자본에 대한 욕망이 강력하게 지배하는 사회에서 살고 있다. 나는 넘쳐나는 자본에 대한 욕망 때문에 인간의 기본적인 욕망 체계가 무너졌다고 생각한다. 식욕도 성욕도 안정욕도 다 소용없어졌다. 재물욕이 최고다. 돈으로 사랑이든 존경이든 명예든 얼마든지 살 수 있다고 생각하는 시대를 살고 있기 때문이다. 게다가 우리나라는 고도의 압축 성장을 겪으며 현재에 이르렀다. 내 세대만 하더라도 세상에는 돈보다 중요한 가치가 있다고 생각하며 자랐다. 한데 고작 30년도 지나지 않은 지금 우리 사회는 모든 가치가 돈으로 환산되며, 부의 집중과 빈부 격차도 점점 더 심해진다. 여기에 상대적 박탈감이라는 개개인의 감정까지 변수로 집어넣는다면 부의 지배는 숫자로 환산하는 것보다 더 강력하게 우리의 삶을 지배한다고 봐도 무방하다.

이런 상황에서 명리학적 관점에서 부의 문제를 어떻게 바라볼 것인가는 매우 중요하고도 어려운 문제가 되었다. 자본주의적 욕망이라는 환경 속에서 사람마다 부에 대한 기준이 다르기 때문이다. 자신에게 한번 물어보자. '나에게 돈 혹은 부라는 것은 어떤 개념인가? 기본적으로 내가 살기 위해 필요한 돈, 나아가 가장 적극적으로 행복한 삶을 누리기 위해 필요한 돈이나 부의 기준은 무엇일까?' 부라는 것이 단순히 삶을 윤택하게 만드는 필요조건의 문제일지, 또는 자기 삶 전체의 가치를 결정하는 절대적인 기준이 되는 의미일지는 처해 있는 자본주의적 계급의 위치에 따라 다를 수밖에 없다.

그런데 명리학의 재물운은 이런 자본주의적인 물질에 대한 내용이 아니다. 명리학의 재물론은 자연에 기초한 농경사회의 질서 속에서 틀이 만들어졌다. 지금처럼 기업이나 투자를 통해 단기간에 부를 쌓는 것은 불가능했다. 그 당시 부를 모으는 최고이자 최선의 길은 농지를 확보하

제9강. 잘살 것인가, 잘 살 것인가

는 것이었다. 한데 이것은 시간이 굉장히 오래 걸리는 방법이다. 흉년이 들면 가치가 하락하니, 이런 악재를 끼고 재산을 증식해나간다는 것은 한 대가 아니고 적어도 3, 4대는 걸쳐야 가능한 일이었다. 내가 볼 때 명리학에서의 재물은 자연적 질서다. 이 재물의 자연적 질서를 무너뜨린 것은 바로 자본주의 정신이다. 인류의 역사가 시작되고 지금으로부터 200년 전까지 인간이 재물을 형성하는 바탕이 된 규칙과 질서를 완전히 무너뜨리고 바꾸어놓았다.

이런 까닭에 지금 우리가 생각하는 '떼돈', '일확천금'이라는 개념은 명리학에서 만나기 힘들다. 명리학은 현재 미국 중심의 금융자본주의가 주도하는 약탈적 체제를 인정하지 않기 때문이다. 떼돈을 번다는 것은 소수에 의한 다수의 약탈을 허용하는 논리다. 동네 구멍가게, 전통시장을 망가뜨리고 재벌 마트 하나가 들어와서 독식하는 것이 약탈이다. 그러나 명리학은 기본적으로 모든 존엄한 가치의 조화를 먼저 생각하는 학문이므로 이런 약탈적인 행태가 기본 전제가 될 수는 없다.

이런 시대가 왔음에도 여전히 우주의 원리를 바탕으로 인간의 문제를 풀고자 하는 데서 재물운과 관련한 명리학의 시대적 괴리가 생긴다. 이를 해소하기 위해서는 이전의 봉건적 기준을 지금의 근대적 자본주의 개념으로 재해석하고 새롭게 설정하는 작업이 분명히 필요하다. 하지만 그 근원까지 부인해서는 안 된다. 요컨대 현실에 맞게 적용 기준 및 각론을 정비하되, 명리학적 재물론의 근본인 자연적 질서와 조화의 원리까지 현재의 기준과 질서대로 재편해서는 안 된다는 말이다.

재물론

재물에 대한 명리학의 관점, 정재와 편재

명리학에서 재물을 바라보는 본질적인 관점을 알아보자. 인간이 태어나서 죽을 때까지 자신이 소명한 바를 이루려면 필연적으로 그 각각의 소명에 따른 재화가 필요하다. 공부를 하려면 학비가 있어야 하고 장사를 하려면 밑천이 있어야 한다. 이런 각자의 소명을 이루고자 하는 데 필요한 재화를 안정적으로 가질 수 있을 것인가, 그리고 어떤 과정을 통해서 가져야 하는가, 이것이 명리학에서 보는 재물운이다.

이때 그 재화를 의미하는 것이 정재와 편재다. 정재는 몸에 지닌 재물을, 편재는 몸에 지니지 않은 재물을 의미하며, 나아가 정재는 정의와 규칙을 의미하고 편재는 봉사를 의미한다. 나는 이것이야말로 1,000년을 뛰어넘어 21세기를 관통하는 재물에 대한 명리학의 진정한 혜안이라고 생각한다.

정재를 몸에 지닌 재물이자 정의와 규칙으로 정의하는 것은, 인간이 태어난 이상 고정적이고 규칙적이며 일상적인 노동을 해야 함을 의미한다. 일상적인 노동을 통해 나와 내 식구가 먹고살 재화를 정기적으로 그리고 노력한 만큼 얻어야 한다는 뜻이다. 다시 말해 고용의 안정성이다. 이 정재가 사회적으로 성립되려면 고용의 안정화가 이뤄져야 한다. 내가 일한 만큼 벌고, 일을 할 수 없을 때는 다시 일할 수 있게 보장해주는 사회가 가장 정재적인 사회다. 결국 정재라는 것은 필연적으로 정재적 노동을 전제한다. 일도 하지 않고 정기적으로 돈을 받을 수는 없다. 복지형 자본주의 사회에서 일을 하지 않아도 실업연금을 주는 이유는 곧 다시 일터로 복귀하는 것을 전제로 하는 것이다.

다음으로 편재를 몸에 지니지 않은 재물이자 약자에 대한 봉사로 정의하는 것은, 정기적인 노동을 통하지 않고 벌어들인 수익의 소유는 개인의 것이라 해도 그 자신의 욕망을 위해서만 쓰여선 안 된다는 것을 의미한다. 다시 말해 비록 개인의 재산이지만 사회 구성원 모두의 것이라는 의식이다. 편재의 덕목인 약자에 대한 봉사는 혼자 잘 사는 것은 가장 의미 없는 일임을 일깨워주는 훌륭한 의식이다.

명리학적 재물론은 이와 같이 정재는 일상적인 노동을 통한 재물, 편재는 사회의 공적 자산이라는 인식에서 출발해야 한다. 삼대 가는 부자

없다는 말이 있다. 왜 그럴까? 많은 사람의 노동력을 착취하고 재산을 약탈함으로써 원성을 바탕으로 부를 이루었기 때문이다. 하지만 우리나라에는 12대 300년을 내려온 부자가 있다. 바로 '경주 최부잣집'이다. 이 가문은 12대를 이어 부를 지켰는데, 12대 마지막 부자인 최준(崔浚)은 일제강점기에는 독립 자금을 댔고, 해방된 후에는 재산을 정리해서 영남대학의 전신인 대구대학교와 청구대학교를 세워 사회에 환원했다. 12대를 이어온 부잣집의 아름다운 마무리가 아닐 수 없다. 그리고 이 최부잣집의 가훈은 명리학적 재성론의 진수를 보여주는데, 핵심적인 내용을 음미해보자.

만석 이상의 재물은 쌓지 말라. 재산이란 끊임없이 증식해나가는 것인데, 그 무한한 욕심을 버리고 재물이 많이 쌓였을 때는 소작인들에게 환원하라는 뜻이다.

벼슬은 진사 이상 하지 말라. 재물을 가졌으니 권력에까지 욕심내지 말라는 뜻이다.

흉년에는 남의 논밭을 매입하지 말라. 어려운 시기에 남의 원성을 사면서 부자가 되면 난리가 났을 때 가장 먼저 죽는다.

사방 백 리 안에 굶어 죽는 사람이 없게 하라. 아무리 부자라도 나라를 구제할 수는 없다. 따라서 자신의 노블레스 오블리주(Noblesse oblige)를 정해서 자기 집을 중심으로 일정 범위 안의 사람들을 책임진다는 자세다.

이 가훈들이 다사다난했던 조선 후기에서 근대로 넘어오는 시기에 유일하게 12대의 부를 이어온 힘이 되었다. 내가 볼 때 모두 명리학적으로 적합한 내용이다. 경주 최부잣집의 가훈은 현재 21세기를 사는 우리가 음미해볼 만한 재물에 대한 인식이며, 우리가 가져야 할 재물에 대한 올바른 관점이 아닐까 한다.

전통적인 관점의 재물운

전통적인 관점의 명리학적 재물운을 알아보자. 십신 중에서 재물과 관련된 첫 번째는 식상과 재성이다. 이 두 십신이 적절히 균형을 잡고 있고 식상이 재성을 생조해주는 것을 식상생재(食傷生財)라 하여 가장 중요한 재물운으로 보았다.

식상(食傷)

식신은 기본적으로 의식주를 의미한다. 식신이 힘이 있다면 돈을 모을 수 있는 확률이 높아진다. 넉넉한 환경에서 태어나 의식주에 어려움 없이 성장할 가능성이 높다. 그러나 식신이 약한 상태에서 강한 힘을 가진 편인과 동주하거나 이웃하는 경우 도식(倒食), 즉 '밥그릇을 뒤엎는다'고 하여 식신의 안정성에 큰 위협이 된다. 여기에 또 흥미로운 점은 식신과 편인이 균형 잡힌 상태에서 동행할 때는 오히려 자신만의 독자적인 재능으로 재물을 모으는 힘이 되기도 한다는 것이다.

재물론에 중요한 이 식상에서 식신과 상관은 다음과 같은 차이점을 보인다.

첫째, 식신은 안정적이고 상관은 모험적이다. 다시 말해 식신은 안정적인 의식주를 의미하고 상관은 상대적으로 불안정한 의식주를 뜻한다.

둘째, 식신은 자기만 즐거우면 되고 약자에게 관심이 없다. 반면 상관은 성격이 예민하고 까다롭지만 약자에 대한 배려와 사회적 정의에 대해 고민한다.

셋째, 식신은 주어진 재물이므로 자신이 노력해서 재물을 얻는다기보다 부모나 가족, 공동체로부터 물려받는다. 반면 상관은 혼자 힘으로 자신의 재능을 발휘해 일군 재물이다. 그래서 의사, 변호사 등 전문직 종사자들 중에 상관이 많다.

고전적으로 상관은 관직을 얻을 수 있는 힘인 정관을 극하기 때문에 흉신으로 꼽았다. 하지만 요즘 시대에는 오히려 상관이 정관을 극함으로써 유리하고 순조로운 환경을 만들 수도 있다. 신약한 원국에서 정관이 왕성하면 일간과 비견을 공격하고 무너뜨리기 때문에 사악한 기운인데, 이때 정관을 제압할 수 있는 기운이 상관밖에 없다. 식신도 마찬가지로 편관을 제지한다.

재성(財星)

정재의 재물운을 파악할 때는 먼저 식상생재 여부를 보고, 그다음 비겁과의 관계를 봐야 한다. 비겁은 재성을 극하는 힘이다. 비겁이 어떤 상태인지에 따라 재성의 기운이 결정된다. 그런데 정재는 남자에게 재물이면서 아내다. 정재와 비견은 음양이 다르기 때문에 정재는 육친상으로 아내에 해당한다. 비견은 정재를 극하므로 아내를 힘들게 할 때도 있지만, 사랑하는 관계이기도 하다. 비견과 정재가 힘의 균형을 이루면 정재는 매우 활성화된다. 하지만 겁재와 정재의 관계는 다르다. 겁재는 음양이 같으므로 직접적으로 정재를 극하게 되어 안정된 재물운을 위협하게 된다. 강력한 겁재에 의해 극을 당하는 정재는 남들보다 어렵게 재물을 얻으며 그마저도 엉뚱한 곳에 지출이 많아진다. 하지만 신약한 경우 재성에 비해 비견이 상대적으로 약해서 겁재가 비견의 힘을 보강해줄 때는 정재에게 도움이 될 수 있다.

편재와 비견의 관계를 보자. 편재는 육친상으로 남자에게 활동적인 아내, 혹은 혼외 애인, 남녀 모두 아버지에 해당한다. 비견과 편재의 기운이 균형을 이루면 생각지 못한 큰 재물을 얻을 수 있다. 비견도 강하고 편재도 강하면 호탕하며 풍류를 좋아하고 재물을 잘 벌어들이고 잘 쓰기도 한다. 비견의 힘이 상대적으로 강해서 편재와 균형이 깨지는 경우에는 재물이 마르게 되고, 편협한 사람으로 평가받는다. 이렇게 비겁이 강해서 편재를 압도적으로 극할 때는 비견의 힘을 유통시켜 편재에 힘을 실어주는 식상이 해결책이 될 수 있다. 원국 내에 식상이 없다면 대운에서 식상운을 기다리거나, 경제적 활동기에 식상 대운이 오지 않는다면 자신에게 식상에 해당하는 특수관계인의 원국상의 오행을 이용해야 한다. 그런 과정을 통해 식상의 기운에 해당하는 요소를 찾아 비겁의 힘을 유통시켜야 한다.

두 번째 해결책은 편관이다. 이때 너무 강한 힘을 가진 편관은 편재의 힘을 과도하게 빼앗기 때문에 안 되고, 적절한 힘을 가진 편관이 비견을 제지함으로써 편재를 살아나게 해야 한다. 편재는 먼저 식신에 의해 생재되어야 하고, 그다음으로 편관이 적절히 비견을 제지해줌으로써 힘을 받게 되는 것이다. 하지만 비견의 힘이 약한데 편재의 힘이 너무 강하면 허황된 꿈을 좇다가 좋지 않은 결말을 맺기도 하고 남을 속여서 재물을 취하기도 한다. 재성의 경우 우선적으로 상관과 비겁과의 관계를 파악해야 하지만 원국 전체의 흐름을 이해해야 정확한 정보를 얻을 수 있다.

전통 명리학에서 재물운의 핵심은 비겁과 재성의 균형에 따라 결정된다.

- **용희신으로서의 재성이 강할 때** 신강한 원국이라야 재성이 용신이 되는데, 그 재성이 원국 내에서 생조된 자리에 있을 때 재물운이 가장 안정적이다. 하지만 이런 경우는 드물고 재성이 무정한 자리에 있거나 지장간에 있을 때가 더 많다.
- **특히 편재가 시간에 있을 때** 특히 용신으로서 재성이 강할 때와 편재가 시간에 딱 하나만 놓여 있고 식신에게 도움을 받고 있을 때가 가장 큰 부자가 되는 기운이라고 한다.

재기통문(財氣通門)

부자가 되는 사주에 대한 이론은 명리학의 초기부터 발전해왔다. 재기통문이란 흔히 말하는 재산가가 아닌 통상적이지 않은 극소수의 큰 부를 얻는 사주를 말한다. 옛날 기준으로 큰 부를 얻는다고 본 명식은 어떤 것이 있는지 5개의 재기통문을 통해 확인해보자.

❶ 신왕하고 재왕하며 식상이 있을 때(식상이 없으면 관살이 있을 때)

재성이 왕성하면 신약할 가능성이 많지만 왕성한 재성을 신왕한 일간이 충분히 감당할 수 있어야 한다. 이때 식상 하나가 이 힘을 유통시킬 때가 가장 좋다. 만약 식상이 없다면 관살이라도 있어서 재성과 비겁의 힘의 균형을 맞춰주는 경우 큰 부를 이룰 수 있다.

❷ 일주와 인성이 왕성하고 식상이 경미하나 재성이 있을 때

일주가 왕성한데 비겁보다 인성이 조금 더 강하고 경미한 식상이 재성을 생조하고 있는 경우, 재성이 인성을 적절히 견제하게 되면서 힘의 균형을 이루어 큰 부를 얻을 수 있다.

❸ 신왕하고 관살 쇠약, 인성이 중하고 재성이 월지에 있거나 왕성할 때

편재보다는 정재가 재기통문에 적합한데, 신왕하고 식상으로부터 생조된 정재 하나가 월지에 있는 경우, 식상이 없다면 약한 관성이라도 재생관을 이루고 또 관인생으로 이어지는 경우에 큰 부를 이룰 수 있다.

❹ 신왕하고 비겁이 과다하나 재성과 인성이 없고 식상만 있을 때

신왕하고 비겁이 과다하고 식상만 있는 경우, 식상의 힘을 덜어낼 재성이나 인성이 없기 때문에 식상에 모든 힘이 집중된다. 이렇게 비겁이 식상을 전적으로 밀어주는 경우도 실제로 큰 부를 이룰 수 있었다고 한다.

❺ 신약하고 재성이 중하나 관살과 인성이 없고 비겁만 있을 때

신약한 원국에서 식상생재가 왕성하고 재성의 힘을 덜어내는 관성이나 인성이 없어야 한다. 매우 드문 경우에 해당한다.

이 5개를 전통적으로 재기통문의 명식이라고 했다. 나의 임상적 경험에 따르면 큰 부를 이룬 재벌의 경우 4번 조건과 같이 비겁으로 득세만해서 신강하지는 않지만, 재성이 없고 식상만 있는 경우가 의외로 많았다. 또 경제적으로 왕성하게 활동하는 시기인 30~50대에 재성 대운이 연속적으로 들어올 때 큰돈을 버는 경우를 많이 봤다. 4번과 5번 조건처럼 신약하거나 신강하지 않다 하더라도 기본적으로 비겁에 힘이 실려 있어야 한다. 비겁이 없이 신약한 경우, 부를 이루었어도 지킬 힘이 없어 부자가 되지 못할 가능성이 높기 때문이다.

재기통문은 극도의 부를 쌓는 명식의 기준이다. 거꾸로 생각하면 이런 명식은 가진 것만큼 잃을 것도 많다는 것을 전제한다는 사실을 기억해야 한다.

남, 신약 경신 정주영

정관	본원	정관	정재
丁	庚	丁	乙
丑	申	亥	卯
정인	비견	식신	정재
癸辛己 묘	戊壬庚 건록	戊甲壬 병	甲乙 태
공망 천을	월공	문창 역마	천덕

96 정관	86 편인	76 정인	66 비견	56 겁재	46 식신	36 상관	26 편재	16 정재	6 편관
丁	戊	己	庚	辛	壬	癸	甲	乙	丙
丑	寅	卯	辰	巳	午	未	申	酉	戌
정인 묘	편재 절	정재 태	편인 양	편관 장생	정관 목욕	정인 관대	비견 건록	겁재 제왕	편인 쇠

을묘년 정해월 경신일 정축시. 구성이 절묘하다. 시간의 정관 정화가 시지의 정인 축토를 생하고, 축토는 경신 일주의 비견으로 비견은 정해월 해수 식신을 생하고, 해수 식신은 연주의 을묘 정재를, 정재는 월간의 정관 정화를 생한다. 힘이 월간의 정관 정화에서 멈췄다.

주목할 점은 월지의 해수 식신이다. 이 식신은 월지를 딱 차고앉아 경신이라는 강력한 일주에게 생조받고 있기 때문에 한 개지만 전체로 뻗어나가는 힘이다. 하지만 이 식신은 불행하게도 천간으로 투출하지 못해 기운이 길게 가지 못했다. 정주영이 일군 현대그룹이 1.5대도 가기 전에 무너진 것에 대한 명리학적 해석은, 정주영에게 부를 안겨준 해수 식신이 기운을 천간으로 끌어올리지 못했기 때문이라는 것이다. 순환이 월간의 정관에서 멈춘 것 또한 부자의 상으로 썩 좋지는 않다. 결국 말년에 대선 출마를 함으로써 현대가의 몰락이 앞당겨졌지만, 그 전까지의 과정은 식상생재의 전형을 보여주었다.

편재	본원	비견	식신
壬	戊	戊	庚
戌	申	寅	戌
비견	식신	편관	비견
辛丁戊 관대	戊壬庚 장생	戊丙甲 병	辛丁戊 관대
월공 화개	역마	공망 문창 암록 역마	화개

97	87	77	67	57	47	37	27	17	7
비견	정인	편인	정관	편관	정재	편재	상관	식신	겁재
戊	丁	丙	乙	甲	癸	壬	辛	庚	己
子	亥	戌	酉	申	未	午	巳	辰	卯
정재	편재	비견	상관	식신	겁재	정인	편인	비견	정관
제왕	건록	관대	목욕	장생	양	태	절	묘	사

무무 병존에 양토 비견으로만 득세를 한 신약한 명식이다. 신약하지만 자기 확신과 원칙의 일관성에 신뢰가 있는 사람이다. 재기통문의 관점에서 보면 튼튼한 식신으로부터 생조되는 시간의 편재 임수가 이 명식의 포인트다. 일점으로 빛나는 시간의 편재와, 월지에서 공망인 채로 고립되어 있는 편관 인목을 설기하는 인성이 없는 점이 행운이다. 편관 갑목 용신, 편재 임수가 희신이다. 투간까지 한 식신이 워낙 강건해 식상생재의 힘이 오래갈 수 있었고, 30~40대 재성 대운에서 대발해 50대에 이미 대한민국 최고의 부자가 되었다. 활동기에 적절히 들어온 재성 대운이 완벽히 힘을 발휘한 것이다. 건강관리를 위해 규칙적인 생활을 하고 정치 일선에는 나서지 않은 것은 고립된 월지 관성에 대한 적절한 처방이었다고 볼 수 있다.

정재	본원	상관	편인
癸	戊	辛	丙
亥	午	丑	子
편재	정인	겁재	정재
戊甲壬 건록	丙己丁 태	癸辛己 쇠	壬癸 제왕
역마	귀문 도화	공망 귀문 천을	공망 도화 양인 천의

91	81	71	61	51	41	31	21	11	1
상관	식신	겁재	비견	정인	편인	정관	편관	정재	편재
辛	庚	己	戊	丁	丙	乙	甲	癸	壬
亥	戌	酉	申	未	午	巳	辰	卯	寅
편재	비견	상관	식신	겁재	정인	편인	비견	정관	편관
건록	관대	목욕	장생	양	태	절	묘	사	병

일간 무토가 득령, 득지를 해서 신왕한 중화 명식이다. 시주 계해 재성과 연지 자수까지 재성이 왕하며, 투간한 신금(辛) 상관이 그림같이 자리해 식상생재가 왕성하다. 시주의 건록지 계해 재성이 혼잡되어 있고, 재성을 설기하는 인성의 힘이 만만치 않은 것이 재기통문의 기준에 완벽히 부합하지 않는다. 합화는 되지 않지만 원국 내 너

무 많은 합이 다 제각각의 방향성을 가진 것도 좋지 않다. 무신 대운이 들어왔을 때 무계합화가 되어 재성이 기신으로 변하면서 신화가 무너지기 시작했다.

이 한국을 대표하는 경제인 3명 중 고전적 의미의 재기통문에 가까운 사주는 누구일까? 물론 딱 맞는 사람은 아무도 없다.

이병철의 명식을 보면 비겁은 왕성한데 신강하지는 않다. 그런데 식신이 힘이 있고, 관이 있기는 하지만 재성이 생조되어 있다. 비겁이 왕성하고 생조된 식신이 재성을 강력하게 밀어준다. 한데 이 경우는 인성이 없다는 깃이 포인트다.

정주영의 명식을 보면 일간을 중심으로 강한 관성이 둘러싸고 있는 것이 걸린다. 신약한데 관성과 정인이 힘이 있다. 관성에서 인성, 비견, 식신, 재성, 관성으로 기운이 물 흐르듯 흘러 관성에서 멈췄다. 관성에서 머문다는 이야기는 명예나 권력에 대해 강력한 욕망이 있었고 결국은 그 때문에 많은 손실을 봤다는 것을 보여준다. 흐름이 비록 연간에 있지만 깨끗한 재성에 가서 힘이 극대화되고 재성이 관으로 흘러나가는 순조로운 흐름은 일을 벌여나갈 때는 좋은 힘이었으나 마지막 갈무리에서 엉뚱한 데서 힘이 떨어졌다. 현대그룹이 삼성그룹에 비해 다음 대에서 힘이 약해지는 전조가 보인다.

김우중의 경우는 중화지만 세 사람 중 가장 신왕하다. 없으면 좋겠지만 비겁에 비해 인성이 상대적으로 만만찮은 힘을 가지고 있다. 그렇지만 군이 따지자면 재기통문 1번의 경우로, 신왕하고 재왕한데 하나가 어긋났다. 건록의 힘을 받는 시주가 재성혼잡이어서 결국 끝이 좋지 않은 예지만 이런 명식도 보기 드물다. 신왕하면서 동시에 재왕해서 정재가 강력하게 일간을 붙들고 있다. 오행상으로 불가능하지만 차라리 시주가 다 정재이고 월간이 편재였으면 완벽한 재기통문이 되었을 것이다. 시주에 강력한 재성이 건록의 힘을 받고 있으나 혼잡이 되어 재성의 집중력을 파괴시켰다.

제9강. 잘살 것인가, 잘 살 것인가

재기통문의 관점으로 보면 좋은 사주는 김우중, 이병철, 정주영 순이다. 안정성으로 보면 이병철이 가장 안정적이다.

이 3명의 예를 가지고 일반화를 할 수는 없다. 용신과 상관없이 부자의 사주는 의외로 신강한 사주보다 신약한 사주가 많다. 그리고 원국에서든 대운과 맞물려서든 일간에서 식신을 통해 재성으로 흘러나가는 힘이 있어야 한다. 그보다 더 중요한 것은 용신 대운이 사업의 적정한 연령대에 배치되는 것이다.

큰 부를 쌓는 데는 두 가지 전제가 있다. 하나는 재물을 지키는 힘이다. 어떤 명식이든 자신에게 맞는 방법으로 재물을 창출할 수 있는데, 자신이 모았든 물려받았든 재물을 지키는 것은 만드는 것만큼 힘이 든다. 다른 하나는 재기통문의 공통점이다. 신약해도, 재성을 극하는 비겁이 힘을 잃지 않아야 한다. 이는 내 것만 모아서는 큰 부자가 될 수 없고 남의 몫까지 내 몫으로 만들어야 한다는 것을 전제하고 있다. 이것이 재기통문이 말해주는 큰돈 모으기의 실체인데, 요컨대 재기통문의 핵심은 재물을 지키는 것과 남의 재산을 탈취할 수 있는 힘, 약탈적인 힘을 전제로 한다.

이렇게 사는 것도 재미있을 것 같지만 나는 이런 삶의 진정성을 믿지는 않는다. 가령 많은 돈을 벌어서 좋은 데 쓰겠다, 혹은 불법적인 방식으로라도 권력을 획득한다면 아름다운 세상을 만들겠다는 말은 절대적으로 신뢰하지도 존중하지도 않는다.

큰돈을 벌려면 들어온 돈을 나가지 않게 지켜야 하고, 더 궁극적으로는 남의 것을 빼앗아 와야 한다는 그 원칙을 잊어서는 안 된다. 이는 단순히 돈을 번다는 것을 넘어 우리가 살아가는 데 있어 많은 부분에서 대입하고 적용하는 원칙이라고 생각한다. 행복이라는 자신만의 맞춤형 가치를 설정할 때, 모순되는 두 가지 가치를 동시에 갖겠다고 하는 것은 현실적으로 실현 불가능하거니와 굉장히 우매한 짓이다.

부를 만드는 기운

고전의 재기통문은 상위 0.0001퍼센트에 해당되는 극한적인 상황을 전제로 하는 것이다. 상대적으로 안정적인 삶을 유지할 수 있는 부를 만드는 기운들은 어떤 것인지 살펴보자.

길한 재물운의 전제 조건은 재성이 용신이고 그 용신이 유정한 자리에 있는 것인데, 고전에서 소개하는 명식을 먼저 살펴보자.

갑신년 병자월 임인일 신해시다. 임수 일간에 자월 해시생으로 매우 신강하다. 수의 기운이 막강하고 연지의 신금과 시간의 신금 인성까지 수의 기운들을 북돋우고 있다. 월간의 편재 병화 하나가 외로이 떠 있다. 병화가 외로워 보이지만 일지 인목과 연간 갑목 식신이 아래위에서 잘 보좌하고 있다. 어떤 오행이 왕성하다는 것은 많다는 것이 아니라 이렇게 하나가 있어도 생조하는 기운으로 보호받는 상태를 말한다. 이런 경우 재성을 왕성하다고 한다. 재성과 관성은 한 개 정도 있고 주변의 오행에 의해 생조되어 있을 때 제대로 힘을 발휘한다. 재성이나 관성이 여러 개 모여 있으면 오히려 부정적인 작용을 하는 경우가 많다. 주변의 금과 수의 기운으로만 보면 월간의 병화는 위험해 보이지만 정화가 아닌 병화이므로 한 개라도 충분히 버틸 수 있다. 그리고 일지의 인목과 연간의 갑목에게 충분한 힘을 받고 있다. 지지가 신자 반합으로 강한 수국(水局)을 이루므로 신왕하고 재왕하다.

　　　　　　　　　제9강. 잘살 것인가, 잘 살 것인가

위 원국의 주인공은 청나라 시대 막대한 부를 이룬 사람이다. 대운을 보면 경제적, 사회적으로 왕성한 활동기인 30대부터 기구신 대운이 들어온다. 그러나 원국 자체의 재물운이 매우 안정적이므로 초년에 거부가 되어 말년까지 부를 이어갔고, 대운이나 용신이 크게 영향을 미치지 않았다고 한다. 하지만 건강 면에서 다른 결과를 보인다. 경진 대운부터 시작되는 기구신 대운이 신사, 임오 대운까지 연속으로 이어진다. 경진 대운에서는 병경충(丙庚沖), 신자진 삼합을 이루고, 신사 대운에서는 병신합수, 사해충(巳亥沖), 사신합수로 희신이 구신으로 변화해 매우 불길하다. 원국 안의 병화를 위협하는 수 대운이 20년을 이어졌고, 결국 임오 대운에 사망했다고 한다. 아무리 재물운이 안정적인 원국이라도 경진, 신사 대운처럼 대운이 모두 금수로 흐르면서 건강을 지키지 못하고 임오 대운이 들어오자마자 세상을 떠난 것이다. 이 원국에서 파악해야 할 것은 신왕하고 재왕하고 그 재성이 용신이며 천간에서 식상생재를 이루어 큰 부를 얻는 힘이 되었다는 것이다.

그러면 이제 안정적인 재물운을 갖는 구체적인 예를 살펴보자.

인수(印綬)가 길신인 명식에서 재성이 관살을 생조할 때

인수는 정인이다. 정인이 길신이라는 것은 용희신이거나 용희신이 아니어도 천을귀인이나 어떤 길한 신살을 안고 있는 경우다. 이런 명식에서 재성이 관살을 생조한다는 이야기는 재생관, 관인생이 된다는 뜻이고 이때도 안정적인 재물운이 확보된다.

재성이 기신인 인성을 파극할 때

신강한 경우로, 용신인 재성이 기신인 인성을 깨뜨릴 때 또한 부가 발생한다. 재성이 기신인 인성을 공격해서 무너뜨리는 형상이 완벽하게 이루어지면 신왕하고 재왕한 경우에 해당된다. 그런 균형 상태가 아니더라도 재성이 기신인 인성의 힘을 빼서 적절하게만 남겨놓을 수 있다면 이것도 재성이 잘 흐르는 경우라고 할 수 있다. 이는 대운에도 적용된다. 재성 대운이 와서 기신인 인성을 깨끗하게 깨뜨린다면 그 대운에서 발복할 기운이 커진다.

관성이 재성을 파극하는 비겁을 막고 있을 때

비겁의 힘이 강해서 약한 재성을 극하려고 할 때, 힘을 가진 관성이 비겁을 억제함으로써 재성을 보호하고 그 재성이 약해진 관성으로 자연스럽게 흘러나갈 때도 재성이 잘 유통되어 재물운이 안정적이라고 본다. 여기서 핵심은 재성이 살아 움직여야 한다는 것이다.

중첩된 식상을 재성이 활발하게 유통시킬 때

식상이 중첩되어 있어도 재성이 와서 중첩된 식상을 활발히 유통시킬 때 안정적인 재물운이 확보된다.

재성이 왕성하고 식상이 없거나 적을 때

재성이 왕성한데 식상도 왕성하면 재성의 힘이 과해진다. 재성이 왕성할 때는 식상이 아예 없거나 미약해서 별로 도움이 되지 않는 것이 좋다.

재성이 없고 합이 재성으로 화할 때

이른바 '한 방'이 있는 경우다. 재성이 원국에 없는데 원국 내에서 다른 오행과 합이 되어 재성으로 변화하거나, 대운에서 재성이 아닌 오행이 원국 내 재성이 아닌 오행과 합을 해서 재성으로 변화할 때, 큰돈이 들어올 가능성이 크다. 다만 지속력이 떨어져 재물을 유지하기 어려우므로 투자 등의 상황이라면 적절한 시기에 멈추고 벌어들인 재물을 잘 쓰는 편이 좋다.

재성과 식상이 동시에 천간에 노출될 때

보통 재성이 천간에 있으면 재물이 빛의 속도로 들어와서 빛의 속도로 나간다. 재성은 지지에 있을 때 남는 재물이 있다고 했다. 그런데 천간에 있는 재성을 천간의 식상이 생조할 때의 재성은 강력한 재물운을 형성한다. 물론 식상이나 재성이 뿌리를 내리고 있으면 금상첨화고, 뿌리를 내리지 못했다 하더라도 부를 만드는 기운임에는 변함없다.

이상으로 부를 만드는 기운들을 살펴보았다. 재기통문은 말할 것도 없고 이런 조건에 맞는 명식은 확률상 높지 않다. 그러니 자신이 부를 이루는 조건에 적합하지 않더라도 실망할 것 없다. 아무리 돈이 좋다지만 인생의 즐거움과 행복은 다른 데서 얼마든지 찾을 수 있고, 또 그래야 한다. 아울러 이 조건에 적합하다 하더라도 재물에 집착하기보다 그저 인생의 여러 즐거움 중 하나가 더해진 덤이라 생각하길 권한다.

처복과 재복

처복과 재복은 남성을 기준으로 파악하는 내용이다. 고전적으로 명리학에서는 남성의 원국에서 어떤 경우를 처복으로 보고 어떤 경우를 재복으로 봐야 하는지 매우 중요하게 여겼다. 그러나 여성이 독립적인 경제활동을 하지 않았을 때의 이론이므로 여성의 남편복과 재복이 어떻게 구분되는지에 대해서는 아직 연구된 바가 없다. 이 또한 지금 시대에 만들어야 한다.

신왕하고 관살이 있으나 인성이 옆에서 관살을 설기하고 재성이 관살을 생조하지만 식상이 없을 때, 처복만 있고 재복은 없다.
신강하면 비겁과 인성이 강하고 식재관이 상대적으로 약하다. 관살이 있는데 바로 옆에 인성이 있어 힘을 빼 가고, 재성이 있는데 재성의 힘을 빼가서 관살을 생조하면 어쨌거나 재생관, 관인생이 된다. 그런데 식상이 없다. 이런 경우는 재성이 뿌리가 없어 간신히 재생관, 관인생이 되니 현명하고 헌신적인 처를 얻기는 하지만 재물은 얻지 못한다.

신왕하고 관살이 미약하고 식상이 강한데 재성이 있어 식상과 관살을 통관시키면 처복과 재복 모두 있다.

일단 신강한데 관살이 미약하고 식상이 강할 때, 재성이 식상과 약한 관살을 통관시키는 역할을 하면 처복과 재복이 다 있다. 처복과 재복을 떠나 신강한데 재성이 식상과 관살 사이를 통관하는 자체로 좋은 명식이다. 신강한데 이미 식상생재, 재생관을 다 가지고 있다. 하지만 이런 조합의 사주는 흔하지 않다.

신왕하고 비겁이 많은데 식상은 있으나 관살은 없고 재성이 비겁에 파극되지 않을 때, 인성이 없으면 재복과 처복이 있고 인성이 있으면 재복은 있으나 처복은 없다.

이 경우는 비겁이 많은 신강이어야 한다. 비겁은 많고 식상은 있는데 관살은 없고 재성이 비겁에 파극되지 않을 때, 복잡해 보이지만 사실 간단하다. 인성이 없으면 재복과 처복이 있고, 인성이 있으면 재복은 없으나 처복은 있다는 게 무슨 말일까? 신강하고 비겁이 많은데 재성이 파극되지 않는다는 것은 그만큼 재성이 탄탄하다는 이야기다.

여기서 인성이 있으면 재성의 힘을 빼앗고 그 인성은 비겁을 더 강화해주기 때문에 균형이 무너진다. 강해진 비겁으로 재성을 극하므로 재복은 있으나 처복은 없고, 인성이 없으면 균형이 유지되니 재복과 처복 모두 있다는 뜻이다. 결국 말은 복잡하지만, 신왕하고 재왕한데 인성이 있느냐 없느냐에 따라서 재복과 처복이 갈리며, 이럴 때는 인성이 있는 쪽이 좀 불리하다는 뜻이다.

재운은 좋은데 부부궁이 약하면 재복은 있지만 처복이 없다.

재성에 관한 요건은 다 갖췄는데 일지인 부부궁만 약할 때, 재복은 있지만 처복은 없다. 일지가 얼마나 중요한가를 알 수 있다. 여자에게도 부부궁은 남편에 해당된다. 그래서 일지가 월지, 시지, 월간, 시간과 어떤 관계를 맺고 있느냐가 무척 중요하다. 다음의 사주 2개가 이 경우의 예다.

식신	본원	식신	편재
丙	甲	丙	戊
寅	子	辰	戌
비견	정인	편재	편재
戊丙甲 건록	壬癸 목욕	乙癸戊 쇠	辛丁戊 양
역마 월공		월공 화개	공망 화개

96 식신	86 겁재	76 비견	66 정인	56 편인	46 정관	36 편관	26 정재	16 편재	6 상관
丙	乙	甲	癸	壬	辛	庚	己	戊	丁
寅	丑	子	亥	戌	酉	申	未	午	巳
비견 건록	정재 관대	정인 목욕	편인 장생	편재 양	정관 태	편관 절	정재 묘	상관 사	식신 병

갑목 일간이 무토에 뿌리를 내리고 병화를 양쪽에 안았다. 일지 자수가 갑목을 생하고 시지 인목이 비견에 건록으로 신왕하며 일간 갑목이 월지 진토에 든든하게 뿌리를 내리고 있다. 갑목에게 좋은 요소를 두루 갖췄다. 다만 진술 붕충이 약간의 문제를 야기한다. 신왕하고 재왕하고 천간에서 식신이 왕성하게 식상생재하는 이 사주의 남성은 부유한 집안에서 태어났는데 열 살도 되기 전에 집이 망해 고학하다시피 재수해서 서울대 법대에 갔다. 사법고시에 거듭 떨어지다 서른 살 무렵 은행에 취직했다. 거기서도 인사총무 담당으로 출세나 재물과는 거리가 먼 길을 갔다. 결국은 왕성한 편재의 힘으로 투자회사 쪽으로 옮기면서 재운이 달라졌다. 일찍이 대학 교수가 된 아내는 신혼 시절의 살림을 책임졌고, 부가 쌓이기 시작할 땐 여러 투자 조언으로 부를 키우는 데 일조했다. 부부궁인 일지 자수가 용신이며 대운도 금수로 유정하게 흐른다. 신약하지만 일간이 약하지 않고 정인이 기막히게 놓여 재복과 처복을 두루 갖춘 명식이다. 다만 술토 중 신금 정관이 진술충으로 깨져 관직과는 인연이 멀었다.

정재	본원	편관	비견
癸	戊	甲	戊
丑	辰	子	申
겁재	비견	정재	식신
癸辛己 쇠	乙癸戊 묘	壬癸 제왕	戊壬庚 장생
백호 천을	백호 화개	양인	

96 편관	86 정관	76 편인	66 정인	56 비견	46 겁재	36 식신	26 상관	16 편재	6 정재
甲	乙	丙	丁	戊	己	庚	辛	壬	癸
寅	卯	辰	巳	午	未	申	酉	戌	亥
편관 병	정관 사	비견 묘	편인 절	정인 태	겁재 양	식신 장생	상관 목욕	비견 관대	편재 건록

지지가 신자진 수국(水局)을 이루고 있다. 재성이 매우 강하다. 신자진 수국으로 신약해 보이지만 일간은 강하게 뿌리내리고 있어 무토 일주는 강건하다. 신왕하고 재왕

하다. 그리고 관성이 하나 끼어 있다. 비록 초년 대운이 수토로 흘러서 고생을 많이 했으나 식상 대운으로 흐르면서부터 큰돈을 벌게 벌었다. 하지만 경신 대운 무자년에 다시 수국이 강화될 때 자살로 생을 마감한 당대 톱 여배우의 명식이다. 신강하고 재왕한 게 좋은 것 같지만 균형이 무너지는 순간 통상적인 사람으로는 생각할 수 없는 파국이 들이닥친다는 것을 보여준다.

부를 망치는 기운

재물운이 따라주지 않는 기운에 대해 알아보자.

신약하고 식상이 약한데 재성만 중첩될 때, 혹은 재성이 경미하고 관성만 중첩될 때
식상이 약하므로 중첩된 재성을 생조하기 어렵고, 재성이 경미한 경우 관성으로 힘을 빼앗겨 재물운이 따르지 않는다.

신약하고 인성이 경미하고 식상이 중첩될 때, 혹은 비겁이 경미하고 재성만 왕성할 때
신약하면 경미한 인성이 중첩된 식상의 힘을 억제하지 못한다. 신약하고 재성만 왕성한 경우, 비겁이나 인성이 재성의 힘을 제지해야 하는데 그러지 못할 때는 재물운이 박하고 유산을 받아도 지키지 못할 가능성이 높다.

신약하면서 재성이 왕성하고 비겁이 용신인데 강력한 관성이 비겁을 억제할 때
관성으로 인해 비겁의 힘이 약해지므로 재성을 적절하게 조절하기 어려워 재물의 출입이 잦거나 재물을 지키기 어렵다.

신왕하고 재성이 경미한데 식상이 없을 때
신강하면 강한 비겁과 인성에 의해 경미한 재성의 힘을 빼앗길 가능성이

높으므로, 식상에게 생조받지 못하면 재성을 지킬 수 없다. 하지만 이런 경우 대운에서 식상운이 들어오는 시기를 살펴 기회를 잡아야 한다. 또는 특수관계인의 원국에 자신이 식상으로 사용할 수 있는 오행이 있는지도 잘 살펴야 한다.

신왕하고 식상이 용희신인데 재성이 경미하고 인성이 과도할 때, 혹은 약한 재성이 관성을 생조하느라 힘이 빠졌을 때

신강해서 식상이 용신이면 약한 재성과 용신인 식상의 힘을 강한 인성이 설기하므로 재물운이 불리하다. 또는 약한 재성이 관성을 생조하느라 힘이 없을 때도 마찬가지다. 이럴 때는 차라리 재성보다 관성의 힘을 사용하며 살아야 한다. 재물보다는 명예나 조직에서의 승진 등을 통해 자기 삶의 만족을 추구하는 편이 낫다.

희신인 인성을 재성이 파극할 때

희신인 인성을 재성이 파극하면 경제적인 불안정성이 높아진다. 인성은 그 자체가 안정성이다. 가뜩이나 약한 안정성을 강한 재성이 파극하면 안정성이 떨어질 수밖에 없다.

용희신인 재성이 합을 해서 다른 오행으로 화할 때

부를 만드는 경우와 반대로 용희신인 재성이 합을 해서 다른 오행, 특히 기구신으로 화할 때는 말할 것도 없고, 관성이나 식상으로 바뀌어도 재성운은 떨어진다.

용신이 미약하고 중화의 기운이 약할 때

원국 안에 용신이 희미하거나 없어도 원국이 중화만 이룬다면 어느 정도 괜찮은데, 신강이나 신약으로 쏠리고 용신이 희미하거나 무정한 자리에 있을 때는 안정적인 부를 기대하기 어렵다.

남, 신약

부를 망치는
기운

정인	본원	편재	편관
壬	乙	己	辛
午	丑	亥	丑
식신	편재	정인	편재
丙己丁	癸辛己	戊甲壬	癸辛己
장생	쇠	사	쇠
귀문 도화 문창	귀문 천덕 화개	공망 역마	화개

97	87	77	67	57	47	37	27	17	7
편재	정관	편관	정인	편인	겁재	비견	상관	식신	정재
己	庚	辛	壬	癸	甲	乙	丙	丁	戊
丑	寅	卯	辰	巳	午	未	申	酉	戌
편재	겁재	비견	정재	상관	식신	편재	정관	편관	정재
쇠	제왕	건록	묘	관대	목욕	양	태	절	묘

명문 법대 출신으로 검사를 거쳐 변호사가 된 명식이다. 을목이 해월 축일생이라 너무 차가워 병화가 시급하고 해중 갑목이 희신이 된다. 일찍이 수재로 이름을 날려 정유 대운에 사법고시에 합격하고 병신 대운에 임관해 을미 대운까지 순탄했으나 갑기 합토로 희신이 한신으로 화하며 재성이 과다해지는 갑오 대운에 이르러 갑자기 무리한 투자를 하다 구신운인 경인년에 엄청난 손재와 관재를 당했다. 조금만 자중했으면 대운은 여전히 오화와 사화로 흐르므로 큰 변고가 없었을 것으로 관측되지만, 오행을 갖추고 대운의 흐름까지 우호적이어도 조후가 너무 한쪽으로 치우칠 때 대운이 합화해서 용희신이 한신이나 기신운으로 바뀔 때 큰 재난이 발생한다.

청빈의 기운

사대부가 지배하지 않는 지금 같은 사회에서 청빈하다는 것은 무엇을 의미하는가? 가난을 의미하고 왕따가 될 수도 있다. 왠지 나만 청빈하게 사는 것은 억울하다는 생각이 들 수 있다. 그러나 어떤 관점에서 보자면 오히려 지금의 시대야말로 청빈의 가치가 높아지지 않았나 싶다. 청빈을 가난하다고만 생각하면 안 된다. 청빈을 남산 딸깍발이 선비의 개념으로 생각하지 말고 이 시대에 자신이 맡은 직종에서 도덕성을 지키는 자세로 생각해보자. 전문직 자영업자들의 탈세 사건이 언론에 자주 나온다. 그런 사람들이 제대로 세무신고를 하는 것이 청빈한 삶이다. 사업하는 사람들이 돈을 벌어 제대로 세금 내고 증여세를 내고 상속하는 것이 청빈한 삶이다. 청빈이 별것 아니다. 자신이 속해 있는 공동체의 격을 수호하는 것이 청빈이다. 요즘 세상에 무시당하는 가치지만 청빈이 바로 서야

제9강. 잘살 것인가, 잘 살 것인가

우리가 사는 공동체가 개선될 여지가 있다. 청빈의 기운이 강하다는 것은 공익적 가치를 실현할 수 있는 영역에서 힘을 발휘할 수 있다는 의미로 읽어야 한다.

재관이 쇠약하고 식상이 있으나 인성에 의해 파극될 때

재관이 쇠약하고 식상이 없는 건 아닌데 인성에 의해 파극되어 결과적으로 식재관이 힘이 없을 때, 이것이 청빈의 상이다. 재관이 왕성하면 재물욕과 명예욕이 커진다. 재관이 약해서 재물욕, 명예욕이 없고 강력한 인성이 식신의 밥그릇을 깨버린다. 들으면 가슴이 답답하지만 이것이 청빈의 기운이 가장 강한 경우다.

신약하고 인성이 재성에 의해 파극되고 있으나 관성이 이를 통관시킬 때

앞의 경우만큼은 아니지만 이 경우도 청빈의 기운이 강하다고 본다.

신약하고 관성이 왕성하고 재성 또한 관성을 생조하나 인성이 또렷할 때

오히려 신약하고 관성이 왕성해서 나는 명예롭게 살겠다는 경우다. 신약하고 관성이 왕성하고 인성도 또렷이 있어 관인생이 됐을 때, 이런 경우도 청빈의 기운이 강하다.

신약하고 재성이 기구신이며 오행의 조화가 순조로울 때

신약하면 대부분 재성이 기구신이 된다. 신약하고 재성이 기신이고 오행의 조화가 순조로운 이런 경우는 흔하지 않은 명식이다.

위 내용은 결국 원국 안에서 재성의 힘이 약해야 한다는 것이다. 재성에 힘이 있는 한 재물욕이 있으므로, 굳이 나서서 비리를 저지른다기보다 웬만큼 착하게 살고자 해도 돈을 준다면 챙기게 된다. 탐하지는 않았지만 오는 것은 거절하지 않는 사람들, 그들은 이에 대해 죄의식을 느끼지 않는다. 어차피 인가를 내줄 건데 돈까지 주니 고맙다 생각하면서 일을 처리해준다. 대부분의 사람들이 마음속에 재물욕이 있기 때문에, 큰 비리를 저지른다고 생각하지 않고 그렇게 돈을 받는다.

빈부와 청빈을 종합해서 다음 명식 2개는 음미할 만하다.

남, 신약　　청빈

편재	본원	정재	상관
戊	甲	己	丁
辰	子	酉	卯
편재	정인	정관	겁재
乙癸戊	壬癸	庚辛	甲乙
쇠	목욕	태	제왕
화개	귀문 도화	귀문 도화	양인
		월공	

96	86	76	66	56	46	36	26	16	6
정재	편관	정관	편인	정인	비견	겁재	식신	상관	편재
己	庚	辛	壬	癸	甲	乙	丙	丁	戊
亥	子	丑	寅	卯	辰	巳	午	未	申
편인	정인	정재	비견	겁재	편재	식신	상관	정재	편관
장생	목욕	관대	건록	제왕	쇠	병	사	묘	절

얼핏 보면 일지 자수 정인이 갑목 일간을 생조하고 강한 재성이 포진되지만 갑기합, 자진합을 해서 일간을 심하게 공격하지 않으니 재기통문의 꼴을 갖추었다고도 볼 수 있다. 게다가 연간 상관이 비록 월간이기는 하나 기토 정재를 생조하고 있지 않은가? 하지만 가장 중요한 포인트는 월지 유금 정관이다. 얼핏 보면 묘유충이 성립하고 상관 정화가 정관 유금을 극하지만 연·월주 4개의 오행을 들여다보면 묘목 겁재부터 정화 상관, 기토 정재로 생으로 유통되며 유금 정관에 힘이 모이는 것을 알 수 있다. 절묘한 유통인 셈이다. 그리고 유금 정관은 일지 자수 정인으로 관인생하고 자수는 갑목 일간으로 흐르니 가히 아름다운 유통이다. 이 과정에서 토 재성은 무토를 제외하고는 합으로 모두 묶여 자신의 존재를 과시하지 않으니 사업적인 능력은 출중하되 개인적인 목적이 아니라 원대한 이상을 향한 쓰임이겠다. 게다가 대운마저 식상 한신 운에서 비겁 용신운, 그리고 인성 희신운으로 일생에 걸쳐 흐르니 금상첨화다.

이는 맨주먹으로 한국의 철강산업을 일군 영원한 포철 회장 박태준의 명식으로, 을사 대운에서 대한중석을 흑자로 전환시키는 경영인의 면모를 보인 뒤 박정희 대통령의 특명을 받고 포항제철 건설을 맡아 지옥을 오간다. 갑진 대운에 이르러 포철을 성공적으로 반석에 앉히고 이어지는 계묘 대운까지 세계적인 철강회사로 우뚝 세우는 한편으로 포항공대를 설립해 명문으로 발전시킨다. 특히 이 대운에서 우리사주를 발행하고도 회장인 본인은 단 한 장의 주식도 갖지 않은 일화는 유명하다. DJP 연합으로 김대중 후보를 대통령으로 만드는 데 기여했고 IMF 환란을 극복하는 데 공헌하며 총리까지 올랐지만 그의 영향력을 견제하려는 세력에 의해 부동산 명의신탁이라는 의혹이 일자 4개월 만에 사표를 내고 공직을 떠난다. 그리고 자택을 판 대부분의 돈을 아름다운재단에 기부했다. 이듬해 신사년 암 수술을 받고 10년 뒤 신축 대운 신묘년에 타계했다. 그는 말년을 집도 없이 딸에게 의탁했으며 사망했을 때 유산은 거의 남기지 않았다. 부동산 명의신탁이라는 오점이 없었다면 군인 출신의 기업가이자 정치가 그리고 행정가로서 사표(師表)가 될 만한 한국 현대사의 인물 중 하나다.

남, 신약

청빈

박정희 정권 시대부터 무려 4명의 대통령을 거치며 경제 관련 장관과 부총리 및 3선의 국회의원을 지낸 강경식의 명식으로 천을귀인을 동반하는 계사 간지를 일·월주에 나란히 놓은 보기 드문 원국이다. 득세한 비겁이 강력한 정재를 제어하고 갑목 상관 시간이 이 둘을 유통시키고 있다. IMF 환란 직전 부총리로 긴급 투입되었으나 파국을 막지 못하고 희생양으로 수감되었지만, 집중적인 검찰의 수사에도 한 점 비리가 없어 담당 검찰의 경탄을 불러온 청백리의 기상이 담백한 원국을 통해 읽혀진다.

부모, 한난조습의
조후와 순환

무릇 명(命)이
아닌 것은 없다.
모든 명은
소중하고
존엄하다.

인간관계론 I

부모와 자녀

인간은 평생 타인들과 관계를 맺으며 살아가는 사회적 동물이다. 그중에서도 부모 자식 관계는 한 인간이 태어나는 순간부터 시작되는 가장 기본적인 관계다. 전통 명리학에서는 부모운과 자녀운을 살필 때 형제운을 함께 봤는데, 이는 형제가 많으면 부모의 보살핌을 골고루 나누어 받을 수 없으므로 부모운 역시 다른 형제들과 겨루는 상황이 되기 때문이었다. 그러나 기껏해야 한두 명의 형제와 성장하는 오늘날의 핵가족 시대에는 부모운과 형제운을 함께 보지 않아도 된다. (다만 형제운이 통상적인 개념과 다른 경우가 있는데, 부모가 일찍 세상을 떠났거나 다른 이유로 부모 대신 형제의 도움 및 영향을 받아서 성장할 때다. 혹은 부모가 자녀를 편애하는 경우도 형제운이 영향을 미친다. 부모가 장남만을 배려하고 나머지 자식은 소홀히 하거나 무시, 나아가 학대까지 하는 일들이 의외로 많이 일어난다. 이런 환경에서 자란 사람은 부모와의 관계에서 입은 상처가 인생 전반에 걸쳐 중요한 변수가 될 수 있다. 이 책에서는 형제운을 다루지 않지만 이런 경우들에는 형제운도 부모운만큼이나 중요하다는 것을 짚고 넘어가자.)

이렇게 핵가족화된 상황에서 부모운과 자녀운은 서로에게 더욱 중요하다. "자기 밥그릇은 자기가 들고 태어난다"라는 말에서 알 수 있듯 과거에는 자녀의 성장에 부모의 역할이 절대적이지는 않았다. 하지만 지금은 자녀를 키우는 일이 기업 하나를 런칭해서 인큐베이팅하고 기업공개에 이르는 과정이라 해도 과언이 아닐 정도로 몇십 년 만에 자녀 양육의 의미에 엄청난 변화가 생겼다. 그리고 이 과정에서 외형적인 문제뿐 아니라 많은 정신적인 문제가 발생한다. 서로 누구도 원치는 않았으나 부모는 부모대로, 자녀는 자녀대로 스트레스를 받아서 상호 원망에 걸려들어가는 일이 비일비재하다.

또 과거에는 아버지와 어머니의 역할이 기본적으로 분리되어 있었지만, 현재는 여성들의 활발한 사회 진출과 함께 명리학에서의 인성, 즉 모성의 영역이 역동적으로 변화함으로써 선천적으로 부여받았던 부권의 권위는 사라져버렸다. 그 결과 전통적으로 설정되어 있던 부모의 역할에 대한 해석의 기준이 현재는 큰 역할을 하지 못한다. 앞으로 현대의 명리학 분야에는 시대의 흐름에 맞는 부모와 자녀의 관계 그리고 그 관계에서 파생되는 여러 정신적인 측면을 고려한 새로운 기준이 필요하다. 그런 새로운 기준을 설정하기 위해 먼저 부모와 자녀에 대한 전통적인 이론의 틀을 공부해보자.

부모운

부모운부터 보자. 옛날에도 부모운은 잘 타고나야 한다고 생각했다. 인간이 태어난 이후의 운명은 부모에 따라 첫 번째로 결정되었다. 이 부분은 공화정의 시대인 지금도 바뀌지 않았다. 그러면 전통적인 명리학 이론에서는 원국의 어떤 요소들을 중심으로 부모운을 판단했는지 하나씩 살펴보자.

조후의 상태

부모운에서는 조후를 최우선으로 봐야 된다는 것이 전통적인 관점이다. 명식상 조후의 조화가 부모운을 결정하는 첫 번째 중요한 근본이다. 한 사람의 부모운부터 부모와 자녀 간의 관계를 볼 때도 조후를 먼저 따져봐야 한다. 너무 뜨겁고 조열한 기운으로 몰리거나 너무 차갑고 습한 기운으로 몰렸을 때는 기본적으로 부모운이 거칠고 박한 경우가 많다. 그래서 한난조습이 하나의 명식 안에서 조화를 이루는 경우가 좋은데, 아쉽게도 이런 명식은 많지 않다. 다만 자녀와 부모를 종합해서 봤을 때 각자의 명식에서 조후상 결여된 요소들이 서로에게 있어 원만한 순환 구조를 형성한다면 일단 부모와 자녀 사이의 좋은 운으로 선정될 첫 번째 전제가 된다.

오행의 상태

두 번째로 오행의 상태를 파악해야 하는데, 기본적으로 명식이 오행상 양의 기운인 목화(木火)의 기운이 강한지와 음의 기운인 토금수(土金水)의 기운이 강한지를 이분법적으로 느껴봐야 한다. 명식에 목화의 기운이 강하고 월지 또는 시지가 미토라면 당연히 이것은 양의 기운이 된다. 마찬가지로 명식에 금수의 기운이 강하고 월지 또는 시지가 축토라면 음의 기운이 강한 것이다. 하지만 그런 경우를 제외하고는 토는 전부 음의 기운으로 본다. 그리고 목화 기운이 많을 때는 목화통명(木火通明), 금수의 기운이 많을 때는 금백수청(金白水淸)을 떠올려야 한다.

　부모가 자녀에게 주는 영향의 첫 번째 고리는 재물인데, 이 또한 목화의 기운이 강하냐 토금수의 기운이 강하냐에 따라 무형의 재물과 유형의 재물로 나뉜다. 우선 목화의 기운이 강하면 주로 정신적인 영향을 받는다. 예를 들어 책을 가까이하는 습관을 물려받거나 반대로 도박을 좋아하는 성향을 물려받는 등 혜택일 수도 부채일 수도 있는 것들이다. 반면 토금수 기운이 강하면 구체적으로 물질적인 혜택을 받는다. 아무리 사이가 나빠도 부모운의 토금수 기운이 강하다면 물질적 유산을 받을 가능성이 커진다.

　다음으로, 부모운을 볼 때는 특히 금의 기운이 명식에서 어떻게 배치되어 있나를 확인해야 한다. 오행 중에서 재물에 가장 가까운 오행이 금이다. 십신도 오행에 따라 성격이 달라지는데, 부모와 관련된 재물을 물려받을 가능성은 금과 수 재성이 높다. 그런데 금은 식상일 때도 그런 힘을 발휘한다. 일간으로 보면 토와 화 일간이 물려받을 확률이 높다. 금이 식상이거나 재성인 화와 토 일간의 사람들은 구체적인 물질이 아니더라도 가업의 업무권, 부모의 직업 또는 직업을 이어받도록 교육받을 수 있는 환경을 부여받는다. 재성 중에서 부모와 관련된 재물과 가장 거리가 먼 것은 목 재성, 즉 금 일간이다.

　결국 이 두 요소를 종합적으로 보면 정신적인 것이든 물질적인 것이든 토 일간인 사람이 부모의 재물을 물려받을 확률이 제일 높고 그다음이 화 일간이다.

십신의 상태

세 번째는 십신의 상태를 봐야 한다. 십신 중에서 아버지는 편재, 어머니는 정인에 해당한다. 부모운은 명식 내에서 편재와 정인이 얼마나 활성화된 자리에 있는지를 잘 살펴봐야 한다. 특히 부모주에 해당하는 월주, 그중에서도 명식 전체를 지배하는 월지에 부모를 의미하는 십신이 있다면 확실한 부모운을 의미한다. 명식 내에 편재와 정인이 모두 있는 경우에는 그 두 십신의 과다, 생조, 고립 상태에 따라 부모의 상황을 예측할 수 있는데, 정확성이 매우 높다. 예를 들면 편재는 식상생재로 힘을 발휘하는데 정인은 형이나 충이 되거나 심하게 고립되어 있다면 사회적으로 인정받는 아버지와 스트레스 및 병치레로 위축된 어머니 사이에서 성장했을 가능성이 크다고 볼 수 있다.

만약 편재와 정인이 둘 다 없거나 하나만 있다면 부재하는 십신에 해당하는 육친이 명식의 주인공과 현재 어떤 관계를 맺고 있는지 질문해봐야 한다.

한편 부모에 해당하는 십신이 명식 내에 드러나 있지는 않지만 지장간에 다수로 강하게 뿌리를 내리는 경우에도 힘을 발휘할 가능성이 있으므로 지장간도 잘 살펴봐야 한다.

월주의 상태

부모운을 파악할 때 가장 중요한 주는 월주다. 고전적인 해석에서는 월지에 사길신(四吉神) 즉 정인, 정재, 식신, 정관이 있으면 기본적으로 부모운이 좋다고 했다.

순서대로 보자면, 첫 번째로 길하게 본 부모운은 월지에 놓인 정인이다. 이는 과거에도 훌륭한 어머니가 양육한 자녀가 사회적, 도덕적으로 인정받는 인물이 될 가능성이 높다고 생각했기 때문이다.

두 번째는 월지에 놓인 정재다. 정재는 삶의 안정성을 의미한다.

세 번째는 월지에 놓인 식신이다. 식신은 긍정적인 사고로 삶을 즐기는 기운이 강하기 때문이다.

마지막이 월지에 놓인 정관이다. 정관의 부모운은 혜택이 유형적이라기보다 무형적이며, 이를 잘 발휘하느냐 마느냐의 확률도 반반이다. 이런 추상적인 혜택은 자녀가 잘 받아내지 못하면 아무 소용이 없다.

이상을 종합해보면 정인, 정재, 식신, 정관 중 하나가 월지에만 있고 이것이 용희신이면서 형, 충, 공망이 되지 않아야 한다. 이 세 조건을 갖춘 명식은 확률적으로 15퍼센트가 되지 않는데, 여기에 많은 비밀이 숨겨져 있다. 생각해보자. 부모운이 아니더라도 우리는 이미 정재, 정관, 정인, 식신은 지지에 하나만 있어야 좋다는 사실을 알고 있다. 그런데 그게 용희신이면서 형, 충, 공망이 되지 않는다는 것은 부모운이 아니라 전체가 좋은 사주라는 뜻이다. 거칠게 말하자면 부모 잘 만나면 인생 전체가 잘 풀린다는 뜻이고, 확률적으로 이런 사람은 총 인구의 15퍼센트 미만이라는 이야기다. 이는 계급이라는 어쩔 수 없는 벽이 삶을 제한하던 과거만큼이나, 아니 어쩌면 돈이 곧 그런 계급 이상의 벽을 만드는 현재에 더욱 잘 맞는 논리 같다고 생각하지 않는가? 돈 많은 자본주의적 상위 계급의 부모 아래서 풍족한 기회를 만나며 성장하는 자식이 결국 부모의 혜택을 고스란히 대물림하는 사회구조임을, 내가 가지고 있는 데이터에 적용해보면 인정하기 싫지만 어쩔 수 없이 인정해야 할 듯하다.

그러면 사길신 말고 다른 십신이 월지에 위치한 경우들을 보자.

편인은 월지에 한 개만 있고 형, 충, 공망이 되지 않으면 정인의 역할을 그대로 하는데, 혜택이 나에게 꼭 오지 않을 수도 있다는 문제가 있다. 독자라면 정인과 같은 역할이 되지만 다른 형제가 있을 때는 부모의 혜택을 빼앗길 가능성이 있다.

사길신보다 지금 시대에 더 주목해야 할 십신은 월지 편재다. 월지 편재는 오히려 사길신이 월지에 있을 때보다 부모에게 훨씬 큰 경제적 혜택을 받는 기운을 의미할 수 있다. 다만 시간이라는 변수가 따른다. 예를 들어 10대 시절 자신의 꿈을 위해 외국 유학을 간절히 바랐지만 집안 사정이 좋지 않아 포기했는데, 40대의 나이에 그간 큰돈을 번 부모님에게 100억을 받는 그런 경우다. 이 월지 편재는 용희신이고 공망이 되지 않더라도 이렇게 시기가 어긋날 가능성이 있다. 그래도 구체적인 재물로 온다는 희망이 있다.

월지 상관은 부모운 중에 제일 재미있는 경우다. 통상적으로 월지에 상관이 있으면 부모에게 받는 혜택이 가장 박하다고 알려져 있다. 정관을 극하는 상관이 월지에 위치했으니 부모와 불화가 있을 가능성이 크기 때문이다. 하지만 월지에 상관이 있는 사람은 예컨대 형제 사이에 갈등이 생겨 서로 부모 공양을 미루는 일이 생긴다면, 그런 상황을 참지 못하고 자신이 부모를 책임진다고 앞장선다. 그리고 그 결과 부모에게 생각지 못했던 거액의 유산을 받기도 하고, 물질적 유산이 아니더라도 부모가 다른 사람에게 자신을 자랑하고 칭찬하는 것을 보며 정신적 만족감을 느끼는 보상을 얻는다.

월지 편관은 부모운이 박한 경향이 있다. 부모가 자녀를 간섭하고 계속 갈등을 유발하게 되는데, 신금 일간에 오화 월지나 병화 일간에 해수 월지와 같이 편관에 천을귀인이 동반될 때는 그 갈등이 알고 보면 자녀 교육의 일환일 가능성이 많다. 예를 들어 부모가 가업을 물려주기 위해 자녀를 혹독하게 교육하는 경우를 들 수 있다.

월지가 비겁이면 그냥 부모운이 없다. 부모가 도움을 줘도 받지 않고 고마운 줄도 모른다. 비겁 월주는 어차피 자수성가하는 힘이 크므로 부모의 의지와 상관없이 자기 운명을 결정하게 된다. 특히 월지가 겁재에 제왕이거나 비견에 건록이면 그런 성향이 더욱 두드러진다. 누구 통제 아래 살 사람이 아니므로 이런 자녀들을 부모가 통제하려고 하면 역효과만 난다.

월주가 관살혼잡이나 인성혼잡을 보이는 경우 부모운도 혼탁할 가능성이 있고 그로 인해 재난을 당할 수 있다.

　결국 명리학적으로 가장 길한 부모운은 한 명식 안에 편재와 정인이 이상적으로 배치되는 것이다. 예를 들어 월주가 식상과 편재로 식상생재를 이루고 연주가 정관과 정인으로 관인생되는 경우 가장 강력한 부모운이 된다. 그다음으로는 병화 일간에 월지 유금, 신금 일간에 월지 인목, 계수 일간에 월지 사화와 같이 월지 정재에 천을귀인이 임할 때 부모운이 길하다.

대운

부모운을 파악할 때 마지막으로 고려해야 할 것은 대운의 흐름이다. 부모의 영향을 가장 많이 받는 초년운이 부모운과 상관없는 기운으로 흐르게 되면 부모운을 기대하기 어렵다. 거꾸로 부모가 결혼 이후 10~15년 사이의 대운이 기구신이면 자녀를 도와주고 싶어도 그럴 수 없는 상황이 될 수 있다. 이렇게 위의 조건들과 함께 대운까지 살피다 보면 좋은 부모를 만나 도움받는 것이 확률상 어려운 일임을 실감하게 된다.

　그런데 우리는 지금까지 자녀의 입장에서만 부모운을 이야기했는데, 부모의 입장에서 자녀의 운을 보는 것은 또 다르다. 부모운이든 자녀운이든 어차피 상호 관계를 전제로 하며, 이는 곧 상호 보완도 가능하다는 이야기다. 게다가 특히 자녀의 인생 초년기의 부모는 양육자이자 연장자로서 자기를 자녀에게 충분히 맞출 수 있는, 이른바 자유의지의 변형이 가능하다. 위에서 나열한 조건들을 자기 자녀와 관련지어서 볼 때는 다 뒤집어서 보면 된다. 즉 자녀에게 맞지 않는 건 내가 바꾸면 된다.

　예를 들어 자녀의 원국이나 초년의 대운에 아버지를 의미하는 편재가 부재한 경우, 그 편재에 해당하는 오행을 부모가 가지고 있다면 그 오행의 기운을 자녀에게 사용하는 것이다. 그렇게 되면 결과적으로 자녀에게 편재의 기운이 생길 수 있다. 또 자녀에게 편재가 있지만 공망이 된 경우는 해공을 시킬 오행이 부모에게 있다면 그 기운을 사용해 자녀의 편재가 제대로 작용하게 도와줄 수 있다. 혹은 자녀에게 부족한 기운을 찾아내서 해당 오행이 의미하는 색의 옷을 입히거나 음식을 먹이는 등으로 스스로 보완하게 해줘도 된다. 자녀의 부모운은 부모가 응용하기에 따라 달라질 수 있다.

상속운

상속운은 부모운에서 가장 관심을 받는 주제다. 오행상으로는 토와 금이 구체적인 물질적 상속을 받을 확률이 높다.

부모에게 재물을 상속받는 데 유리하려면 우선 원국이 조후상으로 균형을 이뤄야 한다. 원국 안에 겁재나 양인이 있으면 재물을 상속받기 가장 어려운데, 이는 비겁이 군겁쟁재(群劫爭財)로 재물을 깨뜨리므로 자신이 노력하지 않아도 생기는 재물이나 부모에게 물려받는 재물과 인연이 없는 경우가 많기 때문이다. 양인은 자존심과 적극성을 갖고 세상의 어려움을 돌파해나가는 힘이므로 부모의 상속을 크게 바라지 않는다. 또 비견은 부모에게 상속을 받을 기회가 와도 본인이 이를 마다하며 다른 형제에게 양보하는 경우가 많다.

예를 들어보자. 갑 일간의 편재는 토다. 술월, 진월이 다 편재다. 그러면 갑 일간에 술월 편재일 때와 진월 편재일 때 어느 쪽이 더 상속을 많이 받을까? 이때는 지장간을 잘 살펴봐야 한다. 술토의 지장간에는 신정무(辛丁戊)가 있고 진토의 지장간에는 을계무(乙癸戊)가 있는데, 상속과 관련된 오행인 금이 술토 내의 지장간에 있으므로 술월의 편재가 상속운에 더 유리하다고 볼 수 있다. 그래서 갑 일간이 전반적으로 자신의 가능성을 마음껏 펼치는 조건은 진토가 유리하지만 상속의 양으로 봤을 때는 술토가 더 유리하다. 마찬가지로 을 일간이 미월이나 축월에 태어난 경우 지장간에 금을 포함하고 있는 축토가 상속운에서 더 유리하다.

신살과 부모운

부모운과 관련된 신살은 공망, 형, 원진, 천을귀인, 암록이 있다.

가장 주의 깊게 봐야 할 것은 월지가 공망이 된 경우다. 월지 공망은 고전적으로 부모에게 받는 혜택이 가장 박하다고 알려져 있다. 공망이 합으로 해공된다면 큰 문제는 없지만 충으로 해공이 된다면 더욱 불리하게 작용한다.

다음으로 형의 경우, 부모운과 관련되는 형은 '서로 상' 자를 쓰는 상형(相形) 중 자묘(子卯) 상형이다. 형 중에서 삼형만 중요하게 판단하라고 했는데, 어차피 삼형은 강력한 자신의 힘이기 때문에 부모운과 관련해서 특별히 언급할 필요는 없다.

자묘 상형의 예를 들어보자. 갑 일간이 묘년 자월에 태어나 원국 안에서 자묘 상형이 이뤄졌다. 정인이 월지에 한 개만 있고, 충이나 공망이 되지 않았는데 자묘 상형이 된 것이다. 이 경우 정인에 해당하는 육친인 어머니가 몸이 약하거나 오랜 투병 생활로 실질적인 부모의 역할을 할 수 없게 될 가능성이 있다. 하지만 여기서 형의 반전이 등장한다. 인사신이 감옥에 갇힐 수도 있는 힘이지만 엄청난 성취를 이룰 수 있는 힘이듯, 자묘 상형도 꼭 불길함만 있는 것이 아니다. 월지 정인의 측은지심을 발휘해 어머니의 병을 고치기 위해 의사가 되고자 마음먹고 열심히 노력해서 실제로 의사가 되어 성공하는 것, 이것이 자묘 상형의 역할이다.

원진은 부모와 자녀의 관계를 파악할 때 중요한 신살 중 하나로 한 원국 안에서 일지와 월지에 원진이 성립되는 경우에 한해서만 참고한다. 일·월지 원진은 월지에 해당되는 육친과의 불화를 의미한다. 예를 들어 을미 일주가 자월생이면 일·월지 사이에 자미(子未) 원진이 성립된다. 월지가 편인에 해당하므로 부모운은 좋지만 어머니와 사이가 좋지 않아 편재인 미토 아버지가 어머니 몰래 도움을 준다거나 하는 상황이 발생할 수 있다.

부모와 자녀의 관계에서 가장 유리한 작용을 하는 신살은 천을귀인과 암록이다. 천을귀인은 부모운에서 작용 기간이 비교적 긴데 5~10년 정도로 본다. 암록은 자녀가 경제적인 위기에 빠졌을 때 부모가 도움을 주게 되는 길한 작용을 한다.

용신과 부모운

용신과 부모운을 보자. 이것 역시 옛날 이론들을 정리한 것이다.

　월주 관성, 시주 재성이며, 관성이 용희신일 때 부모운이 가장 강하다.
월주에는 정관, 시주에 정재나 편재가 하나 제대로 살아 있고(재성은 지지에 있어야 안정적이므로 시지에 재성이 자리할 때 영향력이 훨씬 크다), 월주에 자리한 정관이 용희신일 때 명예와 재물 모두를 아우르는 부모운이라고 본다. 그럴 가능성? 희박하다.

　연·월주에 관인생하고 일·시주에 식상생재를 하면 부모덕이 크다.
부모운이 아니더라도 그 자체만으로 더 바랄 게 없는 명식이다. 연·월주 관인생, 일·시주 식상생재가 되면 완벽하지만 일·시주에서 식상생재가 되지 않았어도 연·월주의 관인생만으로도 충분히 부모운을 기대할 수 있다.

　연·월주 정인이 용희신이며 형·충되지 않고 재성에 파극되지 않아야 한다.
연·월주에 정인 한 개가 용신으로 아름답게 자리하는데 주변에 너무 강한 편재가 있어서 용신 정인이 재성에 의해 파극되는 경우 아버지가 포악해서 어머니가 기를 펴지 못하는 상황이 된다.
　조금 다른 경우로 월간이 용신을 극하는 오행일 때는 부모운이 희박한 것으로 본다. 용신이 원국 내에 없어도 해당된다. 월간은 용신의 위치로 가장 유정한데, 그 월간을 용희신을 극하는 오행이 차지하면 일반적으로 부모운이 희박하다. 월주가 부모운이기 때문에 이럴 때는 월간만으로도 부모운을 추출해낼 수 있다.

인다신약인데 관성까지 많으면 특히 부모운이 희박하다.

인다신약은 통상적으로 부모운이 희박하다. 마마보이, 마마걸이라서 엄마에게 끌려 다니거나 어머니가 자녀를 사랑하다 못해 숨을 막히게 해서 자기 기운을 펴지 못하는 경우가 대부분이다. 부모운이 외관상 좋아 보이지만 그렇지 않다. 특히 인다신약에 관성까지 많으면 인성이 넘쳐서 부모가 자녀를 망치는 경우가 된다.

월주에 기구신이 강하고 정인이 없으며 초년 대운에 기신운을 만났을 때 조실부모할 가능성이 크다.

월주에 재성이 잘 자리했는데 강한 비겁에 의해 이 재성이 파극되면 생길 유산도 없어진다.

자녀운

부모는 누구에게나 있지만 자녀는 누구에게나 있는 것이 아니다. 그러므로 자녀운은 부모운과 달리 해당 사항이 다소 협소해지겠다. 그러나 자식이 없는 사람들도 자녀운을 고려해야 한다. 자신의 가족이나 주변 사람들이 자녀 문제로 많은 고민을 안고 있는 사회적인 상황에 놓여 있기 때문이다.

자녀운은 현재 명리학에서 가장 중요한 화두다. 자녀 교육의 열풍 때문인데, 이런 자녀에 대한 집중이 아이들을 망친다는 걸 사람들은 모른다. 자녀운을 공부할 때 내 새끼가 잘되려나, 내 자식이 없으면 조카라도 잘되려나, 이런 관점으로 보면 안 된다. 부모와 자녀 사이에 객관적인 거리가 있는 관계가 부모가 자녀에게 일방적인 애정을 갖고 얽매이는 관계보다 훨씬 건강하다. 그러므로 자녀운을 볼 때도 자녀를 객관적인 존재로 인정하는 것이 기본 전제가 되어야 한다.

현대 사회에는 과거에는 없던 질병이 많이 생겼다. 자연 및 기술 환경 조건의 변화 같은 이유도 있겠지만 나는 또 다른 원인을 이야기하고 싶다. 현대인들은 어린 시절부터 경쟁의 억압 속에서 정신적으로 과부하에 걸린다. 아이들을 적게 낳고 그 아이들을 어떻게든 경쟁력 있게 키우려다 보니 생긴 부작용이다. 이렇게 부모와 자녀 간의 관계 설정이 틀어지면서 아직 자기 방어 능력이 없는 아이들은 심각하게 파괴당한다. 부모들은 항변한다. 세상이 다 그러는데 우리 애만 바보 만들 순 없다고. 나는 이 말이 세상 모든 사람이 자녀에게 독극물을 먹이는데 우리 애만 지체시킬 순 없으니 내 아이에게도 독극물을 먹이겠다는 이야기와 다를 바 없다고 생각한다. 자녀의 문제는 이제 부모 자신의 문제다. 아이가 잘못되면 부모도 불행해진다.

봉건적인 정치, 경제 질서 아래 있던 과거에는 가족 노동력의 확대를 위해 자녀가 필요했다. 자녀의 의미는 가족이 필요한 최소한의 재화를 얻기 위한 노동력이었고, 그다음으로 봉양이었다. 부모가 노동력을 상실했을 때 자녀의 봉양을 받아야만 생존을 유지할 수 있었기 때문이다. 즉 자녀운은 부모가 자기 명대로 살 수 있는지에 대한 생존의 문제였다. 따라서 특히 가부장적인 사회에서는 아들에게 집착할 수밖에 없었다. 딸의 출가는 노동력의 상실과 봉양인의 부재로 이어지므로, 그 시대의 첫 번째 자녀운은 아들을 많이 낳는 것을 의미했다. 그것이 재산이고 권력이었다.

요즘 텔레비전을 보면 뉴스부터 드라마에 이르기까지 자녀를 성공시키기 위한 부모들의 눈물겨운 신화가 소개된다. 특히 10대 자녀의 스펙을 위해 부모 또한 무한 경쟁의 연장선상에 서야 한다. 이 첨단의 합리적인 시대에 자녀의 스펙을 갖춰서 흔히 하는 말로 출세를 시키려는 이유가 뭘까? 옛날에는 자신의 생존 자체를 보장하기 위해 자녀운에 자신의 운명을 맡겨야 했다지만, 지금은 자녀에게 노후를 의지할 수 없다는 건 부모 자신들이 더 잘 안다. 그런데 왜 과거보다 더 가혹하게 자녀의 외형적 성공에 집착하는 걸까?

사람은 최소한의 생존 조건만 주어진 상황에서는 미래를 고민하거나 미래에 투자할 여유를 갖지 못한다. 그러나 수요와 공급의 법칙에서 한 사회가 드디어 공급이 수요를 넘어서게 될 때, 즉 개인이나 사회가 잉여를 축적하게 될 때는 이야기가 달라진다. 여전히 내일은 알 수 없는 일인데도 미래를 현재로 편입시키기 시작한다. 지금 충족된 나의 현실을 미래로 연장하고자 보험도 들고 적금도 든다. 그 정도까지면 괜찮은데 잉여의 폭이 점점 더 범람하고 인간의 수명이 100년에 가까워지면서 이야기가 달라졌다.

예컨대 1970년대 한국 사회의 자녀에 대한 입장은 봉건사회적이었다. 부모는 가난하고 힘들게 살지만 자녀만큼은 좋은 대학 가고 출세하기를 꿈꿨다. 그런 수많은 부모들 중에서 자녀가 나중에 장사를 크게 해서 성공했으면 좋겠다는 부모는 없었다. 장사는 천하다고 생각했기 때문이다. 본격적인 신자유주의로 돌입하기 이전 시대의 자유주의에는 미묘한 봉건적 잔재가 우리의 의식을 지배하고 있었다. 명리학적으로 말하면 재생관, 관인생 즉 정재-정관-정인으로 이어지는 이 화려한 명식에 의해 명예와 권력을 가지는 것만이 출세라고 생각했다. 지금은 다르다. 개인의 잉여의 폭 혹은 임금 소득의 편차가 극단화되기 시작한 뒤부터는 명예도 권력도 시장으로 넘어갔다. 고위 관료 출신들을 기업이 막대한 돈을 주고 모셔 간다. 이런 식의 논리가 우리를 지배하기 시작하면서부터 미래를 현재로 편입하는 개념이 극적으로 달라졌다.

얼마 전까지 우리는 나 자신의 미래란 지금 이 순간부터 죽기 전까지라고 생각했다. 그런데 이제는 자녀라는 개념이 필사의 존재인 인간에게 영속적인 미래가 된 것이 아닌가 한다. 나라는 아이덴티티로 존재하는 나의 죽음 이후의 나. 자녀에게 무리를 해서까지 투자하는 것이 어찌 보면 자신의 미래의 확장에 대한 시간제국주의적 노력이라는 생각이 든다. 그래서 재력가일수록 자식들에게 재산을 어떻게든 많이 물려주기 위해 온갖 탈법, 불법을 자행하는 것 아닐까?

이처럼 봉건 시대 가족 생산력의 기능으로서 자녀를 바라보던 관점은 이제 완전히 새로운 패러다임에 자리를 내주고 말았다. 오늘날 부모들에게 자녀는 끊임없는 투자의 대상이며 무의식적 불멸의 욕망을 투사하는 나의 분신이다. 아래에서 살펴볼 자녀운의 여러 조건을 이해할 때는 이런 변화를 염두에 두어야 한다. 그리고 개인적으로도 사회적으로도 '자녀'의 의미를 우리 사회가 함께 고민해보는 일도 필요하리라는 생각이 든다.

무자녀

자녀가 없을 확률이 높은 무자녀의 운을 살펴보자.

원국 안에 음양의 기운이 강하게 한쪽으로 기울어져 있을 때
양팔통(陽八通), 음팔통(陰八通)의 경우다.

편인(상관)이 중중할 때
원국 안에 남자는 상관, 여자는 편인이 3개 이상 있으면 상관은 정관을 극하고 편인은 식신을 극하므로 자녀를 낳을 가능성이 낮아진다. 통상적으로 인다신약의 명식인 여성들은 독신으로 살거나 만혼으로 인해 출산 시기를 놓치기도 하지만, 이른 나이에 결혼해도 자녀를 갖지 않는 경우도 있다. 상관이 강한 남자들은 사회적 통념에 저항하는 성격 때문에 결혼하면 당연히 자녀를 낳아야 한다는 데 동의하지 않는 사람도 있고, 남자에게 자녀를 의미하는 관성을 강한 상관이 극하므로 자녀를 낳지 않을 가능성도 있다.

식상(관성)이 과다할 때(음양이 치우치면 다산의 경우도 존재한다)
한 오행이 혼잡을 보이며 과다한 것은 부재한 것과 같은 작용을 한다. 여자에게는 식상, 남자에게 관성이 혼잡되어 과다하면 자녀를 낳지 않을 가능성이 높다. 그런데 음양이 통일되어 식신만 4개, 정관만 4개인 경우 오히려 다산의 운이 될 수도 있다. 식상 과다는 너무 많거나 아예 없거나 이렇게 극단적인 양상을 보인다.

시주가 화염토조(火炎土燥)할 때

시주에 화의 기운이 강해 토가 뜨거워지고 마른 기운이 강할 때 무자녀의 운에 해당한다.

자녀운 감명 시 고려 사항

천간, 지지, 지장간 순

자녀운을 감명할 때는 일정한 순서대로 파악하는 것이 좋다. 예를 들어 여자의 경우 자녀를 의미하는 식상에 해당하는 오행이 원국 안에 있는지 천간, 지지, 지장간의 순서로 파악한다. 첫째로 천간에 식상이 투출되어 있고 지지에 통근한 경우 자녀운이 강하다. 그다음으로 지지에 식상이 있는 경우를 파악하고, 세 번째로 천간이나 지지에는 식상이 없지만 지장간에 있는지 보고 감명한다. 지장간에도 식상이 없으면 자녀가 없거나 병약해서 자녀와의 인연이 박할 가능성이 높다.

용희신과 관성(식상)의 조화 여부

자녀를 의미하는 십신 즉 여자에게는 식상과 남자에게는 관성이 자신의 용희신과 어떤 조화를 이루는지 파악하는 것이 중요하다. 여자의 경우 식상이 용희신이면 자녀운이 길하고, 반대로 인성이 용신인 신약한 원국에서 구신인 식상이 천간에 투출되어 있을 때는 인성의 힘이 약화되므로 자녀를 양육하는 데 많은 애로를 겪게 된다. 같은 원리로 관성이 용희신인 남자의 경우 자식운이 길하고, 식신이 용신이면 관성이 자신의 용신의 힘을 빼앗으므로 자녀 양육이 순조롭지 않을 가능성이 있다.

양인

자녀운을 파악할 때 고려해야 할 신살 중 양인이 있는데, 이는 원국뿐 아니라 대운에서도 잘 살펴봐야 한다. 대운상으로 양인이 들어올 때 자녀를 낳을 가능성이 높아지는데, 양인은 예측하기 어렵고 극단적인 양상으로 발현되는 힘이므로 자녀도 성향이 극도로 모범적이든가 극도로 속을 썩이든가 양극단일 가능성이 높다.

귀인

자녀와 관련된 귀인 중에 제일 중요한 기운은 천덕귀인과 월덕귀인이다. 이 양덕 귀인이 원국이나 대운에서 작용할 때는 좋은 작용이 일어난다.

건록

십이운성에서는 건록이 강력한 자녀운이 된다.

합이 되어 있는 것을 충으로 열 때

원국 안에서 합을 이루고 있는 오행을 대운에서 오는 오행이 충을 일으켜 합을 깨뜨릴 때 자녀운이 집중적으로 발생하므로, 출산 계획을 세울 때 참고하면 좋다. 예를 들어 원국 안에서 신자(申子) 반합을 하고 있는데 대운에서 오화가 와서 자오충을 함으로써 신자 반합을 깨는 경우 강한 자녀운이 발생한다.

좋은 자녀운

자녀를 자녀의 출세를 통한 신분 상승이나 노동력 확장의 수단으로 바라보던 과거의 관점에서 자녀와 부의 개념을 어떻게 해석했는지 파악해보자. 그리고 그 원리를 현재에 어떻게 적절히 적용할지에 대해서도 생각해보자.

신왕·관왕하고 관이 식상에 파극되지 않고, 형·충이 되지 않을 때 자녀와의 관계가 좋다.

남자의 경우 길한 자녀운은 재기통문과 일맥상통한다. 결국 신왕이다. 관성은 자신을 극하는 성질이기 때문에 관성이 자녀를 의미하는 남자들은 신강하고 튼튼한 일주가 필요하다. 일주가 강하고 관성이 왕성해 식상이 관을 파극하지 못하며 그 관성이 형이나 충이 되지 않을 때 자녀와 건강한 관계를 형성해나간다.

신강하고 월주 재성, 시주 관성일 때 자녀로 인한 덕이 크다.

월주 재성, 시주 관성, 그 기운데 부부궁인 일주가 있다. 재성과 관성이 부부운을 포위하고 있는 형국이다. 재와 관이 포위하고 있는 힘을 버텨내기 위해서는 일주가 튼튼해야 된다. 이때 정재, 정관이면 더 확실하게 자녀의 덕이 크다. 신강하지는 않더라도 일간이 일지나 시지로부터 생조된 경우에는 자녀로 인한 덕을 볼 수 있다. 하지만 자녀 때문에 속앓이를 할 가능성도 있다.

일주가 왕성하고 관살이 생조되어 있고 식상에 의한 파극이 없으면 자녀가 효순현량(孝順賢良)하다.

신강하지 않아도 일주가 왕성하고 정관이나 편관이 생조되고 그것을 극하는 식상이 관을 깨뜨리지 않을 때는 자녀가 어질고 부모에 대한 공경이 크다. 효순현량이라는 말에는 옛날 부모들의 모든 꿈이 담겨 있다. 늙었을 때 자녀가 부모를 버리지 않고 어떻게든 자비심을 갖고 봉양해주기를 바라는 강력한 의지가 들어 있다.

하지만 일주가 왕성하고 관살이 생조되면 자녀의 덕 없이도 혼자 살아가는 데 어려움이 없다. 그리고 일주가 왕성하고 관살이 생조되는 경우는 흔하지 않다.

일주가 약하더라도 시주에 비겁이 있을 때 자녀운이 길하다.

전통적으로 신약하더라도 시주에 비겁이 한 개 이상 있다면 자녀의 수를 떠나서 길한 자녀운으로 파악해왔다. 여기에는 짧지만 의미심장한 뜻이 담겨 있다. 신약하면 글자 그대로 주체성이 약하다. 엄살도 심해서 늘 우는소리를 하는데, 그러면 주변 사람들이 귀찮기는 해도 챙겨주게 된다. 하지만 신약의 정도가 너무 심해 일간을 지키지 못하면 자녀의 도움과 보살핌을 지킬 힘까지 없어진다. 그래서 신약하더라도 일간과 가까운 자리에 일간을 지켜줄 비견이나 겁재가 하나 정도 있어야 나중에 노동력을 상실했을 때 자신을 대신 지켜줄 누군가를 얻을 수 있다고 본 것이다.

비겁으로 왕성하고 인성이 없으며 식상은 경미하고 관살이 생조되면 자녀가 많다.

인성 없이 비겁으로 신강하고 관성을 깨뜨리는 식상은 경미하고 관성이 생조되어 있으면 자녀를 많이 둔다. 자녀의 수가 노동력과 직결되던 과거에는 중요한 항목이지만 현재는 그 중요성이 떨어진다.

일주 왕성, 식상 경미는 위와 동일하나, 인성이 있고 강한 재성이 인성을 파극하면 자녀가 많고 부귀가 따른다.

일주 왕성과 식상 경미는 앞의 경우와 똑같은데 더불어 강한 재성이 약한 인성을 파극할 때는 부귀까지 따른다. 자녀가 많고 그 자녀들로 인해서 부귀가 따른다는 말이다. 옛날에는 장수, 일생 부귀의 명식과 더불어 최고의 명식으로 봤다. 재기통문보다도 더 좋은 명식으로 봤는데, 비겁이 왕성하고 비겁에 뒤지지 않은 재성이 있어야 하는 것은 재기통문의 첫 번째 조건과 같다. 그런데 인성이 있고 강한 재성이 그 인성을 깨뜨려야 한다.

그 이유가 재미있는데, 인성을 깨뜨린다는 건 공부를 하지 않는다는 뜻이다. 인성은 자녀에 해당하는 십신 즉 남자의 관과 여자의 식신의 힘을 빼는 십신이다. 공부하느라 부부가 잠자리를 할 틈이 없으면 자녀가 생기지 않고, 공부 안 하고 재성이 빛을 발하면 자녀가 우르르 들어온다, 뭐 이런 생각인 것이다.

시주에 재성이 있으면 자녀가 효순하고 정관이 있으면 용모가 단정하고 화평하다.

자녀의 용모와 성격도 중요했다. 남녀 모두 시주의 재성이 깨끗하게 위치할 때는 어질고 효심이 깊은 자녀를 둘 가능성이 높고, 시주, 정확히 시지에 정관이 있으면 단정하고 깔끔한 용모에 화평한 성격의 자녀를 둘 가능성이 높아진다.

남자의 관성이나 여자의 식상에 천덕귀인이나 월덕귀인이 동주하면 자녀가 덕이 있다.

혹은 시주에 천덕, 월덕 귀인이 동주하면 테레사 수녀 같은 고결한 자비심을 가진 자녀를 보게 된다고 했는데, 자녀가 고결한 자비심으로 고행길을 걷는다면 부모 입장에서 좋을 것 같지만은 않다.

불운한 자녀운

일주가 약하고 재성과 관성이 태왕할 때

일주가 약한데 재성과 관성이 강하면 상대적으로 비겁과 인성, 식신의 기운이 약할 수밖에 없다. 따라서 자녀를 낳지 않거나 자녀가 있더라도 생사이별의 기운으로 가족공동체의 지속이 어려울 가능성이 높다. 남녀 모두 일주가 어느 정도 힘이 있을 때 자신을 스스로 지키면서 자녀운도 기대할 수 있다.

식상이 기신이거나 식상이 인성에 파극될 때

여자의 경우 식상이 기신으로 작용하거나 강한 인성에게 파극될 때 자녀와 인연이 박하다.

일주가 극왕(極旺)하고 관살이 공망될 때

남자의 경우 극신강인데 한두 개 있는 관살이 공망이 되면 자녀운이 좋지 않다.

시주에 편인이 강하고 기신일 때

시주의 간지가 모두 편인이고 그 편인이 기신으로 작용하는 신강한 경우에도 자녀운을 기대하기 어렵다.

다음은 지금 시대에 적용될 만한 것들을 따로 정리한 것이다.

식상 파극 혹은 관살이 기신이면 자녀운이 약하다.

식상으로 전왕하면 자녀가 없을 가능성이 높다.

이 경우 자녀 없이 독신으로 살거나 결혼을 해도 부부끼리 즐겁게 사는 경우가 많다.

신강하고 관성이 공망되고 또 상관이 있으면 고독이 강해 자녀가 없다.

관살(식상)이 혼잡되고 식상(인성)에 의해 제어되지 않으면 자녀로 인한 고민이 많다.

도화가 식상과 동주하면 자녀도 풍류를 좋아한다.

식신이 편인과 동주하고 신약하면 자녀를 잃거나 자녀에게 병고가 있을 기미다.

식신이 편인과 동주할 때는 어떤 분야에 종사하든 남다른 재능이 있는 경우가 많다. 편인을 다른 이름으로 도식(倒食)이라고 하는데, 신약하기 때문에 일간이 식신을 지키지 못하고 도식이 자녀의 밥그릇을 엎어버리는 것이다. 실제로 이는 지금도 적용되는 경우라고 할 수 있다. 식신과 편인이 동주해도 신강하면 상관없다.

신강하고 식상이 경미하면서 재성과 인성이 있으면 자녀는 적고 손자는 많다.

관성(식상)에 양인이 동주하고 기신으로 작용하면 자녀의 골격이 크고 불량기가 있다.
이는 태어난 시간이 부정확할 때 시주를 확정짓는 데 도움이 되는 정도로만 참고하자.

부모와 자식, 가족의 조화

지금까지 공부한 부모 자식 간의 관계를 종합적으로 정리해보자.

1. 각자의 원국 안에서 음양과 조후상으로 조화를 이루는지 살펴본다. 어느 한쪽으로 치우친 명식은 부모와 자식의 관계에서 불리하다.
2. 각자의 원국 안에서 오행이 조화를 이루어야 한다.
3. 각자 원국 안에 있는 십이운성과 신살의 조화를 파악해야 한다. 십이운성의 조화란 서로 상생하는 관계인지 꺼리는 관계인지를 파악하는 것이다. 예를 들면 묘와 관대는 상성이 잘 맞지 않고 사, 양, 건록은 최고의 파트너십을 이루는 조합이다. 만약 부모와 자녀의 지지가 사, 양, 건록으로 삼합을 이룬다면 매우 강한 결속력을 갖게 된다. 자녀의 수가 많은 경우는 조합이 다양해지고 복잡해지므로 고도의 직관력이 필요하다.
4. 각자의 용희신이 다른 가족 구성원과 조화를 이루는 것이 가장 중요하다. 가족 간에 용희신이 서로 모순되게 되면 난감한 상황에 놓이는데,

이럴 때는 서로의 단점을 어떻게 극복하고 대다수 가족 구성원의 행복을 이끌어낼 수 있는지를 고민하고 조율해나가야 한다.

5. 위의 내용을 파악한 후 각각의 가족 구성원들의 대운을 살핀다.

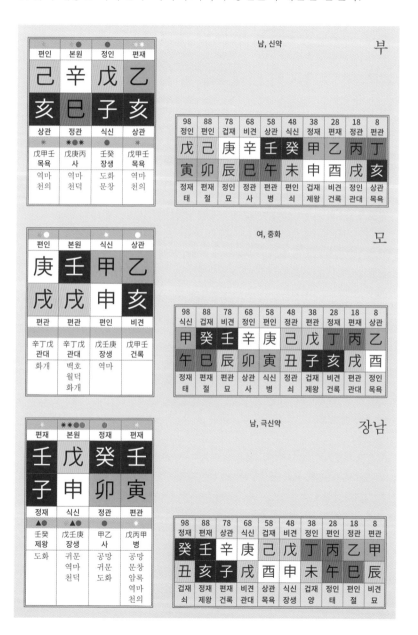

위 명식들은 나와 나의 부모, 남동생으로 구성된 한 가족의 명식이다.

아버지의 명식은 자월생 신금의 신약으로 화토 용희신이며 어머니의 명식은 신월생 임수의 중화 사주로 목화 용희신, 장남은 묘월 무토의 극신약으로 화토 용희신, 차남은 축월생 병화 신강으로 토금 용희신이다.

부모가 금수의 기운이 강해 자식들을 재물로 뒷받침할 기운이 강한데 아들들까지 토와 화 일간들이라 부모의 재물이 자식들로 흐르는 모양새다. 특히 장남은 연·월주에 재성이 투출하고 인중 병화 편인이 용신 구실을 하는 희신이라 부모 양쪽 모두에게 물질적, 정신적인 지원을 아낌없이 받은 반면, 차남은 원국의 지나친 화의 기운이 부의 일간 신금을 괴롭혀서(부에겐 화가 희신임에도) 어릴 때부터 이상하게 갈등이 많았지만 연주 편인으로 모친의 보살핌을 많이 받았다. 두 아들은 월주에 정인과 정재가 매우 희박해 초년의 부모운은 약간의 파란과 곡절이 있을 수 있다. 하지만 부모 모두의 을목과 신금이 두 아들에게 을병정, 신임계 삼기귀인을 형성하니 그리 넉넉지 않은 살림살이임에도 자식들에게는 모자람 없는 환경을 조성해주었다.

부모 둘 공히 28 건록 대운에 두 자녀를 보아 가난한 출발임에도 착실히 재물을 모았지만 부의 대운이 을목 편재 기신으로 흘러 도박으로 경제적 위기에 빠졌다. 마침 모의 정화 정재 용신으로 간신히 방어하여, 파란은 있었으나 안정적인 단계로 접어들 수 있었다.

불길한 전조가 일기 시작하는 것은 부모 기준 58 대운에 이르러서다. 부의 48 계미 대운은 무계합화로 생애 극점의 용희신 대운을 맞아 순탄한 직장 생활과 여러 부업으로 착실하게 부를 쌓았지만, 기축 대운에 다다른 모와 천극지충으로 갈등이 유발되었는데 그 불씨는 18 묘목 구신운에서 대학도 중도에 그만두고 방황하는 차남에 대한 입장 차이였다.

28 경진 용희신 대운을 맞아 안정을 되찾은 차남은 모친의 지원으로 자영업을 시작했고 결혼과 아들 둘을 얻으며 활발한 생업을 이루었으나 목화로 이르는 세운 동안 제멋대로인 경제관념과 부부 불화로 앞으로 벌고 뒤로 손해 보는 일이 반복되었고 마

침내 이혼하게 된다. 부자간은 악화되고 부모 또한 더 지원하자는 모와 차남에 대한 신뢰를 잃은 부 사이의 갈등이 깊어졌다.

68 대운은 이 가족에게 최악의 시련의 대운이다. 차남에게 38 신금 대운은 용신 대운인 것 같지만 병신합수되어 한신으로 화하는 흉운이며 지지 사화 비견 또한 기신이다. 모의 신묘 대운 또한 구신운인데 차남의 재성 신금이 합화로 사라진 가운데 손대서는 안 되는 금융업에 올인했다가 계미년에 풍비박산이 나고 만다. 이 미토는 월지 축토와 충을 하며 축중 신금 용신이 미토 을목에게 파극당한 것이다. 문제는 가뜩이나 월지 신금 편인이 강한 모친이 역시 신금 정인 구신 대운에 남편 몰래 집안의 거의 전 재산을 아들에게 지원했다 날리게 된 것이다. 장남 또한 묘미합목으로 용신이 기신으로 화하는 38 정미 대운에서 앞의 재난이 일어난 이듬해 대동맥 박리로 쓰러져 생사를 헤매게 된다. 한신 대운을 보내고 있던 부로서는 거의 날벼락이었고 신사 대운을 사해쟁충의 정신적 충격 상황으로 보내게 된다. 편인의 강한 모성애가 기구신 인성 대운에서 차남의 흉운과 겹쳐 대형 사고를 부른 셈이다.

이렇듯 특수관계인 간에서 원국과 대운의 시너지를 세심하게 읽는 것은 너무나 중요하다. 그것은 한 사람의 기운의 작동보다 더 큰 에너지를 불러일으키기 때문이다. 차남이 말년 용희신운을 적극적인 의지로 불태울 것을 기대해본다.

제
십
일
강

사랑, 가장 극한적인

음양의 작용

관계 자체에
집착하지 말라,
관계는
독립된
존재 간의
조화와
관용이다.

인간관계론 II

연애와 결혼

명리학적으로 남자에게 재성은 여자와 재물을 의미하고, 여자에게 남자는 자신을 극하는 관성이다. 과거에 여자들은 집 밖으로 나갈 수도 없었고 얼굴도 본 적 없는 남자와 결혼을 하고 남편에 의해 운명이 결정되었다. 물론 옛날 이야기다. 성역할의 개념이 완전히 달라진 지금도 여전히 남자에게 여자가 재물, 즉 쟁취의 대상이고 여자에게는 관성이 남자라고 보는 것은 시대착오적일 수 있다.

자식은 다르다. 나는 자식이 여자에게 식상이고 남자에게 관성이라는 관점은 시대가 아무리 바뀌어도 같을 것이라고 생각한다. 여자는 직접 생명을 낳고 기르므로 자식이 식상이 되는 것은 사실에 기반을 두고 있다. 한편 남자에게 자식이 관성이라는 것은 철학적인 이유 때문이다. 재성은 관성을 생한다. 남자 입장에서 재성이 낳는 자식이 자신의 자식이 된다. 생명에 관한 한 여자가 중심이 되는 것이다. 그런데 왜 이런 명리학이 남녀의 관계에서만큼은 남자에게 여자는 쟁취하는 대상이고 여자에게 남자는 자기를 지배하고 극하는 존재라고 봤을까? 이것은 내가 볼 때 음양론에 맞지 않는다.

음과 양은 고정된 것이 아니고 양이 음을 지배하는 것도 아니며 양이 음이 되고 음이 양이 되는 끊임없이 변화하는 개념이라 해놓고 남녀를 규정할 때는 남자를 우위에 뒀다는 것은 아무리 생각해도 이해하기 어렵다. 더 나아가 생각하자면 동성 커플들의 연애운은 명리학적으로 어떻게 봐야 할까? 연구해볼 만하다. 게이, 레즈비언 역술가가 나와서 자신의 문제를 해결하기 위한 연구를 해야 된다. 아무튼 남녀의 연애와 결혼에 국한하더라도 기존의 이론을 지금의 상황에 적용하는 데는 분명히 오류가 존재한다. 요즘 우리 사회의 남녀 관계를 보더라도 결혼 생활이나 경제적인 결정권에서 여자들이 최소한 동등한 위치인 것이 현실이다. 아직까지는 남성 중심의 사회임이 통계적으로 증명되고 있지만, 과거처럼 남자의 근원적인 우위를 논할 수 있는 시대는 아니다. 그러므로 연애와 결혼에 관한 명리학적 이론 중에서 성별에 따른 재성과 관성의 관점을 부분적으로 수정해야 할 필요가 있다. 타협적으로 제안하자면, 남자에게 여자는 재성이고 여자에게 남자는 재성이기도 하고 관성이기도 하다고 봐야 한다고 생각한다. 여자의 경우는 재성과 관성을 다 볼 수밖에 없다. 아직까지 직업, 사회, 가정에 그리고 여성 자신들의 무의식 속에 남자 우위의 관습이 관찰되고 있는 과도기적 상황이기 때문이다.

그리고 본격적인 이야기를 시작하기에 앞서, 명리학의 인간관계론 중 남녀 관계는 특히 복잡하다는 사실을 알아두자. 명리학적으로 인간관계를 볼 때는 원칙적으로는 동일하지만 부모와 자식, 남녀, 사적 또는 공적 관계 등에 따라 보는 시각과 중심축이 달라진다. 그중에서도 남녀 관계, 배우자와의 관계는 음양이라는 문제가 개입하기 때문에 가장 복잡하다. 그래서 남녀 관계를 잘 파악하게 되면 나머지 관계에도 어렵지 않게 적용할 수 있다. 물론 그만큼 이론적으로든 현실에서든 남녀 관계를 이성적 논리로 설명하고 파악하기란 정말 쉽지가 않다.

화(火)와 수(水)의 만남

명리학적으로 남녀의 관계는 역동성과 융통성이라는 관점에서 접근해야 할 주제로, 이 관계에서 가장 중요한 오행은 화와 수다. 화는 역동성을 의미하고 수는 융통성을 의미한다. 서로 음양의 기운이 다른 즉 정반대인 두 존재가 만났을 때, 어느 한쪽이 관계를 시작하기 위해 먼저 손을 내미는 것이 역동성이다. 그런 상황에서 상대방이 논리를 내세우며 그 손을 잡지 않는다면 관계는 형성되지 않을 것이다. 하지만 논리적으로는 설명할 수 없는 감정이 개입되어 상대방의 마음을 받아들이는 것이 바로 융통성을 발휘하는 수의 기운이다. 그러므로 남녀 관계는 오행적으로 화와 수의 기운으로 대표되는 역동성과 융통성의 조화로 인해 형성되기도 하고 금이 가기도 한다.

그래서 연애는 다른 인간관계와는 다르다. 굉장히 감정적이다. 여기에는 토, 금, 목의 기운이 그다지 발휘되지 않는다. 남녀의 관계는 양의 극점인 화와 음의 극점인 수의 가장 극한적인 음양의 작용에 의해 형성된 것이다. 이때 여자에게 중요한 기운은 화다. 화의 기운이 부족한 여자들은 관계 속에서 이런 역동성이 발휘되지 못하므로 남자에게 데면데면한 구석이 있다. 화의 기운이 강한 여자들은 이성과 부단히 새로운 관계를 형성해나가고 어려운 일이 있을 때 남자들에게 도움을 받기도 한다. 한편 남자는 수의 기운이 있어야 여자와의 관계가 활성화된다. 여자와 화의 기운의 상관관계와 마찬가지로, 남자도 수의 기운이 없으면 여자에게 데면데면하고 생조되면 이성과 다양한 관계를 형성해나가고 또 여자들에게 도움을 받게 된다. 이런 원리에 따라, 원칙적으로는 남녀 관계에서 필요한 오행은 화와 수이고 그 관계가 일단 열리기 위해서는 서로 상대편의 기운을 가져야 한다.

그리고 이렇게 만난 남녀 두 사람 사이의 명리학적 관계를 파악할 때는 다음과 같은 접근 방법이 전제되어야 한다.

우선 관계 자체에 집착하지 말고, 두 사람 각자의 원국을 잘 살펴야 한다. 관계를 보기 시작하면 어느 순간 각자의 사람들이 독립된 존재라는 사실을 잊고 서로가 맞는지 맞지 않는지만 보게 된다. 따라서 두 사람의 관계를 명리학적으로 규명한다 하더라도 제일 중요한 원칙은 각자의 원국을 잘 분석하는 것이다. 그중에서도 각자의 원국에서 가장 절실한 것이 무엇인지 또 가장 꺼리는 것이 무엇인지 파악해야 한다. 이건 단순히 '용신이 병화 편인'이라는 식의 문제가 아니다. 오행의 생극제화(生剋制化)에 그치지 않고 한 사람의 용희신을 서술적으로 표현하는 것, 즉 서사화하는 것이 중요하다.

누군가의 용신이 갑목 비견이라고 해보자. 이 사람의 원국과 삶에서 갑목 비견이 어떤 의미인지 생생하게 서술할 수 있어야 한다. 목 비견의 특성이 무엇인가를 생각하고 그의 원국 전체를 이해해야만 가능하다. '이 사람은 공식적인 영역에서 자신의 뜻을 이상적으로 펼칠 수 있는 독립적인 지휘권자가 되길 원하는구나'라는 식의 스토리텔링을 통해 그가 원하는 바를 만들어봐야 한다. 마찬가지로 희신과 기구신에 대해서도 이 사람의 삶과 연결된 스토리를 만들어야 한다. 그렇게 해야 타인과의 관계를 풀어나갈 수가 있다.

단순히 내 용신이 상대방에게 많으니까 좋은 것 아닐까 혹은 상대방이 내 기신에 해당하는 오행이 많으니까 내가 손해 보는 것 아닐까라고 생각하면 여기서 한 발짝도 나아갈 수 없다. 실제로 용희신 관계를 오행상으로만 살피는 것은 하나의 전제가 될 수 있지만, 답은 아니다. 나에게 기신이 되는 요소가 상대방에게 많다 하더라도 어떤 특정한 영역에서는 내게 얼마든지 도움이 될 수도 있는 것이다. 예를 들어 금 식상이 나의 기신인데 상대방의 명식에 금 식상이 강하다면 전체적인 삶으로 보면 서로 잘 맞지 않을 수는 있다. 하지만 내가 중요한 시험을 앞두고 있다거나 할때는 옆에서 매몰차게 잔소리를 해줄 금 식상을 가진 사람이 필요할 수도 있는 것이다. 그러므로 스토리텔링이 필요하다. 그래야만 두 사람 간의 관계를 입체적으로 파악할 수 있고, 기신을 용신처럼 또는 용신을 기신처럼 사용할 수 있게 된다.

관계 맺음의 전제, 재성과 관성

원국으로 스토리텔링을 할 때는 우선 각자가 실제로 바라는 바와 꺼리는 바를 구체적으로 기술하는 것이 중요하다. 그리고 두 사람 각자가 타인과의 관계 맺음에서 조화력, 관용성이 있는가를 따져봐야 한다. 아무리 원하는 바가 일치하더라도 한 사람의 그릇 자체가 반사회적이거나 공감 능력이 떨어진다면 아무 소용이 없기 때문이다. 타인과의 관계에서 최소한 줄 것은 주고 받을 것은 받는, 거래를 할 수 있는 여지 즉 관용성과 중용성은 사업상의 파트너나 친구, 부부 관계 등에서 모두 중요한 전제가된다.

이 관용성과 중용성은 남녀 모두 재성과 관성의 활성화 정도를 통해알 수 있다. 일단 재성이나 관성이 없거나 고립된 경우는 관계를 유지하는 관용성이나 중용성이 떨어진다고 볼 수 있다. 재성은 관계를 생성하는 힘이고 관성은 그것을 유지하는 힘이므로, 물론 이 재성과 관성이 인성으로 흐른다면 더할 나위 없이 좋겠지만 일단은 양쪽 명식에 재성과 관성이 어느 정도인지를 봐야 한다. 한쪽은 적절하게 재관이 있는데 한쪽은 재관이 아예 없다면 어떻게 될까? 재관이 있는 쪽에서 상대방에게 아무 기대를 하지 말아야 한다. 혹은 재성과 관성의 대운이 오기를 기다리는 방법이 있긴 하지만, 대운이 지나가면 그 기운이 소멸되어 관계가 끝날 가능성이 매우 높다. 재관이 과다하면 없는 것과 같고, 재성은 많은데 관성이 하나도 없으면 사람들과의 관계는 좋지만 유지가 되지 않는다. 반대로 재성은 없는데 관성만 많으면 서로 탐색만 하다가 관계가 끝나는 경우가 많다. 임상을 하다 보면 한 명도 재관을 잘 갖추기가 쉽지 않은데, 관계를 맺는 둘 이상의 사람들이 모두 재관을 갖추기란 매우 어렵다. 그래서 사람 사이의 관계는 잘 유지되면서 오래가기가 어려운 것이다.

이럴 때는 왕자희설(旺者喜泄), 즉 '왕성한 것은 자신의 힘을 빼 가는 것을 반긴다'라는 말을 떠올려야 한다. 예를 들어 내가 전왕의 수준으로 수의 기운이 강하고 상대방이 목 전왕이라면, 수의 기운을 목이 설기함으로써 서로 기대할 것이 없을 때 특히 연인이나 부부 관계가 오래 유지되는 경우가 많다. 한데 이러면 수는 힘을 빼니 좋겠지만 목은 너무 강해지지 않을까 싶겠지만, 전왕인 목은 수의 기운을 가져온다고 썩는 것이 아니라 오히려 목 하나하나를 더 반짝거리게 만들 수 있으므로 유리할 수도 있다.

다만 어떤 경우라도 힘을 빼니 유리한 수와 달리 목은 상황에 따라 좀 다를 수 있다. 예를 들어 목 일간에 신강한 경우, 수의 기운을 설기하느라 원국의 균형은 좀 무너지겠지만, 하는 일이 목과 관련된 사업이라면 건강이 조금 나빠져도 수의 기운을 받아서 일이 번창할 수 있다. 혹은 목이 식상인데 직업이 교사라면 이런 기운을 잘 쓸 수 있지만, 자신에게 필요하지 않은 기운이라면 제거하는 데 어려움이 있을 수 있다.

이것을 뒤집어 생각하면, 차라리 재성이 하나도 없는 남자와 관성이 하나도 없는 여자가 만나도 좋은 관계가 될 수 있다. 남자가 재성이 없다는 것은 여자에 대해 잘 모른다는 것이고, 잘 모르니까 기대가 크지 않다. 관성이 없는 여자도 마찬가지다. 따라서 이런 두 사람이 만나면 서로가 학습하면서 오히려 좋은 관계가 될 수 있다.

이렇게 관계를 맺기가 어렵다는 것을 알았다면, 이제 좋은 관계에 대한 기준점을 낮춰보자. 완성되고 성숙한 두 남녀가 만나는 것이 가장 바람직하지만 쉽지 않은 일이다.

삼기(三奇)와 일지동(日支同)

남녀의 관계를 설정할 때 중요한 포인트는 천간은 삼기, 지지는 일지동이다. 천간은 추상적이며 이상적인 기운이고 지지는 현실적인 기운이다.

우선 삼기를 보면, 남녀가 조화로운 관계를 이루려면 천간의 오행 8개가 삼기를 상호적으로 형성하면 좋다. 삼기란 천상삼기(天上三奇, 갑무경甲戊庚), 인중삼기(人中三奇, 신임계辛壬癸), 지하삼기(地下三奇, 을병정乙丙丁)의 세 가지를 말한다.

사람과의 관계에서도 상호 삼기가 이루어지면 길한데, 이때는 순열의 제약은 없다. 예를 들어 나의 원국에 임, 계가 있고, 상대방의 원국에 신(辛)이 있다면 신임계 삼기가 형성된다. 이렇게 상호 삼기가 형성되면 이상을 공유할 수 있는 길한 관계라고 했는데, 삼기를 공유한다는 것은 보통 '첫눈에 반했다'고 할 때의 남녀 간 첫 만남의 비이성적인 화학작용과 유사하다. 즉 삼기가 성립한 관계에서는 '뭔가 저 사람과는 말이 통할 것 같은 느낌이 들거나 같은 방향을 바라볼 수 있을 것 같은 느낌이 든다'고 말할 수 있다.

그러나 남녀의 천간 대 천간의 관계는 비현실적, 이상주의적인 요소로 끝날 가능성이 많다. 30년을 같이 살았지만 현실 속에서는 이루어지지 않은 안타까운 꿈 같은 것, 하지만 그것만이라도 공유할 수 있다면 이 관계는 좋은 관계일 수 있다.

다음으로 지지의 관계를 보자. 남녀 두 사람의 원국에서 지지 사이의 합이나 충은 좋고 나쁨을 단순하게 말하기 어렵다. 차라리 남녀 간에 일지동(日支同)의 관계, 즉 천간이 달라도 일지가 같을 때 관계가 가장 좋다. 일지가 같다는 것은 생각과 꿈은 달라도 행동의 리듬, 동선의 패턴이 같다는 뜻이다. 목표는 달라도 목표를 설정하는 단계가 같은 것이다. 예를 들어 술을 마시고 주정을 해도 둘이 같이 한다. 그래서 일지동인 관계는 생각은 달라도 호흡이 잘 맞을 수 있다.

일지동이나 천간 삼기의 관계는 남녀 관계뿐 아니라 동업자나 선후배 관계 등에도 모두 적용할 수 있다. 만약 사업을 한다면 인중삼기가 가장 바람직할 것이고, 선거 캠프에서는 천상삼기의 기운이 필요할 것이다.

관계 파악 시 고려 사항

남녀의 관계에 대한 전체적인 윤곽 파악에 앞서 고려해야 할 사항들을 보자.

공망과 육친

공망은 인간관계에서는 매우 중요한 의미를 갖는데, 이는 공망이 되는 오행의 기운은 유효하지만 해당하는 십신과 육친의 작용이 무효화, 무력화됨을 의미하기 때문이다. 예를 들어 여자의 원국에서 사화 정관이 공망이 되었다면, 오행상 화의 기운은 발휘되지만 육친상 남편의 자리가 불길하거나 남편의 역할이 불확실함을 의미한다. 또 이를 십신상으로 해석하게 되면 가장 중요하게는 건강상의 문제가 발생할 수 있고, 그다음으로 자신이 속한 조직이나 직장에서 어려움을 당할 수 있다는 뜻으로 해석할 수 있다. 공망은 지지의 충과 합으로 해공될 수 있는데, 그렇게 해공이 되면 공망에 해당하는 십신이나 육친의 기능에도 문제가 없다.

형과 육친

남녀의 관계 중 특히 문제가 있는 경우에는 형을 파악해봐야 한다. 축술미 삼형의 경우를 예로 들면, 일간이 갑목인 남자의 원국에 축술미 삼형이 있고 그 삼형이 십신상 재성이 된다. 일단 혼잡된 재성과 삼형만으로 남녀 관계를 해석하자면 치정과 관련된 삼각관계의 가능성을 유추해볼 수 있다. 여자의 축술미 삼형이 관성에 해당하는 경우도 마찬가지다. 원국에 삼형이 있기는 쉽지 않지만 대운이나 세운에서 형성되고 재성이나 관성이 형에 해당된다면 남녀 사이에 큰 변화, 변동이 일어난다고 해석해야 한다.

월지의 합과 형·충

남녀 관계는 연애와 결혼이 아니어도 다양한 관계가 있다. 연애나 결혼을 전제하지 않은 일반적 관계를 포함해 남녀 관계를 파악하는 데 있어 전통적으로 가장 먼저 고려해야 하는 것은 각자의 월지에 해당하는 십신과 월지 간의 관계다.

먼저 각자의 월지에 해당하는 십신은 이성에 대한 성향과 관점에 관한 정보를 제공한다. 예를 들어 월지가 정인인 남자는 모성애가 있는 여자에게 호감을 느끼고, 월지가 편재인 여자는 활동적이며 유머 감각이 있고 봉사심이 있는 남자에게 끌린다.

이렇게 각자의 이성에 대한 성향을 파악한 다음 두 사람의 월지 사이에 합이나 충, 형이 있는지 살펴야 한다. 월지 간에 육합이나 반합을 하는 경우에는 특히 육체적으로 깊은 관계로 발전할 가능성이 높다. 두 월지 사이에 형이 성립될 때는 서로에 대한 집착이 강한 것으로 해석할 수 있고, 충이 되는 경우는 사이가 나쁘지는 않지만 끊임없이 부딪치는 관계가 될 가능성이 높다. 두 월지가 암합을 이루는 경우는 글자 그대로의 속궁합이라 할 수 있는데, 사회적 시선이나 윤리를 생각하지 않는 위험한 관계가 될 가능성이 있으므로 조심해야 한다.

연간과 일간의 십신 관계

두 사람의 연간과 연간, 일간과 일간에 해당하는 십신을 파악하는 것도 중요하다. 예를 들어 자신의 연간이 임수이고 상대의 연간이 무토인 경우, 임수의 입장에서는 상대방의 연간이 편관이 되고 무토의 입장에서는 편재가 된다. 이런 식으로 각각 연간의 십신이 무엇인지를 파악한다.

다음으로 일간 대 일간을 보는데, 예를 들어 무토와 기토의 일간을 가진 사람들은 서로의 십신이 상호 겁재의 관계가 된다. 이 십신의 관계가 의미하는 바는 연간과 연간, 일간과 일간의 관계, 각자의 입장에서 상대방을 보는 기준으로 삼기도 한다. (월지나 연간-연간, 일간-일간의 관계를 보는 것은 부부나 연인뿐 아니라 남녀 관계 제반에 적용될 수 있다. 다만 일지는 부부궁이므로 부부가 아닌 경우 서로의 일지를 보는 것은 의미가 없다.)

연애운

강한 연애운

신강한 경우

신강한 사람은 세상의 질서를 자기 위주로 해석하기 때문에 연애를 잘하는 것처럼 보인다. 반면 신약한 사람은 타자의 질서나 주변의 기준을 따르므로 망설임과 의심이 많아서 연애를 하는 데 다소 어려움이 있다. 신강한 경우는 비겁이 강할 때와 인성이 강할 때로 나눌 수 있는데, 두 경우의 연애 방식이 다르다.

비겁으로 신강한 경우는 적극적이며 상대방의 반응과 상관없이 밀어붙이고, 인성이 강한 경우는 요모조모 다 재보고 치밀하게 준비한 후에야 연애를 시작한다. 그런데 인성 신강이 연애 기간도 더 길 것 같지만 확률적으로 반대다. 비겁 신강은 깨끗이 헤어지는 편이 나은데도 인정하지 않고 관계를 깔끔하게 끝맺지 못하는 경우가 많고, 인성 신강은 정작 연애를 시작하면 금방 싫증을 내는 경향이 있다. (인성의 이런 특징은 연애뿐 아니라 다른 사회적 관계에서도 통용된다. 이들은 심사숙고 끝에 상대방에게

'거절할 수 없는 매력적인 제안'을 하며 접근하므로, 그 대답도 심사숙고한 뒤에 내리는 편이 좋다.)

신약하고 재성이 강한 경우

남녀 모두 신약하고 재성이 강할 때 연애를 잘한다. 신약한 원국에서 식상생재 혹은 재생관이 될 때와 관인생까지 될 때 모두 연애운이 좋다. 재성이 강하면 신약할 확률이 높고, 관계에 대한 욕구가 강하므로 이를 통해 자신의 정체성을 확인하려고 하기 때문이다. 과거와 달리 현대 사회에서는 여자들도 적극적으로 사회 활동을 하므로 남녀를 분리해서 고려할 필요는 없다. 하지만 신약하고 재성이 강한 조건에서 연애를 잘 못하거나 회피하는 경우 문제가 생길 수 있다. 특히 요즘 젊은 층은 일찍부터 사회적 압력과 스트레스에 노출되어 사람과의 관계를 형성하고 연애를 해야 할 시기에 스스로 고립되는 경우가 많은데, 이로 인해 정신적으로 조화가 깨지기 쉽다.

재성혼잡일 때도 연애운이 강한데, 정재와 편재가 이웃해 있거나 떨어져 있어도 2개 이상씩 있는 경우를 말한다. 재성혼잡에 도화나 십이운성 중 목욕을 동반하는 경우는 타인을 설득하고 유쾌하게 해주는 능력이 탁월하기 때문에 연애를 하는 데 좋은 조건이 된다.

지지에 신(申)과 자(子)가 있는 경우

고전적으로 지지에 신금이나 자수가 있는 경우 남녀 모두 연애를 좋아한다. 신약, 신강의 경우 모두 해당하지만, 신약할 때와 신금이나 자수가 일지, 시지에 위치할 때 가장 연애운이 강하다. 다만 이 경우는 긍정적 요인과 부정적 요인이 공히 작용하므로 결과도 극단적으로 나올 수 있다.

재성이 없거나(남) 관성이 없는(여) 경우

남자는 재성, 여자는 관성이 아예 없어도 연애운이 강하다. 보통 생각하기에 연애를 못해야 할 것 같은데 왜 그럴까? 재성이나 관성이 없으면 이성에 대한 자신만의 기준이나 조건을 설정하기 힘들다. 그래서 자주 만나고 자주 헤어질 수 있다. 의외로 재성과 관성이 아예 없으면 편하다. 이것도 따지고 보면 연애운이다.

관살혼잡인 경우

정관과 편관이 나란히 있거나 떨어져 있어도 2개씩 있는 경우다. 관살혼잡이 있으면 남녀 모두 연애를 많이 할 수 있지만 부정적인 의미가 강하다. 관성은 자신의 기준과 원칙인데 관살이 혼잡되면 기준에 혼란이 온다. 그러다 보니 인간관계에서도 범위만 넓어지고 생산성이 떨어질 가능성이 있다. 또 이를 통해 손재라든지 정신적인 타격을 입을 가능성이 높기 때문에 관살혼잡의 경우는 정관이든 편관이든 어느 한쪽으로 기준을 정할 필요가 있다. 남녀 관계를 포함한 사회적 관계에서도 일관된 기준을 정하고 따르는 것이 관살혼잡의 부정성을 최소화하는 길이다.

연애운이 좋은 경우와 나쁜 경우

편재(편관)가 생조/왕성하면 연애를 잘한다.

남녀 모두 재성과 관성, 특히 남자는 편재, 여자는 편관이 원국 내에서 생조된 경우 연애를 잘한다. 남자의 경우만이 아니라 여자도 편재가 강하면 바람기가 있다. 재성과 관성이 약하면 연애에 별 관심이 없는 경우가 많고, 비겁이 왕성하고 재관이 약하면 이성과 어울리기는 좋아해도 연애는 귀찮아한다.

지지 재성(관성)이 육합 또는 삼합이 되면 연애운이 좋다.

남녀 공히 지지의 재성(관성)이 육합 또는 삼합이 될 때 연애운이 좋다.

양팔통, 음팔통일 때는 모 아니면 도다.

이 경우는 극단적이다. 연애를 잘하든가 안 하든가. 연애 선수일 수도 있고 연애를 무가치하게 여기는 모태솔로일 수도 있는 극단적인 상황이지만, 연애를 잘하는 비율이 더 높다.

결혼은 주로 비견에 해당하는 시점에 하게 된다.
연애를 하다가 결혼을 하는 시점은 주로 비견에 해당되는 해일 확률이 높다. 별다른 의미는 없고 통계와 확률상 그렇다.

비겁 극신강은 연애운이 혼탁한 경우가 많다.
비겁 극신강인 경우는 통상적으로 연애운이 좋지 않다. 모든 것을 자기 위주로 생각하며 자기가 통제해야 하기 때문이다.

도화와 연애

명리학에서 연애를 언급할 때면 실생활에서도 자주 쓰이는 도화 혹은 도화살이라는 단어가 따라붙는다. 하지만 도화의 원래 의미는 일의 동기와 과정, 결과에 상관없이 많은 사람에게 주목받는 힘이고, 그 결과 삶에 있어 긍정적 또는 부정적 방향으로 작용하는 기운이다. 다만 그 주목받는 힘이 연애에서 어떤 작용력을 가지는지에 대해서는 언급할 만하다. (참고로 자신의 원국에 도화가 없을 때는 대운이나 세운에서 도화가 들어오는지 잘 관찰해야 하는데, 이때 오히려 더욱 강한 힘을 발휘하기 때문이다.)

월지 도화
월지 도화는 업무 수행에서 주목을 받는 힘으로 '일도화'라고도 불린다. 연애와 관련해서는, 자신이 해내는 작업을 통해 매력을 발산하고 이를 연애로 연결시킬 수 있다.

일지 도화
일지 도화는 연애를 잘한다. 자신도 즐기면서 주변 사람들도 유쾌하게 만드는 힘으로 빠른 시간 안에 효율적, 현실적으로 이성의 호감을 받는 기운이다. 만약 자신이 그렇지 않으면 배우자가 그런 유쾌한 성격일 가능성이 있고, 이 경우 서로의 단점을 보완해주게 되어 의외로 부부 사이가 좋은 편이다. 신강한 경우 일지에 도화가 있으면 주색잡기에 능할 가능성이 높으므로 장수하기 어렵다.

- **재성과 일지 도화** 일지 도화가 재성과 동주할 때는 강한 힘을 발휘하는데, 남녀 모두 유쾌하고 인생을 즐기려는 성향이 강하다. 그리고 일주와 시주에 있는 도화가 재성이나 관성과 동주하면 연애결혼의 가능성이 강하고, 그 재성과 관성이 삼합이나 육합이 되는 경우 연애운이 매우 강하다.
- **관성과 일지 도화** 일지 도화가 관성이면 배우자를 선택할 때 현실적으로 자신과 안정적인 관계를 유지할 수 있는 사람을 택하는 경향이 있다. 관성은 재성보다 기준이 훨씬 엄격하고 자신의 선택을 위해 욕망을 억제할 수 있는 힘이므로 타인과의 관계에서 재미나 유머로 매력을 발산하는 성향은 없다. 따라서 관성에 놓인 도화는 원국 내의 위치와 상관없이 타인을 피곤하게 하거나 감정을 혼란스럽게 할 가능성이 있으므로 인간관계에서보다는 사회적 실현을 통해 이성에게 호감을 얻는 편이 빠르다.

시지 도화

도화의 폭발력이 가장 강해 고전적으로 불길한 기운으로 보았으나, 강력한 인기를 누리는 힘이기 때문에 연애에서도 크게 작용한다.

연애와 결혼운의 관점에서 본 십이운성

절부터 묘까지 연애와 결혼운의 관점에서 십이운성을 살펴보자.

절(絶)은 마음에 들면 그날 당장이라도 연애를 시작하는 경향이 있다.

태(胎)는 순수하고 이상적인데 매우 의존적이다. 그래서 연상과 사귀는 경우가 많고 연인에게도 의존적인 태도를 보인다.

양(養)은 가장 무난하다. 연애도 무난하고 결혼도 무난한데, 중년에 바람기로 인해 고생을 하거나 결혼 생활의 위기가 한 번은 찾아온다.

장생(長生)은 연애를 하기에 가장 적합한 기운이고, 통상적으로 이성에게 호감을 잘 받으나 배우자의 바람기로 본인이 상처받을 가능성이 높다.

목욕(沐浴)은 사치와 치장을 좋아하며 색욕이 강한 것이 특징이다.

관대(冠帶)는 자기중심적인 연애를 한다.

건록과 제왕은 이혼율이 높다는 공통점이 있지만 이유는 좀 다르다.

건록(建祿)은 자신의 것을 빼앗길 수도 있다는 초조함에서 발원하는 집착 때문에 의처증이나 의부증으로 진행될 가능성이 있으므로 관계의 안정성이 떨어진다.

제왕(帝旺)은 자신이 원하는 대로 따라주지 않으면 상대방에게 정신적, 육체적 폭력성을 드러내 관계가 깨지기 쉽다.

쇠(衰)는 연애에 가장 불안한 기운이다. 연애가 우스꽝스럽고 어리석은 게임이라는 것을 아는 지혜가 있기 때문에 연애와 결혼에 회의적이다.

병(病)은 기본적으로 노는 것 자체를 좋아한다. 남녀 간의 관계에서 일어나는 이벤트를 좋아하고, 사람들에게 주목받고 파티의 호스트가 되는 것을 좋아한다. 그래서 연애가 비현실적이고, 실질적이지 못한 결론으로 끝날 가능성이 높다.

사(死)는 연애, 결혼에 있어 가장 불운한 기운이다. 자신의 의지와 상관없는 이별, 사별을 맞이할 가능성이 높다.

묘(墓)는 연애와 결혼에 있어 드라마틱한 굴곡과 파란만장한 역사를 가지는 경우가 많다.

길운과 흉운

남녀가 만나서 연애를 하고 결혼을 하는 과정에서도 대운상 길운과 흉운이 작용한다. 용희신에 관계없이 남자는 정재운이 가장 중요하고 그다음으로 관성운이 중요한데, 재성에서 관성으로 유통되어야 자식을 보게 된다. 여자는 정관운이 가장 중요하고 다음으로 식상운이 중요하다. 사회생활을 하는 경우라면 식상운과 함께 재성운도 동급으로 본다.

남녀 모두 비겁운에 서로를 만난다면 별다른 화학적 반응이 일어나지 않고, 둘 다 인성운에 만난다면 서로 저울질하다가 관계가 끝난다. 여자가 재성운, 남자가 식상운에 만난다면 반반이다.

남녀의 만남에서 최악의 흉운은 뭘까? 남자는 비겁운, 여자는 인성운일 때의 만남이다. 남자는 자기밖에 모르고, 여자는 판단의 시기를 놓쳐 세월만 보내버릴 가능성이 높다. 그래서 특별히 여자는 용신이 인성인 경우 외에는 인성운에 결혼하는 것은 좋지 않다.

결혼운과 결혼 생활

결혼은 인생에서 매우 중요한 일이지만 우리가 사는 동안 맺게 되는 수많은 인간관계 중 하나일 뿐이다. 하지만 결혼은 다른 관계와 달리 특수한 성격을 띠는데, 부모나 형제보다도 밀접한 관계로 살아가다가도 어느 순간 남과 같은 존재가 될 수도 있기 때문이다. 시대에 따라 사회·경제적 환경이 급격히 변화하면서 결혼에 대한 생각도 많이 바뀌어왔다. 경제적 또는 심리적인 이유로 인한 미혼자들이 날로 증가하고, 어렵게 결혼을 하더라도 이혼을 하는 부부 또한 가파르게 증가하고 있다.

경제적인 문제가 이혼의 가장 크고 표면적인 원인이라고 생각할 수 있지만, 그것만으로는 이혼에 다다르는 모든 과정을 설명할 수 없다. 나는 그보다는 서로 관계를 유지하는 데 필요한 철학적 사고의 미숙함이 영향을 끼쳤을 가능성이 매우 높다고 본다.

그동안 많은 부부와 연인을 상대로 상담을 해왔다. 한번은 사이가 틀어질 대로 틀어진 부부가 찾아왔다. 나는 이혼 권장 명리학자이기 때문에 들어보고 "이혼하셔야겠네요. 양육 문제 다 정리되셨어요? 변호사 필요하면 소개해드릴게요" 그렇게 마무리를 하려는데, 내가 너무 쉽게 이혼을 이야기하자 갑자기 서로를 변호하는 묘한 분위기가 형성됐다.

그 관계가 자신의 명함과 같은 것이기 때문이다. 그래서 상담자가 '이 관계는 끝났어'라고 단정하는 것이 자신의 삶에 대한 비난 혹은 실패의 지적으로 들리게 된 것이다. 그 모습을 보면서 부부라는 관계는 독특한 지위를 갖고 있고, 어떤 위기의 순간에도 일말의 가능성과 여지가 존재하는 희한한 관계임을 다시 한 번 확인하게 됐다.

그러면 무엇을 가지고 이 관계를 규명할 것인가? 원국으로 이 사람이 나의 짝인가 아닌가를 판단하는 방법은 명리학에 없다. 아니, 그런 판단법은 세상에 존재하지 않는다. 사람과 사람의 관계는 좋은 점도 있고 나쁜 점도 있고 잘 맞는 점도 있고 잘 맞지 않는 점도 있게 마련이다. 그렇게 서로 모순을 가진 존재 둘이서 만나 그 모순이 격화됐을 때 우리는 어떻게 그 상황을 판단하고 현명하게 출구전략을 만들 수 있을까? 이런 문제에 대해서는 '제대로 된' 명리학이 도움을 줄 수 있다.

옛날에는 궁합이라는 게 중요했다. 서로 얼굴도 모르고 결혼을 하던 시대에는 불행한 운명에서 자신을 지킬 최소한의 방어막이 필요했기 때문이다. 하지만 본래 명리학 안에는 궁합이라는 건 없다. 궁합이야말로 명리학을 오도(誤導)하는 제일 큰 사기다. 사회적 요구가 절실하다 보니 정통 명리학에 부가적, 기형적으로 첨가된 개념이 바로 궁합이다. 그런데도 오히려 자신이 뭔가 지킬 것이 많다고 생각하는 사람들일수록 봉건 시대 때보다 더 궁합을 신봉한다.

신자유주의 시대 이후 오히려 인간의 역사가 역행하고 있다는 생각이 든다. 지금 성행하는 결혼정보회사의 난립을 보면 마치 결혼 풍습이 중세로 회귀하고 있는 것 같다. 개인의 학벌이나 직업, 경제력을 등급으로 매겨 만남을 알선하는 행위는 과거 계급 간 혼인과 다르지 않다. 이렇게 퇴행하고 있는 결혼에 대한 기준을 어떻게 다시 잡아야 할지는 나도 혼란스럽다. 하지만 우리가 좀 더 나은 사회를 향해 가리라 믿고, 결혼에 대한 개념을 다시 한 번 명리학의 관점에서 정리해보자.

조화로운 파트너를 만나는 조건

신약한 경우 일간의 십이운성상의 건록에 해당하는 오행을 파트너로
신약할 경우 일간이 약하므로 자신의 일간을 기준으로 지지에 십이운성 중 건록에 해당하는 오행을 연지나 월지에 가지고 있는 상대방을 파트너로 맞으면 현실적으로 유리하다. 예를 들어 정화 일간의 건록에 해당하는 지지인 오화가 상대방의 연지나 월지에 있는 경우를 말한다.

신약한데 일지가 일간을 생조하면 그 일지를 파트너 오행으로
신약한데 일지가 인성이나 비겁이어서 일간을 생조하는 사람이 있나. 신약하지만 일간이 살아 있는 경우다. 이때는 파트너의 지지에서 굳이 건록을 찾기보다 일간을 생조하는 지지가 하나 더 있어주면 된다. 예를 들어 갑자일생이면 자수가 정인이다. 신약해도 일간은 자수가 생조하니 상대의 원국에 자수가 있을 때 상대방과의 관계에서 중요한 키카드가 된다.

지장간에도 재(남), 관(여)이 없으면 그에 해당하는 지지의 파트너로
남자에게 재성, 여자에게 관성이 지장간에도 없을 때는 각자의 재성과 관성에 해당하는 오행이 상대방의 일지에 있는 경우 조화로운 파트너십을 이룰 수 있다. 예를 들어 무토 일간 여자의 원국에 관성이 없을 때, 상대방의 일지가 인목이나 묘목인 경우를 말한다.

한 사람의 일간에 상대방의 지지가 재관에 해당하면서 천을귀인이고 형, 충, 공망이 아닐 때
남녀 모두 상대방의 일지가 자신의 재성이거나 관성이면서 형, 충, 공망이 되지 않은 깨끗한 천을귀인이 임했을 때도 좋은 파트너가 될 수 있다. 또 그 오행이 상대방과의 관계에서 나에게 가장 중요한 키워드가 된다.

두 사람의 천간이 천상삼기를 이루는 경우

제11강. 사랑, 가장 극한적인 음양의 작용

부부궁을 볼 때 고려 사항

부부궁(일지)의 상황

남녀의 관계를 볼 때는 자신의 일주를 중심으로 상대방의 일주와 연주, 월주와의 관계를 파악하는데, 부부의 경우 부부궁에 해당하는 일지를 부가적으로 세밀하게 분석해야 한다. 남녀 혹은 남남(男男)이든 여여(女女)든 각자의 부부궁이 어떤 상황인지 본다. 양쪽 다 부부궁이 안정적인 사람들이 있다. 이런 경우 경제적인 위기가 와도 함께 문제를 해결하려고 한다. 그런데 어느 한쪽의 부부궁이 위험하면 관계의 지속도 위험해진다.

겁재에 제왕, 비견에 건록, 이런 경우는 부부궁이 너무 강해 불안정하다고 본다. 장생이나 목욕같이 발전성이 강하고 화합성이 강한 것들은 안정적이라고 본다. 이런 오행, 십신, 십이운성, 신살과 그 일지가 주변의 오행들과 어떤 관계인지를 살펴본다. 부부궁 일지의 고립, 생조 여부와 이를 둘러싼 주변의 각각의 전투력을 일단 점검해야 한다.

월지의 재성(남), 관성(여)의 상황

월지에 남자는 정재, 여자는 관성이 정(正), 편(偏)에 관계없이 한 개씩만 있으면 서로가 서로를 공동으로 방어하려는 협력성이 높아진다. 이런 경우에는 위기가 닥쳐도 가급적이면 이혼하지 않는 게 좋다. 혼자서 버티는 것보다 둘이서 극복해나가는 편이 훨씬 위기에서 빨리 순조롭게 빠져나올 공산이 크다고 본다.

일·시지 삼합

각자의 일지와 시지 사이가 삼합 중에 2개를 이루고 있는지 확인한다. 예를 들어 나의 원국에서 일지가 신(申)이고 시지가 자(子)인데 상대편 원국의 일지나 시지에 진(辰)이 있다면 부부궁이 신자진 삼합을 이루게 된다. 이런 경우 위기에서 공동으로 버텨나갈 수 있는 큰 힘이 된다.

십신과 결혼운

이제 연애와 결혼에 중요하게 작용하는 십신 및 십이운성의 성격과 역할을 보자.

재성은 관성의 근거지

남녀 공히 재성은 연애와 결혼에서 관성의 근거지임을 상기하자. 그러면 연애와 결혼에서 정재와 편재는 어떻게 다를까? 정재는 한 명의 배우자를 의미하고, 편재는 유동성이 강하므로 남녀 모두 다양한 가능성을 추구하는 경향이 있다. 예를 들어 연애를 하고 싶어 하나가도 사업을 시작해서 큰돈을 벌게 되면 이성에게 관심이 전혀 없어지고 사업에 열중한다.

인성은 재관의 조절 역할

남녀 관계에서 재성 다음으로 중요한 십신은 인성이다. 인성은 남녀의 재성과 관성을 제어하고 설기하는 일종의 완충 기제로 작용한다. 인성은 다소 결정이 늦고 답답한 면도 있지만 인내심과 한발 물러서서 생각할 수 있는 정신적 통찰력이 있으므로 연애와 부부 관계에서 중요한 윤활유 역할을 하게 된다. 그래서 남녀 모두 인성이 약하거나 불급한 경우 이별이나 이혼의 위험에 자주 노출된다.

관성의 규격성

관성은 연애와 결혼에 있어서 남녀 모두 자신이 세운 명확한 규격대로 움직이는 경향이 있다. 식상이나 재성은 남녀가 만나 서로 좋아하면 결혼해서 같이 살지만, 정관은 좋아하는 것과 결혼해서 같이 사는 것은 다른 문제라고 생각한다. 부모가 반대하거나 자신이 바라는 조건이 충족되지 않으면 결혼을 미루기도 한다. 막상 결혼한 뒤에는 상황이 계획과 다르게 흘러가도 결혼을 유지하려고 노력한다. 자신이 세운 규격을 깨뜨리는 것이 두렵기 때문이다. 특히 정관은 자신의 판단이 틀렸음이 명백해져도 고쳐서라도 유지하려는 자신의 규격을 가지고 있다. 관성은 자신을 극하는 기운이기 때문에, 이처럼 하고 싶지 않은 일도 하게 만드는 힘이다.

결혼운의 십신은 연주와 월주의 작용력이 크므로 연·월주 중심으로 파악한다.

연·월주 비겁

연주와 월주에 비겁이 많을 때는 독립적인 성향이 강하기 때문에, 처음엔 좋았다 하더라도 많은 시간을 함께하는 것을 힘겨워하게 된다. 그래서 혼인 지연 및 독신자가 많고, 연애 경험이 부족한 사람일 경우 초혼에 실패할 확률이 높다. 특히 십이운성에서 비견에 건록, 겁재에 제왕이 동주할 때는 이혼율이 제일 높다. 이때는 비겁이 얼마나 과다한가에 따라서 많은 것이 결정되는데, 비겁이 과다하면 남자의 경우 재성을 바로 파극하고 여자의 경우 관성의 힘을 약화시키기 때문이다.

연·월주 식상

연·월주가 식상이 중심일 때를 보자. 월지가 식상이고, 다른 3개 중 식상이 하나 정도 더 있을 때다. 식상이 강하게 있으면 어릴 때부터 이성에 관심이 많으므로 연애의 기회도 많이 생긴다. 식상은 기본적으로 생식이다. 게다가 연·월주에 있는 식상에 재성이 하나 끼어서 식상생재가 된다면 독신으로 살 가능성은 희박하다. 특히 남자가 식상생재가 되면 연애가 바로 결혼으로 이어진다. 중매결혼은 절대 못 할 사람들이다.

여자의 경우 식상이 자식이고 관성이 남편이므로 식상과 관성이 전부 원국에 드러나 있으면 당연히 결혼과 자식을 의미한다. 그런데 연지에 하나 있는 관성을 나머지 연·월주가 전부 식상으로 둘러싸고 있다면 관성이 전혀 개입을 할 수 없다. 이럴 때는 미혼모가 되거나 하는 일이 발생할 수 있다. 그리고 식상 중에서 상관이 발동했을 때는 식신과 양상이 조금 다르다. 식신이 그냥 이성을 좋아하는 것이라면 상관은 이성이 자신을 예뻐한다는 느낌을 좋아하는 것이다. 그래서 상관이 연·월주에 강하게 자리 잡고 있으면 자기를 과시하려 치장하기 좋아하고, 연애도 그것 때문에 한다고 할 수 있다.

연·월주 재성

남자의 원국에 연·월주에 재성이 있으면 결혼을 가장 쉽게 한다. 여자의 경우도 재성은 관성을 생하는 힘이므로 관성만큼은 아니지만 남자를 만나는 기운으로 볼 수 있다. 남자의 경우 연·월주에서 재생관이 된다면 많은 이성들과 교제를 하게 되고 여자에게는 관인생이 그런 기운에 해당한다.

연·월주 관성

연·월주에 관성이 중심으로 자리 잡았다면 남자의 경우 이성에게 관심이 크지 않아도 통상적인 사회 구성원으로서 규칙을 지킨다는 생각으로 결혼을 한다. 그래서 중매결혼이 많다. 여자에게는 관성이 연애와 결혼을 의미하는데 이때 식상이 적절한 균형을 맞춰줘야 연애가 결혼으로 이어질 수 있다. 관성이 너무 강하고 식상이 없으면 이성관계는 복잡하고 빈번하지만 결혼으로 이어지지 못할 가능성이 높다.

연·월주 인성

연·월주에 인성이 다수인 경우 남녀 모두 결혼에 별 관심이 없고, 결혼을 하고 싶다 하더라도 부모가 반대하면 하지 않는다. 하지만 흥미로운 점은 연·월주에 정인이 생조되어 있고 대운이 들어와서 이 정인과 충을 하는 시기에는 결혼하는 경우가 많다는 것이다. 이는 정인이 충이 되어 부모의 간섭에서 벗어날 수 있음을 의미한다.

부부 관계가 불안한 경우

지지의 재성 혹은 관성이 고립되었을 때

지지는 현실적인 문제를 의미하는데, 남녀 모두 지지의 재성이나 관성이 고립되어 있고 그 고립된 재성과 관성을 극하는 대운이 들어올 때 인간 관계가 깨질 가능성이 높다. 특히 고립된 관성이 극을 당하면 관계뿐 아니라 건강상의 문제도 예상되므로 세심한 주의가 필요하다.

지지에 드러난 재성과 관성이 바로 옆의 오행과 충이 될 때

이 경우는 매우 불안한 부부 관계가 예상된다. 부부 모두 지지의 재성과 관성이 옆의 오행과 충이 된다면 빨리 결혼하고 빨리 이혼하는 일이 많다. 천간은 추상적인 요인이므로 천간에 있는 재성과 관성의 충은 해당되지 않는다.

결혼(만남) 후 대운상의 흐름이 불리할 때

결혼 후 특히 30~40대의 대운이 흐름이 기구신으로 흐르면 부부 관계가 불안하다.

결혼 관계에 부정적으로 작용하는 힘

건록과 양인의 집착

십이운성과 신살 중에서 연애와 결혼에 관련해 세심하게 판단해야 하는 것이 건록과 양인이다. 건록과 양인은 집착 때문에 관계가 붕괴될 가능성이 매우 높다. 건록과 양인이 일지에 동주하면 상대방에 대한 감정이 애정인지 소유욕에 기반한 집착인지 잘 구분해야 한다.

남자의 원국에서 재성을 못살게 구는 힘

—비겁과 양인.

남자의 원국에서 아내에 해당하는 재성을 힘들게 하는 것은 재성을 극하는 비겁이다. 특히 겁재는 정재를 직접 극하기 때문에 가장 강하고, 그다음으로 비견, 그리고 신살 중 양인이다. 양인은 최소 2개는 되어야 그역할을 하게 된다.

—상관과 편재와 편관.

원국 내에 상관과 편재와 편관이 있을 때 상관이 편재를 생하므로 편재의 부정적인 요소 중 하나인 외도의 가능성을 높이고 또한 상관이 편관을 자극함으로써 편관의 부정적 요소를 활성화해 재성의 힘을 약화시키게 된다.

여자의 원국에서 관성을 못살게 구는 힘

—식상과 양인.

—신약하고 재성이 과다하며 일지, 시지에 백호와 양인이 있을 때 배우자가 사건, 사고에 노출될 가능성이 커진다.

—인성과 재성이 대치하고 있을 때 고부간의 갈등 가능성이 높다.

폭력적인 남편

결혼을 해서 부부가 되기 전까지 알 수 없는 것이 배우자의 폭력성이다. 명리학적으로 폭력성을 예측할 수 있는 방법을 고려해보자. 먼저 신강하고 월지가 겁재에 제왕이면 폭력적인 성향일 가능성이 높다. 그리고 신약한 경우 관살혼잡이 되었는데 인성이 미약할 때도 이에 해당한다. 인성은 사유하고 인내하는 능력을 의미한다. 관살혼잡이 되면 자신의 자존심이 침해당할 경우 폭력성이 발현되는데 이때 인성의 힘이 미약하므로 사유의 과정을 거치지 않고 직접 폭력으로 이행될 가능성이 높아진다.

제11강. 사랑, 가장 극한적인 음양의 작용

속궁합

남녀 간의 관계에서는 나머지 다른 관계에는 없는 '섹스'라는 오묘한 조화가 중요한 부분을 차지한다. 그래서 1,000년이 넘는 시간 동안 명리학자들이 속궁합에 관심을 가져왔으나, 문헌에 나와 있는 설명을 살펴보면 내용이 부실한 것이 많다. 속궁합은 두 사람 간의 은밀한 영역으로, 사실 노골적이고 물질적으로 답이 나온다. 각자 서로 맞는지를 잘 안다. 그래도 굳이 고전적으로 명리학 분야에서 나온 속궁합에 대한 이론을 소개해보면 다음과 같다.

기본적으로 명리학에서 말하는 생식 능력은 오행에서는 수, 십신에서는 식상에 해당한다. 수의 기운이나 식상이 불급하거나 과다하면 성적 관심도가 현저히 떨어진다.

속궁합이 좋은 경우는 첫째 남녀 모두에게 수의 기운이 적절하거나 안정적이어야 한다. 원국 내에 수의 기운이 발달했거나 한 개라도 생조되는 위치에 있으면 통상적으로 속궁합이 잘 맞는다. 그리고 두 사람의 일지와 시지가 신자진 삼합을 이루는 경우에도 속궁합이 잘 맞는다.

둘째, 두 사람 각자의 원국에서 일어난 충과 합을 합쳐 10개 이상일 때 속궁합이 잘 맞는다. 충과 합이 한 사람으로 치우치지 않고 각각의 원국에 비슷한 개수로 있는 경우를 말한다. 이는 서로의 애정이나 갈등의 관계가 활성화되어 있음을 의미한다. 실제로 합과 충이 많은 사람들이 연애를 잘한다.

셋째, 일지가 부부궁이므로 두 사람의 일지가 반삼합의 관계에 있을 때 속궁합이 좋다.

넷째, 일지동이거나 일지충일 때 속궁합이 좋은 것으로 본다.

이 가운데 처음 두 경우가 가장 중요한 속궁합의 조건이다.

그다음으로 고려해볼 것은 암합인데, 두 원국에 암합이 3개 이상일 때다. 이는 단순히 속궁합이 좋다기보다는 섹스에 대한 상상력이 풍부하므로 실험적이고 도전적인 성적 관계를 지향한다.

마지막으로 고려할 것은 천간합과 지지합이다. 단순히 일간, 일지뿐 아니라 4개 주 모두의 천간합과 지지합이 활성화된 경우가 있다. 만약 남녀 사이에 일간, 월간, 시간 순으로 천간합이 활발하면 유정한 관계로 본다. 하지만 관계에 있어 독립성이 보장되지 못하므로 의존적인 관계로 발전할 가능성도 있다. 한편 지지는 현실적이고 구체적인 영역이므로 지지의 합이 활성화되면 두 사람 사이에 자식이 생기거나, 자식이 없는 경우 내조나 외조를 통해 사회적으로 성공을 거두게 된다.

양가 가족 관계

남녀가 만나서 결혼을 하게 되면 두 사람의 관계가 두 집안의 관계로 확장되는 것이므로 가족들과의 관계가 매우 중요해진다. 결혼과 관련해서 두 원국을 파악할 때 여자의 경우 중요한 것은 식상과 관성이고 남자의 경우 재성과 관성이므로 이를 유심히 살펴봐야 한다. 남녀 공히 결혼 생활과 관련된 십신이 조화롭게 생조될 가능성이 생각보다 크지 않으므로 그만큼 좋은 관계를 이루는 것은 힘든 일이라 하겠다.

여자의 경우를 보자. 여자의 경우 비겁이 과다하면 결혼 생활에서 남편이나 시집, 친정에 자신의 주장을 강하게 하기 때문에 가족을 가르치려 하거나 불화를 일으킬 가능성이 있다.

식상이 과다하면 관성을 극하므로 남편과 시부모 등 윗사람과 조화로운 관계를 맺기 어렵다. 관성이 잘 생조되어 있고 식상이 과다하다면 남편과 보내는 시간을 줄이고 과다한 식상은 자식을 키우는 데 사용하면 유리하다.

재성이 과다하면 인성을 극하므로 시어머니와의 갈등이 필연적이다. 이때 남편의 통관으로서의 역할이 중요하다.

관성이 과다하면 남편에 대한 기대가 큰 만큼 불만도 많아 남편을 피곤하게 한다.

인성이 과다하면 관성의 힘을 설기하므로 남편을 은근히 무시하는 경향이 있다. 친정이 유복한 경우 친정에서 경제적 도움을 받는 것을 당연하게 생각하므로 남편과의 관계가 악화될 수 있다.

남자의 경우를 보자. 남자의 경우 비겁이 과다하면 독신으로 살거나 결혼하더라도 늦게 하는 편이 유리하다. 비겁은 재성을 극하므로 비겁 과다인 남자는 아내와 의사소통에 어려움이 있고, 특히 아내의 건강에 유의해야 하는데 확률적으로 아내가 육체적, 정신적 질병에 노출되는 경우가 많다.

식상이 과다하면 여자가 재성이 과다한 경우와 같은데, 식상 과다로 인해 재성이 제대로 힘을 발휘하지 못하고, 인성의 힘을 약화시키므로 아내와 어머니 사이에 갈등이 일어날 수 있다. 식신이 과다한 경우 우유부단한 성격 때문에 갈등이 더 깊어질 수 있으므로 더욱 주의해야 한다.

재성이 과다하면 여자가 관성이 과다한 경우와 비슷한데, 상대방에 대한 불만으로만 끝나는 것이 아니라 집착, 의처증, 외도 같은 극단적인 양상을 보이기도 한다.

관성이 과다하면 여자의 인성이 과다한 경우와 비슷한데, 자신은 아내에게 예의를 차린다고 생각하지만 사실 아내를 무시하는 경향이 있다.

인성이 태과한 남자의 경우가 가장 문제가 크다. 남녀 관계에서 남녀모두 인다신약이 가장 좋지 않다. 기본적으로 서로를 배려하지 않지만, 문제는 자신이 최대한 배려를 한다고 생각한다는 것이다. 상대방에 대한 배려가 없는 것이 인성 과다의 특징이고, 실제로 인성 과다의 경우 결혼 전에 배려가 부족한 성격이 드러나게 되어 남녀 모두 결혼에 이르지 못하는 일이 많다.

결혼 이후 대운의 흐름

지금까지 결혼에 대한 남녀의 원국을 파악했다면 결혼에 영향을 미치는 대운을 살펴보자. 이 부분은 부부 관계가 아니어도 상관없다. 남녀 간의 사업 파트너일 때도 중요하게 적용된다.

경우에 따라 다르지만 결혼 후 10년에 해당하는 대운의 흐름이 원국만큼이나 중요하다. 특히 결혼이라는 관점에서 대운을 보면 용희신, 기구신에 상관없이 남자는 식상운에서 재성운으로 흐르는 것이 가장 유리한데, 이는 식상생재를 이루어 아내의 운이 강해지기 때문이다. 여자는 재성운에서 관성운으로 흐르는 것이 유리하다. 원국과 대운의 관계를 보면 과다한 재성으로 인해 신약한 경우에는 인성운에서 비겁운, 즉 용희신의 흐름이 좋고, 과다한 관성으로 신약한 경우 비겁운에서 식상운으로 흐르는 것이 좋다. 통상적인 결혼 시기로 보면 30~40대 대운의 흐름이 중요하다고 할 수 있다.

4/10 대 6/10

이렇게 명리학적으로 원국을 파악하고 서로의 대운과 세운까지 다 확인해보면, 남녀 간의 관계는 아무리 사이가 좋아도 10일 중 4일은 좋고 나머지 6일은 안 좋을 수밖에 없다. 부부 관계를 현명하게 유지하려면 이 규칙을 잘 기억하고 실천해야 한다. 사이좋은 4/10는 마음껏 사랑하고, 힘든 6/10은 충전해둔 사랑을 하나씩 까먹으며 버티고, 다시 4/10가 돌아오면 한껏 충전하는 리듬을 몸에 익혀야 한다. 이를 위해서는 자신을 포함한 특수관계인들의 기운이 어떤 주기로 움직이는지 관찰해보면 좋은데, 이런 과정을 통해 쌓은 데이터를 기준으로 자신만의 법칙을 만들 수 있기 때문이다. 그리고 이렇게 되면 우리가 조절할 수 있는 위험한 일들은 4/10의 기간에 분배함으로써 함께 이겨내도록 노력할 수 있게 된다.

결국 남녀 간의 관계라는 건 좋아도 좋은 게 아니고 나빠도 나쁜 게 아니다. "유정하면 사별이고, 무정하면 생별이다"라는 말이 있는데, 둘의 관계가 너무 좋아도 한쪽이 죽어서 일찍 헤어지고 너무 정이 없으면 죽기 전에 어차피 헤어진다는 뜻이다. 유한한 존재인 우리 인간에게 인연의 끈이란 결코 호락호락 기쁨만을 안겨줄 순 없는 모양이다.

그리하여 연애와 결혼이라는 주제에 대해 마지막으로 강조하고 싶은 말은, 앞에 언급한 많은 명리학적 조건들을 떠나 연인, 배우자 그 자체가 나의 귀인이고 용신이라는 것이다. 그 사람을 만난 것 자체가 제일 중요하다. 그가 나에게 맞느냐 맞지 않느냐는 중요하지 않다. 맞추면 된다. 두 사람의 원국에서 모자라는 것과 넘쳐나는 것, 필요한 것을 맞추기 위해 노력하면 된다. 이처럼 관계에 있어서 타인들이 자신의 귀인이자 용신이라고 생각하는 것, 여기서부터 출발하지 않는다면 지금까지 한 이야기들은 전부 한낱 사술에 그칠 것이다.

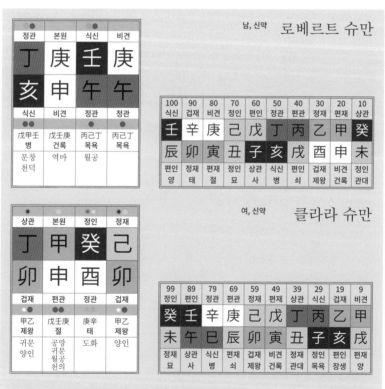

19세기 유럽 낭만주의 예술사를 대표하는 세기의 부부, 작곡가 로베르트 슈만과 피아니스트 클라라 슈만의 강렬하고도 불행한 일대기는 슈만의 제자이면서 스승의 부인을 평생을 바쳐 헌신적으로 사랑한 브람스와의 지고지순한 관계까지 얽혀 그 자체로 한 편의 드라마라고 할 수 있다.

작곡가로서 그리고 근대적 음악비평의 문을 연 비평가이자 잡지 편집자로서 낭만주의의 투사라고 불린 로베르트 슈만답게 일주는 경신으로 강건하며 강력한 화 정관을 식신 임수가 잘 제어하는, 전체적으로는 신약이면서도 조화와 균형을 단순하게 이룬 호쾌한 원국이다. 신약이면서 일주가 강건하고 관왕하므로 월간 식신 임수가 용신이다. 월지와 연지는 화 정관으로 뜨거우나 시지 해수에 뿌리를 내렸고 희신 경금이 연간에서 생조하고 있으므로 대단히 유정하다. 그의 불행은 50 해수와 60 자수 용신 대운까지 삶이 이르지 못하고 40 병술 대운에서 삶을 마감한 것이다.

클라라 슈만은 로베르트의 피아노 스승인 프리드리히 비크의 딸로, 이미 아홉 살에 라이프치히의 게반트하우스에서 데뷔 콘서트를 열었고 61년간 유럽 전역의 콘서트홀을 평정한 19세기를 대표하는 거장 피아니스트 중 한 명이다. 유월 묘시의 갑목 일간으로 일월지의 관성이 목의 세력과 대치하는 가운데 계수 정인의 통관이 빛나고 용신 정화가 시간에 안성맞춤으로 떠 있다. 과중한 목 기운을 설기하고 금 관성을 제련할 화가 통근하지 못한 것이 아쉬운데 아홉 살이나 연상인 아버지의 제자 슈만에게 본능적으로 끌린 것도 그의 출중한 화 기운 때문이 아니었을까? 그러나 일월지 관살혼잡은 부부 간의 파란을 강하게 암시하고 있다. 그 와중에도 부부궁이 신금으로 일지동을 이룬다는 것은 두 사람 모두 공명의 권력을 성취하는 것이므로 클라라의 구신 신금 편관은 남편에게 희신 정인의 명예를 안겨주었다.

두 명식의 관계를 살펴보자. 일간은 갑경충이나 양쪽 모두 목과 금의 세력이 강해 이 충은 흉이 아니라 강력한 에너지의 상호작용이며 신금 일지동은 서로의 지향점이 같은 동지적 관계임을 의미한다. 월주의 관계는 더욱 긴밀하다. 슈만의 임오 월주는 정임합목이 되어 클라라의 용희신이 되고 클라라의 계유 또한 그대로 슈만의 용희신을 이룬다. 그리고 슈만의 강력한 화기가 클라라의 금 기운을 억제하니 부부에게서 동업자로서의 상호 용희신 관계를 환상적으로 구성한다고 할 것이다.

클라라는 평생 연주회를 다니면서 남편의 피아노 작품을 유럽에 알렸다. 그녀는 진심으로 남편의 예술성을 높이 평가했다. 하지만 작곡가로서도 일찍이 재능을 보였던 클라라지만 이른 결혼과 출산, 육아와 남편 뒷바라지 때문에 자신의 작곡 활동은 거의 포기하다시피 해야 했다. 지명도에서 아내보다 훨씬 떨어졌던 슈만이 작곡가로서 널리 알려지게 된 데는 클라라의 공헌이 절대적이었다. 하지만 임수 용신은 너무 지나친 힘이 되어서 오화 정관의 균형을 위협한다. 그가 기구신 대운인 40 병술 대운에 이르러(이때 클라라의 대운은 불행하게도 정축 대운이다) 정신착란으로 순식간에 무너지게 된 데는 이 균형의 무너짐이 결정적이다.

슈만의 생애는 진정한 낭만주의자의 그것이었다. 초년의 유복한 용신운도 잠시, 미토 기신 대운에서 일찍 아버지를 잃고(병술년) 모친의 희망대로 법대에 진학했으나 결국 갑신 대운 첫해에 음악으로 전공을 바꾼다. 하지만 한신인 갑목 대운의 첫해인 기축 기신년에 스승 몰래 무리한 손가락 연습을 하다가 치명적인 부상을 입고 피아니스트의 꿈을 포기해야만 했다. 하지만 그는 작곡과 평론으로 방향을 바꾸었고 신금 소운이 시작되는 1834년 음악 잡지를 스스로 만들어 주간이 되었으며 작곡가로서도 기반을 다지기 시작했다. 클라라는 9세 술토 희신 소운(묘술합화)에 이미 유럽 무대에 등장한 신데렐라가 되었고, 60년 가까이 이어지는 목화 용희신 대운의 힘을 얻어 대가로서 거침없는 행진을 이어간다.

1836 병신년에 슈만은 클라라에게 청혼하지만 스승의 완강한 저항에 좌절한다. 불굴의 슈만은 재판까지 불사하면서 결국 1840년 승소해 결혼을 승인받았고 그해 경자년 용희신년은 생애 최고의 해가 되었다. 결혼뿐 아니라 그의 위대한 '가곡의 해'였으며 교향곡 1번을 완성한 해였다. 이 30 을유 대운은 을경합금이 되어 간지가 모두 희신인 생애 최고의 대운이다. 그토록 고대하던 결혼과 그를 예술가로서 반열에 올려놓는 숱한 명곡들이 쏟아진 대운이기 때문이다. 하지만 기구신 대운인 40 병술 대운으로 접어들면서 돌연 난조를 보이기 시작한다. 그의 생애에 걸쳐 거의 유일하게 안정적인 정규직 뒤셀도르프 시 음악감독에 올랐지만 단원들과의 불화와 지휘자로서의 실패, 정신병 발병 등으로 급격하게 무너지고 만다. 1853년 계축년에 약관의 청년 브람스를 만나게 된 것이 유일한 기쁨이라면 기쁨이었을까? 이때 클라라의 대운도 병자 대운으로 그녀는 37세의 젊은 나이에 여섯 자녀의 양육을 책임져야 하는 미망인이 되었다.

슈만의 사후 그녀의 삶은 고단했지만 동시에 명예로웠다. 그녀의 손끝을 통해 남편 슈만과 쇼팽, 멘델스존과 브람스의 작품들이 널리 알려질 수 있었다. 클라라의 명식은 9 대운부터 59 대운까지 60년간 목화가 아름답게 흐른다. 그리고 기축 일주로 토기운이 깨끗한 브람스와 요아힘 같은 젊은 세대의 천재들에게 보살핌과 존경을 받으며 78세의 경진 대운 병신년에 세상을 떠났다. 그리고 시주 상관이 제왕으로 자녀들과도 깊은 사랑을 주고받았으니 예술가로, 아내, 엄마로, 그리고 연인으로 빛나는 삶이 아닐 수 없겠다.

종합적으로 보면, 상대방의 용희신이 되는 슈만의 화와 클라라의 금 기운이 너무 왕성하다. 그런 까닭에 대운에서 화의 기운이 넘칠 때 슈만의 임수는 금다수탁(金多水濁, 금이 과하여 수가 탁해지는 것)과 화로 인한 수의 설기가 심해져 비참한 종말을 맞이하고 말았다. 하지만 전체적으로 보아 낭만주의 예술가 부부로서 주목받는 삶은 영원토록 꽃피리라.

파트너십

지금까지 살펴본 연애와 결혼, 즉 남녀 관계는 명리학적 관점에서 보는 인간관계 중 가장 복잡한 양상을 띠며 우리 개개인에게도 가장 내밀하고 역동적인 관계일 것이다. 그러나 깊고 좁은 관계만큼이나 얕고 넓은 피상적인 관계도 큰 비중을 차지하는 것이 현대사회의 특징이자 우리가 살아가는 환경이다. 특히 특수관계인 중에서도 이익사회적 관계에 있는 사람들 간에 받는 스트레스는 얕고 넓다. 치명적이지는 않고 워낙 일상적이기 때문에 사람을 성가시게 한다. 이런 문제를 안고 있는 사람들의 이야기를 들어보면 공통된 수사(修辭)들을 만날 수 있다. "똑같은 일을 했는데 나만 갖고 뭐라 그런다." 그 말은 맞지만 그럴 만한 이유가 있다. 동일한 사유로 반복적으로 타인과의 관계, 사회적 관계에서 불이익이나 억압을 받는다면, 자신을 차근차근 돌아볼 필요가 있다. 타인과의 관계를 보기 전에 내 문제가 무엇인지 돌아보고 내 명식 안에서 문제가 되는 요소를 찾아봐야 한다.

십신과 파트너

명리학적으로 사회적 파트너와 관계되는 십신은 비겁을 제외하고 식상, 재성, 관성. 인성 네 가지다. 그 각각의 십신이 의미하는 파트너십에 대해 알아보자.

사업의 파트너, 재성

사업 파트너로 가장 적합한 십신은 재성이다. 식상생재되어 재성이 활성화된 사람들은 사업에 유리하며 타인에게도 사업 파트너로서 적합하다. 하지만 재성이 과다하거나 고립되거나 결핍된 경우는 양상에 따라 다르지만 대개 부적합하다고 생각하면 된다.

조직의 파트너, 관성

사업 이외의 중규모 이상의 조직, 대기업, 관공서 등의 조직 내 파트너로서의 기운을 보는 것은 관성이다. 관성이 생조된 사람들은 조직에서 파트너 역할로 충분하고, 많은 잠재력을 발휘할 수 있다.

정신의 파트너, 인성

인성은 일종의 구루(guru) 같은 것이다. 스승이나, 스승의 관계는 아니더라도 자신에게 정신적 통찰력과 위안을 주는 관계, 이른바 정신의 파트너십으로서는 인성의 생조 여부를 본다. 실제로 인성이 잘 생조된 사람들은 어린아이라도 또래 친구들의 고민을 들어주고 상담해주는 역할을 하는 경우가 많다. 하지만 인성이 생조된 사람과 사업의 파트너십을 맺을 때는 신중하게 결정해야 한다. 특히 재성이 활성화되지 않은 상태에서 인성이 강한 사람들은 사업을 할 때 사사건건 도덕적 기준을 제시하거나 완벽하게 준비가 끝나야 일을 진행하는 경우가 많기 때문이다. 사업적 파트너십 관계를 가질 때는 오히려 비겁이 생조된 경우가 나을 수 있는데, 비겁은 무색무취한 기운이므로 본인이 결심하면 어떤 일이든 해낼 수 있기 때문이다.

공동체적 파트너, 식상

중소 규모 이하의 조직이나 비영리적인 조직, 취미로 모인 조직, NGO 같은 조직의 파트너로서는 식상이 매우 적합하다. 이 분야에서는 식상이 잘 생조되어 있어야 한다.

이렇듯 원국 안에 이미 사회적 관계에 대한 요소들이 숨어 있다. 그런데 그중 하나도 생조되지 못한 사람이 많다. 그러니 관계가 곧 재앙이 되고, 사업을 해도 안되고, 조직에서 받아주지도 않는다. 한데 냉정하게 보면, 비겁을 제외한 식상, 재성, 관성, 인성 중 하나라도 제대로 활성화되기가 쉬운 일이 아니다.

예전에 한 NGO에서 일하는 사람들의 원국을 단체로 볼 기회가 있었다. 대부분 화려한 전직을 갖고 있었지만 현재는 박봉을 받고 일하고 있는 것이다. 이 사람들의 공통점을 살펴보니 모두 식상이 생조되어 있었는데, 이런 특징을 가진 사람들은 관성이 생조된 사람을 원하는 큰 조직에서 일을 하게 되면 자기에게 맞지 않는 옷을 입은 것처럼 불편함을 느낀다. 상담을 하다 보면 NGO에서 일한다 해도 실제로 진보적이거나 좌파적 성향이 아닌 경우도 많다. 그저 좋은 대학 나와서 안정된 직장을 구하려 열심히 노력해왔지만 실제로 취업한 이후 그만두고 나오게 된 것이다. 정작 그 과정을 겪은 당사자들은 그 이유를 알지 못한다.

관계에서의 공망(空亡)

관계에 있어 공망은 중요한 역할을 하므로 파트너 관계에서 십신과 동반되는 공망을 해석하는 방법에 대해 알아보자.

식상 공망

식상이 공망되면 사업상 아랫사람과 인연이 박하고 실제로 관리하는 데 실패할 확률이 높다. 이 경우 다른 사람에게 인원 선발과 지휘권을 맡기는 것이 나은 결과를 가져올 수 있다.

관살 공망

관살 공망은 조직 내에서 인덕의 부족을 의미하는데 윗사람이 자신을 끌어올려주는 복이 없다는 뜻이다. 이 경우 오로지 자기 힘으로 피나는 노력을 통해 위로 올라가야 한다.

재성 공망

재성 공망은 재물의 안정성이 떨어지는 정도다. 재물상의 손실이 있을 수 있지만, 오히려 큰돈을 벌 가능성도 있으므로 크게 문제 되지 않는다.

인성 공망

인성 공망은 인간관계 때문에 정신적 스트레스를 받게 된다. 남들은 신경 쓰지 않는 사람에 대해 별 이유 없이 스트레스를 받기도 한다.

비겁 공망

비겁 공망은 아무 문제가 없다. 다만 성과가 기대보다는 조금 떨어진다.

이 가운데 비즈니스에 있어서 사람을 대하는 데 문제를 유발할 수 있는 식상과 관살의 공망은 살펴봐야 한다.

파트너 관계에서 오행의 과다, 고립, 부재의 경우

원국 안에서 오행이 과다하거나 고립 또는 불급일 때는 파트너십에 대해 어떻게 해석해야 하는지 알아보자.

첫째, 해당되는 오행(십신)이 없는 경우는 플러스마이너스 제로라고 보면 된다. 그런데 대운에서 그것이 들어올 때는, 예를 들어 재성이 없는데 대운에서 재성이 들어와서 개두(蓋頭)나 절각(折角)이 되지 않았다면, 이 대운의 기간 동안 재성의 파트너십이 매우 빛을 발하게 된다.

둘째, 원국 안에 한 오행이 과다한 경우는 아래와 같은 예외적인 경우 외에는 파트너십에 불리하게 작용한다. 가령 재성이 너무 많아서 전체 원국의 기운을 지배한다면 이 재성을 잘 사용하기 어려우므로 파트너십으로는 불리한 조건이라고 해석한다. 이 경우 특수한 파트너를 만난다면 그 과다한 재성을 잘 사용할 수도 있긴 하다. 예를 들어 수 재성이 과다한데, 파트너가 토 비겁이 과다해서 이 수의 기운을 적절히 제지해주는 것이다.

셋째, 한 오행이 고립된 경우는 대운과 세운을 잘 살펴봐야 한다. 기본적인 파트너십은 존재하지만 그것이 대운과 세운에 따라 편차가 심하기 때문이다. 대운과 세운을 잘 파악해서 그 운이 원국 안에서 고립된 오행을 보완해줄 때는 일을 적극적으로 벌이고, 운이 고립을 더욱 심화시킬 때는 방어적인 자세가 필요하다.

파트너 관계에서의 관성

조직의 관계에 있어서는 식상과 관성이 중요한데, 그중에서도 사회적 관계는 관성이 중요하다. 이제 관성을 폭넓고 깊게 생각해야 한다. 관성은 기본적으로 큰 규모의 조직사회에서 빛을 발하는 속성이 있다. 그러면 독자적인 일을 하는 사람에게는 관성이 의미가 없을까? 그렇지 않다. 조직과 상관없이 독자적으로 일을 하는 사람도 관성의 생조가 중요하다.

이때의 관성은 의뢰인 및 고객의 속성으로 작용한다. 원국 안에 관성이 잘 생조되어 있다면, 특히 월지에 정관이 잘 생조되어 있거나 천간, 특히 월간과 시간에 관살이 잘 투출되어 있으면 조직 안에서뿐 아니라 혼자서 독립적인 일을 하더라도 훌륭한 고객의 기운을 유지할 수 있다.

그런데 이렇게 원국 안에서 관성이 잘 자리 잡고 있어도 식상이 과다하거나 고립되어 식상과 관성의 균형이 조화롭지 못하다면 긍정적인 결과를 기대할 수 없다. 예를 들면 관성과 식상이 균형을 이루지 못할 때는 회사에 입사해서 어느 지위까지는 승진을 하게 되지만 아랫사람을 관리하고 지휘하는 위치에 오르면 한계에 부딪치게 된다. 혹은 이러다가도 대운이나 세운에서 관성과 식상이 조화를 이루게 되는 기운이 오면서 승승장구할 수도 있다.

최고의 파트너

일간을 중심을 본 재성과 천을귀인

사업적 관계에서의 파트너십은 일간을 중심으로 파악한다. 자신의 일간을 기준으로 상대의 일주와 시주에 생조된 재성이 있는지를 살핀다. 예를 들어 자신의 일간이 무토라면 재성, 그중에서도 사업에 적합한 편재에 해당하는 임수나 해수가 상대방의 일간 또는 시간, 일지 또는 시지에 위치한다면 좋은 파트너십을 발휘하게 되고, 그 해당하는 주에 파트너 자신의 천을귀인이 동주하고 있다면 더욱 좋은 관계로 발전할 수 있다. 물론 이때 천을귀인은 형이나 충, 공망이 되지 않아야 한다. 그 외 신살로 는 천덕, 월덕 귀인도 나름대로 효과가 있지만 천을귀인만큼의 긍정적인 효과는 기대하기 어렵다.

삼기

자신과 파트너의 원국 사이에 삼기가 성립된다면 좋은 파트너십을 이루는데, 그중에서도 금전적인 것과 관련된 인중삼기, 즉 신임계가 사업적 관계에서 가장 효과적이다. 삼기는 한 원국의 천간에서는 순열대로 구성되어야 성립되지만 두 사람의 원국에서는 천간 8개 중 삼기에 해당하는 오행 3개가 있으면 성립된다.

위의 두 조건을 종합적으로 보면 서로의 일간을 기준으로 재성에 해당하는 오행이 상대방의 일주나 시주에 위치하고, 그 주가 천을귀인을 안고 있으며, 천간 대 천간의 관계에서 삼기를 이룬다면 최고의 사업 파트너라 할 수 있다.

공망

두 사람의 공망이 같을 경우, 예를 들어 무신 일주면 공망이 인(寅), 묘(卯)가 되는데, 경술 일주도 똑같이 공망이 인, 묘다. 60갑자가 6조로 짜여서 2개씩 공망이 잡히는데, 일주가 자기 열에 있어 공망 같은 사람들도 사업 파트너로 유리하다. 공망표를 참고해 자신과 같은 공망을 쓰는 일주가 무엇인지를 확인해본다.

조직의 상하 관계에서의 삼합

조직 안에서의 상하 관계를 파악할 때 지지에 사유축 삼합을 이루는 사람이 최고 관리자가 되는 경우가 가장 안정적이다. 사유축 삼합은 금국을 이루는 단단한 기운으로 조직과 조직 구성원들의 생존을 최우선으로 관리하고 책임질 수 있는 성격이 강하다.

인오술 삼합이 지지에 있는 사람은 사유축 삼합을 이루는 최고 관리자를 보좌하는 임원급의 역할에 적합한 기운이다.

해묘미 삼합을 이루는 사람들은 그 밑에서 실질적으로 열심히 일하는 사람에 적합하다.

신자진 삼합을 가진 사람들은 조직 안에서 적응하기 힘든 성향이므로 특수한 목적이 있는 경우에만 단기적으로 일하는 데 적합하다. 조직과의 관계에서 이들은 자객이자 용병이라 할 수 있다. 따라서 특히 사유축을 가진 사람이 신자진을 가진 사람을 채용할 때는 자신과 같은 최고의 대우를 해주어야 하고, 조직의 기강이 흔들리지 않게 일이 끝나면 빨리 내보내야 한다.

하지만 이런 경우도 있다. 사유축, 인오술, 해묘미 삼합을 가진 사람들의 구성이 구조적으로 잘 갖추어진 조직은 자연스럽게 역할 분담이 되므로 안정적인 조직으로 발전할 가능성이 있다. 그런데 한 조직에서 사유축 삼합을 가진 사람 2명이 갈등을 일으키게 되면 서로 양보나 타협이 없는 처절한 신경전을 지속할 가능성이 높다. 이 경우에는 신자진 삼합을 가진 사람이 중재자로서 역할을 하면 효과적인데, 이들은 수의 기운이므로 조직 안에서의 적응이 어렵고 지속력은 부족하지만 갈등 상황을 조율할 수 있는 단기적인 능력은 탁월하기 때문이다.

우주에
우열은 없다,
각자의
명(命)이 있을 뿐!

만인의 자기 전략 지침

새로운 패러다임의 시대, 명리학의 잠재력과 가능성

명(命)이란 하늘로부터 인간에게 부여된 성정의 질서로 동양의 역사에선 오랜 연원을 지닌 개념이다. 복희씨는 정명(正命)이라 했고 공자는 천명(天命)이라 일컬었으며 노자는 복명(復命)이라고 했다. 곧 명리란 간단히 정의하자면 대자연으로서의 우주의 이치에 순응하는 인간의 성정의 질서를 말한다.

하지만 인간의 욕망이 비약적으로 진화하면서 자연을 순응의 대상이 아니라 정복의 대상으로 삼았고 과학기술혁명의 기치 아래 폭력적으로 고도화한 약탈은 인간에게 물질적인 풍요를 선사했다. 우리는 그 과정을 탈마법화라 불렀고 발전이라 자축했으며 의심의 여지 없이 명백한 행복의 약속이라고 굳게 신봉했다. 하지만 그 모든 화려한 비전이 사실은 허황한 환영에 지나지 않았고 우리는 여전히 행복해지지 않았다. 이 과정에서 명리는 그저 저잣거리의 이기적인 욕망의 복화술로 전락했고 종종 과학이라는 새로운 지배자의 조롱거리가 되었다.

그러나 과학적 이성의 합리성이 모든 것을 해결할 수 없다는 전반적인 자성의 움직임이 일면서 우리는 폐기했던 많은 가치의 이름들을 새로이 호명하기 시작했다. 자유와 평등, 복지 같은 정치적 의제부터 자연의 회복과 공동체적 가치의 복원, 그리고 인간의 관계망에 대한 재설정 등 다종다양한 의제들이 원점에서 재검토되는 시대를 목격하는 중이다. 이 재검토가 봉건제적 신분제 사회로 회귀하자는 것을 의미하지는 않는다. 우리는 상호간의 존엄성이 전제되는 새로운 공존의 질서를 모색하고 있는 것이다.

나는 우리의 일상적인 삶에 생각보다 끈끈하게 밀착되어 있는 명리학적 담론 체계 또한 존엄성의 공존과 공생이라는 이 새로운 패러다임에 복무하라는 동시대적 요청에 적극적으로 임해야 한다고 생각한다. 그러지 못할 때 명리학은 그저 골방의 은밀한 주문(呪文)에 그치거나 '맞히면 도사고 맞지 않으면 슬며시 사라지는' 술사들의 서커스로 전락할 것이

자명하기 때문이다. 그런 점에서 명리학은 어쩌면 새로운 시대적 요구에 부응할 수 있는 가장 유력한 잠재성의 자산을 지닌 전략적 상담학이 될 수 있을지 모른다. 명리학은 근원적으로 대자연 혹은 우주와 인간의 조화와 합일이라는 가장 근본적인 인식 틀에서 생성된 것이기 때문이다.

막비명야, 자신의 명을 찾고 실현하라

장장 두 권에 걸쳐 이루어진 명리학 여행은 일단 여기서 끝난다. 하지만 모든 여행이 그렇듯 한 번의 여행으로 모든 것을 알 수는 없는 노릇이다. 그리고 여행이 끝났다고 해서 길이 사라지는 것도 아니다. 길은 끝이 없고 해는 빨리 저문다.

　이 책의 마무리는 명리학 역사의 위대한 거인 임철초(任鐵樵)의 뜨거운 탄식으로 대신하고자 한다. 앞의 2강에서 명식을 소개한 적이 있는 임철초는 18세기 중후반 청나라 건륭제 때 사람으로 청조에 이르러 미만한 명리학의 온갖 속류적 해석을 거부하고 남송 시대의 자평 서거이가 세운 명리학의 본질로 돌아가 오행을 근본으로 명리학의 정통성을 근원적으로 재구축함으로써 근대 명리학의 문을 열고 그것을 수호한 거인이다. 『연해자평』(淵海子平)이 명리학의 구약이라면 그가 증주(增註)한 『적천수천미』(滴天髓闡微)는 신약에 해당되는 고전 중의 고전이 되었다.

　『적천수』의 역사는 명확하지 않다. 하늘, 곧 우주의 원리를 담은 정수라는 뜻을 지닌 『적천수』는 원명 교체기의 혼란기에 경도(京圖)라는 사람이 저술하고 명을 건국한 주원장의 개국공신 중 한 명인 백온 유기(劉基)가 주석을 달았다는 것이 통설이나, 유기의 저술이 맞는다는 서낙오의 주장도 있다. 즉 유기는 술이부작(述而不作), 곧 고전의 정신에 따라 쓸 뿐 새로이 창작하지 않는다는 문화적 전통을 존중해 겸양의 뜻으로 주석만을 달았노라 표현한 것이라는 얘기다. 하지만 어찌 되었든 간에 이 고서를 고전의 빛나는 별로 끌어올린 것은 청조에 이르러 새로이 주석을 단 임철초의 공로임은 어느 누구도 부정할 수가 없을 것이다.

이 『적천수천미』의 「관살」편에 임철초는 자신의 명식을 스스로 공개하고 자평했다. 그런데 흥미로운 것은 자신의 명식 앞에 자신의 명식과 연지 한 글자만 다른 앞 세대 고위 관료의 명식과 비교하며(그 명식의 주인이 구체적으로 누구인지는 밝히지 않았다) 장탄식을 하고 있다는 점이다.

임철초 비교 명식   임철초 명식

임철초의 연지가 사화이고 비교 대상의 명식의 연지가 축토인 것 말고는 거의 동일한 명식이다. 먼저 계축년생 앞 시대 사람의 명식을 다음과 같이 풀었다.

이 사주는 한여름인 오(午)월에 태어난 병화가 너무 왕성하다. 무계합을 이루어 화로 화(化)하는 것이 더욱 꺼려진다. 하지만 오히려 반가운 것은 시주의 임수가 신자진 수국의 신고(身庫)인 진토에 통근한 것이고, 더욱 묘한 것은 연지에 축토가 자리를 잡고 있는 것이다. 이 축토는 족히 화를 설기하여 어둡게 하고 금을 생하여 배양하며[축토 지장간 내의 신금을 말한다] 그 안에 수를 저장하고 있어 연간의 계수는 여기에 통근하니 비록 무토와 합을 한다고 하더라도 화하지는 않는다.

화하지 않으니 오히려 그 합을 반기는데, 이는 합을 하느라 용신인 임수에 대항하지 않기 때문이다. 따라서 을묘와 갑인 대운에 토를 극하여 수를 보호하니 벼슬이 현격히 높아졌고, 계축 대운에 이르러서는 현령을 거쳐 주목에 천거되었다. 아울러 임자 대운에 지방장관의 부관인 치중에서 태수인 황당으로 승진하여 부와 명예를 여유 있게 누릴 수 있었다.

일찍이 임관해 우리로 치면 도지사에 순조롭게 오른 출세 관료의 명식인 듯하다. 조금 부연하면 병화 일간이 득령, 득지한 중화의 원국인데 계수가 무계합으로 묶여 임수 편관이 용신이 되고 원국에는 미약한 금이 희신이 되겠다. 시간의 임수는 습토인 진토와 축토가 도우니 완벽하지는 않으나 유정함이 느껴진다. 희신이 구실을 하기 힘들지만 대운에서 한신인 목이 기신인 토를 극함으로써 용신이 제구실을 하는 데 결정적인 기여를 했다고 본다.

하지만 자신의 원국을 돌아보면 어떠한가? 원문과 같이 그 착잡한 감정을 공유해보자.

此鐵樵自造, 亦長夏天, 與前造只換一丑字, 天淵之隔矣.
이 명조는 철초 나 자신의 것으로 역시 한여름날 태어났으며 앞의 명조와 단지 축토 한 글자만 바뀌었는데 하늘과 땅만큼 차이가 난다.

夫丑乃北方之溼土, 能晦丙火之烈,
무릇 축토는 북방의 습토로 능히 병화의 맹렬함을 식혀줄 수 있고,

能收午火之焰, 又能蓄水藏金,
충분히 오화의 치열함을 거둘 수 있으며, 또 충분히 수를 저장하고 금을 감출 수가 있다.

巳乃南方之旺火, 癸臨絶地, 杯水輿薪,
사화는 남방의 왕성한 화로 계수가 절지(絶地)에 임하니 한 잔의 물로 한 수레의 섶단에 붙은 불을 상대하는 형상이라 [사지(死地)를 절지로 잘못 쓴 것으로 보임]

喜其混也. 不喜其淸也.
혼잡되어 습하게 된 것을 기뻐하고 혼잡되지 않고 맑은 것을 기뻐하지 않는 것이다.

彼則戊癸合而不化, 此則戊癸合而必化,

앞의 명조는 무계합을 하였어도 화(化)하지 않았으나 이 명조는 무계합을 하여 반드시 화로 화(化)하여서

不但不能助殺, 抑且化火爲刦, 反助陽刃猖狂,

비단 편관 임수를 돕지 못할 뿐만 아니라 오히려 억제하고 또 자신이 화로 변하여 겁재가 되어서 도리어 오화 안의 양인을 도와 미치고 날뛰게 한다.

巳中庚金, 無從引助, 壬水雖通根身庫, 總之無金滋助, 淸枯之象,

사화 중의 경금은 끌어당기어 도울 수 없고 임수는 비록 자기의 고(庫)에 뿌리를 내렸다 하여도 결론적으로 도와주는 금이 없어 사주는 맑으나 메마른 형상이 되었다.

兼之運走四十載木火, 生助刦刃之地,

게다가 대운까지 40년을 목화로 흘러 겁재와 양인을 생조하니

所以上不能繼父志以成名, 下不能守田園而創業,

위로는 아버지의 뜻을 받들어 이름을 떨치지 못하고 아래로는 전원과 창업하신 것을 지키지를 못했다.

骨肉六親, 直同畵餠, 半生事業, 亦似浮雲,

가까운 육친들은 그림의 떡과 같았으며 반평생 하는 일 역시 뜬구름과 같았다.

至卯運, 壬水絶地, 陽刃逢生,

을묘 대운에 이르러 임수가 절지에 임하고[앞의 경우와 동일하다] 양인 오화가 장생을 만나

遭骨肉之變, 以致傾家蕩産,
형제들에게 변이 생겨 집안이 기울고 가산을 탕진하게 되었다.

猶憶未學命時, 請人推算一味虛褒, 以爲名利自如,
그 위에 더 기억나는 것이 있으니 내가 아직 명(命)을 공부하기 전에 다른 사람에게 명을 본즉 하나의 허황된 칭찬으로 명예와 부가 마음대로 될 것이라고 하였으나

後竟一毫不驗, 豈不痛哉,
마침내 후일에 털끝만큼도 맞는 바가 없었으므로 어찌 괴롭지 않겠는가?

且予賦性偏拙喜誠實不喜虛浮,
또한 나의 천성은 편향되고 외골수라 성실한 것은 좋아하고 허황하고 뜬 것은 좋아하지 않아서

無諂態, 多傲慢, 交遊往來, 每落落難合,
아첨하는 태도가 없고 오만하여 교유 왕래함에 있어 매번 다른 사람과 서로 맞지 아니하였다.

所凜凜者, 吾祖若父, 忠厚之訓, 不敢失墜耳.
의젓하고 당당한 것은 나의 조부 및 아버지의 정성스러운 가르침을 감히 실추시킬 수 없었기 때문이다.

先嚴逝後, 家業凋零, 潛心學命, 爲餬口之計,
부모님이 돌아가시고 가업이 시들어 떨어지니, 호구지책으로 명리를 배우는 것에 마음을 두었다.

夫六尺之軀, 非無遠圖之志, 徒以末技見哂,

무릇 육 척의 몸에 원대한 뜻이 없었던 것은 아니었지만 다만 하찮은 기술을 가지고 웃음거리만 되었으니

自思命運不齊, 無益于事, 所以涸轍之鮒,

스스로 생각하건대 명운이 고르지 않았으므로 일을 하여도 이익이 없으니 소위 물 마른 수레바퀴 자국 속에 살아 있는 붕어와 같은 처지로

僅邀升斗之水, 限于地, 困于時, 嗟乎.

겨우 한 바가지의 물과, 한정된 땅에서, 곤궁한 때를 맞이하니 슬프도다.

莫非命也. 順受其正云爾.

무릇 명(命) 아닌 것이 없는 것이다. 그것의 바른 것을 순응하며 받아들여야만 한다.

이 자탄의 글을 읽다 보면 글자 하나 차이로 세상에 나아가지 못하고 몰락한 자신의 처지를 비관하고 어쩌면 비관을 넘어 비하하는 듯 보인다. 하지만 진정한 결론은 마지막 말, 명 아닌 것이 없다는 데 있다. 비록 출세의 도구로 쓰이지 못했지만 앞의 명식에 비해 더욱 강렬해진 양인의 총명함은 이 명식의 주인을 1,000년 명리학의 역사에서 가장 높은 이름으로 우뚝 서게 했다. 명리학이 존속하는 한 그의 이름은 명리학과 함께 영원히 이어지겠지만 그가 부러워한 앞의 명식의 관료는 아마도 그 대가 끝나기도 전에 잊힌 사람이었을 것이다.

그는 자신의 공부를 하찮다고 겸양의 자세를 취하고 저잣거리의 웃음거리로 전락했다고 했지만 그가 40년 가까이 집요하게 파고드는 엄청난 집중력이 있었기에 후세의 우리는 이 고전을 음미하고 또 음미하는 것이다.

우주에 우열은 없다. 다만 각기 다른 명(命)이 있을 뿐이며 그 모든 명은 소중하고 존엄하다. 명리학적 접근이 각자의 명을 찾고 그 명을 실현하는 전략을 도출하며 그 전략을 하루하루 실천에 옮겨 스스로 자신의 존재를 증명하는 데 쓰이기를 진심으로 기원한다.

이 에필로그의 마지막 문단을 애니메이션 영화 〈쿵푸팬더〉(Kung Fu Panda)의 명대사를 빌려 와 마무리할까 한다. 우그웨이 대사부가 좌절감에 빠진 주인공 팬더에게 다음과 같이 말한다.

어제는 지나갔고 Yesterday is history.

내일은 알 수 없으며 Tomorrow is a mystery.

오늘은 선물이다. Today is a gift.

그래서 그것을 현재(선물)라고 부른다네. That's why we call it the present.

인간의 빛나는 叡智는 意志에서 나온다.

미래를 예측할 수 없는 인간은 확신의 포로가 되기 쉽다.

그러나 맹신을 부르는 이 확신들이야말로 지금 우리가 싸워야 할 적의 표정이다.

나는 이 책을 아직 어느 누구도 훼손하지 않은 우리 모두의 미래에 바친다.